PROFESSIONAL NEWS REPORTING

新 闻 学

专业新闻报道

张柏兴 汪宗保 龙长征 编著

ZHEJIANG UNIVERSITY PRESS
浙江大学出版社

序

浙江大学城市学院新闻系是应高等教育大众化、国际化和城市现代化需要而于1999年7月建立的，2004年3月改为浙江大学城市学院传媒与人文艺术学院(简称传媒分院)。学院依托浙江大学，继承求是创新的优良学风，加强基础，注重素质，突出能力，在短短的六年中，取得了显著的进步。

传媒分院的教师由三部分人员组成：浙江大学新闻系的教授、学者和富有教学经验的教师；从新闻媒介引进的记者、主任记者和高级记者；近几年毕业的硕士、博士。深厚的学术造诣，丰富的教学经验和媒介实践经验与多学科的知识结构，以及灵活的办学机制所形成的自由讨论的学术氛围，使教学质量得到较快的提高。

为了适应传播媒介多元化和传播手段的现代化，以及媒介竞争的需要，为了培养应用型、创新型的复合人才，传媒分院的教师在积极钻研业务，参与实践的同时，还在教学内容、教学方法以及教学组织等方面，展开了积极的思考与探索，呈现在读者面前的这本教材，正是这种探索成果的体现。

《专业新闻报道》在新闻学专业教学计划中，是在《新闻采访与写作》课和新闻实践基础上开设的课程。它的显著特点是理论概括的深度和实践能力培养的力度。通常由高校资深教师和媒介有丰富实践经验的资深记者共同承担，"组合式"的教师队伍和"案例讨论"的教学方法，成为深受学生欢迎的课程。

本教材分别由张柏兴、汪宗保和龙长征三位学者撰写成稿。各自的学识和经历在书稿中形成的独特见解和风格是显而易见的。张柏兴同志原任《浙江经济报》副主编，在经济和经济报道领域里，统揽全局，把握导向，针对时弊以及对经济新闻趋势的深入思考，在书稿中处处可见。汪宗保同志作为高级警官长期主编《新生报》，详细的占有资料、深入的分析和朴实的文风，使法制新闻部分的严肃性、说理性和可读性得以充分体现。龙长征同志硕士毕业后、进入城市学院前有长达8年的《安徽青年报》记者经历，扎实的理论修养和较长时间的新闻实践，使她在专业采访报道的各个领域均有自己的见解。值得提出的是三位作者自2001年以来一直在传媒分院实施专业采访报道的“组合式”教学，并带学生进行采访写作练习，这个过程自然地催生着本教材的成书。

本教材较为全面地吸收了当今的研究成果，详尽地分析了各专业报道领域的现状和报道原则、特殊的采写要求，不仅对在校生提高新闻采写水平有直接的帮助，对新闻爱好者和新闻在职人员回顾、总结和提高水平也颇有裨益，值得推荐。

李寿福
浙江大学教授
浙江大学城市学院传媒与人文艺术学院常务副院长

目录

目录

目录

第一章 经济新闻概论

第一节 经济新闻与经济新闻学

一、经济新闻的定义

顾名思义，经济新闻的含义必然源于“经济”一词。但随着社会的发展，“经济”一词的含义也在不断演化。从古代意为治理、管理的“经世济民”，到马克思主义政治经济学中的精确含义——经济是社会关系的总和，经济新闻的报道范围必然与此相适应，应涵盖整个社会关系。因此，如从范围的角度考察，经济新闻就是报道人类社会最新的经济关系、经济活动和最新的自然现象的新闻，或者是各种以报道经济活动、经济生活、经济现象、经济信息为内容的新闻报道的总称，从而区别于政治、体育、文化新闻。

但由于审视角度的不同，经济新闻的定义也各式各样：

有人仅从发生地的角度去定性，把工厂、农村、商店等处发生的新闻叫经济新闻，或者单纯把新闻机构中工业、农业、财贸等部室编发的新闻叫经济新闻。这种划分在历史上曾经出现过，但随着时代的变迁，已经落伍。因为工厂、农村、商店等虽然发生着大量的经济新闻，但也发生着私企党建、企业文化等大量的政治、文化、教育等新闻。同样，在学校、医院、部队、剧团、球队，也发生着大量的经济新闻，如院校后勤服务社会化、医疗成本核算等等。

也有人从新闻是"事实"、"信息"这一分类归属的角度分析，认为经济新闻"是报道人类一切经济活动的新闻，或以经济活动为主要内容的新闻。经济活动包括经济建设、经济改革、经济生活等"①，"是关于社会生产方式新近发生的事实的报道。是反映、服务和引导社会经济活动和人民群众经济生活的新闻"②，"是对受众欲知而未知的，经济活动最新状态和发展趋向及时、公开传播的非指令性经济信息"③，"是人类社会最新经济关系、经济活动和最新自然、经济现象及其发展趋势信息的报道"④。

还有人从"新闻是新近发生事实的报道"的传统定义出发，简单地引申出"新近发生的经济事实的报道，便是经济新闻"。也就是说"在生产、流通、分配、交换这个循环往复过程中所形成的物质运动——就有可能构成经济新闻。"⑤所有这些定义阐述了经济新闻的本源与本质属性，以及所包含的内容，并强调了这些内容的新鲜性和知晓价值，因而对经济新闻的发现与传播都起了积极作用。但这些定义只是平面地反映了"事实"表面，没有立体地触及"事实"本质，没有抓住经济运动的基本矛盾和人们从事经济运作的基本出发点。因而这样的报道只能是被动的，甚至只可能是机械的、镜头式的反映，不利于提高经济新闻的采制质量。这些定义虽然涵盖面比较宽，其报道范围几乎包罗了人类社会一切经济活动，但是解释功能与发现功能就差了，它们解释不了人们在经济生活中为什么要这样做或那样做，也不利于记者运用这些定义去敏锐地发现那些刚刚冒头的新观念、新苗头、新创造。

为了更充分地发挥经济新闻在经济改革和经济建设中的作用，经济新闻的定义应该是"关于人们如何进行经济选择和经济决策的报道"⑥。

之所以这样定义，樊凡等认为是基于选择和决策对人类社会现实生活和经济发展来说几乎无处不在：

---

① 徐人仲：《经济新闻学初探》，新华出版社 1993 年版，第 5 页。

② 彭朝丞：《怎样写好经济新闻》，人民日报出版社 1993 年版，第 10 页。

③ 仇学英：《热点经济新闻采访技巧》，新华出版社 1998 年版，第 29 页。

④ 李洪波、张泽萱、刘先凡：《优秀经济新闻赏析》，湖北科学技术出版社 1999 年版，第 7 页。

⑤ 张颂甲：《经济新闻写作浅说》，经济日报出版社 1991 年版，第 5 页。

⑥ 樊凡、时统宇：《经济新闻范文评析》，新华出版社 2001 年版，第 7 页。

1. 科学的管理主要表现在选择和决策上。如在种植品种、经费开支中常常会碰到“鱼与熊掌不可兼得”的尴尬，在国防建设与经济建设中会遇上“大炮与黄油”的交替关系。

2. 发展经济面临着种种交替关系，面临着目标的选择。如发展生产与保护环境、效率优先和兼顾公平等等。

3. 对人类社会的现实生活，选择和决策就显得更为重要。如在西方，竞选总统、政府信任危机等等无不与国内经济问题处理上的选择和决策有关。

把经济新闻定义为关于人们如何进行经济选择和决策的报道，主要在于这一定义在学术上有比较强的解释和发现功能。着眼点在于“选择”和“决策”，就抓住了经济生活、经济现象的“牛鼻子”，获得了一个凌空望远的视角，就能洞察一切经济活动的本源、本质和因果关系，把经济新闻写得更深刻、更有说服力和预见性，更能令人耳目一新。

重视经济报道中的“选择”和“决策”，还在于强调人的作用。经济学是关于人的学说，强调人的作用，可以使经济新闻摆脱传统的套路，不是只盯着成本和效益，仅仅在谋求利益最大化的范围里打转，而是引入人的经济行为，使经济新闻更有可读性。

对于经济新闻的这种定义，不少专家也认为：着眼于“选择”，不仅使经济新闻更贴近读者，更有针对性，更多地启发人们思考，帮助读者透过现象了解背后的“为什么”，而且对记者提出了更高的要求——经济新闻不应该仅是“照镜子”，而是必须针对纷纭复杂的种种经济现象，进行深入细致的分析和解剖，抓住其本质，阐释其客观规律。这是因为今天的新闻媒体，面对的是越来越挑剔和苛刻的市场受众，人们已不再满足于一般地获知信息，而是要求全方位地解读信息，获知“比消息更生动的内幕，比内幕更生动的见解”。这一点在经济新闻中尤其突出。为了适应这一需要，当代的经济新闻的标准就应是：对经济事实不仅要有感性的反映，而且更要有理性的认识；不仅要有程序性的认识，更要有规律性的把握；不仅要有对规律局部的、个别的了解，而且要有对规律全面的、系统的分析。①

对于经济新闻定义这种新的探索，我们也深有同感。在我们经济报道的实践中，这种“立体报道”的定义也得到了印证。经济报道之所以有生命力，就在于它与文体新闻、社会新闻等相比，不是“平面”地报道一个事件、一种现

---

① 转引自王华庆：《经济新闻采访与写作》，中国广播电视出版社2003年版，第4页。

象，而是通过剖析和解读，给人们每时每刻都在接触的经济生活、经济工作以启迪。为此，许多经济媒体以此为职责，以经济眼光看社会，以社会眼光看经济，使经济新闻凸现出特殊的魅力。

当然，恩格斯曾这样说过："在科学上，一切定义都只有微小的价值。"①我们关于经济新闻的定义也一样，不过是提供一个视角、一种思路，可以减少摸索的时间。这种对经济新闻的定位和追求，提高到用经济学者的眼光看经济，同时又必须遵循新闻写作规律。虽然眼下可能只有为数不多的"两栖"财经记者可尝试，但毕竟是经济新闻的神圣职责和持久生命力。为此，以下各章节的经济新闻的内容阐述将以此为主旋律。

二、经济新闻的报道范围

马克思主义认为：生产力的发展是一切社会形态的动力，社会的物质生产决定社会的精神生活。因此，经济新闻与其他的意识形态一样，在不同的社会形态中，对社会生活的反映是不尽相同的。例如资本主义社会中，经济新闻反映的是资本主义关系和商品交换，是为资本主义的自由竞争服务的。而社会主义社会所进行的经济报道，宗旨是为了促进社会主义市场经济的发展，搞活流通，发展生产，提高人民的生活水平。因此，比起资本主义社会，我们的经济新闻在整个新闻报道中的位置更为重要，其报道的对象与内容也更为广阔，更为多样。这样，一方面为我们搞活经济报道提供了更为广阔的天地，另一方面也理应更为生动、丰富，有更强的可读性。经济报道内容随着社会的发展与时俱进，形成了如下十二块②：

一是报道直接从事物质生产活动的新闻。如报道农民今年主动调整种植结构，市场上缺什么，他们就种什么。

二是报道商品从储存到运输、交换这一物质流通领域活动的新闻。如燕牌牛奶在我国最大的校区食堂招投标中一举中标，报道就介绍了从厂区到学校保鲜保质的非常措施，从而说明这种牛奶质量是信得过的。

三是报道资金流通领域中的金融、证券活动的新闻。如报道股市行情、外汇利率的变化。

四是报道与经济生产紧密相关的信息流通的活动。如报道工业原料价

---

① 转引自《新闻与传播研究》2000年第1期，第4页。

② 参见徐人仲：《经济新闻学初探》，新华出版社1993年版，第5页。

格上涨的幅度。

五是报道转化为生产力的科技活动的新闻。如报道浙江中医学院研究员李大鹏发明的康莱特注射液投入生产后，挽救了大量癌症病人。

六是报道消费活动，包括消费新情况、新趋势、新问题的新闻。如报道杭州武林路女装街开业后，价格让人看不懂，以说明要加强物价管理。

七是报道有关经济管理活动的新闻，包括企业管理、行业管理、行政管理、经济立法管理，从微观到宏观，从生产到消费的整个管理过程中的新闻。如报道温州经济在发展过程中，发挥行业协会的自律作用。

八是报道作为社会生产力最活跃的因素——人在经济活动中的新闻。如报道一企业家注意以人为本，发挥职工创造性。

九是报道经济政策、重大决策的新闻。如报道西部大开发。

十是报道经济观念的新闻，如新的经济思想、经济设计、经济理论等。如报道各地区在企业兼并中解放思想，只求所在，不求所有。

十一是报道与人关系密切的自然经济现象的新闻，如发生自然灾害、发现新的矿藏和原始物种等。如报道厄尔尼诺现象和空调生产的关系。

十二是报道经济活动渗透到其他活动中后发生新变化的新闻。如报道足球比赛中由于贿赂造成的“黑哨现象”。

三、经济新闻的分类

按照不同的标准，经济新闻可分为不同的种类。按报道领域，分为工业新闻、农业新闻、财贸新闻。按报道形式，分为经济资讯、经济消息、经济通讯、经济评论、经济调查。按报道内容，分为政策性新闻、信息性新闻、人物性新闻、自然现象性新闻等。前两者的含义顾名思义，后者则需要诠释。这里介绍以报道内容划分的两种：

1. 比较粗线条的分法[①]

(1)政策性经济新闻：以反映党和国家经济工作、经济建设的路线、方针、政策的贯彻执行情况为内容。它的特点是政策性、指导性强，对人们的工作、生产和生活都有着重要的指导作用。它可以分成以下四个方面：

(A)党中央、国务院和各级党和政府部门对经济建设、经济工作的新部署、新决策。例如：

① 参见程道才、严三九：《经济新闻写作概说》，中国广播电视出版社2001年版，第30页。

温家宝对促进非公有制经济健康发展提出五点意见

据新华网浙江频道报道　温家宝近日在浙江考察时指出，要坚持公有制为主体、多种所有制经济共同发展的基本经济制度，毫不动摇地巩固和发展公有制经济，毫不动摇地鼓励、支持和引导非公有制经济发展。

一是国家依法保护非公有制企业的权益。非公有制企业要依法经营，照章纳税，保障职工合法权益。

二是国家制定鼓励、支持和引导非公有制经济发展的政策。非公有制企业要认真执行国家的产业政策、环保政策和其他政策。

三是国家为非公有制企业创造公平的市场环境，进一步放宽市场准入。非公有制企业要自觉遵守市场规则。

四是国家为非公有制企业发展创造比较宽松的融资环境。非公有制企业要按照国家规定规范财务和资金管理，守法诚信，自觉维护金融秩序。

五是社会营造支持非公有制经济发展的舆论环境。非公有制企业要通过改革创新，提高自身素质，以优质产品和优质服务赢得社会的信任。

(B)各地执行过程中的新经验、新情况、新典型。例如：

长三角地区:宏观调控见成效 经济增长加速

新华网上海8月26日电(张东琴、黄庭钧)　上海市统计局26日发布的信息显示，上半年宏观调控在长三角地区初见成效，经济增长继续在高位运行，良好的经济发展态势和完善的投资环境，使外商对这一区域的投资力度也在继续加大。

上半年，长三角地区全面落实国家宏观调控政策措施，严格控制新开工项目，固定资产投资增速从高位逐月回落。统计表明，15城市完成全社会固定资产投资总额5876.35亿元，比去年同期增长29.5%，增速比一季度回落30.3个百分点，比1～4月回落10.6个百分点，比1～5月又回落3个百分点。从增幅来看，绍兴、舟山、苏州、南京、上海等8个城市的增速低于全国28.6%的平均水平；宁波、湖州的增速仍然较高，超过50%。

与此同时，长三角地区经济总量在继续扩大，发展水平呈现同步化、快速化。15城市共完成生产总值12715.43亿元，比去年同期增长

16.2%，增幅同比提高2.6个百分点。从总量来看，上海市生产总值达3417.75亿元；苏州、杭州和无锡的经济总量超过1000亿元；宁波、南京、南通、绍兴、常州的经济总量超过500亿元。

(C)各地执行一段时间后的成绩、成果。例如：

贯彻宏观调控政策　促进增长方式转变
我省引导社会投资优化经济结构

高速的串激电机、高性能的复合型电声器件、引进德国的汽车配件……这许多迹象表明，在我省纺织、机电等支柱行业，新上项目的技术含量、产业层次都明显提高。这是我省积极贯彻宏观调控措施，引导社会投资优化经济结构后出现的新变化。

据省发展和改革委员会分析，我省积极贯彻宏观调控措施，投资和贷款过快增长的势头明显回落。今年上半年我省全社会固定资产投资同比增长25.5%，增幅比一季度回落16.4个百分点，部分盲目发展的行业如钢铁、水泥行业投资增幅分别比一季度回落了150个百分点和57个百分点。一批不符合产业政策的项目被取消，初步统计全省共清理了1.9万个投资项目。大量社会资金引向一批能耗低、附加值高、资源节约型的项目，如我省原来薄弱的能源工业投资增长了60%以上，信息传输、计算机服务和软件业投资增长了25.8%。

（《浙江在线》2004年8月28日报道）

(D)各地经济工作中政策倾向性的问题与现象。如国家为鼓励企业出口创汇，给企业以退税的优惠政策，但有些人却钻空子虚开增值税发票，骗取退税。再如：

金融监管与货币政策冲突背景下的新选择

金融监管和货币政策之间的冲突由来已久，在我国也不是什么新鲜事。在我国金融监管和货币政策合一的体制下，由于金融监管不力所导致的金融风险，自然地集中于中央银行。特别是1996年以来，在整顿金融秩序、防范金融风险的过程中，身兼二职的中央银行实际上起的是一个“消防队”的作用，四处救火，到处掏腰包，本来风险分散在社会各个点上，被中央银行一救，全部风险都集中到中央银行身上了。因此，在金融监管与货币政策冲突的背景下，必须选择新的金融监管框架。这也是由我国近几年的经济金融改革的现实所决定的。

(2)信息性经济新闻：以传递经济信息、提供经济发展动向为报道内容的新闻。其特点是信息量大、实用性强，其重要性表现在经济价值之中。按照预测—动态—反馈的信息传播过程，它可以分成以下三个方面：

预测性——报道经济发展的趋势、趋向、前景。它又分预告信息、预测信息两种。所谓预告，都是经济事件，预告时间一般短些。如物价指数、人民币利率调整。所谓预测，都是经济发展趋向，预测时间一般长些。如东南亚金融危机对我国的影响。

动态性——报道经济活动、经济现象在现阶段发展的状况。属于预测—动态—反馈这一信息传播链中的中间环节。媒介中关于当今经济运行中产、供、销的经验、教训、成绩、问题都属于这类新闻。其中经济发展动态(如专家预言中国经济发展速度不会低于7%)、市场动态(如今年柑橘不好卖)、经营管理动态(如某企业推行末位淘汰制)三种占主要篇幅。国际经济动态也很重要，如2004年丝绸出口不再用配额，我们完全可以乘势而上，但我国丝绸生产仍然存在档次不高等问题。

反馈性——报道经济政策的实施结果、经济活动的效果以及群众对经济活动的意见和要求。如车购税下调，买车的人增多，但又冒出一个停车的问题。

(3)服务性经济新闻：是为企事业单位和社会大众提供多方面指导，以引导和促进生产、流通和消费。如我国加入世贸组织以后，砍掉多少行政审批文件。又如住房按揭贷款怎么计算等等。它可以分为以下三个方面：

生产服务——如“三种建材不可盲目生产”；

生活服务——如“不要购买非定点企业生产的电冰箱”；

知识服务——如就某一问题走访专家或介绍小资料。

应当指出，服务性经济新闻不是一般的新闻报道，而是直接或间接为生产、生活服务的业务性报道，其价值不在于其新闻性强弱，而在于经济价值大小。它和一般经济新闻在服务对象、传播目的、报道形式上有如下区别：

	服务性经济新闻	一般经济新闻
服务对象	向经济机构和从事经济工作的人员提供服务。专业性较强，面要窄一些。	所有新闻受众，要求以新闻的普遍意义和共同兴趣引起受众共鸣。

续表

	服务性经济新闻	一般经济新闻
传播目的	提供准确而详尽的信息，为经济部门或人士进行决策和管理提供可靠依据。要有明确针对性、知识性、资料性，做到深、精、专，但时效要求相对较低。	传播一般动态信息，告诉受众发生了什么经济事件、有何经济动向。所以只求新、快、短，不求精、深、专。
报道形式	多样，有专稿、资料介绍等。	大多为消息。要求主题鲜明，语言简洁。

由于这类新闻服务对象集中、传播内容专业性和技术性强、传播形式多样等特点，与经济建设关系十分密切。在以经济建设为中心的今天，这类新闻发展得十分迅速，在经济报道中占很重要的地位。如在举办中国美食节时，不少媒体以几个版的形式提供服务指南，甚至标出地图。如今在一些专业性经济类报刊中，这类服务经济新闻甚至占据大多数篇幅。

(4)人物性经济新闻：是以反映经济工作和经济活动中人物的事迹、活动为内容的新闻。它可以分为以下三个方面：

人物活动型新闻——报道新闻人物有益的经济活动。例如报道经济学家赶集。

人物事迹型新闻——报道新闻人物在经济活动中突出事迹的新闻。例如报道万向集团老总鲁冠球和横店集团老总徐文荣共同看好旅游。

人物言论型新闻——报道有关人物关于经济工作的新见解、新观点。例如报道吴敬琏说中国股市多泡沫、钟朋荣说浙江经济好比“小狗经济”。

(5)自然现象性经济新闻：报道与经济活动有关的自然现象的新闻。它可以分为三个方面：

(A)天气与海洋情况报告——例如长期低温阴雨的厄尔尼诺现象(会影响空调生产)。

(B)地震和火灾等自然灾害的报道——如沙尘暴(会破坏生态)。例如：

我国成为地震最多的国家之一

据新华社消息 地震和火灾等自然灾害的报道众所周知，地震是最严重的自然灾害之一，仅20世纪以来，全世界就有120余万人死于地震灾害。近40年来，全球破坏性地震所造成的经济损失已超过2000亿美元。由于我国地处环太平洋地震带和欧亚地震带之间，地震活动非常频繁，成为世界上地震最多的国家之一。历史上有记载的地震达4000多次，造成人员伤亡的346次，死亡人数高达230余万。

特别是进入本世纪以来，我国发生6级以上的地震650多次，其中7～7.9级地震98次，8级以上地震9次。从50年代起，我国由于地震灾害造成死亡的人数已高达40万人，直接经济损失数百亿元，每年平均16亿元，损失极其严重。

(C)有价值的经济珍闻——如马下双崽。例如：

福建云霄海滩造林

新华社福州电　在福建云霄县漳江出海口的海滩上，东厦镇一些水产养殖户连日来乘着潮汐回落的间隙，在露出水面的滩涂上造起了红树林。那些已种植成的红树林，使这个省级的红树林自然保护区显得更加郁郁葱葱。

东厦镇船场村的水产养殖户方添金是其中最早的海上造林大户。1999年11月，他向村里承包了500多亩滩涂，听说红树林具有护岸、护堤、净化水体的作用，他当年就开始在滩涂四周种植红树林，至今种植面积已达200多亩。

跟方添金一样，原来很多东厦镇的农民没有认识到红树林在湿地生态系统中的巨大功用，相反，在上世纪六七十年代，大量毁林围垦。80年代实行浅海滩涂承包责任制后，部分村民急功近利，毁林建鱼虾池，红树林也陆续遭受破坏。当地政府于1990年出台了《关于加强红树林管护的决定》，要求林业局负责施工，每年种植几百亩红树林，至目前已增至2500多亩。

由于红树林能净化水质，改良海土，红树林周围及林下滩涂平均亩产值大大高于其他地方浅海滩涂产值，保护区内的泥蚶、缢蛏、竹蛏、青锯蟹等水产品的品质良好，目前已经出口到日本、东南亚等地区。

[《人民日报》(海外版)2002年6月27日]

2. 比较具体化的分法①。

(1)信息性经济新闻：一般为简讯，大多为某一条经济信息。如我国最大的绕城公路2004年在杭州完工。

---

① 参见苑立新：《现代经济新闻教程》，中国广播电视出版社2001年版，第10页。

这一类经济新闻不仅具体，信息量也非常大，有人称之为纯经济新闻。因为社会经济的高度发展，经济信息已经成为一种资源和财富。信息性经济新闻有些可以直接创造价值和经济效益，有些可以间接产生价值和效益。有些虽然不能直接或间接创造价值和效益，但可以启迪人们，促进人们开动脑筋，具有潜在的价值和效益。

信息性经济新闻有综合性经济信息，也有各种专业性经济信息；有宏观经济信息，也有微观经济信息；有动态性经济信息，也有预测性、反馈性经济信息。

(2)政策性经济新闻：一般为大众所关心的新政策出台。如公司法、广告法的施行。

由于经济政策涉及各行各业，因此政策性经济新闻覆盖面很广，影响力极大。作为指导工作的行为和规范，政策的指导性决定了政策性经济新闻的指导性。同时，经济新闻报道所反映的宏观政策虽然也带有政治或意识形态的性质，但反映的具体政策及其他信息更强调实用性。与时政新闻党性鲜明的特征相比，政策性经济新闻的实践性更为突出。

政策性经济新闻包括对政策条文本身公布式的报道和有关政策的各种事实性的报道。相对于前者来说，后者的报道要复杂得多，它包括对政策的解释及实施情况的反映和监督。

(3)经验性经济新闻：不是指所有的经验，而是必须要有新闻价值，有广泛性。如报道某地引进外资中对外商进行"一站式"服务的成功经验。

经验性经济新闻实际上是对已有经验的新闻选择，并在较高层次上发挥指导作用。在人类的活动中，经济方面的经验最多，意义也非常重大。我国新闻界有着重视经验性经济报道的传统，国外新闻界也非常重视能促进经济发展的报道。

温州民企　宏观调控凸现新亮点

视野越来越宽　跨国收购境外公司
领域越来越广　从财团到民营银行
思路越来越多　合纵连横强强联手

新华网浙江频道8月30日电　中央实施的一系列宏观调控政策，给温州的发展带来了新的机遇和挑战。

温州有着比较灵活的市场机制，抗风险能力比较高，而且从过去情况看，宏观环境经济越紧，越能体现出自己的优势，有紧中见活的特点。另外温州的民间资本充裕，银根紧缩之后资金的自我调节能力比较强。所以，在宏观调控的背景下，温州在努力提升发展的动力，进一步发挥自身的优势和特色。

走进温州民营企业，我们看到，他们用一个个创新故事给出了答案。

温州制鞋企业收购了意大利制鞋企业！

温州民企组了 2 家民营财团！

65 家家具企业结盟而成一个家具集团！

在短短的几个月时间里，一个个“爆炸性”的新闻从温州的民营企业里传出。温州的民营企业一次又一次成为人们关注的焦点。他们这些“开先河”的举动，是一种力量的积蓄与喷发。在这种积蓄与喷发中，新的竞争优势不断生成。

（4）人物性经济新闻：指经济活动中的典型人物。如国外一媒体说杭州宋城集团老板住的是豪宅，吃的是山珍海味，以贬低我国私营企业主。我媒体就针锋相对进行了采访。

人物性经济新闻之所以被重视，是因为经济活动是人类最经常、最重要、最基本的创造活动之一。在经济活动中，人是主体，是设计师和操作者、生产者、消费者。经济活动充分体现了人的才能和创造力。

诺奖得主穆拉德上海创新业

编者按：一位年近七旬的诺贝尔奖得主，不远万里从美国来到上海，冒着酷暑，放弃旅游，一心扑在以自己名字命名的研究中心，此事生动地表明，上海这座国际大都市不仅早已成为国际资本的投资热土，也同样是吸引集聚世界顶尖人才的创业乐园。

虽说穆拉德并未执掌本市首批科教兴市重大产业科技攻关项目，但这位诺贝尔奖获得者情定申城，把这里作为他科研事业的中心和创业基地，无疑从一个侧面反映出上海人才国际化程度的快速提升。他以无形资产入股而成为医药科研攻关的领军人物，更体现了上海在突破体制机制瓶颈、实现智力资源资本化方面又有了新的进展。

这种科研与成果产业化紧密结合、融为一体的做法，必将随着时间的推移，而在形成产学研联盟机制，使企业、高校和科研院所真正成为科技创新的主体和源头方面，日益显示其示范性意义。

新华网消息：

头顶烈日，68 岁的诺贝尔奖得主穆拉德教授手提笨重的行李袋，兴冲冲走出张江地铁站，涔涔汗水迅即浸润了身上的格子衬衫。这是发生在不久前的一幕。

论身份，这位享誉全球的“伟哥之父”、我国科技部聘请的海外顾问，本该在助手的陪同下由专车接送。而此次，这位“倔老头”却主动放弃中方为他特意安排的九寨沟旅游，在北京“2004 年生物技术论坛——诺贝尔日”上做完精彩演讲后，便只身一人悄然来沪。

(5)问题性经济新闻：是专门对经济活动中存在的问题进行报道，并在报道中分析、解剖问题，研讨问题。因为经济建设和经济改革不可能一帆风顺，寻找和发现明显或潜在的问题，目的就是克服不足，减少失误。因此这是深化经济报道的重要方面，也是舆论监督的职责所在。它分成三类：

(A)披露式。主要是披露揭示当前经济活动中的重要问题，以引起社会的关注。如假货为何越查越多，原来是地方保护主义在作怪。再如：

浙江：医药零售业过度竞争陷入“黑色时期”

9 月 1 日报道　8 月 25 日，创建于公元 1770 年的“寿全斋”药房告别了宁波市开明街。据称，“寿全斋”是浙江省目前最古老的药店，迁址的原因是无法承受开明街高昂的经营成本和周边密集分布的同行竞争。

8 月 27 日，浙江省医药行业协会秘书长兼零售分会会长朱忠兰接受《中国经济时报》记者采访时说：“医药零售业进入了历史上最困难的阶段，可以说是‘黑色时期’。”

（《中国经济时报》）

(B)调研式。对经济活动中的问题进行详细深入的调查研究和透彻的分析，并提出有效的解决措施。如私营企业发展到现在，面临规模小、层次低等问题，从而提出要进一步改制和技术创新。再如：

新一轮税制改革宜早启动　跳出“税改→减收”局限

新一轮税制改革原则和内容，已经在《中共中央关于完善社会主义市场经济体制若干问题的决定》第 20 条中做了系统阐述。启动新一轮税制改革的必要性和重要性，也已为包括企业界、理论界和政府部门在内的方方面面所熟知，并为社会各界翘首期待。

拟议中的税制改革方案无疑是以财政上的减收为代价的。而且，根据初步测算，仅仅增值税和企业所得税两个税种的改革，就要涉及 2000

亿元上下的减收。如此规模的成本，在财政日子并不宽裕、方方面面亟待投入的条件下，自然会使人们变得格外谨慎。

问题是，因财政减收的担忧而搁置拟议进行的税制改革，终归不是长久之事。指望财政的日子宽裕起来再实施企盼已久的税制改革，会使改革变得遥遥无期。

跳出“税改→减收”的局限而放眼整个财政收支流程，可以发现两件互为关联的事情：一件是，从1994年开始，中国税收始终处于高速增长的状态，而且，增幅越来越大。持续10年的高增长，已经大大抬高了税收基数盘子。2003年的税收规模，是1993年的4.7倍。另一件是，伴随着税收的高增长，财政支出规模表现出更快、更猛的增长势头。10年间，财政支出的盘子已经在税收高增长的支撑下迅速膨胀起来。2003年的支出规模，是1993年的5.7倍。也就是说，在过去的10年中，税收增长和支出膨胀之间是一列几乎没有任何路障的“直通车”。

(C)讨论式。就某一个问题在媒体上开展讨论，广开言路，以正确引导。如关于如何看待社会公平的讨论。再如：

民营银行之忧

新华网浙江频道8月30日电　上周，浙江商业银行在杭州正式挂牌成立。因为15个股东中有13个是民营企业——它们占去了全部股权的85.71%，因此这家新成立的银行被迅速贴上“民营银行”的标签，并被视作民营资本的一次胜利和中国银行业加快改革的一个信号。

这是一个重大的突破，因为民营银行力量的增加，将有助于在中国的金融体系中引入更多的市场化力量，促进中国的银行向真正的商业银行转变。

但是，至少有两点不能不引起我们的高度关注：第一，浙江商业银行董事长和行长的官方背景，董事长此前为浙江省政府秘书长，行长此前为人民银行杭州分行行长；第二，浙江商业银行组建过程中的政府主导，“从股东名单确认到股权分配直到董事长、行长的人选，握有超过85%股权的股东企业很少有发言权”。

拥有85%强股权的股东对重大人事安排少有发言权，这使人不得不担心浙江商业银行会徒有民营银行之名，而无民营银行之实。

1996年民生银行成立时曾被寄予厚望，但是后来的事实证明，这家银行在管理模式、客户结构和服务手段上和国有银行并无二致。

为什么会出现这样一个局面？原因可能有二。第一，民营资本进入银行业，监管层向来掌控甚严，在这种情况下，地方政府和民营企业达成默契，采用"官督民办"的方式，为当地的民营企业提供隐性的政府担保，从而换得监管层的批准；第二，地方政府的"银行情结"依然在起作用。

这两种可能性都不能令人乐观。股份制是为现代企业所广泛采用的一种组织制度，它的突出优点就在于权责明确，地方政府提供的隐性担保则从根本上破坏了这种游戏规则：既然股东对董事长和行长这样的重要职位都没有发言权，那你能期望他在经营出现风险时心甘情愿地自掏腰包埋单吗？

至于后一种可能性就更难言祸福了。

自去年以来，在各类报章媒体上，频频曝出地方办银行的新闻。比如天津要办渤海银行，东北要办东北振兴银行，山东、安徽、江苏要办淮海银行，重庆要办一个能辐射西南地区的新银行。有趣的是，这些拟议中的银行都强调要吸纳民资和外资，都由当地地方政府在牵头组织。

地方政府发展金融业的动机无可厚非，问题是当地当下是否已经具备了发展金融业的原生土壤和自发的市场力量？我们必须警惕拔苗助长的倾向，更必须警惕那些与金融改革大方向相背的苗头。十年来金融改革的所有努力，就是建立一个银政分离、商业银行独立审慎经营的市场体系。如果新成立的区域性银行重蹈银政不分的覆辙，成为地方政府的第二财政，那么已经交过的学费就要重交一次。

（摘自《南方周末》）

(6)理论性经济新闻：用新闻题材写理论性的文章，把现象升华到规律性的理性思考。如探讨公平和效率。

(7)生活消费性经济新闻：随着经济新闻报道范围的不断扩大，服务功能不断拓展，为广大人民群众生活服务的报道日益增多。如今年流行什么面料。

(8)边缘性经济新闻：这是在经济工作、生活和其他工作、生活相交叉的边缘地带产生的一种经济新闻，它将经济与其他密切相关的内容融为一体，是一种视野开阔、独具魅力的经济新闻。这是因为不同的事物、工作、事业之间都有相交性、共生性，经济活动更是无处不在。边缘性经济新闻便应运而生。如体育经济报道的提出，说明发展体育事业必须以经济为强大后盾。

鉴于经济新闻种类繁多，为便于梳理，有专家形象地把整个经济新闻比

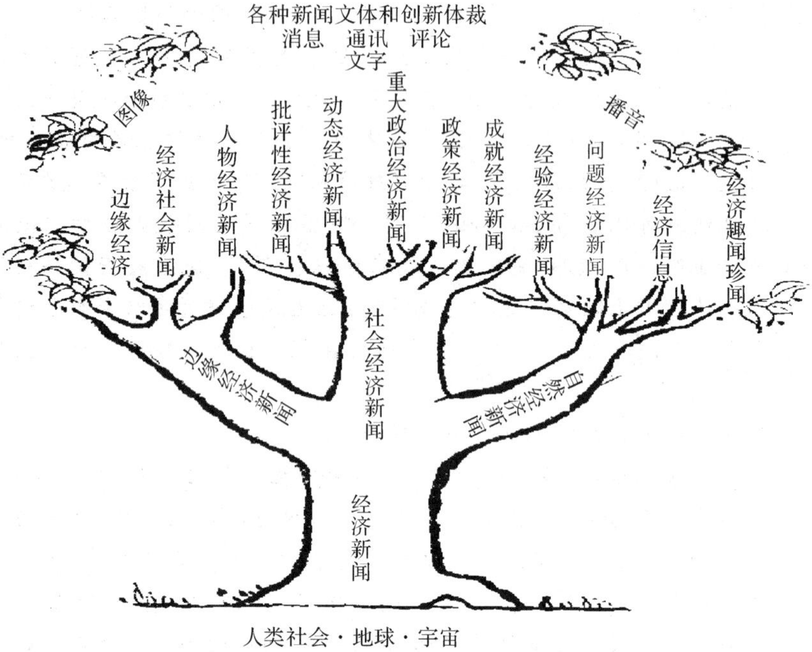

经济新闻树

喻成一颗植根于社会生活、地球、宇宙的大树，树分三叉十二枝，真好比“浓阴密布，花果琳琅”①：

三叉即三大类：

第一类为“社会经济新闻”。即关于人类参与各种社会经济活动的事实报道，主要反映人与人、人与自然之间的经济关系。例如，有关经济改革、开放的新闻，进行物质生产、管理、消费等活动的新闻。这类新闻是社会的人与经济相结合，直接体现人的主观创造作用，可称谓“人为”的经济新闻，是最基本、最多的经济新闻，有许多带有不同的政治倾向性，带有不同社会制度的烙印。它包括重大政治经济新闻、政策性经济新闻、动态经济新闻、成就经济新闻、经验性经济新闻、问题性经济新闻、批评性经济新闻、人物经济新闻等八“枝”。

第二类为“自然经济新闻”。它以报道“自然经济现象”为主要内容，本身的“人为性”不明显。如北方喜降瑞雪，对农作物生长有利；某地发现原始森

① 转引自徐人仲：《经济新闻学初探》，新华出版社 1993 年版，第 53 页。

林，成为新的旅游胜地。由于这些基本上不是人参与造成的，从经济角度来报道，可称为“自然经济新闻”。它包括经济信息、经济趣闻珍闻两“枝”。

第三类为“边缘经济新闻”。它以报道经济内容为主，但同时又报道非经济内容的新闻，是在不同学科、不同事业边缘交叉处产生的经济新闻。它包括经济社会新闻及边缘经济新闻本身共两“枝”。

总之，经济新闻内容和形式上的划分，只是提供一个基本框架，不可能包罗万象。历史的发展进程必然包含某种程度的“抛弃形式，改造内容”，不合适的将改变，有用的将保存或作修改，新的将不断被创造出来。

四、经济新闻的历史沿革

经济新闻有着自己的历史，可以说与历史同在，与报纸同生共来，各种版本的教材虽然描述不一[①]，但基本脉络大体一致，可以分为三个历史时期。

1. 经济新闻的早期

这是经济新闻的襁褓期，是一个漫长的年代，一直从人类产生到机器印刷报纸之前。人类为了生存就要劳动，而为了劳动更有效，就必须交流，这是最早的新闻传播。在劳动中人类学会了使用火，于是在一些部落之间，赠送用火的新闻，交流保存火种的经验，传播用火成了一大经济新闻。一直到后来石器的制作、茅棚的营造、动物的驯养、稻麦的发现、彩陶的烧制都是经济新闻的传播实例。所以原始的经济新闻可称为人类的“鼻祖新闻”，它的作用是不可磨灭的。

2. 经济新闻的独立成长期

从17世纪初机器印刷的报纸发行起，直到20世纪60年代电子技术和卫星通讯应用于新闻事业为止，这300多年是经济新闻独立成长和迅猛发展的时期。

早在16世纪，在资本主义发展得最早的意大利商港威尼斯，就有了近代报纸《威尼斯公报》，除报道政治事件外，还报道物价、船期等。

1609年，在德国北部出版了迄今为止发现最早的机印新闻报纸。1660年，世界上第一份机印日报《莱比锡新闻》创刊，这种从手抄新闻演变而来的报纸，大部分消息是关于商业和政府事务的。此时，新闻已作为独立的事业，

---

① 参见徐人仲：《经济新闻学初探》，新华出版社1993年版，第42页。苑立新：《现代经济新闻教程》，中国广播电视出版社2001年版，第22页。

而经济新闻也具备了茁壮成长的种种条件：

(1)工业革命和生产的逐步社会化，创造了无数新鲜、重要的经济新闻事实。

(2)经济新闻的市场开始形成，并不断扩大。如工厂主与工人之间，工厂主与工厂主之间，经纪人与银行家之间都开始了对经济新闻的不同需要。

(3)经济新闻的使用装备和传播条件大大改善。

在我国，虽然新闻事业的成熟来得相对较晚，但并不妨碍经济新闻的发展。早期的近代报纸大多数是外国商人创办的。“因其是在资本主义列强图谋打开中国门户的过程中诞生的，采访报道内容除了宗教性、政治性强的一面，还有‘商业性的内容’较多的一面。”①稍后诞生的中国资产阶级报刊，由于在政治上具有软弱性和幼稚性，对政治性报道的注意力往往弱于经济报道，其报道的重点也在于“拓贸易，辟商途”。

就是以宣传群众为主旨的革命进步力量所办的报纸，在发动群众推翻旧社会的过程中也相当重视经济报道。如《解放日报》曾用大量的篇幅宣传军民大生产运动、农业互助合作化运动，报道大量的劳动模范事迹。

党带领人民夺取政权以后，其领导下的媒体随着党的中心工作转移，更加重视经济新闻。早在解放前夕，毛泽东就指出：“要为这个中心服务。”②国家新闻总署在1950年4月23日发布的《关于改进报纸工作的决定》中也提出“应以首要篇幅”。因此在这一时期，媒体主要宣传党的过渡时期总路线及党的经济政策。

3. 经济新闻的现代新生期

以20世纪60年代人造通讯卫星、微电子技术进入新闻事业为标志，经济新闻走向了现代新生期。其主要原因在于：

(1)世界经济“全球化”，使经济新闻的报道客体发生了新变化，新闻工作者要立足“地球村”去观察和报道新闻事实。例如报道一个企业的产品，就要考虑其国际市场的占有率。

(2)经济新闻的传播手段现代化，使它的报道更快捷方便，并且图文并茂、动静一体、无孔不入，其影响力进一步增强。例如近几年崛起的网络新闻。

(3)世界经济格局的复杂性和经济发展的多样性、不平衡性，使得经济新

---

① 见蓝鸿文：《专业采访报道学》，中国人民大学出版社1991年版，第261页。

② 《毛泽东新闻工作文选》，新华出版社1983年版，第164页。

闻报道的竞争更加激化。例如各国媒体对金融风波、石油危机多角度的争相报道。

在我国，随着党的十一届三中全会后党和国家工作重点的转移，经济报道的数量与质量都发生了显著的变化。可以说，这是经济报道最活跃的全盛时期，呈现出以下特点：

(1)经济新闻的传播网络基本形成。如党报增加的经济新闻版、经济类媒体(经济台、经济报、经济网)崛起，晚报、都市报也专辟了财经新闻版。

(2)经济新闻的报道面不断拓宽。由生产领域走入流通、分配、消费领域，甚至向结合部(如体育经济、科技经济)由过去的指导性走向服务性；由过去单一报道典型人物，转向报道普通人物。

(3)经济新闻的报道内容不断深化。既有热点问题，也有冷僻问题(如既有对下岗职工再就业的报道，也设有收藏版块)，还注意从理性方面进行突破(如对温州模式的剖析)。

(4)经济新闻的报道形式更为活泼多样。有参与式报道(如记者购物的亲身经历)、背景链接(如交代相关知识、相关文件，介绍兄弟单位如何做)。

我国经济新闻的这种变化首先是从改革开放后整个新闻结构的两次调整中表现出来。第一次是 20 世纪 70 年代末 80 年代初从报纸杂志化、新闻文章化向新闻自身的复归，开始强调新闻的信息功能和短小精悍。如《经济学家赶集》、《会计嫌我的油壶小》等第一批广受赞誉的好新闻。如果说新闻结构的第一次调整是报道面由“窄”向“广”、新闻条数由“少”向“多”的变化，那么第二次调整就是报道视野由“广”向“深”、表现艺术由“平面”向“立体”的变化。这次变化的呈现形态是 80 年代中期深度报道的出现。第一次变化，经济新闻唱了主角。第二次变化，经济新闻同样担当了重要的角色。

第二节 经济新闻的功能与特点

一、经济新闻的地位和功能

经济新闻的社会地位如同经济基础在整个社会中的作用一样，各种版本的教材都有论述。第一种论述认为[①]：

---

① 参见徐人仲:《经济新闻学初探》，新华出版社 1993 年版，第 42 页。

1. 它直接报道并推动社会生产力的发展，是一种“基础新闻”、“骨干新闻”，是新闻领域里重要的“能源”——“蛋白质”。如《21 世纪经济报道》的办报方针就提出“新闻创造财富”。

2. 它覆盖面大、渗透性强，不仅对经济工作发挥直接作用，就是对其他社会事业、社会工作也能发挥重大的多层次作用，乃至对政治生活、精神生活都有影响。如对私营企业党建工作、民工学校的报道。

3. 经济报道的深化，可以从“根基”上帮助社会成员提高认识社会的能力，增强创造能力。如在效益农业起步之时，各地都发动“一村一品”、“一乡一品”，推动了早期的发展。但记者在采访中发现，这种“村村点火”、“处处冒烟”的方式不利于形成规模优势，打出品牌子效应。于是就报道某地敢于舍弃，集中财力发展优势产业的成功经验。

由此可见，经济新闻是社会兴衰的一种重要征兆。对于一个国家来说，除了发生战争等特殊情况以外，如果经济新闻的呼声不高，苍白无力，需求不旺，或者经济报道误入歧途，那么就显示了这个国家的不祥之兆，或者意味着已经产生了深重的危机。

第二种论述这样评价的①：

1. 传递现代经济意识，树立现代经济观念。它包括人的现代化意识、开放竞争的意识、诚信意识等等。例如，搞市场经济就可以假、冒、骗去实现“原始积累”，我们的新闻报道就应当以一些既害别人、又害自己的新闻事实去引导。

2. 传播各种经济信息，活跃生产和流通。例如，某个科技人员发明了一项专利产品，但又苦于没有资金，经媒体报道后，有企业与他合作，双方都得利。

3. 指导经济工作，引导经济生活。例如，下岗与再就业问题涉及国企改革成功与否，但工作难度很大，媒体就需要成功的、富于感染力的新闻事实去解惑释疑。

4. 监督社会经济活动，保证经济正常运行。例如，一些地方盲目圈地，到处设开发区，致使大批良田被占用，新闻媒体就及时评述这种不正常现象，呼吁保护耕地。

第二种论述还认为，经济新闻的覆盖面之大、渗透性之强，使它不仅能对

---

① 参见苑立新：《现代经济新闻教程》，中国广播电视出版社 2001 年版，第 7 页。

经济工作发挥直接作用，对其他各项社会事业、社会工作也能发挥多层次作用，对整个社会的政治生活、精神生活都能产生深远的影响。

第三种论述把它归纳为以下五个方面[①]：

1. 传达经济政令。如《中华人民共和国会计法》昨开始施行。

2. 传递经济信息。如橘子滞销找买主。

3. 监督经济行为。如揭露一地盲目投资。

4. 传播经济知识。如报道纳米技术的应用。

5. 指导经济生活（还可分介绍消费观念、消费方式、资源开发、经营方法等）。如介绍网上购物。

第四种论述作了如下表述[②]：

1. 经济政策的指导性。

2. 活跃经济流通领域。

3. 引导社会消费。

4. 产生传播正面效应。

无论是“作用”、“地位”，还是“功能”，其实讲的都是“重要性”。我们把各书的论点摘要下来，目的就是告诉大家，在这个问题上，专家的意见大同小异。

我国著名新闻学家萨空了对经济新闻的重要性作了精辟的论述，他在《科学的新闻学概论》中指出：“人类最初注意新闻，决非出于人类的好奇心，实在是由于生存的需要。就是到今日也仍然是他们生存关系最密切的新闻，最为人类所首先注意，而且注意得最普遍。对桃色新闻不感兴趣的人在社会上很多，但是粮价陡涨的消息却没有人不注意，不但传播得普遍，而且非常迅速，所以世界上新闻报道最为人类所注意的第一是经济新闻。”

当今世界，尽管局部战争不少，但都没有形成世界性大战。和平与发展，是时代主流，争夺经济市场、争夺劳动就业机会、争夺高利润率的“经济战争”，将在很大程度上代替军事战争，经济将成为世界头号问题。在这种格局和背景下，经济新闻的地位将继续上升。

正因为如此，国外学者非常关注这一现象的研究和后备人才的培养。美国密苏里新闻学院写作组在《新闻写作教程》中指出：“前些年那种不重视经济新闻的现象已一去不复返了。近年来，各报扩大了经济报道的数量与质

---

① 参见程道才、严三九：《经济新闻写作概论》，中国广播电视出版社 2001 年版，第 18 页。

② 转引自仇学英：《热点经济新闻采访技巧》，新华出版社 1998 年版，第 29 页。

量。目前报纸的头版和经济新闻版登载的内容五花八门，既有调查性和分析性报道，又有社团大力吸引对新兴行业投资或支撑老工业的报道，还有大工业决策者的人物志等。”该书还指出：“经济新闻和供消费者阅读的新闻已经升格成为许多报纸的主要专业新闻。”综观西方媒体，他们的经济新闻可以报道某公司的潜在利润、某产品的生产情况、某位高级管理人员的个人简介、某家新工厂的开业、人们的服装式样等。为了加快人才培养，密苏里大学、哥伦比亚大学的新闻学院都设有经济新闻专业。

在我国，随着党和国家工作重点向以经济建设为中心转移，经济报道受到前所未有的重视，经济新闻传播事业发展迅速。经济类媒体大批涌现，综合性传播媒体的经济版面、经济节目大幅度增加，报道的深度和广度有了显著提高。伴随着经济报道的春天来到中华大地，培育新苗的大专院校财经新闻专业也应运而生。还有专家预言，在都市类报纸红火的势头过后，将是财经类报纸的崛起。

有资料表明：西方发达国家经济新闻的发展史表明，引领报业的最终是经济类媒体。英国《金融时报》的主要特色是报道金融财经、工商业消息和与经济有关的国内外政治动向。它追求订户的权威性——几乎全世界所有的大企业都订阅了该报。美国的《华尔街日报》、日本的《日本经济新闻》也是同样。正处于转型期的中国，市场经济体系已逐步建起来。从报业市场发育程度看，有成熟市场和新兴潜在市场之分。成熟市场以综合新闻类报纸、都市类报纸的娱乐性报纸为主，新兴市场则以各类经济报纸为代表。目前，经济类报纸正成为战略投资者的选择对象。这是因为，作为新兴市场的主体，经济类报纸市场竞争的格局尚未形成。具体表现为在人们的经济和社会生活中，真正意义上占主导地位的经济类报纸尚未出现。与经济发展相适应，中国需要像《华尔街日报》和《日本经济新闻》这样权威的经济类报纸，世界也需要中国有这样的经济类报纸成长起来。在中国已加入 WTO 和经济全球化的今天，更是如此。①

二、经济新闻的主要特征

经济新闻由于与经济工作、经济活动、经济生活密切相关，在写作中必然带有“行业”的鲜明特点。各种版本的教科书有四种表述。

---

① 转引自王华庆：《经济新闻采访与写作》，中国广播电视出版社 2003 年版，第 9 页。

第一种表述[①]：

1. 具有较强的政策性

在社会主义市场经济条件下，一切经济活动都体现了党和政府一个时期内的经济政策。因此，报道这些经济活动的新闻，本身就带有很强的政策性，渗透着政策精神，具体体现着各项政策。从这个角度看，经济新闻具有的政策性，比其他专业新闻强得多。因此，吃透经济政策，在报道中正确地反映经济政策、体现经济政策，是经济新闻写作最为重要的要求。例如在报道国企改革时，不能因为国企机制不如私企，就鼓吹"一卖了之"，还要考虑到"抓大放小"的政策。

2. 具有较强的业务性

经济新闻要反映经济工作的经验、问题，要报道经济工作的进展情况及经济活动的绩效，就肯定不可避免地要涉及一些生产工艺流程、技术术语、专用名词，涉及成本核算、经济效益、产值、利润等内容，这就必然使经济新闻带有较强的业务性。而且，经济新闻只有结合具体的业务问题来写，才能写得实在、具体、有血有肉。如果抽象地谈经验、谈问题，就必然写得空对空，缺乏说服力。

但是毕竟经济新闻不同于经济工作总结。总结在于深层次展示全过程，把业务问题说深说透；新闻在于在新闻性与业务性这对矛盾中，业务性必须服从于新闻性。

3. 具有较强的保密性

当今世界，一切竞争都是体现在经济上，经济新闻反映的就是经济情报，因此注意报道上的内外有别便是很自然的了。

第二种表述[②]：

1. 专业性

在对经济领域发生的情况进行报道时，往往要涉及一些业务性问题，而经济述评等深度报道不仅要求介绍较丰富的专业知识，还必须具有一定的理论色彩。因为在许多经济现象的背后，往往是一系列的经济政策问题和经济理论问题。所以经济新闻在所有的报道中，被认为是比较难以驾驭的一种，原因也在于此。但是现在是"内行不愿看，外行看不懂"，既反映了经济新闻

① 参见程道才、严三九：《经济新闻写作概说》，中国广播电视出版社 2001 年版，第 13 页。

② 转引自苑立新：《现代经济新闻教程》，中国广播电视出版社 2001 年版，第 3 页。

的专业性特点，也反映了这种特点与新闻传播大众化、通俗化的矛盾。

2. 现实性

无论是经济专家，还是经济经营管理者，其研究或经济活动都是围绕经济生活而展开的，所以，现实性是经济报道的重要特征，离开现实的经济活动、生活，经济报道必将空洞无物。

3. 服务性

经济新闻的主要任务是传播经济信息，分析评述经济活动，指导经济工作，因此经济新闻的服务性主要体现在信息上，还表现在经济新闻监督，反映经济工作与生活，为决策部门制定和调整政策法规提供决策参考等方面。

4. 指导性

经济活动潮起潮落，险象环生，经济新闻的指导性主要体现在对群众经济活动的引导上，通过对政策的阐述解释和对经济活动、经济现象的分析评述来实现。高水平的经济新闻善于从与群众生活密切相关的经济现象入手，以科学分析、通俗化的语言来透视现象，揭示本质。

5. 实用性

在现代经济生活中，经济新闻中的许多宏观信息已成为决策者的重要参考资料，一些微观信息已经或正在帮助企业经营者摆脱经济危机，一些生活消费类知识的传播，在引导消费、提高生活质量方面，也发挥了重要作用。因此，实用性是经济新闻区别于其他新闻的一个重要特征。

第三种表述[①]：

1. 开放性

经济全球化的本质就是市场一体化，国际、国内、区域市场一体化。因此，当代经济新闻报道也应是冲破地域的樊篱，融入世界经济大潮之中的开放性报道。就是具有全球的视野，从世界的角度反映认识经济事件。

2. 指导性

由传统的经济模式向新的经济模式过渡，是一场深刻的变革，难免带来人们思想认识上的迷茫，因而就需要通过权威、理性、准确的经济新闻加以引导。

3. 服务性

市场经济条件下，受众获取经济新闻的目的，不仅是对某个经济事实的

---

① 转引自王华庆：《经济新闻采访与写作》，中国广播电视出版社2003年版，第13页。

知晓，更注重经济新闻所传递的信息对自身可产生的价值，就是说是否有用。

4. 前瞻性

预测趋势，是经济新闻的重要功能。在全球经济一体化程度日益加深的今天，经济新闻尤其应该如此。要通过对客观规律的把握，准确预示经济未来的趋势，给受众以启迪。因此，前瞻性（或称预警性），实际上就是指导性和服务性的延伸。

第四种表述[①]：

1. 商品经济的时代性。它包括政策性、开放性、社会性、实用性、监督性、权威性、预测性。

2. 经济新闻的思辨性。它包括思维的立体化、整体化、群体化、具体化、典型化。

① 引自仇学英：《热点经济新闻采访技巧》，新华出版社1998年版，第30页。

第二章 经济新闻采写

经济新闻采写的难点
经济新闻的采写原则与方法
经济新闻采写的新思维
经济新闻从业人员的特有素质

第一节 经济新闻采写的难点

如前所述，经济活动是人类最基本的活动，每一个社会成员都生活在经济之中，而且受到各式各样的经济问题的困扰。按理，经济新闻应是受众最关心、最欢迎的新闻。但是事实恰恰相反，迄今为止，经济新闻还未取得这样的效果，享有这样的声誉。一些综合性报刊的经济版、电台和电视台上的经济节目、经济类报纸上的不少分析性文章，仍然得不到读者的青睐。不少地方性经济报仅靠两三万份的发行量和几百万元的广告收入艰难地维持着生计。就此，一些业内人士认为[①]主要是因为目前市场发育还不够完善，尚不能为经济新闻和经济类传媒的发展提供良好的、宽松的环境；群众也还没有养成对经济新闻的阅读和收听、收视习惯，更没有养成对时政新闻那样的急切期待。这样的分析不是没有道理，但把原因完全归咎于客观，这种思考方法解释不了与国外的差距。因为正是市场发育不完善，才需要加强经济新闻来

① 参见樊凡、时统宇：《经济新闻范文评析》，新华出版社 2001 年版，第 16 页。

加以引导；正是受众尚未养成习惯，才需要加以培养市场。如果经济新闻能给人以一种享受和愉悦感，受众是不会不欢迎的。那么，到底是什么原因使我们事倍功半、劳非所得呢？经济新闻为什么叫好不叫座？

一、经济新闻中的“三难”现象

一是难写：经济新闻与政治新闻相比，少一些显著性；与科技新闻相比，少一些知识性；与社会新闻相比，少一些趣味性。加之在认识上存在误区，认为经济报道就是写工农业生产，就是生产报道。工业报道“首季开门红，二季双过半，三季战高温，四季满堂红”，而且不是报道生产进度，就是报道产品质量和生产效益，农业报道也是四季歌“春种、夏管、秋收、冬修”，年年老调子，令人生厌。

二是难懂：不少经济新闻，对生产过程介绍详尽，技术名词多，又缺乏必要的解释，使人难以明白。“在外行眼里是内行，在内行眼里是外行”，结果是“内行不愿看，外行看不懂”。

三是难记：由于经济新闻报道的内容缺乏接近性，写得又呆板乏味，数字繁多，受众不感兴趣，很难留下深刻的印象。

二、经济新闻中的四大问题

“三难”后面的原因又是什么？是在指导思想和写作中存在四大问题：

1. 报道面窄。经济报道的报道领域应该说是极为广阔的，不仅包括生产领域，还应包括分配、交换和消费领域。但是，不少报道往往只局限于就生产写生产，充斥媒介的不过是一些企业新闻。

2. 角度单一。对于同一项具体的经济活动，可以从不同的侧面进行报道，但多数报道只反映生产活动。可以从领导角度，也可以从群众角度、技术水平的角度……但多数只习惯于从领导角度去报道。

3. 写法呆板。写作时不求创新，习惯于“事件起因——提高认识——采取措施——获得效果”这一固定的程序和框框。这样的稿件必然干巴巴，千篇一律。

4. 干瘪枯燥。缺乏具体情节，缺乏充足的事实，全篇充满经过高度概括的结论性语言。①

① 转引自程道才、严三九：《经济新闻写作概说》，中国广播电视出版社2001年版，第41页。

一是肤浅。本来，经济报道完全可以培养一种自由讨论、深入研究问题的空气，但是有些报道缺乏独立的审视和深刻的思考，一哄而上，人云亦云。有报喜式的，充满“成绩显著”、“效益大增”、“丰收喜人”、“硕果累累”等等空洞无物的字眼；有证明式的，为了证明某种观点而去寻找事实，然后给新闻事实“穿靴戴帽”；有“效益＋措施”式的，经验与措施大同小异，报道主题大体相同；有广告式的，把一厂一店式的报道变成了对企业的介绍，只剩下广告价值。

二是刻板。本来，任何经济理论都源于经济生活本身，但是有些报道或概念化图解政策，或成为工作材料的堆砌，或生吞活剥经济理论。表现为语言概念化、结构公式化、标题雷同等。

三是笼统。本来多元化、多层次、不平衡是经济新闻受众群体的基本特点，但是许多财经类媒体却不顾受众需求多元化的实际，将读者笼统定位为关心经济的人士，没有进一步细分①。

除了以上分析，深层次的原因是，相当数量的经济报道和从事经济报道的记者，存在着为报道而报道、为经济而经济的倾向，不是运用经济学家的眼光和思维方式来考察国家的经济活动和经济形势，通过“以案示法”和“翻译”手段，深入浅出地揭示大量经济事实背后活生生的经济规律和经济学基本原理，让受众在日常经济新闻的接受与消费中，愉快地漫步于经济学的神秘殿堂，潜移默化地掌握分析经济现象和市场形势的科学方法，从而提高经济运作的自觉性，减少盲目性，多谋善断，正确决策，以充分发挥经济新闻的社会启蒙和社会设计作用。

我们可以反思，不少曾经被炒得沸沸扬扬的教授卖馅饼、县长练摊、作家下海、机关办公司、吉祥号码拍卖、点子大王、一包就灵等等，不是被作为“时代精神”来宣扬，就是被作为“新观念”来提倡，这种犯了“市场经济幼稚病”的所谓报道，决不是简单的一句“在游泳中学会游泳”可一带而过。从记者的自身素质上分析，还有如下原因：

1. 不研究经济规律和经济政策，不讲求经济新闻的经济本色，猎奇起哄，是许多经济报道缺乏理性的根本原因。

曾经轰动一时的山东省秦池古酒的“标王”事件，就是突出的一例。他们把偶然当必然，用3.212118亿元（3212118是该厂电话号码）保第二年的“标王”，必然不符合经济运行规律。而国有媒体的影响力属于国家影响力，当时

---

① 转引自王庆华：《经济新闻采访与写作》，中国广播电视出版社2003年版，第10页。

除《经济参考报》等少数媒体给予清醒的分析外，多数媒体却是一片喝彩声。这些经济新闻指向的错误，和一段时间内“捡到篮里就是菜”的单纯“反映式”的报道思想和报道模式有关。

2. 对中国的企业家缺乏深入的认识。

中国眼下的许多企业家，正如有人指出的那样，是些思想多元、性格复杂的矛盾人物。在他们的潜意识中，马列、毛泽东有一点，孔夫子、孙中山有一点，桃园结义、梁山好汉有一点，观音菩萨、赵公元帅有一点，甚至西方的“天赋人权”、自由平等也有一点，恰恰经济规律和经济原理少一点。他们在环境健康、制度完善、头脑清醒时做好事，在情况复杂、监控失察、头脑膨胀时也会做蠢事。像禹作敏这样“山大王”式的企业家，以及其他一些正道歪道一起走的“改革者”，他们像流星过天，先是名满华夏，后又纷纷落马。他们的曲折与结局，我们虽然不能同意那种“新闻界成也萧何、败也萧何”的简单指责，但新闻界也不可能是“无辜受骗的羔羊”。

3. 对国情缺乏全面的了解，特别是对现行体制与文化也可能会拖现代化后腿的情况缺乏了解。

有专家认为，我国现代化最大的国情不是人口多、资源少、资金短缺、技术落后，而是体制和文化。有的人一旦有了权，就无视经济规律，称“什么能赚钱就上什么”。其结果，各省的产业同构率达94%。而文化是一只无形的手，当它发散成一种氛围浸润着整个社会空气的时候，每个社会成员都会自觉或不自觉地被牵着走。既然文化的作用力如此之大，要求“身在此山中”的经济记者，把周围发生的每一个经济事件都能由表及里地分析，确非易事①。

另外，对经济新闻认识上的差异也是重要因素。有这样一种观点很有市场，认为经济新闻就是以经济现象为对象就可了事。因此只把生产要素的组合、配置、生产过程、成就指标作为主要新闻事实，致使许多经济新闻只见结果，不见细节和人的活动，也没有矛盾冲突，把经济新闻写成了生产要素的“物化”，写成了纯而又纯的经济文章。实践表明，好的经济新闻是把最主要的要素——人的活动作为主线。文体新闻、社会新闻、娱乐新闻之所以受欢迎，就是因为主人公是“人”，加之还有现场感。这就是都市报能迅速占领市场的主要原因，值得经济类媒体借鉴。

---

① 转引自樊凡、时统宇：《经济新闻范文评析》，新华出版社2001年版，第17页。

第二节　经济新闻采写的基本原则

经济新闻的采写有鲜明的经济特色，有六条基本原则值得我们去分析、反思[①]：

一、准确把握经济新闻的价值，扩大报道领域

和所有的新闻一样，经济新闻价值也分为两大类：一类是信息价值，另一类是宣传价值，但更注重信息价值，这是受众确切需要从媒体获得新闻资源的集中体现。市场经济的本质特征，是市场配置资源。一件商品从开发之初到进入市场，需要考虑诸多与市场有关的因素，如市场环境、风险系数、购买能力等。对于所有与市场经济有关的人而言，掌握信息就是掌握市场。经济信息救活一个厂、富裕一个村的事例屡见不鲜。

国外新闻界已经做了有益的尝试。《华尔街日报》被誉为美国财政金融的喉舌，在美国流行一句话："要想发财，就得读《华尔街日报》和《商务周刊》。"世界第一经济大报《日本经济新闻》不仅每天办了二十几个版面专门报道经济新闻，而且创办了《日经流通新闻》、《日经产业新闻》、《日经金融新闻》等专业性经济报，又创办了传递信息的12种通讯刊物、21种经济周刊。

目前一种西方报界的观点已被普遍接受，那就是：一张高质量的报纸，起码要能最大限度地提供信息。

我国的情况也是如此。有关调查表明：50％左右的读者喜欢经济新闻。而这些读者中，尤以喜欢信息性经济新闻的人数为最多。和港台报纸相比，内地报纸在信息量上还需大挖潜力。如台湾《经济日报》、《工商时报》已成为经贸、工商界人士每日必读的报纸。

在加大量的同时，还要提高质——"含金量"。在信息爆炸的今天，每天可登的信息相当多，如何筛选最具价值、最实用的信息传递给受众，而不是登出一堆信息垃圾，也是要认真把握的，而且还要增加对信息的分析和预测。美国新闻学家沃尔特·福克斯曾说过："不要对我说出了什么事，而要对我说这意味着什么！"

---

① 参见苑立新：《现代经济新闻教程》，中国广播电视出版社2001年版，第98页。

二、注重经济新闻的现实性

要有现实针对性，针对具体的经济事件、经济现象、经济活动、经济理论进行报道，才能真正起到传播信息、正确引导的作用。

1. 要抓热点、难点和焦点问题

因为这些问题集中体现了生产关系与生产力、上层建筑与经济基础之间的某种矛盾，是经济现象和经济问题中某种具有代表性或倾向性问题的集中体现，它不是某一行业或部门内的局部性问题，而是关系全局的重大问题，所以这些问题也常常是政府工作的重点，也是受众最为关注、最渴望深入了解的热门新闻。最近有专家说现在的新闻离老百姓越来越远，党报说教味太浓，小报则迎合低级趣味。

经济新闻的难点与热点把握起来相当不易，为此，要处理好"三个难题"、"两个引导"[①]：

第一，敢于正视难题。

现实经济生活中出现难点、热点决非偶然，这是社会各类矛盾碰撞的必然反映，也是客观事物发展过程的必然产物。这些难点、热点，不是一个行业或部门内的局部性问题，往往关系到全局。因此它是政府工作的重点，也是一个时期内经济工作的中心。由于它的客观存在，回避不了，掩盖不得，所以必须面对，敢于正视。从这个角度说，敢于正视难题，也是经济新闻工作的目的所在。

同时，对这些难点、热点，不同的人从不同的角度出发，会得出不尽相同甚至完全相反的看法。这种不同的视角，正是经济新闻的"眼球"所在。

再则，如若同难点、热点保持距离，媒体势必得不到群众的支持，成了无源之水，无本之木。

第二，善于选择难题。

现实生活纷繁复杂，有积极的难点和热点，也有消极的难点和热点。是与非、对与错，常常交织在一起，不易让人看清楚。加上许多难点、热点又是关键点，这就决定了报道对象大都是些敏感度高、政策性强、牵涉面广的重大问题，把握起来决不是件容易的事，稍有不慎，就可能出现偏差，造成难以弥补的影响。

---

① 参见苑立新：《现代经济新闻教程》，中国广播电视出版社 2001 年版，第 156 页。

正因为难点和热点报道具有极高的难度和极强的挑战性，所以抓到一个好题材，并且把握好，就能以其无可替代的魅力，成为媒体上的闪光点和受众的兴奋点。这好比体操比赛中，运动员选择的动作难度系数越高，得分也就越高。

此类报道虽然是理想中的追求，但是难在选题。其中最关键的两点：

一是要有大局意识。这是由于热点、难点往往就是具有全局意义的重大问题，因此也只有将其放在全局中加以考察，才能得出正确的认识，进而正确引导舆论。什么是大局？党和国家的工作是大局，党和人民的根本利益是大局。在这个大局下，凡是有利于社会主义市场经济体制的建立、有利于生产力的发展、有利于提高人们的思想道德水平、有利于政府改进工作、有利于化解矛盾的难点、热点，都可以作为选题。

二是要全面、准确地理解并掌握党和国家的大政方针政策。因为难点、热点报道所关注的都是工作性、政策性很强的敏感问题，所以特别要求采编人员对党和国家的大政方针政策有全面准确的理解和认识，才能处理好难点、热点问题。

为了达到上述要求，一般说来，一要找准结合点，即找到政府要做或已在做的工作重点与社会大众关心的热点、难点这两者之间的结合点。二要精心把握好度，度包括“三不选”：是非模糊、理论不清、难于定论的不选；是非已分，但过于超前，目前难以做到的不选；容易激化矛盾、引起公愤、造成心理不平衡的不选。同时，度也包括升降有度：有些热点、难点要炒热，讲深讲透，做到家喻户晓；有些只需要点到为止，不必追求轰动效应。

第三，成于破解难题。

关键在于引导，使那些有消极倾向的难点、热点向积极方面转化；对有积极意义的难点、热点，使问题得到有效的解决。例如，这几年为全社会所关注的国有企业职工下岗问题，有人说这是改革所致。我们的媒体就应该引导人们从历史和现实相结合的角度进行全面的考察，说明这是在经营机制上的深层次矛盾多年积累的结果。

第四，引导要到位。

不能只停留在现象上，或是隔靴搔痒。

第五，引导要有方。

要用社会大众身边看得见、摸得着的事实，听得懂、听得进的道理，使引导既入眼入耳，更入脑入心。

我们不妨从以下两个方面去努力：一是找准社会的敏感点。如浙江房地产的“跟涨”被称之为“浙江现象”，老百姓很关心能否“住在杭州”，媒体就顺势开展“楼市泡沫讨论”。二是关注事物的结合部，如新概念（国有民营、混合经济等）、新行业（下岗职工到农村、搬家公司等）。

2. 要从市场经济的视角关注经济生活

市场是经济活动的总枢纽，只有以市场为经济报道的出发点和归宿，才能真正贴近现实。如仅写办了多少企业、上了多少项目，似乎写出了进步，但还要从市场角度分析是否低水平重复、是否有较高科技含量、是否有较好的市场前景，如此报道视角的转变会提升整篇经济报道的水平。台湾《经济日报》就提出以经济眼光看社会、以社会角度看经济的办报方针。

三、强化经济新闻的服务性

经济新闻的服务功能已从传统的为政府部门服务，扩大到为经贸、工商等与市场有关的领域。从宏观到微观，体现在三个方面：

1. 政策法规信息，如“中央银行将适当增加货币发行量”；

2. 有关各行业发展现状及趋势，如“千亿国债如何用”；

3. 具体的商品行情和业界动态，如股市行情、旅游信息、人才流动和劳动力需求信息、房地产行情、生产和生活资料价格、文化消费动态等。但各媒体争相刊登，信息重复，千报一面。要根据媒体的特点，逐步走向专业化。

四、注重专业性与趣味性的统一

现在流行一句话：内行人不愿意看，外行人看不懂。原因有三：一是记者素质上的欠缺，出现专业术语错误，所以报道浅显、表面化，内行人不愿关注，视为“小儿科”；二是虽然下了功夫分析，但可能早已为业内人士所知；三是过多关注生产经营的过程、方法、经验，更多从工作角度去报道，大量使用数据及专业性术语，使外行人有距离感。

为此我们可从以下方面努力：一是将经济报道的重点主题“生活化”，如《从邮局看变化》；二是捕捉贴近受众的经济新闻事实，用什么样的事实说话决定了报道的可信度和可读性。新闻事实与群众的空间、心理距离接近，就易被群众所接受。如《北京酱油为啥脱销》；三是运用群众喜闻乐见的语言和表现形式，可运用一些文学手法，运用一些具体形象的比喻等。

五、注重宏观与微观的统一

在社会主义市场经济逐步建立的过程中，整个社会的经济运行机制与领域连成了一体。而且在市场经济条件下，经济主体的多元化、经济决策的分散化、经济关系的市场化、经济利益的多样化，使得企业和消费者个人在微观经济生活中各有不可替代的作用。

因此，我们一要立足一行一业，放眼整体全局。因为在市场经济下，市场起着资源配置的作用，不只局限于一个地方。如今，经济活动一体化、经济全球化，所以仅仅用一厂一店的模式和观念从事经济报道，已远远不能适应形势需要。经济报道要用宏观眼光审视每一个微观变化，做到有点有面。如学生奶的推广，中央和省、市七个部门都下了文件，不少企业认为既然是产业政策鼓励，于是就纷纷投资，结果某省教育部门认为是向学生乱收费，不让进校区，这些企业的投资只好搁浅了。记者不是简单地为企业呼吁，而是跳出牛奶行业，反思所有企业对宏观产业政策要因地制宜，不能人云亦云。再如《湖州，能否重振商埠雄风》一文就是从当地超市超常发展（杭州大厦、永乐家电都去开分店）的这一现象，分析湖州从历史到现实，都可以选择商贸复市的经济发展定位。二要在加强宏观报道的同时，与关注微观有机地统一起来。要大处着眼，小处入手，在宏观与微观的联系与对照中透视经济生活。讲深度就是要发现现象背后的本质。因为随着社会主义市场经济体制的确立，政府职定宏观经济政策，而经济报道要为商场经济建设服务，就必须宣传。但对宏观政策及运行情况的报道，应尽可能小而具体，具体到一个侧面、一种现象、一个条件。如浙江电视台《冰箱王国，重振之路怎么走》，从同处一市西泠、华日“强强联合”难入手，联系全省、全国的发展现状，探讨资产重组中的种种障碍。再如报道国企改革，也要注意报道下岗职工的安置。

六、采写要“以人为本”

在生产力诸要素中，人是最活跃的，生产关系是人与人的关系。可是报道中却经常见物不见人，被抽象为“大家”“工人们”“大部分群众”。反之，从人的角度报道，可以增加人性味、可读性。要做到这一点必须在两个方面进行强化：一是做好典型人物的报道，关心经济主体人，特别是决策者的命运和生存状态，包括成功者、失败者。透过这些人的变化来反映经济走势以及必要的借鉴和信息。如央视《经济半小时》推出的《二十年二十人》报道了海尔张瑞敏、打假先锋王海等。再如我们关注青啤，不仅关注它的市场占有率，更让读者感兴趣的是它的老总。2001 年原老总突然去世，新老总走马上任，期间不仅仅是一个人事变动的问题，更是一个青啤决策变化的信息。二是关注普通百姓和弱势群体，如下岗女工再就业、4050 工程等。

第三节　经济新闻写作的基本方法

经济新闻写作作为新闻报道的一个分支，固然要遵循新闻写作的一般规律，但在具体操作中，有其一定的特殊性。

一、选择角度

同一新闻事实，可以一因多果，也可以一果多因。怎么能选择最能切中要害、最引人兴趣、读者最易接受、读者最关心、与读者时空距离最近、最富有人性味的角度？

1. 避免一般，显现新意

因为经济新闻所反映的经济事件、经济生活和经济现象，绝大多数属于隐性的、人们所熟悉的、习以为常的事物。如果按照寻常的报道角度去反映，可能一般化。例如：苏州东吴丝织厂严把质量关、产品畅销国内外。英国查尔斯王子结婚特地选用东吴丝织厂的塔芙绸。从严把质量关入手报道也行，从畅销角度报道也行，但《人民日报》选用查尔斯结婚为角度，其他作背景，这样报道这家企业产品质量好、畅销国内外就十分形象。

2. 另辟报道蹊径，避免角度重复

力挖独家新闻，用经济角度去看社会，可以区别于综合类媒体，多出独家新闻。如几家媒体一起去报道某地农村全部用上了自来水，大家都侧重了生活质量的提高，而惟独财经媒体的记者侧重了对经济发展的“牛鼻子”作用。又如报道农民靠科技致富，事例很多，角度容易重复，但选择农民用电脑就显得新颖。

3. 化腐朽为新闻，变旧闻为新闻

有些新闻事实是以前发生的，甚至早已时过境迁，但是如果能找到新闻由头，旧闻同样可以变新闻。例如葛洲坝进口二手设备的案件，一拖几年，就可选择最新派工作组进入查处为由头进行报道[①]。

二、经济新闻的素材处理

1. 写作素材的选择

一是能够促进思想解放、推动改革进程的事件。这类新闻属于硬新闻，离社会大众的实际生活较远，但对社会发展影响却较大。如国企改革中，曾报道了对小企业全部转制的“卖光市长”。

二是贴近人们生活的、生动活泼的经济现象，如“梅家坞茶农不打龙井牌”，从标题上就给读者以悬念。

三是量化新闻。这是一个日益被看好的经济新闻品种，即通过大量的数据，不定期判断、了解、评论经济现象、过程、结果。它用数字说话，但数字最好是权威部门或者市场调查公司，如北京零点调查公司对新的社会阶层的调查报告。

四是各种交叉性经济新闻。这是值得大力挖掘的，如体育经济，《经济日报》1990年3月11日至6月10日提出《迎亚运体育与经济系列谈》。

2. 对素材的软硬兼施与化硬为软

从官方、政府角度报道的是硬新闻，从社会大众角度报道的是软新闻，要两者兼顾，还要化硬为软，将政府、政策的东西融进民众的日常生活。如报道药品监督法出台，就要选择从“老百姓不再担心买假药”的角度入手。

3. 做好专业术语的翻译工作

有人以为，把大块文章写得充满专业术语，很少有人看懂，是一种水平，其实是自己不懂。固然，给特定专业人群看，要用一定的术语，但也反对堆砌。应尽量少用或不用难懂的专业术语，或将专业性很强的内容进行通俗化、形象化、拟人化处理。

4. 用活枯燥的数字

纵横对比法：要注意可比性。如同期相比增长多少；

扩大缩算法：如每人节约一分钱，全国1300万元；

删繁就简法：精选最有新闻性的数字，如一个工厂有产值、利润、税利，只用税利；

形象替代法：如报道四川乐山大佛，有25层楼高；

---

① 参见程道才、严三九：《经济新闻写作概说》，中国广播电视出版社2001年版，第63页。

穿插叙述法：如《一台电扇连转两年》中“两年是什么概念？……”；

联想法：如“荣誉的代价是什么——两只眼睛、两条腿、一条手臂、每月12美元”——这是美国《华盛顿邮报》一篇报道的导语；

阐述法：不写出数字，却给人以概念。如报道今年的GDP增长率不会下降；

省略尾数法：四舍五入。如一个厂的税利往往在小数点后面有很多位，报道时一般精确到多少万元；

百分比法：如今年全国百强县评选中，浙江省占了24个，在报道时就写做24%①。

三、增强经济新闻的可观性

一是文字手法：或是使用精彩的语言，主要是恰当的动词，写出经济新闻的动态；或是运用形象化的手法，集中描写突出的经济事件的个性；或是纪实手法，给人以身临其境的感觉；或是善于捕捉和描写生动感人的细节，以小见大。

经济报道的可观性指的是写作效果要追求如见其人，如闻其声，如临其境。要见物更要见人，必须讲明新闻事件对于人意味着什么。如“非典”过后带来的诸多变化，人们在谈论就餐方式、人际交往方式时都会立足于卫生习惯。还要用人物的形象来说明报道的事实。如周恩来逝世后，法新社电只用开电梯人员与口译人员的话语。

二是图片手法：用图片新闻反映重大主题，如大胆地让新闻照片领衔唱主角。

三是电视手法：电视经济新闻的可观性不仅指画面要耐看，更重要的是内容丰富。中央电视台近几年作了有益的探索，在内容的选择上从各方视线的交汇点切入主题，在服务上力求趋同性服务和个性化服务的有机统一，适当描摹历史线索，并做到人情事理和谐共生。

四、经济新闻的背景资料运用

因为经济新闻很大一部分内容是专业化的，所以往往需要一定的解释、说明，需要熟练运用新闻背景（如历史、人物、地理、事物等背景）。具体方法

① 参见苑立新：《现代经济新闻教程》，中国广播电视出版社2001年版，第124页。

一有前导式：开头开门见山介绍背景，但要简略；二有浓缩式：导语之后，以一个段落集中介绍背景；三有辐射式：灵活穿插各段；四有对比式：横向、纵向比较，使新闻在背景中相比较而突出。

运用背景的毛病有四类：一是从久远写到现在，把过去当主体；二是过于格式化：导语之后便是背景；三是过于繁杂，形成“背景山”；四是可有可无。

五、经济新闻的语言

国外有过统计，文章超过500字，读者下降20%；超过800字，读者又下降20%；超过1000字，读者不到30%；超过1500字，读者只看标题而已。

美国合众国际社作过研究：8个词以下的句子，最易读；11个词以下的句子，易读；14个词以下的句子，较为易读；17个词，标准句子；20个词，较难读；25个词，难读；29个词，很难读。

一般新闻尚且如此，对于“时间就是金钱”的经济工作者来说，经济新闻除了尽量写短外，语言应更为精炼。而模糊语言恰恰是语言精确化的大敌。如表示时间：最近、不久前；如表示数量：大概、大约；如表示程度：基本、显著；如表示反义：上下、大小。要做到语言精确化必须多用子概念，少用母概念。如“一个人正在吃东西”，“一个小孩正在吃水果”，“一个婴儿正在吮杨梅”三句话中，不如用后者这一子概念来得精确。

经济新闻的语言同样要追求生动，可用白描的手法使新闻形象化，并且尽可能使语言风趣幽默。同时要认真学习西方新闻的语言特色，多用动词，力求形象化和通俗易懂，在导语中就集中了全篇的精华。

六、纵论式经济新闻的探索

因为通讯、特写，是以情节、情感取胜，但思想容量有限。而调查报告，虽针对某一具体问题挖掘较深，但宏观涵盖不足。如改用评述、综述，虽以多个事件去分析、归纳，但过于冷峻。所以，创新出一种纵论式经济新闻。它不是具体活动描述，而是对特征与走势有把握，注重发展战略，但正面报道多①。

① 参见苑立新：《现代经济新闻教程》，中国广播电视出版社2001年版，第128页。

第四节　西方经济新闻的写作特色

西方记者在报道经济新闻方面如同西方经济发展一样，起步比我们早，很多地方值得借鉴。

一、精心选择入题角度，从最佳角度入笔，力求使新闻新颖可人

我国有些好新闻也有以平常事件揭示深刻的思想意境的，但为数不多。而在他们的报道中，大而化之、泛泛而谈的极少。如分析农业经济，就从粮食涨价开始。

二、形式灵活，不拘一格

我国是消息、通讯、调查报告，西方记者是消息、特写分不清。在西方并没有通讯，只有新闻专稿、特写，近似我国的通讯，而新闻专稿，即是比消息更详尽的新闻。因此，西方记者写新闻，没有固定的格式，完全根据表达内容的需要来确定。只要需要，可以随意怎样写。因此，他们写的消息，往往像特写，比较生动，富于变化。

除了形式灵活外，西方新闻界在安排结构时也颇具灵活性。西方记者只有倒金字塔和非倒金字塔，其中非倒金字塔结构灵活，可先写某一典型人物、典型情节，也可先讲故事，或先写景，把新闻引入正题。

我们在学习这种写法时，不要固守形式。应该先掌握各种形式的特点，然后再考虑创造，否则很可能学得非驴非马。

三、接近性强

一是把严肃的经济问题与读者的切身利益联系起来，如把钢铁涨价与家用煤气炉等联系起来。

二是尽量用直接谈话式，用第二人称，把读者所关心的问题以谈心的方式交代出来。如“养老金制度出台以后，如果你是其中一员，就……”。

四、注重通俗性

把经济报道写得通俗易懂，这是西方新闻学家反复强调的观点。所以，

他们提出，必须用普通而熟悉的词，写“偷”不写“偷窃”；句子要简洁，结构简单明确而长度适中，避免使用复杂和过长的句子；段落要简短，每段不超过75个词，不超过四个句子；尽量不用“行话”，对于读者可能看不懂的地方，包括实在不能避免的专用名词，要在稿件中进行必要的解释。

五、追求时效性

一是从技术上装备记者和编辑；二是简化审稿、发稿程序，文责自负；三是先发言简意明的快讯以抢时效，第二天再发长消息、通讯等后续报道；四是努力使旧闻新鲜化，或巧用新闻由头，或用概述式导语先揭示本质来避开时间。

六、现场感强

西方记者在写经济报道时，力求动感和现场感。他们在采访和写作时，尽量捕捉有动感的事物，尽量写进报道中，真是做到了善于观察，精心描绘[①]。

第五节　经济新闻采写的新思维

一、软化——增强经济新闻可读性的重要途径

在人们新闻消费需求日益提高的新形势下，以指导性为主要价值取向的经济新闻却显现了主题裸露、形式老套、语言涩硬等弊端。因此，如何把经济新闻写“软”，使之从内容到形式，都能为广大读者所喜闻乐见，是新闻工作者必须认真对待的问题。李光华在《软化——增强经济新闻可读性的重要途径》一文中认为[②]：

1. 其实把经济新闻尽量写软，不仅不会削弱指导性，相反能为这个主要功能提供有力的保证。

如同样是报道一次省级建设质量管理工作会议的两篇稿件，前者的标题是《全省建设质量管理工作会议强调，国有施工企业要切实搞好“三改一加强”》，后一篇稿子的标题是《农村泥水匠砌赢城里建筑师，全省样板工程奖被

---

① 转引自程道才、严三九：《经济新闻写作概说》，中国广播电视出版社2001年版，第336页。

② 参见《新闻记者》2002年第5期，第43页。

乡镇施工队囊括》。这两篇稿件，都宣传了省里要求国有企业放弃仗“牌子”、吃“牌子”的幻想，面对市场切实搞好“三改一加强”的主题。但报道内容和形式截然不同。前者的写作比较“硬”，企图通过领导“指出”、“强调”，向读者强行灌输省里的要求。后者着力把“硬新闻”写“软”，将省里的要求融入到“农村泥水匠”与“城市建筑师”争夺奖牌的矛盾冲突中。读者对前者，看完标题后可能不会再往下看。而后者，读者不但爱看，而且读完之后更能领会省里为什么要这样做。

2. 找准“上面要求”和“读者需求”的结合点来确定主题，写作上又不“穿靴戴帽”，是软化的真谛。

首先当然要弄清当前党和政府的重大决策是什么，这是能否产生指导性之本。然后通过分析研究，找到贯彻大政方针中读者最关心的问题是什么，这是能否产生可读性之源。如此上下对接，加之表现手法再软些，就能跳出“观点＋数据”的怪圈，十有八九能让上下都满意。如进一步扩大开放，引进外资是党和政府近年来的重大决策，新华社播发的《从百家“三资”企业调查表明：在华投资大有可为》的对外通稿，记者抓住了在华投资到底有没有钱赚这个海外投资者最为关注的焦点，无疑提高了新闻的卖点。

3.“软化”经济新闻，关键是确立一个新而巧的新闻主题。

意犹帅也，主题新，形式必然美，语言必然美。这样的主题从何而来？应该是注意学习积累知识、采访细致周到和平时习惯理性思考同步，既能明确报道方向，又能捕捉到原创性信息。而这两者又恰恰是形成新主题、构筑新形式、产生新语言的基石。例如记者多次参加西博会许多筹备报道的会议，发现许多会展都是杭州有关部门在操作。于是记者找到国民党统治时期首届西博会的资料，发现要与周边地区联动，西博会才会有辐射力、生命力。根据这一观点，记者认为，仅杭州市办西博会声势不大，就写下了《省会应当办省会》的稿件，得到了有关部门的重视。

二、专业与通俗融合才完美

这里指的是在报道中，如何让经济的专业化与表述的通俗化融为一体。读者抱怨有的经济报道是“和尚念经式”的，有的是“一门痛苦的功课”，主要是指在稿件中生硬地塞进一些经济学的术语，不加任何说明，故作高深状；或者是堆砌一串数据，让人看得眼花缭乱。比如，有些关于物流的经济述评，洋洋洒洒三四千字，竟然连什么是“物流”都没说清楚。其实，经济报道的价值在于，用社会上普通读者能听懂的语言，把专家们、行业圈子、企业内部的信息传播给他们，把公开信息中蕴涵的动向揭示、解读出来。而对于经济的新概念、新命题、新论断、新理论，要用通俗易懂的语言解读出来，实际上也是一种"翻译"性质的工作。这种通俗化的"翻译"，难度往往比不同语言的翻译更高，因为只能意译，而且还要做到"信、达、雅"。《经济日报》2003 年 1 月 12 日刊登的《解读"小康"新境界》应该是一个成功的例子。文章是在党的"十六大"开幕后，记者用生动的语言、翔实的例子展示了真正的小康社会，及时起到了解惑释疑的作用①。

三、经济报道与企业筹划能否"双赢"

2002 年 3 月 4 日，北京妇产院成功实施了建院 43 年来第一例五胞胎剖腹产手术。内蒙古伊利集团捷足先登，和他们的父母签下了赞助协议。此举从公共关系角度可以看作是一种成功的企业筹划，从经济报道来说也颇有新闻价值。因为这一事实的本身包含异常性、人情味等新闻价值因素，媒体对此表示关注也就在情理之中。

如何看待这一企业筹划出来的新闻呢？柯扬在《新闻报道和企业策划能否"双赢"》一文中认为②：在一般的新闻报道活动中，被报道者多处于相对被动的地位。而在这一过程中，报道者与被报道者的主被动关系出现了对调，这样容易给不详、不实的信息提供滋生的土壤。同时，企业策划使受众在无所戒备的情况下，在最短的时间内以最快的速度，使信息拥有最广泛的覆盖面，这种传播行为与一般广告运作同理，不免有不公平竞争之嫌。

在现实中，企业策划出来的新闻，从其动机、社会效果方面来看，内容不实，引起舆论震荡者不乏其例。因此，企业策划这种形式在目的、立场方面明显的利益取向，使其在客观、真实等标准上存在着先天不足。

但是我们必须正视一个事实：企业是市场经济的基本构成单位，现实条件要求我们必须重视其发展。同时，企业从事一些社会公益活动，只要不是出于欺骗等不良动机，那么它也是社会救助体系中一支不可忽视的力量。因此，倘若从整体社会范围和社会效果方面看待企业策划，不是不可以给它一定的发展空间。对此，媒体应采取的对策是：

---

① 参见高路：《经济报道要专业与通俗融合才完美》，《经济时报》2003 年 3 月 10 日《前沿关注》。

② 参见《新闻记者》2002 年第 8 期，第 19 页。

1. 保持"天然的警惕"，充分意识这种新闻事件本身包含的特殊性。

要冷静分析企业策划性质，避免炒作、一窝蜂式的报道。要保持客观立场，在报道中要对相关企业的状况如实地加以展现。在社会利益和具体企业利益的权衡中，以社会利益为重。

2. 在保证策划活动不损害公共利益的前提下，媒介应遵循职业道德的要求，可以考虑如何使报道与企业策划更好地结合，从而使媒介与企业形成一种良性互动关系。特别要强调的是，媒介独特的营利方式，要求它不可能漠视受众的利益，越过受众的认可、信任这一环节而直接获得经济收益，决策之前要权衡哪一部分损失更大。

四、用工业观点审视农业现象

开始于20世纪70年代末的农村经济改革曾带给"老记"们那么多激动。如今，新旧完成了转换，仿佛归于平静的农村少了新闻源，至少是少了一种让人眉飞色舞的感觉。与大中型企业扭亏、大批职工下岗、企业的兼并重组、金融和粮食流通体制改革相比，农业报道热点少了、难点少了、疑点少了。农业报道所面临的这种情况，一位农村记者曾撰文称之为"农业报道的高平台期"。如何跨越这个"高平台期"？新华社刘迪提出，不妨学习"用工业观点去重新审视农业现象"①。

1. 找到"市场主体"

培育市场主体是当前工业经济中的主调，从计划经济脱胎换骨而来的新型市场主体，如邯钢、安玻、春都、三枪等企业，本身有故事、有情节、有理性的变革折射出市场经济的历程，也为记者落笔找到了支点。

农业报道也要学会找到"市场主体"。中国农村改革可以分是为两步，第一步是家庭联产承包责任制，第二步是20世纪90年代初在神州大地兴起的农业产业化经营。如何去把握第二步改革给中国农村经济带来的巨大意义，是每一位农村记者应该关注的问题。

1993年，河南省率先在全国放开粮棉油等大宗农副产品指令性种植指标，让"农民想种什么就种什么，什么赚钱就种什么"。然而，未组织起来的农民无法承担起"市场主体"的重担，市场主体应该是以"公司＋农户"为主要特征的农业产业化经营组织。这里的"公司"也就是人们通常所说的"龙头"，有

---

① 参见《新闻业务选编》1998年第13期，第14页。

了这“龙头”，农户们才可能在风雨莫测的市场中立于不败之地，这种变革代表着农业变革的方向，也具有一定的普遍意义。

2. 逛逛农产品市场

市场，成为近年工业报道中使用频率最高的名词，其含义包罗万象，品牌意识、市场份额、经济规模等等，也造就了众多的新闻现象，如长虹降价求市场，VCD的自相残杀，中国一拖开拓农机市场，火车的提速与运输市场的竞争，是是非非的标王“秦池”等。

从市场的角度分析工业产品有味道，作为农村记者也应多走走农产品市场。这里所指的农产品市场不是通常所说的农产品集贸市场，而指“农产品如何卖”，是更高一层的概念。农产品卖方市场转向买方市场后，农业经营者开始注重开拓市场、市场创新和消费者反应，这是每一位记者需要开拓的方面。

3. 用工业教训分析农业潜在问题

许多经济规律对工业适用，对农业同样适用。用工业上失败的教训来分析农业潜在的问题，将使农业报道带有一定的前瞻性。

近年来，在调整经济结构的过程中，全国各地农村一窝蜂地种苹果、建蔬菜大棚、养甲鱼，产业开发趋同，市场迅速饱和，于是卖难的信息频传。卖难的背后潜藏着什么问题？就是农业也得了当年工业的重复投资病。在市场信息体系不健全，真正的农业市场主体没有大量形成时，这是盲目的市场冲动和僵化的计划体制共同作用下出现的一种怪病。

我国的经济学研究应该说是滞后的，近年工业经济研究虽有所起色，但是农业经济研究显然不足，有些研究由于脱离实际，甚至是苍白无力的。这一现实倒为农村记者提供了机遇。接触多样化的实际生活，使农村记者有了一定的生活底蕴，如果在此基础上，再学一些经济学的知识，像总结工业经济规律那样，当当“农业经济分析者”，对开拓报道领域将会大有裨益。

第六节　经济新闻从业人员的特有素质

作为新闻从业人员的一部分，对经济新闻从业人员基本素质的要求是一样的，即理论素养、知识修养、业务技能、职业道德。科学的思维方式和思维方法，完善的知识结构，重视研究的习惯，三者是互相关联、互相促进甚至是互为因果的。有了这三条，再加上重视资料的采集(一个好的记者应该同时是一个好的资料员），这样，在新闻报道中，见人之所未见，言人之所不能言，就不会是太困难的事了。对经济新闻从业人员，还有着特殊的要求，我们按报道领域分别作一阐述。

当今时代，很多领域是交叉的，由此我们的素质要求也应该是兼而有之，除了学好新闻学知识外，还要努力成为"两栖"式的人才。现在的财经记者群体中，无外乎三类：一是财经专业院校毕业的学生或者从事财经工作出身的人员，二是新闻专业的毕业生，三是虽然学历较低，但多年从事财经新闻的老报人。最后一类属于老"两栖"人才，也需要不断更新知识。而前两类就"入门"而言，都存在缺陷。财经专业出身的往往缺乏新闻理念，新闻专业出身的总显得财经知识背景薄弱，因此两者都要补课。新闻专业出身的如果没有经济学的基础，凭着经验的积累，虽然也可以成为好的财经记者，但是很难。财经专业出身的虽有学术基础，而没有实际操作经验，写起来必然要艰涩和痛苦一些。不过真正的"两栖"记者，从学校里毕业的其实很少，往往需要后天来培养，这其中既需要天赋，更需要逼。从入门的角度去衡量，这个过渡时间并不长。

传统的媒体内部分工，跑经济新闻的有工交部、农村部、财贸部之分。而今根据经济发展的新形势，工厂内部有农业车间、有营业部门，农村中处处是乡镇企业、个私企业，财贸部门也有不少是"前店后坊"，可谓是"你中有我，我中有你"。媒体内部设置也与时俱进，合为经济部或专门的经济报、经济台、经济频道。虽然不要求工业记者写纯工业新闻，但作为单个记者向专家型发展的培养目标、作为初学者入门、作为内部管理的适当分工，还是要提工业记者、农业记者、财贸记者之分。

一、工业新闻对记者的要求

工业在国民经济中所占的重要地位，决定了工业新闻的重要性。作为工业记者必须具备以下基本功：

1. 熟悉经济理论，熟悉党和国家的方针、路线、政策，否则无从下手。但记者毕竟不是经济学家、企业家，那么，一般要掌握哪些基本理论和经济政策呢？

(1)生产关系一定要适合生产力性质的规律；商品生产的价值规律；社会主义基本经济规律；按劳分配规律；社会主义市场经济体制的特征。此外，还要掌握企业运行规律，财政、信贷和外汇平衡的规律。不懂经济规律，就看不准问题。

(2)现阶段我国的基本工业政策；经济工作的重点；把发展教育和科学技术放在首位；逐步实行以间接管理为主的宏观经济管理体制；发展多种所有制经济；所有权与经营权分离；按劳分配等等方针政策。

2. 了解工业战线的情况和工矿企业的基本情况。

(1)工业企业分类：按所有制分有国有、民营(私营)、股份、股份合作、混合经济；按隶属分有中央直属企业、省属、市县级、乡镇企业；按门类分有冶金、煤炭、纺织、机械、电力；按专业化程度分有单件、成批；按生产规模、按生产能力、产量、人数、固定资产分有大型、中型、小型。

(2)工业企业构成的基本要素：人力、物力、财力、产品。

(3)企业管理概况：采访工业企业除了工业基本知识外，还要了解你所要采访的那个部门、那个企业的基本生产情况。

3. 建立据点，经常联系实际进行研究。

二、农业新闻对记者的要求

农业新闻在我国新闻报道中占相当重要的地位，因为农业是国民经济的基础，我国80%的人口在农村，农民问题是我国最大的问题。但是农民的政治理论水平、文化水平和知识都差些，口头表达能力差些，加之居住分散，所以采访困难大，对话要求通俗易懂。因此，采访农业新闻在政策水平、知识结构、采访作风、写作风格上都不同，对记者的要求也不同：

1. 懂得党的农村经济政策，如浙江在全国率先取消粮食定购任务、农村费改税等政策。

2. 了解农村和农业生产的基本常识，了解农民，了解农村的风俗习惯，如稻草还田等施肥做法。

3. 要从政策和农村实际的有机结合上，认真研究报道思想，善于从新闻事实中提炼高人一筹的报道主题，如富裕起来的农民最担心政策多变，作为新闻工作者就要解惑释疑。

4. 不怕吃苦的精神与扎扎实实的采访作风，如长江洪水泛滥时，不少新闻工作者战斗在第一线。

5. 要写得通俗易懂，有乡土气息，如应用一些生动活泼的群众语言。

三、财贸新闻对记者的要求

财贸新闻包括商业、供销、财政、金融、国内外贸易、旅游等范围，就是指流通领域发生的新闻，其新闻事实就是商品流通、货币流通。因为生产决定交换，决定两个流通，反过来两个流通又影响生产，所以近几年财贸新闻越来越受到重视。又因为当今世界各国经济发展的趋势是：从事生产的人愈来愈少，从事流通的人愈来愈多（在一些工业发达国家，从事服务性行业的人数已经超过产业工人），所以经济报道也应顺应这种发展趋势，把重点放到流通领域上来。不少工业、农业记者也从过去单纯从生产角度转为从流通角度去报道工业、农业；不少新闻单位增加了财贸报道，并开辟了股票行情。财贸新闻对记者的要求：

1. 掌握基本的经济理论，如物价不统一有人认为是乱了市场，对股票也有人认为纯粹是赌博，对这些的不同认识，一定要应用经济理论去分析。

2. 了解流通领域的基本情况，特别是对股市、证券公司的情况要比较熟悉。

3. 应把注意力放在市场上，放在消费者身上，多从消费者角度抓问题。过去，习惯于工作、生产角度，但随着新闻改革的深入，我们体会到经济新闻，特别是财贸新闻，要引人入胜，使受众喜爱，就必须使报道内容与人民群众的经济生活紧密相连，多从消费者角度进行报道。其原因有下列两点：

（1）根据社会主义经济规律，从“生产—流通—消费—生产”这一简单的循环图式看，消费者是第一个循环图式的结束，又是第二个循环图式的开始，抓住了消费者，就抓住了经济工作的中心环节，多从消费者角度观察、报道问题，对消费者有利，不仅对流通有利，而且对发展生产有利。

（2）从受众兴趣角度看，不管他是国家元首，还是黎民百姓，不管他是科学工作者，还是做工种地，有一点是共同的，他们都是消费者，对消费问题都感兴趣。因为人们由于职业、爱好、文化素养的差异，对新闻的选择性差异较大，但作为消费者，大家都对市场、工资、物价等与消费者直接相关的问题有共同兴趣。

可能有人会问，多从消费者角度报道经济新闻，会不会使经济报道的领域变得狭窄起来呢？回答是否定的。事实上，由于消费者与生产、流通等紧密相连，许多生产、流通中的问题，都可以从消费者的角度提出来。

但单纯报道生产、流通等领域问题的经济报道是不是可以取消呢？也不是，因为不是所有的这类问题都能从消费者的角度进行报道的。如报道进度、报道革新成就。

多从消费者的角度报道，应注意哪些问题？

(1)要注意研究市场，研究特定的消费品与生产、流通的关系，从消费者的角度提问题，从生产领域和流通领域找答案。

(2)认真触及衣食住行，满腔热情地去观察、分析这些问题，找出解决问题的可靠措施。

(3)经常深入到群众生活中去，倾听议论和呼声。

(4)应下力气认真钻研金融、证券、投资知识，了解股市行情和运行规律①。

四、新生代财经媒体对采编人员的要求

随着经济报道越来越被人们所重视，各种媒体纷纷以抢滩的心态涉足经济报道，财经媒体如雨后春笋般地冒了出来。目前，全国财经类期刊多达2000多种，财经类报纸也有几十种，加之各级党报、都市报等都开设了经济报道的专版、专刊、专栏，使专业人材的缺乏与之形成了鲜明的对照。

面对人力资源不足的现实，必然的选择只能是以现有的人手匆匆改行，或是网罗到个别比较专业的经济采编人员后，先把台搭起来、"练"起来，以占个先声夺人。这种仓促上马的草台班子，能凑合着把版面填满就不错了。于是，不少财经媒体在开办了一段时间后，都看不懂它的定位，其中很简单的一个原因就是缺乏对财经媒体有感悟的专才。现在的财经记者似乎"成长"得太快了，不论原来是干什么的，一到媒体就开始冲上第一线，写新闻稿、评论、专访，好像样样都能来。其实，由于专业知识少，积累不够，往往缺乏大局观和社会责任感。很多报道停留在文章的技法上，而不能把握经济和企业发展的趋势。因而有人感叹，一方面，现在能和企业家平等对话的记者简直是凤毛麟角；另一方面，现在的财经报道中像"法人治理"、"内部人控制"、"帕累托最优"、"纳什均衡"用得较为普遍，作为使用者的记者，有没有向受众解释清楚的责任？或者说，记者本身就没有通俗表达的能力。目前，经济报道从业人员的知识结构中，其经济学的知识量，基本上限于政治经济学课上讲授的那些东西。因此，作为新生代财经媒体的采编人员，必须搞清以下三个方面

① 参见程道才、严三九：《经济新闻写作概说》，中国广播电视出版社2001年版，第311页。

的关系。

1. 冷静看待媒体泡沫，重在质的提高

如今，在任何一个报摊上，都能看到不下十家报纸有金融证券版、产业经济版等，同类内容的财经报刊也举不胜举，但高质量的财经媒体并不多。而每一家财经媒体都宣称要做中国的《财富》、中国的《商业周刊》，因此又不断地挖人。良莠不齐的财经媒体成了良莠不齐的财经记者的生存乐园，他们自我感觉太好，频繁跳槽，虽然收入越来越高，心态却越来越浮躁，财经记者因此成了香饽饽。而专业的财经记者需要的是专业的媒体和成熟的行业。在发达国家，知名的财经媒体也只有几种，但中国目前却不下百种。这场虚火迟早会降下来，整个行业对人才的需求，势必从数量转向质量。这必然涉及我们的财经新闻教育。

在香港，财经记者的层次很明显。初入行的见习期记者主要的工作就是"跑料"，正式记者主笔写稿件。再高一层的相当部门主任，其工作主要是策划。再上去就是专栏作家和总编辑的工作。这样，当一个记者成长起来后，他的能力就比较全面。而在内地，2002 年 7 月，全国第一批"财经新闻记者"从中央财经大学财经新闻系毕业了。按照教育者的初衷，他们将走到全国各个财经媒介的第一线，渐渐成长为真正的财经记者。但截至年底，40 名毕业生中，只有三分之一去了媒体。财经媒体的回答是，我们需要的是有较强综合素质的人，不仅仅懂财经专业，更要懂得以新闻规律去表达财经方面的新观点、新做法。但我们的教育方面太机械。有人把中央财经大学财经新闻系和中国人民大学新闻学院的课程作了比较，发现人大主要围绕新闻专业开了 43 门课，而财大除了学习和人大相同的新闻专业课程外，还要学习财经专业，共开了 65 门课。一则每个人的精力是有限的，二则财经新闻是一门新学科，并不是简单地"财经＋新闻"就可以培养出合格的人才。因此，我们在学习时，必须注意把这两者有机地揉和起来。单纯的财经知识学习对一个优秀的财经记者来说远远不够。除了要把比较枯燥的财经内容以通俗的方式传播给受众外，还必须明白我们面对的是类似"时尚般流行"而变幻莫测的行业，需要不停地充电。

2. 受众为最终目标，走出"专家型"的误区

正是由于财经记者的难当，有人就提出了培养专家型记者的主张。其实，这种主张偏离了传播的初衷。做好传播，一个关键的问题是做到雅俗共赏，深入浅出。而在操作上恰恰是雅易俗难，深入易，浅出难。财经报道的最

终目的不在于专业不专业，而是怎么使财经报道服务于广大受众。做新闻不仅仅是为了显得高深，让读者崇拜。

现在有些财经报道动辄专家怎么着，这实际上是一种偷懒，但是也有它生成的客观环境。从眼下的情况看，边缘学科正大受推崇。具体到传媒界，也越来越重视记者的其他专业构成。财经媒体在招聘时恨不得求职者都是会写稿的经济专业的毕业生，甚至对应 IT 专刊恨不得找一批计算机专业的毕业生。波及相邻的经济界，只会造就一批擅长写作与演讲的“口力劳动者”。他们在媒体频频亮相，似乎对经济领域的问题无所不知，无所不能。如此这般，只会使媒体离受众越来越远。何况，我们找到的专家也不一定就是比较权威的专家，有时会误导受众。而在另一方面，现在做经济新闻的大都是半路出家，他们在接触专家之前，也许是“无知者无畏”，什么都敢写，什么都敢报，全然不管行家里手会怎么评论。而当他们系统地接触经济学以后，才知道自己写的是皮毛甚至根本不是那回事。于是，“记者一思考，专家就发笑”，记者变得知耻而不勇，只好照搬专家的原话。

其实，从职业来说，记者就是记者，没必要完全臣服于专家的裙下。记者和专家是两种不同的职业，记者的目的就是要使受众了解他们所想知道的情况。确实，记者在某领域比不上专家，但是记者更擅长跨领域的沟通，成为交叉学科、边缘学科的先驱，而这正是专家的缺陷。因此，在财经新闻发达的西方，优秀的财经记者与专家们往往互相看不起，前者认为后者罗嗦，后者则认为前者浅薄。在实际操作中，专业的背景会限制记者的思维发散性和新闻敏感性。这是因为，一旦专业性太强，所关注的问题多半向深度倾斜，一些对于普通受众还是相当新鲜的问题，往往被视作专业上理所当然的问题而忽视。记者的失职并不是没有采访到专家，而是没有把问题以受众所感兴趣的内容、所能理解的语言表达出来和解释清楚。财经报道在中国虽然尚属一个新闻的高端领域，但是最终的衣食父母依旧是那些需要财经资讯的普通受众，而不是专家们。经济专业人士永远只是经济报道读者群中的一小部分，他们阅读经济报道，仅仅是为了收集信息、了解动向，有时也为了参考、借鉴经济记者宽广的视野、敏锐的观察、生动的表达。

3. 树立财经媒体独树一帜的新闻价值观

这个问题的提出涉及理论上一个争议：财经记者要不要形成自己的判断。一种意见认为，因为你不是专家，即使是专家也是仁者见仁，所以媒体形成的论断往往可能误导读者；另一种意见认为，因为你是大众媒体，所以你必须对大家有个说法。从新闻的本源来说，媒体最重要的职能是传播，而不是判断对错，记者也不是裁判员。之所以有第二种意见，主要是受传统的宣传观念影响，习惯于先有一个判断之后，带着观点来写文章。恰恰是对于财经媒体来说，由于少了意识形态的东西，少了舆论导向的顾忌，还事件的本来面目似乎更为重要。这就要求记者当好新闻的忠实记录者。实际上，也把两种意见统一起来了。即报道首先是记叙文而不是议论文，其次是其中的说法要有个度的把握。

按照这一观点，财经新闻遵循"三解"的原则，就会操作得更好。

一是解决。主要是指消费领域的稿件。通过采访、发稿，解决含糊不清的疑问和消费者的难题。一方面，对于报社的广告客户，可以不发广告又替读者解决问题，使读者获得对产品的信任；另一方面，又顾及了报社的社会效益，培养了潜在的广告客户。

二是解密。主要是将黑幕曝光一类的稿件。要言别人所没有言、不敢言的事，对报社而言，就最具新闻性和轰动效益。

三是解释。主要是指"落地新闻"。即一项新政策、新法律法规、新产品等出台以后的具体实施、细则规定和对它们的理解，具有较强的服务性。由于与读者利益休戚相关，稿件虽然可能显得平淡，但相当亲民。

上述原则其实体现的就是新闻的兴趣点和利益点，世上的好新闻也就是这两类：好看的和有用的。

对于经济新闻采写的基本功，可概括为四个方面①：

一是学者眼光看经济。据一家网络公司对网民的调查，人们喜欢的十种经济新闻是：对经济重大事件迅速而且详尽的报道；介绍最新企业动态的报道；有深刻剖析的经济评论；敢于作前瞻性预测的报道；语言平实、通俗易懂的报道；建设性、可操作性强的报道；能帮助百姓取得财富，避免损失的报道；投资理财的信息和个案剖析；务实并为股民服务的股评；经济政策的深入解读。怎样才能提供这些读者喜欢并且实用的经济新闻？关键在于对经济政策、经济规律和实际情况的准确把握，这就要求经济新闻记者能用经济学者的眼光看经济。例如，一些经济新闻之所以猎奇刮风，把点子大王、翻牌公司当作新事物、新观念来提倡和赞扬，就是因为采写者不能从理论高度对中国经济的改革与发展的大趋势有一个全景式的了解，不能对中国经济的发展中

---

① 转引自王华庆：《经济新闻采访与写作》，中国广播电视出版社2003年版，第109页。

面临的主要问题有一个深刻的认识。只有用学者的眼光看经济，经济新闻才不仅能及时准确地回答经济领域“有什么”，而且能正确无误地回答这些“有什么”背后的“为什么”和“该怎样”。

二是跳出经济写经济。在经济活动越来越纷繁复杂的今天，没有脱离社会、政治、文化的纯而又纯的经济现象。一些大众所关注的经济热点、焦点问题往往有着丰富的社会、文化内涵。因此，经济报道在探索、分析一些经济活动中的新现象、新问题时，应将其与社会、文化的背景联系起来，从社会的、文化的甚至哲学的角度来把握和剖析经济活动和经济现象。也只有这样，才能得到一个较高的视角，从而高屋建瓴，透彻明了地讲清这些新问题、新情况的由来、本质及其发展趋势，进而提出可行的对策，才能给读者入木三分之感。对此，《湖北日报》采取了“写经济发展中的社会苗头、写经济建设中的社会现象、写经济工作的社会热点问题、写经济生活中的人们社会心理、写经济演变中的社会内涵”的一些做法，收到了较好的效果。同时，经济又是一种文化现象。与社会现象的范畴比较，文化现象可能更加独特、更加稳定也更加充满内在与外在矛盾的冲突。文化内涵决定了经济报道的丰富性、全方位性，文化因素以它独特的方式影响着经济的发展和变革。

三是通俗语言说经济。在传媒刚刚诞生的时候，只要把信息交给读者就够了。但是到了现代，尤其是电视、互联网等新兴媒体出现以后，新闻的传播功能发生了质的飞跃。一方面，新闻传播信息的功能还在，并且更快了；另一方面，在读者被信息“炸”得“晕头转向”的时候，新闻功能开始更强调对信息的“澄清”和“解惑”。怎么样解读复杂多变且专业性较强的经济现象？实践证明，从生活的角度拓展经济报道的视野，不失为一种好形式。这种视野包括：选题贴近百姓生活，以小见大；注重针对性，写出人情味，增强亲和力（在报道主题上，强调所传播的信息对受众有用；在报道对象上，突出新领域、人的活动和老百姓关心的热点；在观点表述上，让事实说话，慎下结论），经济问题的形象化、数字化表述，尽量运用群众语言等。

四是解读人物释经济。经济新闻增加了人文内涵，就会缩短与受众的距离，使经济新闻生动、实在、耐读。其目的在于通过典型经济人物的言行，深化经济新闻的思想内涵，给受众深刻的启迪。

第三章
经济新闻创新

新形势下的经济报道
新形势下的特殊性经济新闻
财经媒体的新趋势

第一节 新形势下的经济报道

一、当代经济新闻的新变化

与以往的经济新闻相比，当代经济新闻本身以及外围环境发生了四个方面的变化①。

1. 内容的变化

从以经济数字为依据，单纯报告成绩、大好形势的宣传，转变到以发现问题、预测走向和为受众解惑释疑为主的报道。其内容指向明确，与资金、资本、资产、商品及其价格等密切相关，与投资者、消费者的切身利益直接相联，侧重于宏观经济政策面、中观产业和和行业走势面、微观企业运作面、城乡消费者的日常生活面。例如国内外币值及其利率的变动，国债、股票、基金、期货、外汇的行情，产业的结构调整政策出台（国家限制五小工业的发展），大企

① 转引自王华庆：《经济新闻采访与写作》，中国广播电视出版社2003年版，第6页。

业的资产优化组合（“长虹彩电”兼并某元件厂），时尚的消费方式和消费行为（家庭轿车的流行款式）。

2. 作用的变化

告别贫困温饱阶段之后，我们处在前所未有的“财富时代”。城乡千家万户多少都持有各种储蓄、债券、股票、保险单等，促使大家更加关心经济新闻报道，从而使经济新闻从过去只注重社会教育意义的信息传播，转变为具有强大社会信息价值的新闻传播。

3. 知识含量的变化

当今的所谓“经济”，已经不再仅仅是简单的物质产品生产，经济新闻中科学技术和经济学的含量大大增强。

4. 受众的变化

经济新闻已从主要写给政府和有关部门的干部看，转变为主要写给投资者、消费者看。

二、WTO与地方经济报道

加入WTO将促使中国的市场经济在前所未有的深度、广度上与世界经济融为一体。在这一历史性转变之后，向公众传播有关WTO的信息及进行相关的深度报道，大众传媒责无旁贷。而对于中国加入WTO对中国经济的影响进行微观地、贴近地分析，地方媒体扮演着无法替代的重要角色。宋繁银在《WTO与地方经济报道》一文中认为[①]：

1. 从企业报道入手反映行业走向

中国加入WTO之后，几乎所有的产业都把加入WTO作为一个行业性的重大命题进行思考、审视。一方面，跨国巨人将中国视为最后一块黄金市场，聚集力量，打算大举挺进中国市场。另一方面，中国企业渴望按照新的经济规划，在更广阔的领域里参与世界竞争。两方面因素使得在加入WTO前后，中国产业经济领域将出现异常热闹、异常活跃的情形。在旧的市场秩序、旧的游戏规划的调整和修订中，新的秩序、新的规则在逐步确立。

在转型期的大背景下，产业经济领域会发生一些大的变革。对于媒体而言，中国加入WTO之后，也是许多重大经济事件发生之时，经济报道的大题材将会源源不断地涌现。而通过对这些大题材的报道，通过不同类别的企业

---

① 见《中国记者》2000年第7期，第20页。

发展状态，一个行业一个行业地重新描述中国经济走向市场化的大转型，将是地方媒体可以承担、也必须承担起的职责。

2. 在世界经济的语境下进行报道

以 WTO 的眼光看待问题，老问题会变成新问题，老对象会变成新对象。随着报道对象——中国经济经历转型、发生变化，报道也必然要跟上形势，必然要在新的话语环境下建立一套有关中国经济的表述方式。而仅仅从政治经济学的视角、市场消费的视角、“企业报告文学”的视角去报道经济现象，在新的形势、新的读者需求面前已经显得过时。站在全球经济的视角上，重新审视中国经济的现状，预测和分析入世后的未来，成为中国新闻工作者面临的一项挑战。随着中国加入 WTO，中国经济直接置身于世界经济的大环境下，中国的经济报道也需要世界经济语境。

当然，在与世界经济的话语“接轨”之前，媒体要经历一段“补课”的历程。长期以来，面对同样的报道对象，我国的许多新闻工作者实际上是在使用一套不同于外国同行的话语规则、评判标准。WTO 报道中的地方媒体要寻找企业运作、行业发展的内在规律，不能仅仅作为政策的诠释、图解。既然 WTO 是中国经济与世界经济的“接轨”，既然加入 WTO 意味着中国经济与世界经济的最终融合，考察经济现象的眼光也应当有所调整。媒体的话语方式、评判标准也应当与世界主流经济媒体进行一次类似的“接轨”，或者“对话”。

3. 微观地、贴近地解读中国经济

与中国经济的上一次重大转型一样，加入 WTO 之后的经济转型同样也会是一个漫长、曲折的历程。WTO 报道中的世界经济语境只是一个考察问题的方法。面对中国经济的大转型，媒体仍然需要进行微观、贴近的分析。

在计划经济的时代，决定一地经济动向的因素是政府的指令。中国加入 WTO 之后，市场经济进一步成熟，决定某一区域经济走向的因素大多是市场的因素。市场的因素通过经济学的规律可以把握，影响经济的不确定因素也可以加以分析，这使地方媒体对经济走向进行预测、分析成为现实。

相对于世界经济的整体而言，中国经济是个局部。在世界经济语境的话语规则的 WTO 报道中，地方媒体再纠缠在地方经济与中央经济的区分中已没有什么实际意义。在中国加入世贸之后，经济报道所要处理的报道对象应当是以企业、行业为基本单元。经济报道所要处理的中心话题则应当是企业应对强大竞争的策略，行业在新的游戏规则下建立的新秩序。

对于WTO的报道，如果光从大的方面着手，光从知识普及的角度操作实际上并不能满足读者的需求。在从计划经济向中国特色的社会主义市场经济的转型过程中，多年以来，媒体先是从理论探讨入手，再到具体的市场运作，完成了对当今中国经济运营规则的一次完整描述。市场经济的概念、规则、现状在大众中间已是耳熟能详。在中国加入WTO的漫长谈判过程中，有关WTO的理论性探索、知识普及也已经有了一定的积累。因此，加入WTO后的报道实际上更需要从理论探讨、知识普及入手，直接投入到产业经济的变局中，从行业的层面上，从具体企业的层面上，对中国经济转型的历程进行贴近的追踪。

三、国际经济新闻的提升

加入WTO后的中国，必然要以更加积极的姿态，适应经济全球化的趋势，也使得国际社会与我们的联系日趋紧密。在此背景下，希望了解国际经济信息的需求日益增加，加之新技术为及时传播提供了可能，国际经济新闻已经成为新闻传播中一个不可缺少的重要组成部分。

由于种种原因，我们的国际经济新闻报道还存在着一些不尽人意的地方。比如，对某些国际经济事件的报道，仅仅简单地报道事件本身，忽略了对事件广阔的时空背景的报道，或忽略了对相关事件的报道，或对事件的过去和将来避而不谈。而这些“被遗忘的角落”，往往会使受众产生一些疑问，给受众留下一些遗憾，使新闻报道流于肤浅或不够全面。为了将国际经济新闻报道做得深一些、广一些、厚一些，需注意做到以下几点。

1. 把握趋势

准确把握当今世界政治经济发展的大趋势，是采写好国际经济新闻的前提。当今世界有两个趋势，一是经济全球化的趋势迅猛发展，二是多极化的国际格局正在形成，这是我们理解和分析世界风云演变的基本判断。国际经济新闻的采写应从中国人民的根本利益出发，对作为发展中国家的中国应当采取的对策，有一个正确而深刻的总体把握。如何避免我们在新闻报道中受西方传媒观点的影响，是把握导向时需要加倍注意的重要课题。同时，各国间经济联系日趋紧密，相互依赖、相互影响的程度日益提高。在此条件下，国际经济新闻的报道广度必须拓宽，不能只是孤立地反映一个国家或地区的经济现象和发展趋势，而是要通过一个国家或地区的经济事件，挖掘出与其相应的国家和地区的反响和变化，进而认识它与世界经济发展的内在联系，这样才能及时、准确、全面地反映瞬息万变、错综复杂的国际经济活动。

2. 瞻前顾后

世界上每天发生的经济事件，表面上是片断的、动态的，而实质上却往往有着深刻的背景。要使国际经济新闻报道更全面、更有深度，就不能只报道事件的"现在时"，还需要顾及事件的"过去时"和"将来时"。即要揭示事件的历史渊源、发生的背景及造成的后果，产生的连锁影响，使新闻由点纵向引申为线。这种国际经济现象的特性体现在其本身的复杂性、连续性、长期性。

3. 深入浅出

国际经济新闻不够通俗是较普遍的现象，其原因有以下几点：

一是大量硬译外国记者稿件，用一些欧化语言或西方人的思维方式叙述新闻事件，这样的结果是不仅文字让人难懂，就是事件的前因后果也让人难猜。

二是表达逻辑混乱，读者被置身于复杂的事实、数据和晦涩的专业词汇堆砌之中。

三是缺乏必要的背景知识，让读者无从了解事件发生和发展的前因后果。

四是报道过于零碎，且又缺乏总体或阶段性回顾，让人难以把握事件发展的全貌，或因缺乏阶段性的了解影响读者的判断①。

四、对知识经济报道的分析与思考

当人类在电子信息、新材料、新能源、生物、空间、海洋等高科技领域取得了一系列的重大突破和进展之后，我们已经充分认识到了知识经济把物质生产和知识生产结合起来，充分利用科技知识和信息资源，大幅度提高产品的知识含量，以知识密集型和技术密集型产业取代劳动密集型产业，并成为创造巨大财富的重要形式。这一切为我们的新闻报道提供了广阔的天地和取之不尽、用之不竭的报道素材。如克隆技术受到了广泛关注；电脑战胜了国际象棋大师的人脑。这两件事突出地反映了知识经济时代到来的特征，代表了新时代的最前沿领域，即生物工程和以计算机为主的信息技术的迅猛发展。尤其是后者，其发展速度可谓一日千里。以美国的微软公司为例，近一年来，它平均每周增加资产 4 亿美元。美国 1996 年全年的新增产值中，有1/3 是由像微软公司这样的企业创造的。新闻界在报道微软公司总裁比尔·盖

① 转引自王华庆：《经济新闻采访与写作》，中国广播电视出版社 2003 年版，第 298 页。

茨时，有的形容道："他常被天上掉下的馅饼砸得死去活来。"这正是知识创造财富的一个典型写照。

面对知识经济的浪潮，我们的新闻报道应该拓宽报道领域，把知识经济的报道从深度和广度上提高一步。杨兆波在《对知识经济报道的分析与思考》[①]中，介绍从以下几个方面报道知识经济的经验，值得我们思考。

1. 搞好科技是第一生产力的报道是对知识经济报道的最好体现。

1998年夏季在我国召开的一次有关遗传学方面的国际学术会议，大约有20多名各大报刊、电台、电视台的记者参加，在这次规模很大的国际遗传学大会上，许多新闻单位都是仅仅报道了这次会议的开幕式和闭幕式。新华社却不但报道了会议的开幕式和闭幕式，还从中挖掘了许多的新闻，被首都大报广泛采用。新华社记者从会议中挖掘出独家新闻《我国人类基因组研究成绩喜人》、《中科院遗传所成立人类基因组中心》等，同时，新华社还对外播发了几十条外文稿件，此次报道在全世界影响很大。为什么这样一个会议会在全世界受到重视呢？这是因为基因科学孕育着一个巨大的产业，这个产业涉及人类的方方面面，对工业、农业等方面具有重大意义。

在报道知识经济的过程中，我们要牢牢记住这样一个现实：在世纪之交的今天，世界经济发展的一个明显趋势，就是科学技术发展的日新月异，科技在经济发展中的作用越来越大。在报道中我们要把握住几个方面：

一是以信息技术为主要标志的高新技术革命来势迅猛，高科技向现实生产力的转化越来越快，高新技术产业在整个经济中的比重不断增加；

二是经济与科技的结合日益紧密，国际间科技、经济的交流合作不断扩大，产业技术升级加快，国际经济结构加速重组，科技、经济越来越全球化；

三是科技革命创造了新的技术经济体系，产生了新的生产管理和组织形式，推动了世界经济的增长；

四是各国更加重视科技人才，教育的基础作用越来越突出。

早在80年代，邓小平就对中国"863"计划进行批示，高瞻远瞩地提出了"科学技术是第一生产力"。在知识经济兴起的时代，科学技术起着真正的关键作用。我们的新闻要大力报道这方面的内容。

2. 加大教育报道的力度，因为它是知识经济报道的重要组成部分。

对于新闻报道而言，要搞好知识经济的报道就一定要搞好教育报道，这

① 见《新闻业务选编》1998年第26期，第21页。

是因为知识经济的发展离不开人才，而人才的培养则离不开教育。

对于经济和教育之间的关系，早在1977年邓小平同志就指出："我们国家要赶上世界先进水平，从何着手呢？我想要从科学和教育着手。"在大力发展知识经济的今天，教育的地位更加重要。这一点我们可以从大量的新闻报道中看出。对于这方面的新闻来说，搞好报道要注意从以下几个方面努力：

要报道教育与经济建设发展的密切关系，教育如何根据自身特色和优势走产学研之路，集中力量建设若干个产学研重点工程和规模效益型高科技产业，比如北京大学的方正集团、清华大学的紫光集团等；

应关注构建多元化教育规模，推动全民办教育的投资体制的建立，形成国家、集体、个人共同参与教育投资的多层次教育投资格局；

应当大力宣传新的教育思想，大力提倡素质教育；注重师资队伍建设，造就一流的教师和一流的学校；

关注教育如何面向国际教育舞台，加强国际间教育交流与合作，联合培养人才，联合进行科学研究；

积极关注发展中等、高等职业教育和成人教育，开展多种形式的岗位和技术培训；

关注如何进一步发展和引导社会力量办学，大力推进高等教育体制改革，通过共建、调整、合作、合并等形式，合理配置和充分利用教育资源，提高教育质量和规模效益。如，新浙江大学就是教育体制改革的重大成果，我们的新闻要大力报道。

3. 报道好知识经济新闻这一新课题。

21世纪是知识经济的天下，如果现在认识不到这一点，就会被飞速发展的世界经济所淘汰。知识经济的发展将会导致社会、经济一系列深刻的革命，这是因为知识经济是以知识为主导的经济，知识资源作为社会经济体系中的重要资源，在现代经济发展中对其他资源具有强大的支配力、控制力和渗透力。它渗透了社会、经济、生活等各个方面，所以报道好知识经济新闻是一项摆在新闻工作者面前的新课题。

新的形势要求我们的报道要全面些，不能以偏概全，报道中要多涉及一些领域。比如，知识经济与可持续发展、知识经济与资源、知识经济与环保、知识经济与信息高速公路、知识经济与生命科学、知识经济与高效农业及人们的思维和观念等等。对于知识经济的发展前景也要有预测性的报道，要跟踪信息科学领域、生命科学领域、新材料、新能源领域、环境保护领域、空间研究与海洋开发领域和基础科学研究领域等可以预期取得的重大突破。如我们可从上海浦东磁悬浮列车的开通，报道沪杭磁悬浮通车不再是梦。

第二节 新形势下的特殊性经济新闻

一、经济理论版如何曲高且和者众

理论版在任何平面媒体中都是一大难题，因为新闻纸在大部分读者眼里总是饭后茶余的一种消遣品，而没有理论版就像报刊缺乏言论一样没有“旗帜”，因此如何使经济理论版吸引读者的“眼球”，一直是新闻界的追求。偶正涛在《曲高且和者众——读经济参考报理论周刊》一文中作了如下分析[①]：

我国已向市场经济迈出了一大步，计划经济下包裹中国人的“套子”已基本退去，国际经济的风浪变化，国家经济政策的些微调整，都或多或少影响到现实生活中的每一个人。因此经济理论不再是经济学家、教授和高层领导关心的专利，国际市场、宏观政策、经济走向也成了街谈巷议的话题。财经媒体的理论版最为难得的就是高屋建瓴，时时把握经济走势，准确揭示未来，让报纸“权威性”毕现，曲高且和者众。因此，经济理论版要通过两条途径“造势”：

1. 头条选择当前人们所关注的重大主题，发人所未发，论述充分。所述基本上都是当前我国经济发展中关键所在或急需解决的问题，而对这些关键问题论述时报纸不惜版面，让作者充分发挥。编辑则尽量提纲挈领，让受众直接感受其精髓。例如，1999 年 6 月 16 日《经济参考报》上《用闲置资源造明天》一文，是经济学家钟朋荣个人有关扩大内需、启动市场的访谈。大标题下编辑用黑框、黑体字加形象化文字标出重点，其中有“与其让那么多酒厂上市募集巨额资金造酒，还不如让一些好的大学上市募集巨额资金‘造人’”、“实施让一亿人拥有电脑的计划”、“将大量闲置资源和闲置劳动力引向造地，为中国农业打下基础，为子孙后代造福”等。虽然是长篇大论，但一下就能吸引普通百姓，设想若将这些提示文字改成“调整上市公司结构”、“加速信息化建设”等，效果将大相径庭。

2. 集权威人士讨论热点组织专版。这是加大冲击力、加重报道分量的重要手段。做法主要有两个方面：一是刊发权威机构的调查、分析报告。这些

---

① 见《新闻业务研究》1999 年第 16 期，第 24 页。

机构是决策参与者，文章能大处着眼，统揽全局，指导性不言而喻。二是用"会"的形式让著名经济学家和经济界人士集于一堂，就某一专题，各人三言两语直抒己见，理论版再整版托出。如许多媒体的理论版常常在通栏大标题下，推出专家学者从不同侧面提出自己的看法。文章最长不过千余字，但这是权威、专家们大量研究、思考的浓缩，自然字字珠玑，非同凡响。

二、公众化的金融报道

金融是现代经济的核心，也是新闻报道的重点。金融业已渗透到社会经济生活各个领域，影响到千千万万老百姓的日常生活。王华庆在《经济新闻采访与写作》中谈到：综观20世纪30年代以来西方宏观经济学，无论是曾占主流地位的凯恩斯主义、新古典综合派，还是反凯恩斯的自由主义经济理论，大都重视货币理论的发展；而在20世纪30年代以来西方资本主义国家的政策选择中，虽然国家对经济生活的干预有时会加强，有时会减少，但干预的总趋势并无改变，货币政策始终与财政政策并列为现代国家最重要的政策工具。它表现为：金融在市场资源配置中起到核心作用、金融是调控宏观经济的重要杠杆、金融安全是国家经济安全的核心①。

正是由于金融在现代经济中处于重要的地位，金融报道就应摆正位置、把握导向、加大力度、提高水平，为促进金融业的稳健发展营造良好的舆论环境，为服务于改革发展稳定的大局提供有力的舆论支持。安若素在《金融报道纵横谈》一文中认为要从以下几个方面入手②。

1. 宣传金融政策，传播金融知识

近年来，金融在国民经济中的地位越来越重要，与人民生活的关系愈来愈密切，人们对金融行业的关心与日俱增，新闻界对金融报道也日益重视。这些年里，金融体制改革、股市热潮、证券监管、汇率并轨、利率调整、货币政策、人民币实现经常项目可兑换等，成为社会关注的热门话题，也成为新闻媒体的报道重点。金融报道也从默默无闻的"跑龙套"跃为各类经济报刊和综合性报刊的重头戏。尤其是亚洲金融危机发生后，各媒体加大了金融报道力度。一是突出报道我国深化金融改革、加强金融监管的举措，充分反映我国抵御危机影响、化解金融风险的成效，反复讲解我国确保人民币不贬值的理

---

① 转引自王华庆：《经济新闻采访与写作》，中国广播电视出版社2003年版，第227页。

② 见《新闻业务研究》1999年第17期，第13页。

由和意义，为世界经济稳定发展作出贡献；二是追踪国际金融动态，介绍国际金融知识，为我国的金融改革提供借鉴参考，起到推动作用；三是把金融业放到经济大环境进行报道、评析，使人们能够透过金融看经济，又透过经济看金融，进一步了解金融在经济建设中举足轻重的重要作用，认识金融与经济的辩证关系和互动作用。

各媒体的金融报道方式方法近年来有明显改进。一方面，组织系列报道或专题报道，开展了"打击非法集资"、"规范彩票市场"、"开展信贷消费"、"粮棉收购资金封闭运行"、"地方金融机构改革与发展"等报道战役，规模和影响都颇大；电视台在经济栏目中加大了金融报道的比重，并拍摄了《金融风暴》等大型电视专题片。另一方面，努力使金融报道贴近生活、贴近百姓，加大了对企业单位甚至居民个人投资理财方面的指导，培养人们的市场经济观念和金融意识，传授投资理财的知识和技巧，促使广大群众都来关心并投身国家的经济建设。再一方面，各媒体特别是经济类报刊纷纷开办财经专版或金融专栏，突出了实用性、知识性、趣味性，便于读者了解金融知识、学习投资技能、把握市场行情，为广大读者所喜闻乐见。

2. 围绕中心工作，确定报道重点

金融工作的主要任务是：保持币值稳定，支持经济发展，防范和化解金融风险，建立与社会主义市场经济相适应的金融体制。金融报道要围绕金融中心工作和主要任务来展开。金融报道有以下几个重点：

（1）化解金融风险。金融风险是一个非常敏感的问题，在国际上关系到我国银行的形象信誉，影响我国引进外资；在国内关系到广大客户对银行的信心，甚至关系到国家的稳定。党中央、国务院非常重视化解金融风险的工作。近几年，我国政府和各金融机构采取了一系列政策措施，主动揭露并化解了一些风险隐患。从总体上看，我国金融业稳步健康发展，金融监管工作不断加强，外汇储备充足，国有商业银行保持较高的支付能力，不会发生重大金融风险。金融报道要把这作为重中之重，要坚持正面宣传为主的方针，大力宣传各金融机构防范和化解金融风险所采取的措施，增强人们对深化金融体制改革、防范和化解金融风险的信心。要大力宣传金融知识，增强各级政府、经济主管部门和企业、群众的金融风险意识，提高防范金融风险的能力。对债市、股市、汇市出现的情况，新闻媒体要充分发挥引导功能。社会各界对金融风险非常关心，各种传言、议论也不少。因此，金融风险的报道要慎之又慎。新闻媒体一定要按国家银监局、中国人民银行的统一口径进行宣传报道:在对各家银行的金融风险情况进行报道时,要坚持主管行长审批责任制,实行严格把关。

(2)货币政策效应。国务院和中央银行近几年综合运用各种货币政策,灵活调控货币供应量,每年为国民经济发展注入近万亿元巨额资金,有力地支持了经济快速增长。从当前国民经济运行情况看,货币政策继续有所作为。金融报道要深入宣传近几年国务院和中央银行所采取的一系列货币政策,以及为控制通货膨胀、防止通货紧缩和促进经济有效增长所起的积极效应。

(3)加入 WTO 对中国金融业的影响。我国成为 WTO 成员以后,将对我国金融业产生重大影响。新闻媒体若对这一问题评述不当,可能对我国金融对外开放政策、银行国际业务、银行资信等产生不利影响。媒体在分析与评述这一问题时,要先与国家银监局、中国人民银行联系沟通,注意把握政策口径和报道分寸。

(4)消费信贷。要积极宣传金融机构实行稳健货币政策,开展消费信贷,支持扩大内需,支持外贸及国企改革与发展的好做法、好典型。可开辟"信贷消费指南"专栏,正确引导群众消费预期,帮助群众投资理财,从而刺激消费需求。同时,要加强对维护金融债权、打击逃废债行为的宣传,营造良好的社会信用环境。

(5)保险法规和保险知识。要加大保险法规、保险知识的宣传力度,为保监会依法强化监管、保险企业依法自主经营创造良好的舆论环境。对保险风险的宣传要内外有别,维护保险企业的良好形象。对非法保险机构和非法保险经营活动,报道时应力求准确,并注意报道角度,避免产生副作用。

(6)金融先进典型。金融机构是专门从事货币信用活动的中介组织,同社会各界交往频繁,与广大群众利益密切相关,因而,必须要有可靠的信用、良好的风貌和优质的服务。金融报道也要"两手抓,两手硬",在大力报道金融业务发展的同时,要适当宣传金融系统党的建设、队伍建设、行业文明建设的成果和经验;金融报道既要见"钱",更要见人、见精神,重视对金融系统先进集体和典型人物的宣传报道。

3. 把握正确导向,掌握报道分寸

金融问题重要而特殊,一旦发生金融危机,会使一个地区、一个国家经济停滞乃至倒退,近 20 年来先后有 120 多个国家发生过金融风险和危机,为解决金融问题而耗费的资金高达 3000 多亿美元。金融宣传报道政策性强、敏感度高，倘若在报道内容上把握不当或在报道时机上稍有不慎，就会引发不稳定因素。曾经有少数新闻单位在金融热点、敏感问题的报道上出现偏差或失误，在局部地区引起金融波动，在社会上造成不良影响。

金融报道要遵守银行法、证券法、保险法等法律、法规，遵守金融宣传纪律和新闻职业道德；在口径、提法等方面要把握准确、适当，与国家金融方针政策保持高度一致；同时，要增强政策意识、大局意识、责任意识，金融报道要以维护金融稳定乃至社会稳定为出发点和落脚点。

为进一步加强对金融宣传的引导和管理，中国人民银行同中宣部1999年初制订管理规定，对人民币汇率问题、中小金融机构支付风险问题、处置金融机构问题、信托投资公司整顿问题、不良贷款比例问题等宣传报道提出原则要求。新闻单位应积极贯彻执行，努力使金融报道有助于化解金融风险、促进社会稳定。有下列问题需要注意把握：

(1)慎重报道处置金融机构问题。随着金融监管力度加强，中央银行将采取关闭、接管等方式分类处置一些资不抵债、存在严重金融风险的金融机构。为了减少不必要的社会震荡和心理恐慌，人民银行或其授权单位会按处置程序披露有关信息，新闻报道要严格遵守有关规定。如处置对象是地方性金融机构，在当地指定媒体上发布公告，其他地方媒体和全国性媒体一般不予转载；如处置对象是全国性金融机构，则指定全国性媒体发布公告，淡化处理。新闻单位不要自行对被处置机构存在的问题和日前的情况进行报道和评论。少数中小金融机构存在支付难问题，有些地方还发生了储户挤提事件，影响了群众对金融机构的信心。由于支付问题涉及面广，极易引发区域性金融风险，因此，我们对这类事件不得自行报道，若要报道必须征得银监局、人民银行同意。新闻报道应正面宣传中小金融机构在改革中稳步发展，对地方经济发展和个体私营经济发展所起的巨大支持作用。

(2)注重金融信息的权威性。信息来源要可靠，切忌道听途说。要避免金融信息的失真引发群众猜测和社会心理恐慌。报道金融宏观调控监管方面的重大政策或重要举措时，要有正式的信息渠道和完备的审批手续；进行宏观背景分析时，要依靠正规、权威的论据材料；分析金融运行的基本情况时，包括月度、季度、年度金融运行情况，外汇、外债状况等，论据要精当，立论要严谨；刊播证券期货市场信息必须客观、准确、完整、公正，必须注明信息发布主体和信息来源。值得警惕的是，个别记者或媒体违反金融宣传纪律和新闻职业道德，传播小道消息，误导投资者；个别小团体为操作市场、牟取暴利，故意制造和散布虚假信息，并利用少数记者或媒体进行传播，导致市场出现异常波动、给投资者利益造成损害。这两种现象都应严厉禁止和坚决杜绝。

(3)确保数据的准确性。数据在金融机构中具有特殊的重要性，差之毫厘，失之千里。新闻单位在使用金融数据时，要以中国人民银行等管理机关正式公开发布的为准，涉及具体金融机构的数据，应以该总部正式发布的为准，不能引用内部材料、研讨会文件、专家学者文章以及海外一些组织和媒体提供的数据。有些重要数据应当保密，如证券期货内部情况、利率和汇率机密数据、人民币印制和发行具体额度等，除批准外，不要擅自公开报道。另外，不良贷款问题是长期积聚的问题，需要在改革中逐步化解。报道不良贷款数额和比例时，应以银监局、人行的口径为准。对个别金融机构的报道涉及不良贷款问题时，要征求其上级机构的意见，同时要注意把握分寸，不能不切实际地报道甚至错误地渲染。

(4)金融案例的报道要适度。一些金融机构时常发生刑事案件，会计、财务、外汇等岗位已成为案件易发部位，给国家造成经济损失，也影响金融界形象。新闻媒体对一些金融大要案的发生过程、处理结果有选择地进行报道，可以起到敲警钟的作用，也有利于防范和化解金融风险。但需注意的是，金融案件的报道，一要核实，二要送审，三要控制，不能太多，也不能过于集中，否则会产生负面效应。对非法金融机构和非法金融活动，报道应力求准确，并注意报道角度，避免引起群众恐慌、加大解决问题的难度。

(5)不要猎奇，不要起哄。一些新闻媒体为追求轰动效应，热衷于报道有关金融事件，如证券期货市场违规操作、银行挤兑风波等。对这种做法不宜助长。关于金融事件的报道，应与金融机构打招呼，并经有关部门批准，认真核对事实，严格掌握口径。例如，对信托投资公司整顿问题报道也要慎重。信托投资公司在我国经济发展中起过一定作用，但也存在许多问题，因而要对其进行整顿。所谓整顿，并不是把200多家信托投资公司都关掉，而是进行重组、合并、兼并等，按照“受人所托，代人理财”来规范其业务范围，将投资业务与证券业务分开经营，充分资本金，实行规模经营，促其规范运作、健康发展。关于国家对信托投资公司的整顿方案和实施步骤，新闻媒体要按统一部署进行宣传，不能擅自报道。

(6)正确对待金融改革中的问题。对中央决定出台的金融改革重大举措，新闻媒体不得公开说三道四，更不能批驳诘难，以免给有关工作增加难度或使之陷于被动局面。同时也应看到，金融改革涉及面广，需要解决的问题多，难度较大，在改革过程中难免出现这样那样的问题。对于改革中的问题，新闻媒体要进行客观报道，做好解疑释惑、疏通引导的工作，使之有利于化解矛盾、推动改革，消除可能产生的不良影响。

金融稳则国家稳，金融乱则国家乱。这是亚洲金融危机给我们的一条启示。维护金融稳定已成为世界各国国家事务的重中之重，新闻报道也要为维护金融稳定尽职责、作贡献，只能帮忙而不能添乱。

三、新兴的保险新闻

现代保险业作为金融体系的一个有机组成部分，被誉为“社会经济的稳定器”、“调节器”，具有转移风险和补偿风险损失的功能，具有不可替代的保障作用，能促进经济发展和社会稳定。1980 年我国恢复办理国内保险业务，其业务收入以年均 30%的速度增长，远远高于同期国内生产总值 9.49%的年平均增长速度。以 2000 年为例，保费收入（保险深度）占国内生产总值的 1.79%，人均缴费（保险密度）约为 130 元。与此同时，作为尚处于萌芽阶段的我国经济新闻的一部分，保险新闻伴随着保险行业的成长而一步步走向成熟。苑立新主编的《现代经济新闻教程》介绍了保险新闻的基本情况。

我国保险新闻报道在经历金融市场逐渐发展、完善的过程中，也随着保险行业的日趋成熟而走向更专业化和深层次。保险新闻反映着保险市场的状况，呈现出六个特点。

一是现阶段的保险新闻是纵向和横向相结合，呈网状联系的。

所谓纵向联系，是指贯穿我国保险业的发展历史。因为我国的保险市场长期得不到良好、开放的发展环境，所以在不少方面非常落后，例如险种相当贫乏。不要说现代化的保险产品，就连国际市场已经流行多年的养老金保险和大病住院险都是 1998 年以后才在我国市场出现的。而像投资型保险——分红险、投资连结险、万能寿险这类相对具有理财功能的险种也是发达国家 20 世纪 80 年代就有的产品，而在中国却是 2000 年底才首先亮相。所以在进行相关报道时，需要指出新产品、新服务或者保险公司新的投资方式的出现对中国保险业发展的影响，并且结合历史和市场现状分析说明——具体情况具体分析。

至于横向联系，是指要把中国保险业放到世界大市场中去看待，和国际水平相比较地进行报道。在倡导新经济的今天，要想跟上世界发展的脚步，就必须把自己推向国际。虽然中国保险业因为体制和历史原因，在客观上没有较好的发展条件，但是面临入世以后金融市场逐步开放的严峻考验，要想在竞争激烈的市场中立足，进而走出国门，走向世界，就必须用国际化的水平进行自我要求。新闻媒体作为大众传媒有责任和义务承担起沟通内外的重任。

目前，保险新闻报道中比较常见的是介绍国外发达国家的先进经验。例如，大病住院险在发达国家定位在社会保障的补充上，而我国却因为社会环境不具备而不能收到同样的效果。又如，国外财险公司不但提供保险保障，还为客户提供防范风险的设施和相关培训。我国财险公司吸取这种经验，不但可以完善服务，而且因为有了防范措施而降低了出险比率，公司的赔付金额也相对减少。

二是单纯报道某个保险产品的新闻减少，通过案例分析背景和深层次原因的新闻日益增多，保险业与资本市场的关系以及存在的问题越来越成为报道的焦点。

我国保险业长期处于较低的层次，因此在1998年以后，由于商业保险公司的不断成长、外资保险公司的进入，对于新产品、新服务的报道必然较多。长期以来，困扰我国保险业发展的最大问题就是资金运营问题。于是保险业如何与资本市场接轨，通过多元投资获得利润，如何降低利差损率是最先摆在眼前，亟待解决的。只有过了这一关，才能向更深层解决有效利用保险业促使金融市场稳定发展等问题。所以，报纸上出现了大量如《保险上市有隐痛》、《保险业投资渠道急待拓展》、《保险合资是把双刃剑》一类的研讨性的文章。通过案例分析行业深层问题的报道也有所增加。

此外，国内市场出现的新尝试也引起了媒体的注意。例如，2000年底，在保险市场掀起了合资风潮。泰康、新华纷纷合资，另外还有一些新合资公司建立。媒体立刻积极探讨合资的优劣，于是出现了《保险合资是把双刃剑》这样的文章。2000年，一直处于争论状态下的金融混业经营方式在我国金融市场进行了大胆尝试，银行和保险公司联手推出相关业务。对此，媒介同样没有予以忽略。一直困扰保险公司盈利的保险资金运营问题，在当前谈论得非常多。平安保险公司、太平洋保险公司谋求上市，一度成为探讨的线索。于是《保险公司上市有隐痛》、《保险资金何处去》、《保险资金投资渠道不畅》等报道相继出现。

三是有偿新闻增多。

保险业改革后，以往机关单位的作风不见了，为了获得客户的青睐，非常重视自我形象的宣传。在这一点上，平安保险公司、太平洋保险公司、泰康人寿以及华泰财险等公司的表现非常积极。除了宣传自己的服务项目、保险产品外，也非常重视企业形象的宣传。因为保险公司有进行宣传的要求，新闻界也存在发布有偿新闻的不良风气，所以保险报道中有偿新闻增多。特别是有关介绍产品和服务的报道，有偿新闻的比例越来越大。

四是网络媒体积极参与保险报道。

受现代科技和全球经济一体化的影响，保险业与互联网的关系日益密切，自然促成了网络媒体与保险报道的联姻。并且这种联姻较之与其他行业的更为紧密。各大保险公司纷纷设立自己的网站，开通电子商务。在促销和自我宣传的同时，有意无意地参与了新闻报道，传播业内信息。中国保险网、e保这类保险专业网站更加重视业内新闻的报道，新浪、搜狐这类门户网站的财经新闻中，保险报道也占有一席之地。

五是不少以前不能披露的问题，如利差损、骗保、欺诈、垄断等现在都可以见诸报端。

对于金融市场的问题，因为涉及国家信誉和经济安全，报道上是严格监控的。所以上至财政部、中央银行、保监会，下至一般保险公司，甚至一个地方公司的办事处，都设有专门的新闻宣传机构，对宣传口径进行限制。随着市场经济的建立，对公平、公开、公正的市场环境的要求越来越高，金融新闻中关于问题的报道逐渐增多。这点在保险报道中可见一斑。当然这也是市场竞争的要求。

目前，各大保险公司都有与外资合作和上市的需求，这是与国际接轨的准备。走向国际必须按国际准则要求自己。在海外保险市场，资金的运营都是高度透明化，受投资者和客户的监督。而我国保险业因为长期受到行政垄断，一直处于闭关自锁、暗箱操作的状态，导致问题大量积压，这点在资金运营方面表现更为突出。但入世以后，可以说保险业不得不将自己放在聚光灯下接受公众和舆论的监督。此外，同业竞争中，为了突出自身优势，也会出现互相揭短的情况，为媒体提供线索。当然，出于规范和完善市场的目的，更多的还需要理性地分析问题。保险业历史遗留的例如利差损、骗保、欺诈、垄断等问题都可以见诸报端。既是舆论监督，又引起业界思考。

六是在保险报道逐步放开的同时，也有不少深层次的问题因受金融市场的开放程度限制而不能报道。

可以肯定地说，我国的保险报道是在一步步走向开放的，至少是允许不同声音的出现。2001 年 4 月初，国家工商部门清查市场垄断和不正当竞争行为时，将保险业列在首位，引起多名保险界专家和从业人员同声反驳就可以看出这一点。当时，中央财经大学保险系主任郝演苏教授连续在《保险报》、《中华工商时报》和《财经时报》上发表多篇文章，表达"保险业不是垄断行业"的观点，甚至直截了当地指出："困扰中国市场运行的是行政垄断而非市场竞争形成的垄断。"工商部门也召开记者招待会，发布《整顿保险业不正当竞争的五大理由》。后来，保险从业人员也表示了和工商部门不同的意见。一时间，这场争论成为媒体关注的焦点。

综上所述，保险新闻不但具有一般新闻所具有的新闻性、时效性，还具有保险的专业性。而且因为涉及金融市场的宏观环境，对记者要求更高。保险新闻记者除了需具备一般记者的基本素质外，还需要有金融专业知识，特别是保险专业的知识。此外，国际保险市场的宏观趋势是保险市场与资本市场日益紧密地联系在一起。这就需要从事保险新闻的记者必须对国际保险市场乃至金融市场都要有相当的了解①。

四、敏感的证券新闻

证券市场作为中国股份制改革的必然产物，它的发展在一定程度上取决于企业股份制的进程，取决于宏观金融调控制模式的转换进程。证券新闻在中国出现于 20 世纪 90 年代初，是与证券市场相伴生并服务于证券市场的新兴行业。经过短短数年发展，证券新闻业异军突起，已成为证券市场上最活跃的力量之一，也是目前中国新闻界最有生气、市场化程度最高的部分。何拄峰在《证券新闻从业者的角色意识》一文中对如何做好敏感的证券新闻作了阐述②。

一般来说，证券报道提供给受众的信息可分为三个层面，王华庆编著的《经济新闻采访与写作》中作了如下分析：

一是金融市场和资本市场新近发生的事实的报道。如银行利率升降、证券市场"游戏规则"变化、上市公司业绩起伏、股市行情波动等等。

二是透过现象探求本质的深度报道。不仅告诉受众发生了什么，而且还告诉受众为什么和今后将会怎么样。如通过降息后银行股的波动，分析背后

---

① 转引自苑立新：《现代经济新闻教程》，中国广播电视出版社 2001 年版，第 232 页。

② 见《新闻业务选编》1998 年第 24 期，第 9 页。

的原因及上市银行的前景。

三是超出人们通常预期的不同凡响的独家报道。如对重大内幕的勇敢揭露，或对某一重要趋势的与众不同的预测。

自古以来，人们获取财富的途径只有两条：劳动或掠夺。两者都是把已有的资源化作财富据为己有的。进入现代社会后，致富的途径又多了一条——信息致富。

正因有高风险、高收益、高流动性的特征，证券市场才是对信息使用效率最高、需求也是最为迫切的领域。事前获悉利空消息，先于他人抛出，可避免价格下跌造成的损失；事先探得利好消息，早于他人买入，可获取价格上涨带来的利润。道理就是如此简单，利害就是如此直接。小到个股上获益，大到某些团体和势力在获利的基础上进而左右大势。有关"信息即财富、信息即权力"的说法，在证券市场上体现得最为充分和彻底。

也正因如此，证券新闻的传播功能被加倍放大，证券媒体作为信息传播的主要载体就显得格外重要。

从新闻传播学的角度看，作为信息传播把关人的采编人员，他可以对信息进行选择，决定取舍，决定突出处理及删节哪些信息，并试图通过这些信息造成某些印象，以达到某种目的。作为市场信息受众的中介，证券新闻从业者控制着信息传播的数量与质量，同时也决定了舆论的形成与导向。其所处的地位，决定了他们是整个证券市场系统中不可缺少的一部分，对证券市场的运作具有重要影响。难怪有人极言：证券记者"笔下金钱万千，笔下人命关天"。

我国庞大的投资者及潜在投资者群体，使得证券新闻媒体拥有一大批事关切身利益的忠实受众。由于证券市场处于市场经济的核心位置，又有众多的参与者，一旦出现问题，会引发系统风险，直接危及国家经济安全和社会稳定。因此，我国证券市场的发展壮大，也使证券新闻成为影响经济发展和社会稳定的一个重要因素，证券新闻从业者的角色也就显得非常关键。

作为证券市场信息的把关人，证券新闻从业者必须不折不扣地奉行"客观、公正"的准则，才能最大限度地保护市场参与者的利益。证券新闻在时效性、准确性、规范化上有其自身的特点：

(1)时效性。在这一点上，证券新闻比其他新闻要求更高，也是关系它成败的首要因素。一则有效新闻、一条首传信息，早一天早一小时获知，往往就可以带来巨大的经济效益。

(2)准确性。证券新闻对客观真实性的要求很高，绝对不能捕风捉影。尤其是各种数据，倘若差之一点，往往失之百万，严重的还会影响社会稳定。

(3)与其他新闻报道相比，证券报道更要求规范化，国家有关部门对证券报道有一些非常具体的规定。比如，报道某个企业的新产品、利润等，一般的新闻报道可以根据企业或有关方面的介绍进行报道，而涉及上市公司的赢利等相关数据必须以公布的中报、年报为据，任何的“据预测”、“据统计”、“据有关人士说”和提前透露都是不允许的。

五、宏观的财税新闻

财政与税收是政府维持运转的基础。税收是政府收入的主要来源，财政是政府预算的集中体现，财政税收已成为政府管理国民经济的重要调控手段。政府通过单独或搭配使用财政税收政策，来促进经济增长和各项事业发展。因此，与此相关的财税新闻则成了宏观经济新闻的基础。

1. 财政新闻

财政方面的所有问题可以归纳为三个内容：预算、收入和支出。所有的财政税收政策、行为、利益都由此产生。人们在日常生活中关注的是，政府收了多少钱、用了多少钱？其中特别关注这些资金用到了哪些方面，使用的效果又如何。国家财政面临的问题不仅经济学界关心，普通民众也很关心。如何利用国家财政调控国民经济发展，事关国家发展大局；医疗体制改革、住房制度改革、养老保险金的发放等，无不涉及国家财政。因此，国家财政上关社稷，下关苍生，财政新闻的重要性也不言而喻。

凡是有关宏观经济运作中出现的与国家财政相关的政策、问题、现象，都是我们应该关注的新闻事件。例如发行国债，意味着增加新的投资机会，人们关心国债，自在情理之中。总之，大到由国家财政总支出中国防、行政、科技、教育、卫生等各行各业的比例，小到一个财政拨款单位如何花钱，都是财政新闻的热点。

对当前的财政新闻报道，王华庆编著的《经济新闻采访与写作》中认为，着力点应放在观察和思考实施财政政策所取得的成就和所面临的难点上。例如，阐述国债投资对于拉动内需所起到的具体作用。同时，我国现行财政支出范围是从计划经济体制下演变而来的，财政新闻应关注探索如何深化财政体制改革，怎么样增强预算的透明度和约束力，合理界定中央和地方的事权范围，从而建立适应社会主义市场经济要求的公共财政框架。

2. 税收新闻

税收作为国民经济宏观调控的重要手段之一，要进一步提高税收的财政保障能力，充分发挥税收的宏观调控作用，强化税收的调节收入分配功能。因此，税收报道要围绕这三大职能，揭示以下道理：必须站在全局和战略高度认识税收工作、必须强化税收宏观调控、必须全面推进依法治税。

税收必然伴随着征税与纳税的矛盾。为了淡化这种矛盾，我们通过大力宣传经济建设成就，说明“取之于民，用之于民”的基本原则。但是，时间一长就会落入俗套。另一方面，由于“皇粮国税天经地义”的传统观念，我们在税收方面的报道往往侧重于纳税义务，在一定程度上忽视了纳税人的权利。我们必须注意到，读者绝大多数都是纳税人，宣传的入情入理才是真正的效果。

当然，税务部门的中心工作是组织收入，他们围绕组织收入，开展了一系列工作。新闻报道固然要围绕税收工作的中心，但不能停留在纯工作性上。我们可以把视角放得更宽广一些，更多地考察一下收入背后的因素，更多地从纳税人的角度来考虑一下税收所承载的社会功能。比如，在国民经济低速增长的条件下，税收收入以国民经济增速的几倍在增长，这就要警惕社会的税收负担是不是过重了？

与我国的财政体制相同，税收体制尚有一些不适应市场经济发展之处。因而，税收新闻也应关注如何深化税制改革，怎么样建立一个科学的税制体系的问题。特别是对须加以调整的税制问题，税收新闻要有所触及。

即便是税务系列的内部工作，不少也事关纳税人的具体利益，是纳税人所关心的问题。比如，税务系统所进行的征收管理改革，关系到纳税人纳税的成本高低；所进行的机构改革，关系到纳税人办事的方便与否；所进行的信息化建设，关系到纳税人所面对的系统管理水平的提高；严格依法治税、规范执法行为，同样涉及纳税人利益的法律保护。因此，站在纳税人的角度，来审视税务系统的工作，恰恰是写好税收新闻的重要角度。

在当前的税收国情下，税案也是税收新闻报道的热点之一。从明星大腕偷税，到各类企业偷税逃税漏税，通过报道揭露他们形形色色的手法，是一种可读性较强的税法教育[①]。

---

① 转引自苑立新：《现代经济新闻教程》，中国广播其他电视出版社2001年版，第244页。

第三节　财经媒体的新趋势

一、冷静看待报业市场新一轮热潮

跨入新世纪后，能够明显感到报业市场在升温，几乎是前脚跟后脚地冒出一批财经方面的新报新刊，一时间，国内报界风起云涌。事实上，前两年诞生的一批新生代财经报刊，虽然经过炒作宣传，知名度很高，可是基本上没有一家真正在市场上站住脚，换句话说，都尚未实现赢利。因此，现在这轮财经报刊热潮虽然红火，但是前景如何，还不容乐观。

财经媒体市场今后走势如何？拿什么作为我们决策和运作的依据？新华社新闻研究所所长陆小华在《财经媒体市场与财经媒体的的竞争力》一文中，有以下几个基本判断：财经媒体市场空间一定还很大，财经媒体市场的选择性今后会更强，财经媒体市场竞争可能会越来越激烈，财经媒体市场的竞争将会更多地呈现为跨媒体的竞争①。

以下是我们对财经媒体市场的几个基本判断。

1. 空间很大的财经媒体市场

可以断言，财经媒体市场空间一定还很大，财经媒体市场的成长速度，可能会比资本市场的发展速度和国民生产总值增长速度要快得多。可以从几个角度分析。

其一，与以往相比，中国经济正进一步融入全球经济，走向成熟，会需要更成熟的财经媒体。这个阶段，可以预见的规则变化会加快，更多人的利益会受到牵动，更多的人必须关注资本市场的变化，关注规则变化对它的影响。另外，随着金融业、证券业等混业经营的趋势的到来，资本市场的发展轨迹会与以往不同，促使人们需要更成熟的财经媒体。今后，更多的人会参与到各类投资中来，他们也需要从更多方面关注财经，需要知道规则，需要知道别人怎么做，从而决定自己怎么做。

其二，与国际知名财经媒体相比，中国现有财经媒体正处在成长期。仔细分析，中国真正的财经媒体为数很少，或者说正在成长过程中。与《华尔街日报》、《金融时报》相比，中国现有的财经媒体水准还较低，影响力还不够。

---

① 见《新闻记者》2002 年第 4 期，第 3 页。

这也可以理解为中国的财经运行还正走向市场化。从这个意义上来说，财经媒体市场空间一定还很大。

其三，广告商对财经媒体的投入有明显增长，这会促进财经媒体的成长。据说，几个新切进市场的财经媒体创办不久就接到了几个大的订单。这是一个有意思的现象。以往，广告商，包括广告公司和广告主，更为关注的是面向普通市民的媒体，更关注直接的产品信息的诉求，更关注直接的购买者，对于高层购买者的关注相对比较少。

2. 选择性更强的财经媒体市场

财经媒体的竞争也教会了读者如何选择，今后，财经媒体市场的选择性会更强。市场选择性对新进者会增加进入难度，但同时因为财经媒体越来越多，大家对某一类财经媒体的阅读依赖性会更强、阅读期待感会更强。所谓市场细分，实际上意味着口味细分，这时更容易形成强势品牌，人口相传会强化人们的选择性。比如，订报刊的时候大家都在互相讨论，你在看什么杂志，请帮我参考一下我该订什么报刊。这就是一种很清晰的信号。为了细分的需要产生的对选择目标的不确定感，会使读者对所选定的报刊的阅读依赖感更强。对做媒体的人，在选择性更强的时代做媒体，一旦做不好就有可能出局；但读者一旦选择了、认可了某种报刊，就可能长期阅读，基本读者群就会比较稳定或不断扩大。而不像娱乐杂志那样，读者群可能会每一个月或每三个月更换一次。

3. 竞争更为激烈的财经媒体市场

已经有很多迹象表明财经媒体竞争的烈度与结果。例如有的财经报纸在当年还在努力增加刊期，往日报走，第二年下半年换了总编辑后反过来从周四改为周二刊，往周报走。这与其说是办报策略的变化，不如说是竞争的结果。由此，我们可以判断，财经媒体之间的竞争可能会越来越激烈，可能会采用一些非常规的手段，会采用一些企业间竞争的理念和办法，其激烈程度和“杀伤力”可能会超过晚报与都市报之间的竞争。

4. 跨媒体竞争的财经媒体市场

财经信息市场的特殊性、当今世界信息传播的多媒体化、人们信息消费特性的变化，决定了财经信息的竞争不可能只限于同质媒体之间的竞争。这和国外新闻界的情况有所不同。国外的财经报纸专业性很强，而综合类报纸中经济报道是主线，公司新闻常常上头条，但是一般意义上的财经新闻涉及并不太多。中国的媒体却不一样，只要觉得哪个领域有前途，马上就辟出一块专版或弄出一个部门做。所以，几乎每一家报纸都办了周刊，切分杂志市场。电视界现在也有这个倾向。再加上网络，信息容量无限的特性使得它们可以介入感兴趣的所有领域。这样，将来一家财经媒体要研究的竞争对手，就是全媒体、跨媒体的，要以不同的对策应对不同媒体的竞争。因此，竞争变数就会大大增加。

二、财经媒体的新划分

正是由于财经新闻日益被社会各界所重视，也必然被各类媒体所看好，财经新闻也成了一个比较宽泛的概念。当前有六类媒体都涉及财经新闻（以纸质媒体为例）：

第一是综合性的报刊，比如《人民日报》等党报都有关于经济的报道，但这是否是属于财经新闻眼下还是一个有争议的问题。

第二是传统意义上的经济类报刊，比如《经济参考报》、《经济日报》等。

第三是在改革开放中应运而生的一批比较知名的经济报、商报，比如《深圳商报》、《成都商报》、《华商报》。

第四是专业性的财经媒体，比如证券类的《中国证券报》、《上海证券报》。

第五是都市类的报刊，比如《南方都市报》、《京华时报》。

第六是新兴的财经媒体，比如《21世纪经济报道》、《经济观察报》、《中国经营报》。

另一种划分，是把综合类媒体剔除在外，在经济类媒体内部又分成六类（以纸质媒体为例）①：

1. 综合性财经媒体

主要指传统的经济类媒体，如《经济日报》、《市场报》、《经济参考报》。它们的基本定位是权威的经济专业报刊，创刊较早，“报性”的形成有特定的时代痕迹。

2. 证券型经济类媒体

这类媒体目前更专注于资本市场，如《中国证券报》、《上海证券报》等。它们因专注的领域正处在快速成长期而发展迅速。

3. 专业型经济类媒体

多为具有一定学术性的大众媒体，如《经济学消息报》，从关注、介绍经济

---

① 转引自王庆华：《经济新闻采访与写作》，中国广播其他电视出版社2003年版，第8页。

研究成果起家，但随着市场经济体制的确立，也更关注经济实务。

4. 行业依托型经济类媒体

其产生和发展与某个特定的行业有天然联系，利用特定资源为立足之本，以其对新闻的处理与分析有较明显的特色而吸引读者，如国务院发展研究中心的《中国经济时报》、国家计委的《中国经济导报》。

5. 新财经媒体

这类媒体的基本定位与前几类的不同在于，其目标读者是与经济、市场紧密相关的参与者、操作者、管理者和研究者。其处理新闻和信息的方式更财经化，更注重其中蕴涵着的利益、机会、趋势、方法；在注重故事、背景、观点三要素的同时，更善于提供自己的判断、分析与观察；其运作方式更专业化、市场化。如《21世纪经济报道》、《经济观察报》。

6. 信息型经济媒体

这类报以传播大容量的商品信息为主，一般为四开周，每期至少五六十个版。其典型代表为北京的《精品购物指南》、上海的《申江购物导报》。

虽然这么多媒体都涉及财经新闻，但各自存在的功能是不一样的。综合性的报纸更多地传递的是政策导向；传统的经济类报纸更多地传递的是比较专业的政策、地区经济和产业的动向；证券类媒体传播的更多是证券公司、监管信息以及相关的其他分析和评论；对于都市类报纸的财经版面来讲，由于它的读者群主要是都市里面的人群，既有职业白领，也有家庭主妇和民工，因此更多的需要是大众通用的投资信息、大众理财的信息，强调的是信息的实用性和可操作性，更像财经信息的指南，而不是完全的财经新闻。比较专业的金融证券报道和比较全面权威的分析，应该由更加权威的报纸来承担。

由于财经媒体尚属新生事物，专家的说法也不尽统一。对眼下众多的财经媒体，有专家又分成三类：

一是泛财经类。这类媒体的性质目前还是未实行企业化管理的事业单位，运营模式有很重的行政机关色彩。它对于经济现象和经济行为的报道往往着眼于政治。对于从资本的角度剖析新闻素材，把握新闻事件对于各利益主体的影响，帮助读者通过对新闻事件的正确把握而作出投资、理财选择等远远不够。读者总体感觉是离生活较远，实用性不强。这类媒体有《上海经济报》等。

二是金融类。这类媒体集中关注资本市场。由于中国的资本市场正处于快速成长期，因此这类媒体发展迅速。从发行量和广告收入两个最重要的指标来衡量，证券型媒体是现今财经媒体中的第一方队。如《中国证券报》、《上海证券报》。

三是新兴财经类。这类媒体在新闻处理上，注重故事、背景、观点三要素，更注重以资本市场为切入点及最终落脚点，注重对于新闻事件的独家判断及深入剖析。其读者是与资本市场紧密相关的参与者、操作者、管理者和研究者。这类媒体的运作已高度产业化、市场化，其运作者把报纸当作产品来运营，所以在创办之前会作充分的市场调研，在运作中借鉴国际通行模式，以利润为目标。如《经济观察报》、《21世纪经济报道》、《中国经营报》。

第四章
法制新闻（上）

法治国家与法制新闻的产生
法制新闻的定义与内容
法制新闻的特点

第一节　法治国家与法制新闻的产生

一、法治建设和法制新闻

自从中国把建设高度的社会主义民主和完备的社会主义法制作为现代化建设的重要目标和任务以来，法制就成为影响和联系亿万人民生活的一个重要观念。法制是指通过国家政权建立起来的法律制度，以及根据这种法律制度建立的社会秩序。法制也称法治。法治是指一种治国方略或社会调控方式。法制是和专制对立的，即民主政治是与君主专制或奴隶主专制对立的。法治的对立面是人治，即当法律与当权者的个人意志发生冲突时，法律高于个人意志，是法治；个人意志凌驾于法律之上，是人治。

目前在我国，法制和法治是两个同义互换的概念，在意义上没有本质的区别，我们可以说法制社会或法治国家，指的是同一概念，本文中都会使用。但法制和法治词性上有一些区别，加上词语搭配或习惯用法的差异，我们在阐述具体的问题时将据此分别选择使用这两个概念。如说民主法制、法制新闻、法制教育等用法制，而说依法治国、法治国家、法治德治等用法治。

法治作为人类创造的政治文明成果，在社会发展中越来越显示出不可或缺的重要作用。在人类历史的长河中，法是以人类行为的规范和社会关系调整器的角色出现的。数千年的法的发展史表明，任凭社会的变迁、政治的沉浮、法自身的发展，法始终是人的行为规范和社会调整器。法首先对人的行为发生作用，经此才作用于社会关系。法的特征显示，法之所以区别于道德，就在于它是只对人的外部行为，不对人的内心世界。它只注重对人的客观活动的事实判断，而不注重对人的主观动机的情感体验。任何形态的社会都需要通过一定的组织和规范来调整和控制人们的行为和社会关系。人类所依存的国家和法律，是人类社会发展到一定历史阶段的产物，但无论是奴隶制还是封建制都是专制，是人治。法治依据的是反映人民大众的法律，人治依据统治者个人的意志。法治必须以民主为基础。法治与人治的区别并不在于法律的多少，也不在于是否重视法律或者法律实行的状况如何，根本的区别在于法律是否体现民主的精神和原则。

真正意义上的法治国家是在反对君主专制的资产阶级革命中诞生并发展至今的近代资本主义民主国家。这是资本主义社会对人类文明的贡献。法治国家要求确立法律在社会生活、国家生活的一切重要领域处于至高无上的地位。法律在国家和社会中的地位和作用反映出一个社会的文明程度。依法治国作为治理国家的基本方略，是伴随着工业文明的兴起而出现的。经过几百年的发展，依法治国已经成为现代化国家的基本形式。现代化社会不仅表现在法律数量的大规模增长，而且法律的地位提高，法律的调整范围扩大，成为一种高度专门化的社会组织形式和社会控制的主要手段。法治国家的法律制度是民主的制度化、法律化，是自由和人权的法律保障。它体现了一种新的法律价值取向。这种新的价值取向要求法律制度构建在尊重人的人格尊严、自由、合理愿望、进取精神和财产权利的基础上。

新中国的成立，为社会主义法制建设奠定了坚实的政治基础，但我国真正意义上的法治建设却是在改革开放以来，在邓小平法制理论指导下开始进行的。邓小平法制理论是邓小平理论的重要组成部分，是马克思主义民主法制理论的新发展，是中国一百多年来民主法治追求的科学总结，是党的十一届三中全会以来社会主义民主法制建设新经验、新创造的总结和升华，是当代中国实行依法治国、建设社会主义法治国家的指导思想。

马克思主义的创始人根据唯物史观考察了资本主义社会的法律和资本

主义社会以前的法律，科学地揭示了阶级对立社会中的法的本质，而且提供了认识法的本质的方法论。他们讨论法的本质是针对阶级对立社会的法律而言的，没有也不可能讨论社会主义社会法律的本质。列宁在谈到社会主义国家的法律时，曾经指出，法律是取得胜利、掌握国家政权的阶级意志的体现。重点在于强调法的阶级意志性。这一认识对于列宁时期的法律来说，无疑是符合实际的。但是，后来法的阶级意志性被绝对化、简单化地套用于社会主义国家的任何一个时期，进而将法的阶级意志性作为法的惟一本质属性。法的阶级意志性又被归结为阶级斗争的工具。这种狭隘的法律本质论是社会主义国家长期不重视法制的理论根源之一。我们党的成长又有其特殊的经历，长期封建专制主义在思想政治方面遗毒很深，种种历史原因（战争、世界帝国主义封锁导致一面倒）也使我们没有能把党内民主和国家政治社会生活的民主加以制度化、法律化，或者虽然制定了法律，却没有应有的权威。这就提供了一种条件，使党的权力过分集中于个人，党内个人专断和个人崇拜现象滋长起来，以权代法、以言代法、以言废法。邓小平一针见血地指出："制度好可以使坏人无法任意横行，制度不好可以使好人无法充分做好事，甚至会走向反面。"

1978 年，中国共产党第二代领导集体及时总结经验教训，纠正航线。邓小平用他一贯的坚定告诉人们：中国必须健全社会主义法制。走向法治，成为历史的必然选择。然而，当中国人选择了法治的时候，才发现中国这样一个已经拥有 10 亿人口的泱泱大国，由全国人大制定的法律竟然还不到 10 部。每年受理 46 万件刑事案件，判决发生法律效力的有 58 万人，却没有一部规定犯罪、刑事责任和刑罚的刑法典；每年受理 185 万件民事案件，竟没有一部调整平等主体的公民之间、法人之间、公民和法人之间的财产关系和人身关系的民法典。要把法律交给人民，前提是要有法律可交。这就是十一届三中全会后中国法制建设面临的严峻形势。

邓小平提出：立法快比慢好，有比没有好。开头可以粗一点，以后再进一步修改。那一年，五届全国人大常委会法制委员会一直都处于一种空前紧张的工作状态，77 岁的彭真甘愿做"苦力"，3 个月内草拟 7 项法律。终于，中国有了刑法、刑事诉讼法等 11 部重要的法律，向全国人民表示了中央加强法制的决心和行动。接下来的日子里，一个以法治的方式向昨天告别的仪式，吸引了亿万人民的目光。在刑法、刑事诉讼法实施后一年，最高人民法院特别法庭审理林彪、"四人帮"反革命集团案，成为对中国民主法制进程的重要检验。彭真提出“只审理刑事罪行，不涉及党内、人民内部的错误”的审判原则。“两案”公开审理，公开报道，成为在全国普及法律知识的示范。电视转播进行了一次全国性的大规模的普法宣传，人们传统观念受到巨大冲击。消失了22年重新出现的律师当庭为“四人帮”这些百姓眼里的坏人作辩护。这一切告诉人们，即使是犯了罪的人，也享有法律上的权利。这次转播不光拉近了法律和亿万人民的距离，也让普通百姓感受到了法律面前人人平等的真切含义。

人人平等地依法办事是法治的要求和标志。党的十一届三中全会公报把“有法可依、有法必依、执法必严、违法必究”作为社会主义法制缺一不可的四个要素。实行和坚持依法治国，首先是中国共产党实行和坚持依法执政。1982年，党的十二大首次将“党必须在宪法和法律范围内活动”的原则写入党章。同年，宪法明确规定：“任何组织或者个人都不得有超越宪法和法律的特权。”

从1994年开始，中共中央连续举办法制讲座。每次讲座，党和国家领导人几乎全部出席，江泽民总书记亲自主持并发表重要讲话。中央领导每年听取两次法制讲座已形成制度。在1996年2月8日的第三次法制讲座上，江泽民明确提出，加强社会主义法制建设，依法治国，是我们党和政府管理国家和社会事务的重要方针。外电评论：“这是中国第三代领导集体关于未来治国方略和政治走向的公开宣示。”党的十五大庄严宣告：“依法治国，就是广大人民群众在党的领导下，依照宪法和法律规定，通过各种途径和形式管理国家事务，管理经济文化事业，管理社会事务，保证国家各项工作都依法进行，逐步实现社会主义民主的制度化、法律化，使这种制度和法律不因领导人的改变而改变，不因领导人的看法和注意力的改变而改变。依法治国，是党领导人民治理国家的基本方略，是发展社会主义市场经济的客观需要，是社会文明进步的重要标志，是国家长治久安的重要保障。党领导人民制定宪法和法律，并在宪法和法律范围内活动。”这是社会主义民主法制建设发展的必然要求和结果。在这一年年底的全国政法工作会议上，江泽民更详细地阐述了依法治国的基本方略：“实行依法治国，建设社会主义法治国家，是一项复杂的社会系统工程，在立法、执法、司法和普法教育等方面都有大量的工作要做，需要付出艰苦的努力。”1999年3月，九届全国人大二次会议把“依法治国，建设社会主义法治国家”写进了《中华人民共和国宪法》。

在2002年11月的十六大报告中，江泽民总书记提出：“扩大社会主义民主，健全社会主义法制，建设社会主义的法治国家。”并再一次庄严宣告：“依法治国是党领导人民治理国家的基本方略。”“宪法和法律是党的主张和人民意志相统一的体现。必须严格依法办事，任何组织和个人都不允许有超越宪法和法律的特权。”“适应社会主义市场经济发展、社会全面进步和加入世贸组织的新形势，加强立法工作，提高立法质量，到2010年形成中国特色社会主义法律体系。坚持法律面前人人平等。加强对执法活动的监督，推进依法行政，维护司法公正，提高执法水平，确保法律的严格实施。维护法制的统一和尊严，防止和克服地方和部门的保护主义。拓展和规范法律服务，积极开展法律援助。加强法制宣传教育，提高全民法律素质，尤其要增强公职人员的法制观念和依法办事能力。党员和干部特别是领导干部要成为遵守宪法和法律的模范。”

十一届三中全会以后，中国的经济建设进入了新的历史时期，改革开放成为中国最流行的一个词汇。在追赶现代化这趟全球快车的进程中，中国曾经错失良机，所以此时，只有建立完善的体制和制度，稳定而理性的社会秩序，才能赢得宝贵的时间来追赶别人。法治，已不仅仅是历史的必然选择，而且也是现实的迫切需要。

改革开放以来，经济建设成为中国社会的“主战场”，经济体制在探索中经历了一场由计划经济向社会主义市场经济的历史性转变。在这个过程中，个体户诞生、乡镇企业异军突起、经济特区的发展突飞猛进、国有企业艰辛改制以及中外合资、中外合作和外商独资企业大量涌现，同时，人们的经济观念、企业的经营方式和社会的经济秩序，越来越走向一个良性的轨道。这就是法治的轨道。经济建设的主要目标就是要建立社会主义市场经济。市场经济就是法制经济，最常见最明显的一个表现就是契约，也就是合同。市场经济就是在合同的基础上受到法律保障的一种秩序。法制经济要求人们掌握丰富的市场经济法律知识，懂得法律在从事市场经济活动中的价值，这样人们才能依法进行生产经营管理，依法维护自己的经济利益和其他权益。

中国在2001年加入WTO。这是中国政府的重大战略决策。这意味着我国步入与世界深度接轨的新阶段，要求我国的法律与国际贸易规则接轨。加入WTO充分展示了党和国家顺应经济全球化潮流、主动参与国际竞争与合作的积极姿态。WTO规则作为一部庞大的“法典”，涉及我国经济、政治、社会生活的诸多方面，产生了深刻的影响。信守加入WTO承诺，我们要清理、修订和完善涉外经济法律法规，加快政府职能转变，整顿和规范市场经济秩序，加快专门人才培养，加强政府部门内协调配合，有步骤地扩大服务业市场开放，深入开展多、双边经贸合作等。这一系列相应措施，无一不与各级领导干部以及其他相关部门工作人员乃至全民族法律素质的提高息息相关。例如，今后新的法律、行政法规、地方性法规、规章，都要符合 WTO 规则。这就要求人大、政府相关人员熟悉 WTO 各项规则，领会和吃透精神。又如，加入世贸组织后要求增加立法透明度，要充分征求各方面特别是管理相对人的意见。若管理相对人对 WTO 规则和有关法律知识漠然不知，就谈不上民主参与。

WTO 是目前世界上惟一的由几乎所有的主要贸易国参加的全球性国际经济组织。该组织根据《建立 WTO 的马拉喀什协议》为核心，共包括 29 个法律文件，形成了一套系统的国际贸易法律规则，约束各国政府制定符合这套法律规则的贸易政策。在入世谈判中，大量涉及的是经济贸易、投资、知识产权等方面的共同规则问题即法律问题。WTO 协议约束的是政府对贸易投资的干预、政府的管理理念和管理制度等，因此 WTO 规则被称为国际行政法。我们遵循法制统一、非歧视和公开透明等三项原则，全面清理了有关法律、法规和规章，初步建立起符合社会主义经济需要，符合世贸组织规则和国际惯例要求的涉外经济法律体系。国务院近 30 个部门已清理了法规、规章 2300 件，其中废止了 830 件，修订了 325 件。19 万多件地方性法规、地方政府规章和其他政策措施决定已经修改、废止或停止执行。这一切为履行中国加入世贸组织的相关承诺创造了良好的法律环境。中国政府认真履行了通报和咨询义务，向世贸组织及其成员通报中国的相关法律、法规和具体措施，并开始筹建中国政府世贸组织咨询网站。进一步完善了服务贸易领域的法律规范，建立健全了统一、规范、公开的外商投资服务贸易领域市场准入制度。认真加强对知识产权的保护。总之，WTO 的各项协议、决定以及案件裁决，构成了 21 世纪国际贸易法的基础，指导着各国的立法，对中国的法治建设是巨大的促进推动。中国入世加快了法治建设的进程。

现代法治国家实行的是代议制民主，由公民选举代表来制定宪法和法律并根据宪法建立政府，所以为了保证政府真正执行人民的宪法和法律，公民同时被赋予知政、议政、参政的权利。在现代民主社会中，公民要实现对公共生活的议论和参与，“知情权”是一项前提性的基本权利。同为法制社会产物的大众传媒为法治建设构建了一个平台。国家依法治国方略的确定和宣传，对国家法治建设的建议和监督，都有赖于大众传媒这个连接器和减压阀。自人大从“橡皮图章”、“表决机器”转变为真正意义上的国家权力机构、人民意志代表以来，每年3月大众传媒全力以赴全方位的“两会”报道，成了最受全国人民关注的政治生活中的头等大事。公民要实现知政、议政、参政，对大众传媒有着深切的依赖，法制新闻成为公民参与国家法治建设的中介和代言人。

二、普法教育和法制新闻

我国是世界上封建制度历史最长久的国家，森严的等级制度造成了以权压法、以言代法的传统法律文化，统治阶级几乎没有什么民主与法制观念；老百姓习惯于对长官惟命是从，更没有什么法制意识。即使到了人民当家作主的时代，封建传统思想仍残留在很多人的头脑中。公民只满足于生存权之类浅层次的法制要求，对人格、名誉、隐私、知识产权等的权益要求很多还处在法盲的程度。

1979年，结束了“文化大革命”不久的人民共和国百废待兴，第二代领导集体总结历史经验时就指出：还是要讲法制，讲法制靠得住些；要开展法制宣传教育活动，把法律交给十亿人民。人们能否运用、遵守和维护法律，在很大程度上同他们的法治观念有直接的关系。在一个没有法治观念的社会里，是不可能真正实现法治的。中国是一个封建历史很长的国家，人治观念根深蒂固。增强全民的法律意识是一项十分艰巨的任务。

这个任务艰巨在哪里呢？就在立法机关开始大规模立法进程、司法机关恢复正常运转的同时，人们发现，由于受“文革”法律虚无主义和无法无天观念的毒害，不仅许多人不懂法，个别社会成员对法律的陌生甚至到了让人吃惊的地步。

法律必须被信仰，否则它形同虚设。怎样才能让人们了解法律、遵守法律，怎样才能把普及法律的工作上升为一个系统的政府行为呢？刚刚复建的司法部承担起了法制宣传的历史重任。由于当时群众中普遍存在管你法不法，反正我不犯法就行了，我没有必要去学法的观念。一些领导干部对开展全民普法也有顾虑：中国这样一个农民占绝大多数而且文盲很多的发展中国家，能铺开如此规模浩大的社会工程吗？为此，司法部向一直关心普法工作的全国人大常委会委员长彭真说明：普法，第一是普及法律常识，不是普及法律知识，常识和知识是两个档次。第二是基本普及，有60%的公民受到一定的教育，懂得一些基本的法律常识就可以了。于是，1985年11月，全国人大常委会通过了《关于在公民中基本普及法律常识的决议》，党中央、国务院批转了《关于向全体公民基本普及法律常识的五年规划》通知。随后，中宣部、司法部联合在北京召开了全国法制宣传教育工作会议，具体部署了向全体公民基本普及法律常识的任务。1986 年，全国正式拉开了第一个五年普法规划的序幕。就这样，1986 年成为迈向法治之路的中国的一个特殊年份。一次由政府组织开展的法制宣传教育活动，在神州大地上有领导、有计划、有步骤地轰轰烈烈开展起来。这一宏大的社会工程，在我国历史上是空前的，在当今世界各国也是没有先例的。

按照一五普法规划的要求，从中央到地方，各级党委宣传部门和司法行政机关联合成立了专门的普法机构，具体负责普法规划的实施。“普法”这一诞生在东方古老国度的新事物，走进了千家万户。由于有了政府自上而下的推动，普法工作很快深入到中国人民政治、经济和社会生活的各个方面。经过各级普法主管机关的艰苦努力，以“十法一条例”为主要内容的一五普法收效明显，初步完成了全民族的法律启蒙教育：广大公民初步填补了法律知识的空白；广大干部逐步树立了依法办事的观念；促进了各项事业的依法管理。对法律的认同，对法治的追求，已经像一颗富有生命力的种子，播进了中国社会的土壤之中。从新中国成立初期的扫“文盲”，到一五普法开始后大张旗鼓地扫“法盲”，中国人经历了一次深刻的知识革命。从自上而下地“把法律交给人民”，到亿万人民主动地学法、知法、守法、用法，中国人又经历了一场深刻的观念革命。对曾经认为学法是多此一举的老百姓的观念发生了革命性的转变。他们说：不怕天，不怕地，就怕手里没有法律；不学法，不懂法，等于盲人骑瞎马。普法这一伟大创举，正逐步地塑造中华民族的理性精神，影响着它的未来。

在普法的进程中，中国人逐渐树立了守法意识。用法律规范自己、做一个守法公民成为中国百姓的自觉选择。同时，越来越多的中国人开始学会用法律来维护权利。

1988 年，浙江苍南县巴艚镇农民包郑照因对县有关部门强行拆其房屋的处罚决定不服，一纸诉状将县政府推上了被告席，成为闻名于世的“中国民告官第一人”。尽管包的这桩官司输了，但他一直感谢日益健全的法制给了他“说法”的机会。在日常生活中他严格要求子女多学习法律知识，给孙子取名“包诉讼”，其孙女高中毕业后报考了大学法律系。当时出庭应诉的县长、现今为温州市人大副主任的黄德余说，我至今钦佩他的勇气和胆识：通过法律途径维护自己的权益。农民的法制意识加强了——这是那场官司最大的意义。“民告官”此前几乎无法可依，包郑照当年之举无意间促进了我国的立法工作。1989年，全国人大通过了行政诉讼法，1999年，又通过了行政复议法。这种被称为“民告官”的官司就叫“行政诉讼”，从此真正拥有了法律的护身符。在法院判决结案的案件中，原告的胜诉率达到三分之一左右。

1999年6月，山东省博兴县法院受理了当地第一起中学生告镇政府的案子。事情发生在1995年，由于当时博兴县兴福镇的私营企业比较发达，许多没有完成9年义务教育的学生都辍学去打工挣钱。为了遏制住学生失学的势头，镇政府决定向几千名中小学生收取“义务教育保证金”，小学生每人250元，初中生每人180元。学生受完9年义务教育后，凭毕业证返还。镇政府认为经济制裁是个好办法，却没有考虑这样做是否违法，而学生则通过学《义务教育法实施细则》注意到了，第十七条专门规定，行政机关不允许任意规定收费标准。于是159名中学生将镇政府告上法庭，请求法院认定镇政府收取保证金的行为违法并返还收费。尽管孩子们认准了法律面前人人平等，大人们还是觉得不可思议：政府定的事还能翻过来？但法律却给了孩子们强有力的支持。法院认为行政案件的举证责任在被告一方，适用于举证倒置的原则。由于被告镇政府开庭时什么证据都没有举出来，只好承担败诉的责任。镇政府通过这场官司明白了，既要贯彻又不能违反《义务教育法》，应该采取做思想工作、减轻学生负担等多种方式来推行9年义务教育，不能再出现被学生推上被告席的情况了。

普法不仅让领导干部知道了政府行为对人民应当是透明的，更重要的是政府应当依法办事，行政机关应当为人民服务。通过对领导干部的普法来推进依法行政，是普法创举结出的又一个硕果。

在1982年12月4日颁布的宪法中，《总纲》之后就是《公民的基本权利和义务》一章。宪法把公民权利放在了至高无上的地位。除了宪法外，《消费者权益保护法》、《产品质量法》等法律的出台也在肯定和保护着公民各种各样的权利。从1986年到1990年实施的第一个五年普法规划将法律尤其是与公民权利相关的法律送到了中国百姓的心中，使其成为维护自身合法权益的有力武器。

1995年，普法工程历经10年之后，一部叫《秋菊打官司》的电影在中国引起了不小的轰动。这部影片讲述了一个陕北的普通农村妇女，因为丈夫被村干部踢伤而要“讨个说法”的故事。一时间，“讨个说法”成为许多老百姓依法维护自身合法权益的代名词。经过普法教育，全民的法律意识大大提高。在我们的日常生活当中，有许多比秋菊打官司更生动、更真实的普通公民的维权实践。龙萃因为佩戴了劣质OK镜而严重损害了视力，在法律援助下她维护了自己的健康权利。贾国宇由于被劣质卡式炉炸伤而得到了10万元的精神损害赔偿。这是首次以判例的形式确立了精神损害赔偿的地位，表明中国人不仅懂得了生命健康权利不容侵犯，而且也开始重视精神权利的维护。黄国庆，一位普通的汽车司机，第一个发现了三菱帕杰罗吉普车的质量问题，从而把中国消费者的维权领域扩大到了国外产品。

新时期以来的法制建设和十几年的普法依法治理工作，使中国的公民、中国的企业、中国的政府经历了法治熔炉的锤炼，具有了全新的观念。1986年至1990年的“一五”普法，全国共有6亿4千万人学到了法律知识；1991年至1995年的“二五”普法，全国共有96个行业制定了普法规划，组织学习专业法律法规200多部；1996年至2000年的“三五”普法，30个省、市、区开展了依法治理工作，95%的地级市、87%的县、75%的基层单位开展依法治理工作。通过浩大的普法工程，普通公民的民主权利意识、经济主体的市场法治观念、政府机关的依法行政理念，就像三棵在普法实践中迅速成长的大树，开始有力地支撑起当代中国日益晴朗而辽阔的法治天空。

从2001年开始，我国进入“四五”普法。“四五”普法规划的目标是：努力实现由提高全民法律意识向提高全民法律素质的转变，实现由注重依靠行政手段管理向注重运用法律手段管理的转变，全面提高全体公民特别是各级领导干部的法律素质，全面提高全社会法治化管理水平。法律意识是公民对法律的认识或认同；法律素质则是指公民掌握法律知识，运用法律的综合能力。两个转变两个提高是对全民普法工作的更高标准的要求，也是我们在法治化进程中所要达到的更高境界。要实现这一目标，就必须不断推陈出新，创造各种有效的普法方法和形式。

2001年4月26日，党中央、国务院在批转四五普法规划时规定：将我国现行宪法实施日即12月4日作为每年一次的全国法制宣传日。确定全国法制宣传日，使法律知识的传播获得了一种更为便民亲和的渠道，吸引更广大的人民群众关注和参与普法工作，营造出一种全社会广泛参与，积极学法用法的普法氛围。这一年的12月4日，是全国第一个法制宣传日，主题是“增强宪法观念，推进依法治国”。宪法观念就是对宪法的忠诚和信仰，是一种伟大的公民精神。这种精神凝聚起来，必将形成一种追求正义的宏大力量，蓬勃地推进社会主义民主和法制建设，推进依法治国，建设社会主义法治国家的进程。第一个法制宣传日引起了广大公民对社会法律环境的关注，提高了公民履行法定义务、维护合法权益的自觉性和能力，增强了参与社会管理和监督的责任感。2002 年 1 月 12 日，新中国历史上第一个全国性的行政决策听证会——铁路价格听证会在北京举行。听证会是行政机关实现由注重依靠行政手段管理，向注重运用法律手段管理转变的一种积极有效的形式；同时，听证会也是向公民普及法律知识的一种途径。第二个全国法制宣传日的主题为“加强法制宣传教育，促进民主政治建设”。司法部部长张福森表示，要像逐步熟悉每年的“3·15”国际消费者权益日、禁毒日、世界水日一样，让“12·4”全国法制宣传日成为广大公民熟悉法律、认知法律、维护自身合法权益的节日，成为展示我国法制建设成就的节日，树立我国良好法治形象的节日。

法制新闻是普法教育最好的载体，是用法制常识培育亿万民众的法律意识的社会公器。多年的实践显示，没有这个载体，普法教育的形式不可能这样生动丰富，成果不可能这样显著丰硕。法制新闻正是在普法教育的深入开展中成长壮大起来的。

三、法制新闻的产生

我国虽然早在唐代就有了传播法律政治的工具——邸报，但充其量只是为王侯权贵们提供的内部情报，称不上真正意义上的报纸，更说不上是新闻事业。真正作为新闻事业最初标志的报纸，是近代资本主义生产发展的产物。中国的新闻事业，是在鸦片战争之后才成长起来的，而“法制新闻”这个名称则是 20 多年前粉碎“四人帮”之后才提出来的。在此之前，有关法制方面内容的新闻，或放在社会新闻的栏目里，或作为政治新闻，或在其他栏目中报道。法制新闻和法制报刊是应中国法治建设的实际需要而形成的中国特有的新闻学科。

十一届三中全会以后，党中央非常重视民主与法制建设，全国人大加紧了立法步伐，并且十分重视法制宣传，要求运用宣传工具，采用生动活泼的方式，广泛、深入地对党员、干部和群众宣传法律，加强法制教育。法制教育成了党的宣传工作的重要组成部分。由此，催促着法制新闻的大发展，法制报刊应时应地而生。1979 年 8 月，报道政治、法律、伦理、社会综合性新闻的《民主与法制》杂志，领时代之先风在上海创刊，一出世，就成为全国最受读者欢迎和最有影响的法制刊物之一，最高发行量达 100 余万份。1980 年 8 月 1

日，中国第一张向国内外公开发行的全国性法制报《中国法制报》(后改为《法制日报》)在北京诞生。这是中央政法系统的专业报。这张报广受读者欢迎，订数最多时达200万份。随后各地的法制类报刊如雨后春笋破土而出。截至2000年，全国已有法制类报刊200余家，从业人员2万余名，每年编发各类法制新闻稿件数百万件。

《法制日报》、《民主与法制》、《法律与生活》等名牌报刊在全国都有巨大影响。法制报刊构筑起了宣传社会主义民主与法制建设不可缺少的阵地，成了指导干部和广大群众学习法律知识、提高法治观念不可缺少的读物。不仅如此，经过发展，法制新闻的报道由单一到综合，即由专业的法制报刊发展到全国各级综合性报刊、通讯社、广播、电视、网络等传媒，组成立体形、综合形的法制报道。80年代后期，上海《文汇报》率先开辟了《道德法庭》专栏。特别是中央作出从1986年起进行第一个全民五年普法教育的决定之后，《人民日报》的《民主与法制》专栏，《光明日报》的《社会与法》栏目等纷纷开设。1984年，中央广播电台首先开播了《法制园地》专栏，随后中央和地方的广播电台争相开播法制专栏。各电视台也先后开设专栏宣传法制。如中央电视台的《今日说法》、《规矩与方圆》、《社会经纬》，上海电视台的《案件聚焦》等。由于广播、电视迅捷地传播着法制信息，加上生动活泼丰富多彩的视听感觉，更容易吸引受众，对推动普法教育、提高公民法律意识起了巨大的促进作用。

目前，新兴的"第四媒体"——网络也正在成为新时期法制宣传的又一重要载体。中国普法网自2001年6月开通以来，为普及法律知识、开展法律服务、宣传司法行政工作发挥了积极重要的作用。2002年，全国网络法制宣传研讨会对网络法制宣传在深化法制宣传教育工作中的独特优势和作用进行了研讨。与会者认为，充分运用网络媒体开展法制宣传，是创新法制宣传方式方法，落实四五普法规划的需要；是适应形势，提高法制宣传工作质量和效率的需要；是加强法制宣传的重要阵地。会议决定，要遵循网络媒体宣传的特点和规律，积极开展网上法制宣传，在全社会形成良好的法制舆论环境，使法制精神、法律文化在广大人民群众的思想、工作、生活中发挥积极的主导作用；要注重提高网络法制宣传的服务性功能，使网民在通过网络获得必要法律知识的同时，也能获得法律服务信息，增加中国普法网的覆盖面和影响力；要充分开发利用传统媒体法制宣传的信息资源，将传统媒体的法制宣传信息资源汇集整合到互联网络上来，提高信息资源的利用效率，使传统媒体踏上高速路，网络媒体获得源动力，形成全方位、各渠道协同普法的态势。网络载体的参与，使法制新闻的新发展时期开始了。

在1986年的中华全国法制新闻工作者协会成立大会上，中央领导指出："法制新闻工作担负着宣传党和国家关于法制建设的主张，宣传党和政法工作的方针、政策和传播法律知识等任务，是加强法制建设不可缺少的生力军。"法制新闻的独立成长发展，说明法制新闻不仅在新闻界和司法界，而且在国家政治生活中已获得了一席之地。

第二节　法制新闻的定义与内容

普法活动是中国向社会主义法治国家迈进的一个创举，显示出社会主义法治是人民的事业。依法治国是党领导人民治理国家的基本方略的确定，使得中国的法治建设从一开始就同人民生活的各个方面发生联系。作为对这个现实进行反映的法制报道，也必然带有广泛联系社会生活各个方面的特点。凡是有人的地方，都有法治问题，也都可能有应该报道的信息，所以中国法制新闻报道有着极其广阔的范围和前景。

一、法制新闻的定义

在我国新闻界，对新闻的定义影响最大，广为大家接受的是陆定一的："新闻是新近发生的事实的报道"。这一概括基本上说明了新闻的特性：一是真实性，二是时新性，三是公开性。于是人们借用这一说法将法制新闻定义为"新近发生的关于民主与法制事实的报道。"但由于陆定一对新闻的定义的缺陷，上述对法制新闻的定义无论是内涵还是外延都不够确切。首先，并非所有"新近发生的事实"都能够成为新闻；再次，"报道"一词没有涵盖受众接受这一环节。因此，"法制新闻"的定义可为："法制新闻是新近发生或发现的关于民主法制信息的大众传播。"①

1.关于"新近发生或发现"

用"新近发生或发现"代替一般定义中的"新近发生"，是因为后者虽然对绝大多数新闻现象的说明是适用的，但却并不能说明新闻现象的全部。"以前发生的事实"只要具备了构成新闻的要素，虽然有的被历史尘封了几年甚至几十年，但一旦揭秘，同样可以成为新闻。如1979年对优秀共产党员张志

---

① 肖义舜、何勤华：《法制新闻学》，法律出版社2001年版，第16页。

新同林彪、“四人帮”殊死斗争被残酷杀害事件的报道，就是在这件事实已发生了五年以后。这件五年前发生的事实迅速成为所有报纸的重大新闻，占据了报纸的重要版面，在读者中引起强烈反响。被称为“共和国反腐第一案”的刘青山、张子善贪污案，在近50年后被追溯详尽报道，因为这件事实相对于大众还是“新闻新知”，故仍构成了“新闻”。

2.关于“民主与法制”

民主与法制是人类文明进步的标志，是全人类的共同财富。社会主义民主是主权在民、人民当家作主的制度，社会主义法制是制度化、民主化的社会主义民主，是真正意义上的人民当家作主的民主和平等保障公民基本权利的法制。发展民主、加强法制是社会主义的本质要求，是实现党的经济社会发展战略目标的保障，也是加快改革开放的需要。

民主的制度化、法律化是一个长期的过程，需要我们全民族付出长期的努力。尤其在我们这样一个封建社会长达两千多年的国家，独裁、忠君思想十分浓厚，民主法制意识非常淡薄，使得这一进程步履艰难。法律缺乏权威，在现实的中国，远没有达到神圣不可侵犯的程度。改革开放20多年来，我国在立法方面的成就是有目共睹的，全国人大、全国人大常委会、国务院及其各部委、享有地方立法权的地方人大及其常委会和地方人民政府相继制订通过了一大批法律、法规和规章，填补了许多立法空白。可以说，我国社会生活的诸多方面现在已经基本做到了有法可依。但是，目前突出的问题是有法不依、执法不严、违法不究的情况比较严重，法律的执行情况很不使人乐观，有相当一部分法律、法规没有很好地执行或者说根本没有执行。法律实施状况差，一方面同我们立法的质量与立法工作的民主、科学性有关，另一方面则主要是法律缺乏权威性。一些群众不知法、不懂法，缺乏守法的自觉意识，对法律存在传统的抵触情绪和逆反心理。在一些人的头脑中似乎只有刑法才是法，才有权威性，其他法都是“软法”，违反了也无所谓。

当前我国民主法制建设的重点是：继续加强和完善人大的工作，使之在监督政府、两院方面发挥更大的作用；继续加强和完善民主集中制；在基层继续探索和推广直接选举；加强立法，提高立法质量，到2010年建成有中国特色的社会主义法律体系；对司法机关特别是审判、检察机关的内部工作机制进行改革，以实现高效、廉洁、公正的目标；继续进行普法教育，提高公民的法律意识和法治观念。其中各级人大、政府，司法机关如法院、检察院、公安机关、司法行政机关，行政执法机关如工商、税务、技术监督、土地管理等部门又发挥着特别重要的作用。因此，它们的司法活动都应是法制新闻关注的重点。同时，广大人民群众法律意识的提高，他们依法维护自身合法权益的行动也应是法制新闻报道的内容。

3.关于“信息”

新闻的本质是信息。法制新闻的本质是民主法制信息。记者在报道时不可能把整个事件端到读者面前，报道是通过选择传递这个事件的主要信息来实现的。这样，新闻就引入了许多信息固有的属性：一是信息要真实，二是信息要快速，三是信息要新鲜。这些自然也是新闻包括法制新闻的特点。

当然，法制新闻信息不同于自然信息。不同的记者由于他们的立场、观点、分析能力、表达技巧不同，对自然信息的选择、挖掘、表达也不同，写成的“法制新闻信息”自然有差别。也就是说信息是一个客观存在，但一旦变成“法制新闻信息”就包含了记者的主观能动性。

信息并不完全等于事物本身。它是从事物的存在和运动中提取的一种最新的状态和发展趋向，是关于事物的“毛知识”，不一定就达到知识层，只是这个事物的信号、特征。客观事物是在逐渐释放它的信息。这个信息可能第一次释放就反映了事物的本质，也可能这一次没有反映本质，而是要经过多次释放才能反映出来。信息释放是个过程，因此法制报道也是一个连续叠加的过程，即它的连续性。由于信息的特点是快、新，记者既不能等到这件事全部结束，本质充分暴露后再去报道，也不能要求在一篇稿件中把事件交代得一览无余。新闻往往是抢到一点信息就发，紧接着抓住一点再抢发。法制新闻对于民主法制信息的报道同样如此。

4.关于“大众传播”

在以往的“新闻”定义中，一般只讲“报道”不用“传播”。这里用“传播”来取代“报道”，是因为“报道”须将记者发稿作为整个新闻流程的结束，忽视了新闻在受众中的传播这一环节，从而导致了新闻学忽视对媒介特征、受众心理的研究。

“传播”则是传者与受者对信息的分享，即传播与信息密不可分。传播以信息为材料，信息靠传播使人们获取知识、分享信息、产生交流、发生影响；否则，信息就永远湮没或局限在小范围内而不为大众所知。所以，既不存在无信息的传播，也不存在不传播的信息。

大众传播是相对人际传播而言的，传播者并不是某一个人，而是个有复杂系统程序的机构。即大众传播是一种有组织的、运用现代化方式向社会广大公众的传播。大众传播的主体是新闻事业。

综上所述，用"法制新闻是新近发生或发现的关于民主法制信息的大众传播"来界定法制新闻，比"新近发生的关于民主与法制事实的报道"这一界定更加准确、全面。当然，定义必须简洁，因此它不可能穷尽法制新闻的全部内涵。如"关于民主法制信息"确切的表述应为"为大众所关注的关于民主法制信息"，因为并非所有的"民主法制信息"都能成为新闻，像司法机关大量的日常工作就不能成为新闻。

二、法制新闻的内容

在新闻的诸分支中，法制新闻与社会新闻的关系最为密切。过去，我国反映法制方面题材的报道或归入"社会新闻"（如刑事、民事案件），或放在"政治新闻"（如立法等）中。党的十一届三中全会以后，中国把民主与法制建设提到了突出的地位，并开展了全民普法宣传教育。在这种特殊时代背景下产生并发展起来的法制新闻，且不说在法律的内涵上，就是其外延，也不是社会新闻所能涵盖的。以报道民主与法制建设、宣传依法治国方略和提高全民法律意识为己任的法制新闻，从总体上看，无论在性质上、内容的广度上、报道角度上、社会职能上以及风格上，都有别于社会新闻。

民主与法制生活是我国人民政治生活中带有根本性的重大课题，渗透在社会生活各个层面的法律现象为法制新闻提供了广泛而独特的题材，通常包括以下几方面：

1. 报道国家政权的立法活动；
2. 报道执法部门的司法活动；
3. 报道以公民为主体的学法、守法、护法活动；
4. 报道刑事、民事、行政、经济等的各种诉讼活动；
5. 报道缉私、反颠覆等犯罪的侦查活动；
6. 报道查禁黄、毒、赌犯罪行为及有关社会综合治理的活动；
7. 报道监狱、劳教工作；
8. 报道婚姻家庭等法律关系的情况；
9. 报道反腐倡廉等活动。

下面就根据这九方面详细地予以阐述。

第一，立法活动报道。对国家法制建设的主要工作、重大问题及时、重点的报道。法制新闻还通过报道，发现法律的缺陷和空白点、盲区，针对性地提出立法方面问题的积极见解。

有法可依是依法治国的前提，加强立法工作，建立层次分明、体系完整、结构合理、规范协调的有中国特色社会主义法律体系，是推进依法治国进程的首要任务。

宪法和立法法根据我国的具体情况和实际需要，确立了以全国人大和全国人大常委会行使国家立法权为主的既能够保证中央的统一领导，又能够发挥地方主动性、积极性的"一元、两级、多层次"立法体制，即我国的立法体制是统一的、一元化的，全国范围内只存在一个统一的立法体系，分为中央立法和地方立法两个等级，两级立法都可以各自分成若干个层次和类别。

我国是以宪法为核心、以制定法为主的社会主义法律渊源体系。宪法是根本法，具有最高的法律地位，是制定一切法律、法规的依据。其下为法律，法律分为基本法和一般法律。基本法由全国人大制定和修改，是规定或调整国家和社会生活中，在某一方面具有根本性和全面性关系的法律。一般法律由全国人大常委会制定和修改，是规定或调整国家和社会生活某一方面具体问题关系的法律。此外还有法律解释权，属于全国人大常委会。全国人大常委会的法律解释同法律具有同等效力。再下为法规，分为国务院制定的行政法规和地方人大及其常委会制定的地方性法规。第四为规章，分为国务院各部门制定的部门规章和地方政府制定的地方政府规章。

宪法及法律文件的效力等级为：宪法具有最高的法律效力，上位法的效力高于下位法，即法律高于法规，法规高于规章。不同效力等级的法律规范之间发生冲突时，下一等级法律规范自然无效，即上位法优于下位法。

经过改革开放以来20多年的努力，我国的立法工作取得了举世瞩目的成绩，无法可依的局面已发生了根本的改观，但是距形成中国特色社会主义法律体系还有一段路程。为此，这些年每年都要制定、颁布、施行一批法律法规。2002年12月23日，备受关注的新中国第一部民法典初次提请最高国家立法机关审议。民法是国家的基本法律，是社会生活的基本准则，民法草案首次提请审议，这是"20年来我国法制建设的丰硕成果"，将成为21世纪中外法制史上的一座里程碑。中国历史上，民法体系向来不完备。拨乱反正之后恢复法制建设，首先颁布的是刑法。中国法律结构以刑法为主，西方法律结构以民法为主，中国法虽然也有民法规范，但它不是补偿性的，而是表现为惩罚性，因此被称为民法的"刑法化"。这意味着国家使用强制力来干涉一切私人事务和私人利益。民法作为一个国家的基本法律，被不少西方国家称为

"社会生活的圣经"。人民生活与民法息息相关，经济改革更是迫切需要民法保障。民法的制定在20世纪80年代初期就被列入了制定日程，但未成功。民法强调民事主体的平等和多元，强调民事活动的自愿和自负其责，强调权利义务的统一，显然与计划经济时代的社会条件和经济基础格格不入。改革开放后局面大有改观，立法机关将急需的、比较成熟的部分制定为单行法，过去20年里制定了大约60部民事法律和民事法律规范。民法和民法典可以说是对私人权利进行全面保护的法律的总和，是一个国家人权水平和法治水平的重要标志。有无一部完备的民法典，是判断一个国家市场经济发达程度最重要的制度建设指标。然而，现有的民事方面的单行法律，显然与完备的民法典相去甚远，涉及隐私权、环境侵权、医疗事故等等的民事纠纷，法院审理时常常无所适从。当前我们最为缺乏的是民法意识，也就是平等、公平和诚信意识。自然人之间、自然人与法人、法人之间，都需要增强民法意识，转变职能，依法行政，充分尊重民法明确规定的公民和企业法人的权利。随着我国民法制度的日渐完善，它所倡导的民法精神将深入人心，并重塑公民和企业法人乃至党政机关的法律思维，从而推动我国从刑法社会向民法社会转变。

2001年，中国开展了《婚姻法》修订全民讨论及出台了和公民关系密切的《医疗事故鉴定法》。

2002年，中国在行政法领域的密集动作是前所未有的，《政府采购法》颁布，《行政许可法》和《行政强制法》的立法程序启动，《行政诉讼法》和《国家赔偿法》修改提上日程，《行政程序法》制定意向明确。这些法律的宗旨都在于规范政府行为。2002年，可以视作中国政府加紧自律(限政)的元年。压力一方面来自外部：政府只有自身改变，才能适应WTO自由贸易的原则；更多的压力来自于内部：如果政府自身不规范行政，就会成为发展的阻碍。

法治国家要求确立法律在社会生活、国家生活的一切重要领域处于至高无上的地位。法律的至高无上的权威取决于立法质量。法律在执行过程中，要坚持成本最小、效益最大的原则，既要考虑法律发展的必要性，又要考虑法律的可行性；否则，既损害了法律的权威，也发挥不了法律的保护和惩戒作用，这时就需要对法律进行修改或废止。

近十年来，中国人权事业取得的成就超越了宪法所能给予的记载，但只有将社会共同追求的应有人权通过立法途径上升为法定人权，才能使人权建设制度化，并切实得到法律保障。专家指出，如果我国修订宪法，应当加入生存权、财产权、环境权、发展权、知情权、隐私权、经济自由权、迁徙自由权、平等权、接受公正审判的权利等十项人权。

1997年修改刑法以来，由于一些相关法律作了修改，刑法中的有关规定也作了相应调整。同时，司法实践中也遇到了一些新的情况和问题，均在刑法中增加了相应规定。至2002年底，全国人大常委会已对现行刑法作了四次修改、补充，增加了规定。

由于《国家赔偿法》制定时的客观原因，该法规定的赔偿数额过低，而且没有做出关于精神赔偿的规定。这一点在震惊全国的陕西"处女嫖娼案"的判决中表现得非常突出。经过两轮法院判决后，该案中饱受侮辱和折磨的麻旦旦仅获得陕西省泾阳县公安局支付的违法限制人身自由两天的赔偿金74.66元，加上医疗费、交通费、住宿费以及180天的误工费共9135元。麻旦旦提出的500万精神赔偿要求被驳回，得到的仅是"赔礼道歉、消除影响、恢复名誉"。所有的人都认为这样的判决对麻旦旦是不公正的，但判决却符合现行的《国家赔偿法》的规定。另外，在现行的体制下，还存在一个怪现象，就是国家用来赔偿的资金赔不出去。这种现象的产生和中国的错案追究政策有关。正是法制新闻对这些事件连续深入的报道，引起了立法部门对这些法律的反思和修改。

第二，执法部门司法活动报道。法制新闻相当一部分表现为案例报道，就案说法，发现并提出解决执法方面问题的积极见解。

2002年4月29日发生在陕西延安的董伟在执行前4分钟被终止死刑的报道，引发了新闻媒体一场对死刑制度的检讨。"董伟故意杀人案"本身是一件普通而简单的刑事案件，但董伟如何在一起不复杂的案件中最终演化成传奇般的"枪下留人"事件的主角，并创造新中国司法史上的奇迹，却是一件并不简单的事情。

法制新闻从这件新闻中透视出了中国死刑复核权下放带来的种种弊端。中国是世界几个保留死刑的大国之一。国家的死刑政策是"尽量少杀，限制使用死刑"，并对死刑的适用在制度方面作了严格的限制，其中最重要的一项就是规定了死刑的复核程序，即在二审终审结束后，其判决结果要报有复核权的法院进行最终审核批准，以保障判决的准确性和公正性。对死刑实施复核是我国刑法体系所独有的，表现了对公民生命权的高度重视和应有的尊重。但进入20世纪80年代，最高人民法院下放了暴力型和严惩危害公共安全等犯罪的死刑复核权，事实上是放弃了行使核准的权力。这带来的首要问题就是量刑标准的混乱，违背同罪同刑的法制原则。由于观念问题和法官个人素质等原因，高级法院在对待死刑问题上，往往不像最高法院那么慎重和严格，更容易受到地方各种力量的干扰，增加了法律的不公正性。最关键的是权力下放后死刑复核程序"名存实亡"。程序的正当性，是对实体公正性的有效保障。从程序法角度讲，多一道程序就多一道保障与公正。复核权的下放，事实上是把两个性质完全不同的程序合而为一。作为严格控制死刑滥用的复核程序，在司法实践中完全失去了作用。尽管"枪下留人"后，最高法院对此案进行了复查，经陕西省高级法院审委会讨论，认定对董伟判处死刑正确，9 月 5 日，董伟被最高法院裁定死刑并于这一天在延安伏法，但新闻界和法学界对实体法和程序法关系的探讨却在更深层次继续进行。

法按其内容、作用可分为实体法和程序法。刑法、民法、行政法都是实体法，刑事诉讼法、民事诉讼法、行政诉讼法就是程序法。诉讼，英语为 procedure，意思是向前推进、过程、程序。诉讼法(Procedural Law)，按英语可直译为程序法。程序与实体的关系是形式与内容的关系。以刑法和刑诉法为例，刑法是规定什么样的行为是犯罪，应承担什么样的刑事责任，受到什么样的刑罚处罚的实体法。而刑诉法是保证准确、及时地查明犯罪事实，正确应用法律，惩罚犯罪分子，保障无罪的人不受刑事追究，教育公民自觉遵守法律，积极同犯罪行为作斗争的程序法。从历史上看，最早的立法，是体现程序法先于或重于实体法。近世西方国家以美国为代表提出了"正当程序革命"，将程序法的重要性认识推向了极至。根据这种诉讼理论体制，诉讼应当以"正当程序"为核心、为重点，"实体真实"、"犯罪控制"则处于派生的性质和从属的地位。因此，当二者发生冲突时，原则上"实体真实"、"犯罪控制"要处于服从地位。作为人类司法文化成果的最新反映，其中的合理因素，包括其中的哲理，都是值得我们深思的。

近年来，程序优于实体的观点开始在我国法学界形成并受到重视。公正(英语为 justice，或译为正义)是人类社会所追求的首要价值目标。在各种社会公正中，社会体制即社会基本结构的公正无疑是起决定性作用的公正。司法公正则在社会公正中占有十分重要的地位，是维护社会正义的最后一道屏障，是体现社会正义的窗口，是司法机关的灵魂和生命线。司法公正又称诉讼公正，分程序公正和实体公正两个方面。现在，人们讲得更多的是"实体正义"和"程序正义"。"正义"就是法律的价值。实体应当是正义的，程序应当是能有效保障实现实体的正义。程序正义也应包括程序本身是正义的。程序正义不仅是实体正义的保障，而且具有自身正义的独立价值和品位。这种通过程序所体现的正义是国家、社会必要的，也是公民所企盼的。

法按其涉及国家和个人的关系可分为公法和私法，这是罗马法的传统分类。有关国家的法为公法，如行政法（含行诉法）、刑法（含刑诉法）等；有关私人的法为私法，如民法（含民诉法）、商法等。公法和私法遵循不同的原则。公法是法未规定为禁止，私法是法不禁止即自由。

法未规定为禁止，如城市"牛皮癣"久治不愈，杭州城管行政执法局想出一个高招，动用通讯号码追呼系统，用"千万次的呼"迫使对方关机。但追呼系统遇到了法律障碍，法律没有授予执法部门可能侵犯他人通信自由、正常接听电话的权利。于是这一科技手段在法律障碍没有清除之前只好暂时搁浅。

法不禁止即自由最典型的就是陕西延安毗圪堵村村民张某夫妇在家看黄碟事件。黄碟是违禁物品，"制作、复制、出版、贩卖、传播"均系违法行为，但未规定不准购买和观看。因此，夫妻在家看黄碟虽然不是值得提倡的光彩事，但至少不违法，警察不当管。

第三，公民学法、守法、护法活动报道。这是和普法教育紧密相关的报道内容。

公民在普法教育中法律意识的形成和法律素质的提高都是非常显著的。如一位著名作家写了一本《我平庸，我快乐》的新书，引起中小学生争相传阅，因为作家说："宁要快乐的傻子，不要忧郁的天才。"他的女儿"没有丝毫天才迹象，没有一点优秀苗头，也没有太执著的追求"，但他却为女儿的平庸高兴。在他看来：追求为痛苦之源，平庸为快乐之本。读者即对此提出批评，因为单从为人父的角度看，你怎么教育子女是你自己的家事，但作家在为人父的同时，还担当着另一重要使命——用先进思想文化来引导人、塑造人和鼓舞人的社会责任，特别是他又以出书的方式把自己的信仰和理念换钱，那他就应该承担起为人类建立生存价值界标的使命。

对中国的城乡二元结构，许多公民也通过学法认识到其不平等，提出在新时期，身份篱笆应该适时拆除，户籍管理应与时俱进。一个善治的国家，是法制的，是道德的，是平等的，是以公民社会作为现实基础的。

没有违法的行为就是守法的表现，就不应受到法律的追究。这已成为公民的法制观念。湖南株州市二中教师尹健庭，因为有一番"读书是为了挣大钱娶美女"的言论被株州市教育局剥夺当教师的资格。他将教育局告上了法庭。市中院一审判决尹健庭胜诉。凡是采访此案的记者都认定教育局犯了常识性的错误，因为尹健庭的言论是意识形态上的东西，如果不对，也只好用意识形态来对付，而不是以行政命令压制，更不能荒唐到无视法律的"驱逐出境"。法律是行为准则，只讲事实。在一个法律至上的社会里，必须以法律为准则。因为根据《教师法》规定，只有犯了严重的罪行被判了刑的人，才能被剥夺教师资格。记者们几乎不约而同地表示，他们敬佩的是尹健庭的勇气和精神，并不支持"金钱美女论"。这就如法国思想家伏尔泰所言：尽管我不同意你的观点，但是我愿意用生命来捍卫你表达自己观点的权利。这正是法治社会的象征。

公民法律意识的增强使公民更自觉地用法律保护自己。宋成晋是青岛市的一个普通市民。2000年6月，他听说青岛热电集团准备在自己居住的洪山坡小区建造一个造价为1.2亿元的大型燃煤供热站。这个工程将解决周围几十万平方米住房的供热问题。这意味着在这个安静的小区里将会出现24小时运转的燃煤锅炉房，每天有大量的原料和废料运入运出，并且锅炉房离居民楼最近的距离只有十几米。燃煤锅炉房排出的二氧化硫，将使这里空气质量变坏；再一个问题是噪声，绝对不可能控制在40分贝以下。这引起了他和其他小区居民的不满。居民们与热电集团交涉，热电集团说规划局已经许可他们在这里建供热站。居民们认为规划局的审批行为侵犯了他们的权益，于是洪山坡小区的1234户居民提起集体诉讼，将青岛市规划局告到了法院，请求法院撤消其选址不当的行政行为。居民们的这场诉讼最终促进了行政机关依法行政，被告规划局决定在远离小区的地方另行选址建供热站。这里将不会出现污染环境的锅炉房，取而代之的是环境优美的住宅楼。

类似的，采光权、噪声污染、虚假广告、玻璃幕墙反射引起的隐私权受侵犯，这些过去人们想都未想到的权利，现在都成了投诉的内容。

三、法制新闻的内容(续)

第四，刑事、民事、行政、经济等的各种诉讼活动报道。

在解决社会冲突的诸种活动中，诉讼是一种最常见、最规范和效力最权威的手段。"诉讼"一词源于拉丁语 procedere，英语 procedure、德语 prozess、法语 proces 都由此而来，其含义是指法庭处理案件和纠纷的活动、过程或程序、制度。有了纠纷向法庭告诉，以争辩是非曲直，这就是诉讼，俗称"打官司"，被法庭判罚的称"吃官司"。为了使诉讼活动有章可循，国家制定了诉讼法。诉讼法使司法机关有章可循，有具体的操作规程；公民可以利用法律程序和诉讼手段保护自己的合法权益；当事人和诉讼参与人可以了解在诉讼活动中的权利和义务，更好地行使诉讼权利和承担诉讼义务。

诉权是公民碰到纠纷可以到司法机关进行告诉的权利，诉讼即是一种纠纷最终解决机制。由于国家体制的不同，我国作为大陆法系的国家，与那些英美法系的国家相比，公民的纠纷可诉范围要小一些，公民权益受侵害后有一部分是靠国家的行政机制解决的，如劳动关系和党政机关对公民的某些侵权行为。而在英美国家，许多在我们看来和法沾不上边的事都会诉诸法律解决。

行政机制形成了我国国家行政机关比较独特的纠纷解决方式——大量的人民来信来访。但信访工作并不是最终解决纠纷的手段，作为一个法治国家，应当扩大司法救济即诉讼的范围，健全诉讼这一公民权益的最后救济手段。在当今的司法实践中，确实存在着公民告状难（用俗语说叫“打官司难”，用专业的话说叫“诉讼门槛太高”）的问题。这个问题不仅仅存在于诉讼法规定的法院“不予受理”的某些案件中，也存在于法律规定法院应该受理的案件中。老百姓要打官司，起诉到法院，法院要审查，给人一种感觉就是最好不要打官司。法院在以“证据不足”驳回起诉后不给裁定书的现象比较普遍，这既是剥夺当事人的诉权，在诉讼程序上也是违法的。一般公民由于法律专业知识上的缺陷往往导致在立案过程中因为对某些环节的不注意而被不予受理，从而导致公民的诉权得不到保护。用非法甚至犯罪的极端手段解决纠纷、激化矛盾的案件在我国屡屡发生，既反映了公民法律意识的淡薄，更凸现了我国可诉范围的局限。

因此，诉讼作为解决纠纷的终极手段，是最后的救济方式。老百姓有了纠纷能够想到上法院，这其实是维护社会稳定的最有力武器。诚然，并不是任何纠纷和任何行为都可以纳入法院诉讼受理范围之内的。在我国目前的权力配置结构下，要启动宪法诉讼和扩大行政诉讼的受案范围涉及极为复杂和深层次的问题，因此是比较困难的。但是，有权利就应当有救济，一个国家的可诉范围很大程度反映了其法治程度和状况。可诉范围的扩大使人们能将纠纷诉诸法律而不是通过其他途径解决。这样才能使人们感受到法律的尊严和力量，树立法律的权威，才是一个法治国家应该建立的社会秩序。

我们强调宪法是最高法律，法律就是由法院适用的全部规则。2002 年 8 月 24 日，山东省高级人民法院直接依据宪法规定和其他法律规定，对齐玉苓诉陈晓琪等侵犯其姓名权、受教育权利一案作出终审判决，判令陈晓琪停止对齐玉苓姓名权的侵害，齐玉苓获赔因教育权利被侵害而造成的经济损失48045元及精神损害赔偿5万元。陈晓琪与齐玉苓同为滕州八中1990届初中毕业生。1990年济宁商校录取齐玉苓为该校1990级财会专业委培生，陈晓琪从滕州八中领取了该通知书，即以齐玉苓的名义入济宁商校就读。齐玉苓1999年起诉，但受教育权不被一审法院接受。二审期间，2002年8月12日，最高人民法院公布《关于以侵犯姓名权的手段侵犯宪法保护的公民受教育的基本权利是否应承担民事责任的批复》。该司法解释对于保护受教育者的合法权益、惩戒侵权行为、完善我国民事法律体系和公民基本权利的救济手段，具有重大意义。山东高院据此批复作出了上述二审判决。最高法院的批复激活了宪法适用的生命力，山东高院的这一判决结束了宪法条文不入诉讼的历史。宪法没有基本的社会调整功能就不会具有至高无上的权威性和社会认同感，因此，宪法开始在具体诉讼中使用，标志着宪法司法化的趋势开始启动。

1997年修改后的刑法最重要的原则是罪刑法定原则。其基本含义是，法无明文规定不为罪，法无明文规定不处罚。这是近现代民主法制国家奉行的原则，也是我国现代刑事法律制度一大进步的体现。为了保证凡是犯罪行为都能在刑法中找到对应的罪名和确定的刑罚，新刑法通过调查研究并充分考虑了各方面提出需要追究刑事责任而原来法律中没有规定的犯罪行为，根据社会的发展和当时的治安情况，增加了黑社会犯罪、恐怖活动犯罪、洗钱犯罪、计算机犯罪、危害国防利益罪。还规定了证券犯罪、侵犯商业秘密犯罪、非法集资犯罪、破坏土地资源犯罪、伪劣建筑犯罪等新的罪名。罪名从原来的103条增加到350条，覆盖了各种犯罪，应当是比较严密完备了。但是，科技的发展和社会进步之快，司法实践中也遇到了一些新的情况和问题，新刑法颁布以来已先后四次对部分条款作过补充、完善，刑法的盲区和死角仍然不时被一些案件触及。就以计算机犯罪而言，刑法修改颁布时，网络还未出现在公众的生活中，而今天，不会上网简直成了生活在现代社会边缘的未开化人。科技是双刃剑，在网络给我们的生活带来日新月异变化的同时，网络信息犯罪也越来越猖獗残忍。窃取密码、截获数据、侵入网络、传播病毒、计算机诈骗……过去闻所未闻的新颖智能犯罪通过网络在实施。

“打官司就是打证据。”这说明了证据的重要。但在日常生活中不少人并没有太多的证据意识。确实，谁也不会在办一件事前就想到日后会产生纠纷、会打官司，但法治社会确实需要各方当事人保留好各种有可能产生纠纷的证据。一个基本的法律原则是“以事实为依据，以法律为准绳”。适用法律首先要明确事实，从法律上讲就是要用证据把事实固定下来，法官才能以证据证明的事实作为判案的依据。很多人可能有这样的感觉，事情明明发生过，为什么法官不采纳，不以这个真实的事实为依据判案？这里面有一个客观事实和法律事实的区别问题。客观事实是客观发生和存在的事件，而法律事实是指那些能用合法证据证明的事实，二者不能混为一谈。比方说，有人说朋友借了他的钱，但又拿不出证据说明，不要说法官不相信，任何一个人都可能对此产生怀疑。所以民事诉讼中的当事人要想赢官司，就得自己拿出证据，不要认为受了委屈法官就会支持你的主张。在事实真相不明的情况下，有可能受了委屈的一方还要承担诉讼风险，关键是看能不能拿出非常有利的证据。

医疗纠纷是这些年上升得很快的民事诉讼，由于医疗是一个很容易导致伤残甚至死亡的风险行业，处理不公或处理不及时，往往激化矛盾，导致过激甚至极端行为的发生，患者或其家属爆炸医院、杀害医生的严重犯罪事件屡屡见诸报端。2002年9月1日，备受关注的《医疗事故处理条例》开始实施。根据这个条例制定的《医疗事故技术鉴定暂行办法》也由卫生部出台。根据《办法》的规定，医疗事故的鉴定将由各级医学会承担组织。这意味着：医疗事故技术鉴定将坚持实事求是的科学态度，不受行政部门命令左右。原本最受非议的鉴定独立性、公正性得到维护。医疗事故鉴定不再由卫生行政部门唱主角，鉴定也不再是一个遥遥无期的过程、一份掺杂了怀疑与不信任的报告。

2002年4月1日起施行的《最高人民法院关于民事诉讼证据的若干规定》中明确规定，因医疗行为引起的侵权诉讼，将由医疗机构就医疗行为与损害结果之间不存在因果关系及不存在医疗过错承担举证责任。民事诉讼中一条很重要的原则就是“谁主张，谁举证”，即当事人对自己提出的主张，有责任提供证据，也就是说，谁提出有利于自己的主张，谁就应当用证据去说明或论证，该去证明而不去证明或不能证明则应负败诉的风险责任。过去，医疗诉讼也适用“谁主张，谁举证”的原则，由于患方对医疗专业技术知识知之甚少，且治疗记录和其他材料都掌握在医疗单位手中，举证处于劣势，难以保护自己的权益。新规定采用责任倒置，将举证责任划给了医院，体现了对弱势群体的关心。医学专业性很强，医生在操作过程中是否有过错，过错与损害后果之间是否存在因果关系，患者很难判断。

法律的任务首先是严惩犯罪分子，其次就是确保无罪公民不受法律追究。从1998年至2002年的5年间，全国检察院用实际行动确保司法公正，维护诉讼参与人的合法权益，保障无罪的人不受刑事追究，对不符合法定逮捕、起诉条件的，依法决定不批准逮捕466357人，不起诉106715人。全国法院增强大局意识，确保办案质量，坚持实体公正和程序公正并重，严把案件事实关、证据关、适用法律关和程序关，案件审判质量有了明显提高。全国法院重视人权的司法保障，确保无罪公民不受法律追究，5年中共宣告无罪28080人。

从历史上来看，中国人是厌讼的，不论是当被告还是原告，都是万不得已的选择。有一部电视剧中一位德高望重的老人就自豪地说：我们家的人一没有进医院的（指犯病），二没有进法院的（指犯法）。中国人对诉讼的传统心态于此可见一斑。这样的传统对于法治化的进程是一种阻碍。于是，在强调依法治国的今天，经过媒体的广泛宣传，什么事情都诉诸法律便成了"文明进步"的标志。可是，这其中也出现了一些矫枉过正的现象，一是部分公民的诉讼并不是为了解决纠纷，有时诉讼本身就成了目的；二是把诉讼看作是惟一的手段，凡事不论大小都以打官司来解决。法律不是万能的，它有其固有的局限性；道德规范不可能全部法律化，因为任何国家的财力都不能支撑道德全部法律化之后所需要的执法成本。

任何权利的行使都是有边界的，过多地、不考虑社会成本、不考虑纠纷特点地进行诉讼不仅仅是对司法资源、社会资源的浪费，更是一种对法治化的无形损害。这种损害首先表现在对依法治国含义的误解。依法治国中的"法"不仅仅指僵硬的法律条文，更强调的是一种法治精神、法律意识。繁多的法律条文只是为我们建立了一个大体的法律框架，只有这个框架还不能使社会和谐、正常运转，还需要我们以法治的精神来弥合法律之间的漏洞，来消除法律之间的冲突。法律的刚性配合法律意识、道德观念的柔性才能最终使社会良性发展。其次，如果凡事无论大小，都机械地通过打官司来解决，会在一定程度上减弱道德等其他规范的调控作用。社会进步的目的是发展人类自身的物质文明和精神文明，法律始终是道德的底线，一味依赖有国家强制力保证的法律来调控一切不是"依法治国"的真正内涵。

第五，缉私、反颠覆等犯罪的侦查活动报道。

沿海一带的走私活动有着悠远的历史原因，然而，改革开放以后，走私活动被一些领导当成了搞活经济的手段有组织地开展，致使走私犯罪在规模和数额上都达到了惊人的程度。最有名的就是海南汽车走私案。仅仅3年之后，一起涉及公安、军队、邮政等部门的特大案件再次震惊全国。1988年10月5日，《人民日报》头版登出了《动用警车、军车、邮车闯关，走私贩私倒卖进口汽车》的报道。消息传出，舆论大哗，举国震怒。报纸引起了监察部的密切关注，消息被剪下放在了中央领导的办公桌上。国务院成立了联合调查组，真相大白。情节恶劣的46个单位的直接责任者和领导，全部给予相应的行政处分。

此外，走私分子为了牟取更大的利益和逃避打击，在党政机关和缉私队伍中寻求保护伞，酿成了厦门和湛江特大走私案，并在高层官员中形成了集团性的腐败网。

从新中国成立至今，境内外敌对势力对我们的颠覆破坏犯罪活动从来没有停止过，只是形式和剧烈程度随当时的形势而有所不同。初期是蓄意要把新生的人民政权扼杀在摇篮里。最凶险的是美蒋特务曾预谋开国大典时炮轰天安门。解放初几年的国庆，台湾当局和国际敌对势力都要派出大批特务，进行针对广东的所谓“华南行动”，企图在国庆期间制造暗杀、恐怖事件。

到了20世纪80年代末90年代初，社会主义国家发生了苏联解体、东欧剧变一系列动荡，境内外敌对势力欢欣鼓舞，额首称庆，亡我之心不死，加紧了对我国实施西化、分化战略，千方百计对我国进行一场没有硝烟的颠覆活动——和平演变。他们一方面扶植“民运”、邪教组织制造社会动乱，另一方面采取打进来、拉出去的手法，派遣特务，窃取、刺探、收买国家秘密或情报，同时收买、拉拢、腐蚀我们队伍中一些信仰动摇、意志薄弱、私欲膨胀、作风腐败的人为他们效劳卖命。剖析这些人自甘或被胁迫堕落、丧失国格人格的演变过程，对公民是一种提高法律素质、加强自我保护的法制教育。

颠覆犯罪在刑法中归为危害国家安全罪，其重点罪名有背叛国家罪、分裂国家罪、叛逃罪、间谍罪，是刑法中的第一类犯罪，是要严厉打击的最高可判死刑的重罪。2005年，为了有效遏制“台独”分裂势力，一部专门的《反分裂国家法》颁布。这是中国历史上第一部反分裂法。通过国家最高立法机关立法，把捍卫主权和领土完整的神圣使命上升为国家意志，将使国家最高利益在任何情况下得到有效、可靠和永久的维护。通过制定反分裂法来保卫国家和民族最高利益，是世界许多国家的普遍做法。有了法，无论是闹分裂的，还是支持分裂的，就在根本上犯了法，输了理，永远处于被谴责、被讨伐的境地。《反分裂国家法》颁布后，台湾国民党主席连战和亲民党主席宋楚瑜相继赴大陆访问，两岸关系突然出现了缓和迹象，说明法律作用的积极和巨大。

第六，查禁黄、毒、赌犯罪行为及有关社会综合治理的活动报道。

“黄”是伴随对外开放混进来的“苍蝇、蚊子”，也是我们这片古老国土上生长了几千年盘根错节的毒瘤。春宫画、房中术不去说，青楼勾栏在所谓“男女授受不亲”的封建国度里可是一直合法存在的。新中国成立时接受的一个烂摊子就是大批的妓女。就在我们自豪地向全世界宣布，中国已消灭了妇女卖淫和性病后不久，这一切却借开放的西风死灰复燃并迅猛地在中华大地上蔓延开来。

在“黄风”的劲吹下，一时间有权的“配小蜜”，有钱的“包二奶”，大学生泡妞，打工仔嫖娼几乎成为时尚。色情演出时有曝光，色情服务花样翻新，黄色浊流在中华大地上涌动，引发了性病、艾滋病大暴发。

传播淫秽物品与上面的丑恶现象相伴而生。大批的黄碟无孔不入地出现在城市的街头巷尾，一些妇女怀抱自己的或借来的孩子向路人兜售“顶级”“毛片”。一旦被抓获就以婴儿打掩护。2002 年底，杭州市痛下决心，事先将孩子的安顿工作安排好，处理了一批贩黄妇女。现在城市的地下歌舞厅，农村流动的“帐篷演出队”，上演的多是不堪入目的艳舞。书摊上公然出售色情的“口袋书”，网络上的色情网站严重毒害着青少年。许多发廊、按摩院是色情服务的代名词，有的居然打出“学生优惠”的招牌拉青少年下水。拒绝色情、洁身自好的扫黄教育要以青少年为重点。

如果说中国近代史上屈辱的一页是从鸦片战争开始的话，那么，今天毒品在中国的泛滥和危害也足以令我们再进行几倍于林则徐的虎门销烟。我们不仅成立有全国禁毒工作领导小组，而且在 1990 年 12 月 28 日由全国人大常委会制定颁布了《关于禁毒的决定》，并从那时起劳教场所收教吸毒人员。到 2002 年的 12 年中，累计收教吸毒人员近 40 万，目前每年新收 7 万，在所人数上升到 13 万。人常说，一日吸毒，永远想毒，终身戒毒。毒品的可怕就在于它会使人产生极强的依赖性。毒品对人的意志和躯体的牢牢控制以及毒瘾发作时人的尊严丧尽毫无廉耻的丑态，会让每个目睹者留下可怕的印象。中国的吸毒人数官方统计到 2001 年 10 月为 90.1 万；而外国传媒认为，中国有 700 万至 1200 万吸毒者。官方数据是根据登记在册的人数公布的，而国际上通行的计算方法是把这个数字乘以 5～10 倍。

我国面临的严峻形势是，在一个开放的环境里，毒品问题几乎不可能根绝，只能是尽可能“减少”。国际上禁毒的三个目标是：减少毒品供应、减少毒品需求、减少吸毒带来的危害。降低毒品的危害、降低吸毒人群的数量主要应通过两个途径，一是加大前期的宣传力度，二是完善社区帮教制度，帮助吸毒者彻底地脱离毒品，重返社会。严峻的形势是，越来越多的个案和数字说明，中国毒品消费群体的年龄越来越低，越来越集中在城市；旧毒未除，新毒又来。摇头丸、冰毒、氯胺酮等新型毒品大规模扩散，呈现泛滥之势。新型毒品属于兴奋类毒品，通过加速和增强中枢神经系统活动的方式使人兴奋，将成为21世纪主流毒品。相对于鸦片、海洛因等传统毒品，新型毒品以娱乐性为幌子，更容易被人接受认同。兴奋剂比传统毒品更容易引起青少年上瘾。吸海洛因一两次，人们可能会感到恶心等不良反应，停止下来也是有可能的，而兴奋剂使用一次就可使人产生明显兴奋作用，于是就进一步服用。

制造工艺简单、成本低廉也是新型毒品的生产大规模泛滥的一个原因。在盛产冰毒的东南沿海一带，有"厨房工厂"的说法，只要有个厨房就可以生产冰毒。

毒贩引诱青少年吸毒一般采用五大毒招：一谎称"毒品吸一两次不会上瘾"。二免费尝试。几乎所有吸毒者初次吸食的毒品，都是毒贩或其他吸毒人员"免费"提供的。此后，毒贩们再高价出售毒品给上瘾的青少年。三称"吸毒治病"。毒贩们利用人们对毒品的无知和对疾病的恐惧，引诱青少年吸毒。实际情况是吸毒会严重危害青少年的身心健康，损害人的大脑，影响血液循环和呼吸系统功能，还会降低生殖和免疫能力，甚至导致死亡。四鼓吹"吸毒是有钱人的标志"。五利用女青年爱美之心，编造"吸毒可以减肥"的谎言。实际情况是，吸毒不仅损害面容和身体，还摧残人的意志。针对这些毒招，专家们建议，把新型毒品的预防知识写进中小学课本中去，另外通过大众传媒的正当渠道提醒公众注意这些问题，形成一个社会警示系统。"珍爱生命，拒绝毒品"的宣传教育，是法制新闻义不容辞的艰巨任务。

赌博似乎是我们民族的劣根之一。尽管"十赌九输"人人皆知，称得上是赌博定律，但赌博带来的强刺激和企盼手气好出现"一夜暴富"奇迹的强烈欲望还是令众多赌徒倾家荡产而在所不惜。"孤注一掷"、"赌红了眼"可谓是对赌徒心态、丑态入木三分的刻画。尽管我国明令禁赌，但或明或暗的赌场遍及城乡，赌博成为男女老少咸宜的游戏。澳门葡京大赌场以内地游客为主，中国周边的国家纷纷在边境开设专为中国人服务、人民币通用的赌场吸纳中国的巨资。"境外赌场包围中国"、"中国地下赌场泛滥"已是中国人不得不正视的一个现实。

黄、毒、赌一类需要综合治理的社会丑恶现象，横亘于法律与道德两个领域，报道时必须注意性质上的把握和区分。及时严厉地打击整顿这方面的违法犯罪行为，对净化社会风气，提高民众素质，建设法治社会是很有必要的。

第七，监狱、劳教工作报道。

监狱是刑罚执行机关。刑罚是一种最严厉的法律制裁方法，仅适用于触犯刑律构成犯罪的人。监狱是一个因为要关押剥夺人身自由的罪犯而与世隔绝的封闭领域。人们从古典小说和影视中管窥的旧监狱的印象更增加对这个领域的神秘感和恐惧感。2000年，浙江作协组织作家和记者到监狱开展“警官三日”活动，号称见多识广的作家和记者因发现了一个与他们想像中完全不同的世界而大跌眼镜。中国监狱最大的特色是不仅对罪犯执行刑罚，而且教育改造，使之成为新人。清朝末代皇帝、日本战犯、伪满洲国战犯、国民党战犯，没有一个被判处死刑，都在监狱认罪服法、脱胎换骨，不能不令世人称奇。我国是世界上重新犯罪率最低的国家之一，一直保持在6%至8%的水平。刑释解教人员安置工作率在2001年达73%。改革开放以来，监狱又成了国际人权斗争的热点、焦点，中国政府为此专门发表了《中国改造罪犯的状况》白皮书。为了适应国际人权斗争的需要，也为了与法治社会接轨，我国也在大力推行狱务公开，对监狱工作大胆改革，如对罪犯进行文化技术教育，鼓励罪犯变刑期为学期，积极参加各档次的文化学习，接受刑满后的实用谋生技能培训。有的罪犯通过自考，完成了大学学业；有的罪犯发明创造，申请了专利。监狱把罪犯也列为弱势群体，依法保障他们的合法权利，并提供法律援助；积极动员社会力量开展帮教活动，在监内推广亲情电话、亲情会餐、亲情旅馆的亲情帮教；引用心理矫治的科学手段，为罪犯提供心理咨询和情绪宣泄室；有些省市更是大胆推出罪犯在社区服刑的尝试，即行刑社会化。浙江省2002年拟定了刑满释放人员、解除劳教人员安置帮教办法，将这批特殊人员改称为“归正人员”，为他们人格的平等予以法律的保障。

劳动教养是最高行政处罚，是对违法（而不是犯罪）和犯罪但不够刑事处分人员实行强制性教育改造的行政措施，是处理人民内部矛盾的一种方法。因此，对劳教人员的管理、改造、劳动等都与罪犯有着本质的不同。劳动教养的最长期限为3年，必要时得延长1年。由于劳教工作曾长期隶属于劳改局，许多文件中又把罪犯和劳教人员相提并论，因此社会上往往分不清两者之间的根本区别，把他们混为一谈或张冠李戴。如称劳教过的人有犯罪“前科”，把解教称为“释放”。作为法制记者是不应该犯这样的法律常识错误的。

第八，婚姻家庭等法律关系的情况报道。

无论从事什么职业，都要面临婚姻家庭问题。1950年，新中国成立后颁布的第一部法律就是婚姻法。人们第一次明白：原来婚姻还能被保护；婚姻也是法律赋予的权利。20世纪80年代恢复法制，第一部修改后重新颁布的民法还是婚姻法。

有一种关系，最亲密也可能最陌生，最牢固也可能最脆弱，最充满深情也可能最冷漠无情，最安全也可能最危险，最诱惑也可能最绝望。它通过感情赋予，但必须经法律认可确立；它因感情破裂消亡，但仍须经法律判决生效，那就是婚姻。日益激烈的社会竞争迫使人们把精力集中在求职、挣钱、事业和子女就读上，不少家庭亲情逐渐淡漠，连理之枝也疏于浇灌。当爱已成往事，“围城”便似囚笼。这些年，发生在中国人精神层面最显著的变化，除了不耻谈钱、张扬自我之外，便要数爱的释放了。爱情多元化成为这种释放的标志，大量新潮的、反传统的爱情样式，揭去盖头兴冲冲地粉墨登场，除了婚外情、性伙伴、第三者，还有试婚、一夜情、网恋、协议婚等等多种，连无性婚姻、同性恋那样的“隐蔽阵线”，也都渐渐走向阳光地带。此外，以“不求天长地久，只求曾经拥有”颠覆了恒久的爱情观，导致离婚率连年上扬；爱情与婚姻的物化大行其道；性享乐渐成时髦；单亲家庭不断涌现，受伤害最大的是孩子。遗弃罪频频出现。

家庭暴力也是婚姻生活中的一个大课题。妇联提醒所有受到家庭暴力侵犯的公民要学会依靠法律来维护自己的权益。有什么问题可以及时寻求各级妇联组织的帮助。全社会都应当对家庭暴力现象进行干预，避免悲剧的发生。

在婚姻家庭方面，总的来说，受害者多数为妇女，特别是农村妇女文化低，受旧观念束缚毒害深，在法律上一直存在一些认识误区。如抱定“生是男家的人，死是男家的鬼”，在男方重婚或甚至公然把姘头带到家中同食共眠已成犯罪事实后，就是不肯诉求法律援助。还有的人认为谁先提出离婚谁吃亏，在遭到变心变态的丈夫百般虐待折磨时，就是不愿通过离婚寻求解脱。当然，重婚罪和虐待罪都存在取证难的问题，法制报道在这方面要提供法律援助，努力保护妇女权益。修正后的《婚姻法》对受害人设置了救助措施。法制报道应提醒家庭成员用法律给生活加道防火墙。

中国家庭除了“夫权”思想严重外，做父母的还有一个与现代法治社会格格不入的传统观念，就是视子女为私有财产。打骂子女是做“父母的权利”，是谁也管不着的“家庭内政”。这些年几乎不断发生父母而且特别是母亲打死儿女的犯罪行为。反过来，未成年子女因为反抗而杀死或毒死父母家人的恶性案件也屡有发生。原本最亲密的血缘关系由于缺乏权利与义务平等的法制观念而反亲为仇，上演了充满血腥味的人间悲剧。法制报道不能仅限于事件发生后的分析评判，应提前介入，防患于未然。

第九，反腐倡廉等活动报道。

20 世纪 80 年代以来，被查处的省部级高官越来越多，“刑上省部级”已成为反腐中渐趋明显的新现象。80 年代后，查处省部级高官的帷幕拉开。1987 年 1 月，中央批准，原江西省省委书记、省长倪献策被开除党籍，依法判刑两年。“刑上省部级”的记录由此开始。

如果把起于 80 年代初的省部级高官腐败比做一点雨滴，则 80 年代末到 90 年代的省部级高官腐败就成了一股逆流。

省部级高官腐败案件，除了“色情腐败”、“大官傍大款”等带有共性的表面特征外，还有一个严重的趋向：腐败不再是一个个大大小小的孤立的个人行为，而是上上下下紧密勾结的腐败网，已经是有组织的相当庞大的集团性腐败。

2001 年年初，新华社首次披露：“据不完全统计，目前有 4000 多名贪污受贿嫌疑人携公款 50 多亿元在逃，使一些国有公司、企业难以为继，社会危害十分严重。”为什么会发生外逃？原因是随着国内打击腐败力度的加大，收入申报制度、存款实名制、巨额财产来源不明等法律和制度的相继确立，一些贪官感到没有了安全感。为了逃避法律制裁，长期安全占有和享用非法所得，他们往往会处心积虑地策划人财两逃。有的私备数本外国护照，嗅到风声不对即伺机出逃；有的利用关系在境外开设办事处或分公司，长期游移于境内外之间，一旦东窗事发便不再回国；有的通过送配偶在国外定居或送子女到国外留学，将国内的非法收入转到他们的账户下，一有风吹草动就鞋底抹油，投奔国外。为什么大批贪官能携款出逃得逞，从法制上检查，存在着一些漏洞和可趁之机：一些检察机关因循不破不立、立案就是定案、撤案就是错案的传统思维，立案侦查的“风险决策”不足，措施不够到位；一些地方的检察、公安、安全、通讯、海关等部门，工作联系和信息沟通不紧密，未能坚持对可能逃往境外的人员实行报备制度，没能形成控制外逃的整体合力。2002 年 7 月 5 日，中国人民银行宣布成立支付交易监测处和反洗钱工作处，并成立了由有关部门参加的反洗钱工作领导小组。2003 年 1 月，国内所有的商业银行都建立起反洗钱组织和制度。金融机构反洗钱的重点是监测可疑资金的异常支付。

党面对日益复杂的国内外环境，围绕解决提高党的领导水平和执政水平、提高拒腐防变和抵御风险能力这两大历史性课题，全面推进党的建设新的伟大工程。廉洁自律工作不断深化，查办违纪违法案件工作力度加大，纠正部门和行业不正之风工作持续发展，改革体制机制制度，从源头上预防和治理腐败，认真开展党性党风党纪教育，加强党风廉政法制建设，加强监督，推动权力沿着规范化的轨道运行。党风廉政建设和反腐败斗争取得新的明显成效，党政机关和干部队伍中腐败现象蔓延的势头程度不同地得到遏制。2002年底，杭州市从腐败产生的三个条件权力、机会、动机入手，规范权力的运行，铲除滋生腐败的土壤，建立廉政预警等机制，减少腐败发生的机会。法制新闻要注重报道这些成效和动向，以增强公民对廉政反腐斗争的信心。

第三节　法制新闻的特点

法制新闻的报道内容与法律、法规等严肃问题相关联，或者直接宣传法律内容，或者直接反映企事业单位和个人的执法情况，或者直接报道法律案例。法制新闻涉及法律问题，涉及国家法律、法规的施行，涉及单位或个人的形象和切身经济利益，因此备受人们重视。好的法制新闻是普法学法的活教材和生活的教科书；而失实的法制新闻，则会给被报道者带来巨大的损失，甚至引起法律官司。因此，与其他专业新闻相比，法制新闻具有更强的严肃性和重要性。我们应该认清法制新闻的特点，按照法制新闻的报道规律采访写作，不断提高法制新闻的报道质量。

一、报道视角的倾向性

与体育新闻、社会新闻、经济新闻相比，法制新闻具有更鲜明的政治倾向性。这是因为法制新闻是以报道民主、法制为主要内容的，而民主、法制在不同的国家、民族和不同的文化背景下有着不同的理解，特别是资本主义国家和社会主义国家对此有着很大的分歧甚至对抗。西方发达资本主义国家经常以民主、人权为借口干涉社会主义国家和一些发展中国家的内政。民主、法制的鲜明的政治倾向决定了法制新闻与其他一些新闻分支相比具有更强的政治倾向性。

例如，对民主内容的报道，我国和西方一些媒体往往具有不同甚至截然相反的倾向。西方的民主就是三权分立、多党竞选、两院制等，我们不反对西方国家这样搞，但我们认为，民主的具体形式、发展过程总是要受到一定社会的经济、政治、文化及历史传统、民族心理各种因素的制约，民主不可能只有一种模式，也不能照搬别国的模式。我国的民主是通过人民代表大会制度和民主集中制原则体现，而西方的民主是通过“普选制”和议会的形式体现。西方一些记者常常以他们的标准来看待、要求中国，因此在他们的报道中常见到对我国民主制度的冷嘲热讽。实际上，这些人既不了解中国的历史文化，又不肯摘下自己的有色眼镜，因而他们的先天倾向性常常使他们背离了新闻的真实客观原则。同样，由于我们对民主有着自己的理解，不能全盘接受西方式的民主，我们的媒体在报道此类事件时必定透露着与西方记者不同的倾向性。

法律是统治阶级意志的体现，它与政治密不可分。虽然世界上几乎所有国家对于杀人、强奸、爆炸等严重危害社会的刑事犯罪的观点基本一致，但是一旦法制事件包含着政治因素，不同的倾向性便立即显示出来。如对我国新疆长期存在的不断制造恐怖事件的“东突厥斯坦伊斯兰运动”，美国从反华和“妖魔化”中国的政治立场出发，一直持支持和赞赏的态度。直至2001年发生了震惊世界的“9·11”恐怖活动后，美国才在联合国支持中国将“东突”定为恐怖组织。劫机是严重危害民航安全的刑事犯罪行为。自第一起空中劫持事件1930年发生在秘鲁后，世界上劫机事件不断发生，逐渐增加。有鉴于此，1970年国际空运协会和全球168家民航公司共同签署了《海牙制止劫持航空器公约》。海峡两岸的民航都在这个公约上签了字。然而，当1983年5月5日中国民航的一架客机被卓成仁等6名武装暴徒劫持到当时与我国尚无外交关系的韩国之后，台湾当局出于政治宣传的需要，不顾这些劫机犯早就是被我公安机关通缉在案的刑事犯罪分子，这次又开枪伤人行凶劫机并被韩国依法判刑，硬是通过种种外交途径和阴谋手段，将他们弄到台湾，封为“反共义士”。蒋经国亲自接见并合影留念，然后让他们拿着当局拟好的稿子到台湾各地作反共报告。港台有的报纸指出，6名劫机犯搞的是“国际恐怖暴行”，“应判处死刑”。当局把他们打扮成“反共义士”，“在国际上创下了一个恶劣的先例”，使台湾成了“藏污纳垢之场所”。事态的发展不幸被言中，卓长仁等到台后，面对“时时被监视，事事受控制，处处遭奚落”的囚徒生活，恶习复萌，又干出了丧天害理的犯罪勾当，最终被判处死刑，落得早就该有的下场。

二、报道态度的公正性

法制新闻的公正性，来源于法律的公正性。法律面前人人平等，是我国公民的一项基本权利，也是社会主义法制的基本原则。

法制新闻的公正性具体体现在：

1. 法制新闻报道的态度要公正。法制新闻记者决不能从自己的好恶、利益出发，在报道中带有先天倾向性，更不能偏袒一方。在案件报道中，要对原被告双方不偏不倚，客观公正地报道事实经过和案件审理过程。比如说，报道了原告为自己作的辩护，也应该报道被告的辩护，否则就等于剥夺了被告在社会公众面前为自己辩护的权利。这对于被告是极不公平的，因为受众通过信息不对称的报道对于整个案件的判断、结论也往往是片面的、不准确的。

2. 法制新闻要敢于维护法律的公正。司法公正是社会公正的最后一道屏障，如果通过司法程序讨不到公正，人们就会对社会公正产生怀疑。因此，努力维护司法公正是全社会的共同责任，法制新闻责无旁贷。这些年来，我国的民主法制建设的成就有目共睹，整个国家的司法、执法状况在不断改善。但是，毋庸讳言，在我国，司法腐败仍然存在，执法不严、执法不公甚至贪赃枉法、徇私枉法的情况时有发生，广大群众对此反应强烈。遇到这种情况，法制记者应该挺身而出，用手中的武器去维护法律的尊严，捍卫法律的公正。事实上，法制新闻也确实在这方面发挥了积极作用，一些沉冤多年的案件正是经过新闻曝光，才引起全社会的关注和有关部门的重视，并在有关领导的干预下妥善解决。因此，一些法制记者甚至被人称为“包青天”。新闻监督作为消除腐败的一种有效手段，充分显示出了其社会价值，引起党和政府的高度重视。

三、报道内容的严肃性

法律的严肃性，要求法制新闻报道内容体现法律的尊严。

1. 事实的绝对真实。这是法制新闻体现法律尊严的内在特质。“以事实为依据，以法律为准绳”是我国的司法原则。事实是表现法律严肃性的根本。一则作假的法制新闻不仅会亵渎法律的尊严，动摇法律的权威，还会损害我们党和国家的形象，造成不良影响。所以，杜绝一切道听途说，禁止各种虚假新闻不仅是一般新闻要做的事，更是法制新闻要特别重视的问题。

2. 必须遵循法律程序。这是法律严肃性的又一体现。法律程序主要表现在两个方面：其一是案件的诉讼有着严格的司法程序。法制新闻对案件的报道，必须服从司法程序。诉讼进行到哪一步，新闻报道只能到此，不可超越司法程序进行超前报道，更不允许根据某种主观猜测造成“新闻先行判决”，误导受众，干扰司法机关依法独立行使职权。其二，除了诉讼案件必须遵循法律程序进行报道之外，行政工作同样有法律程序的问题。如省委组织部在干部选用制度改革中曾公开招聘旅游局长，但最终省人大常委会未予通过，该人只好被任命为旅游局党委书记。在此之前媒体如果发布有关新任旅游局长的新闻，就违反了法律程序。十六大前几个省的领导进行了调任，省委书记可直接由中央任命，留待新的省党代会召开时予以追任，而省长职务就只能是“代”，未经省人大会议选举确认，新闻报道中是不能称其为省长的。

3. 准确把握法律用语。这是法制新闻的显著特点之一，也是对法制新闻报道的特殊要求。每个法律术语都有严格的法律含义和明确的法律界定，不可乱用、滥用。如报纸上经常出现“两劳释放犯”，这个词组从词性上说是贬义的、带歧视性的，从词义上看是不准确的、违法的。“两劳”包括“劳改”、“劳教”两个不同的法律概念。“劳改”原是一种刑事处罚，其对象是已经构成刑事犯罪并在服刑的罪犯，刑满时称释放；“劳教”则是一种行政处分，其对象是违法而尚未构成刑事犯罪的人员，期满时称解教。将两种法律性质不同的人混在一起称呼是不妥当的。罪犯是对构成刑事犯罪并在服刑的人员的称呼，一旦刑满释放，他们就是普通公民，仍以“犯”称呼就明显是侵犯公民的名誉权了。而“两劳释放犯”的词组把仅受行政处分的劳教解教人员也包括在内就更为不妥。特别要指出的是，为了同国际接轨，并更准确地表述我国的刑罚处罚和行刑制度，从1994年起，我国已将“劳改局”更名为“监狱管理局”，将“劳改队”更名为“监狱”，在监狱受刑罚处罚称“服刑”而不是“劳改”，因此服刑人员也一律称“罪犯”，取消了“劳改犯”的称呼。再称“两劳”已不符合中国的实情了。

法律用语的不准确、不规范，不但有损于法律的严肃性，而且对读者会产生误导，造成负面作用。法制新闻记者应当成为准确使用法律用语的模范。

4. 报道题材的严肃性。法制新闻所报道的题材有许多涉及犯罪和社会丑恶现象，尤其在案例报道中，决不能用自然主义的方式去展示罪犯作案的具体手段和细节，去描写色情淫乱等丑恶行为的具体情节。法制新闻坚决反对为了满足一部分追求感官刺激的低级趣味者，用那些“血淋淋，赤裸裸”的精神毒品来毒化广大受众。法制新闻记者应该站在社会发展的角度，站在依法治国方略的制高点上，用法律来阐释、分析与人们普遍相关的行为规范，在新闻事件的延伸和联系中鞭笞假丑恶，弘扬真善美。

第五章
法制新闻（下）

第一节　法制新闻的报道

法制新闻与社会生活各方面广泛联系，与亿万人民息息相关。1985 年开展的全国普法教育，就是中国向社会主义法治国家迈进的一个创举，显示出社会主义法制是全体人民的事业。经过普法教育，人民群众在生活中初步树立起了契约观念、诉讼观念、依法办事和在法律面前人人平等的观念。法制新闻是普法的载体，无疑要对公民通过普法、学法建立起来的这些观念和实践进行报道。虽然我国的法律原则不采用英美国的判例规则，但一个量刑准确的案例报道，也是对一条法律现实通俗的普及。

法制新闻是宣传民主与法制建设的权威。媒体要紧紧抓住全国上下民主生活的水平、立法的进程和执法的情况，展开报道。法制领域是当今中国社会生活中幅员辽阔的“热土”。2003 年春发生在广州的孙志刚案，是一起因一个人废了一部实施了 22 年的法规的典型案件。这起案件引起的强烈反响是这些年普法和依法治国宣传教育工作的成果体现，是一批法学精英和全体公民在高度的法律意识下自觉起来捍卫宪法维护人权的行动检阅。

武汉科技学院艺术设计专业结业的27岁的孙志刚，2003年2月受聘于广州达奇服装有限公司。3月17日晚10时许，孙因未携带任何证件上街，被执行统一清查任务的天河区公安分局黄村街派出所民警带回询问，随后被错误作为“三无”（无合法证件、无固定住所、无稳定经济来源）人员送至天河区公安分局收容待遣所，后转送广州市收容遣送中转站。3月18日晚，孙称有病被送往市卫生部门负责的收容人员救治站诊治。3月20日凌晨1时13分至30分期间，孙遭同病房的8名被收治人员两度轮番殴打，于当日上午10时20分因大面积软组织损伤致创伤性休克死亡。事件经新闻媒体披露后，激起了全国的声讨，而且这种声讨空前一致地对准了直接导致这起恶性事件的《城市流浪乞讨人员收容遣送办法》。4月29日，余樟法、杨支柱等百名人士致信全国人大，呼吁废止收容遣送和暂住证制度。随后，旷新年、李陀等5位知名学者致信全国人大，呼吁改革收容和暂住证制度。5月14日，俞江、腾彪、许志永3位法学博士以中国公民的名义，向全国人大常委会上书，建议对《收容遣送办法》进行违宪审查。5月19日，中国政法大学法学院、中评网和北京市华一律师事务所联合在京召开“收容制度合宪性问题”讨论会。茅于轼、盛洪、贺卫方、马怀德、焦宏昌、萧瀚、何兵等人分别发表看法。5月21日，知名学者江平、秦晖、何光沪、沈岿等8人就收容遣送制度进行研讨，发表意见。5月23日，贺卫方、盛洪、沈岿、萧瀚、何海波5位学者以中国公民的名义，就孙志刚案及收容遣送制度实施状况提请全国人大常委会启动特别调查程序，推动对收容遣送制度进行违宪审查进入实质性法律操作层面。以孙志刚案为契机，中国方兴未艾的市民社会兴起一股积极维护宪法权威的思潮，法学精英在其中起到了非常重要的推进作用。他们的积极参与，引导社会把所有问题的解决放到宪法框架下进行，以宪法的程序来解决违反宪法的问题。用符合宪法的手段解决违宪问题，是尊重宪法权威的表现，法学精英以自身理性的行为，进行了一次公开的宪法教育，只有他们才有能力把对一个具体问题的愤怒，上升到对一个制度的审视中去，敦促政府进行违宪审查和法规废止。学者们指出，《收容遣送办法》非经法定程序而剥夺公民人身自由权利，严重违反了《宪法》、《行政处罚法》、《立法法》、《公民权利和政治权利国际公约》；救治与惩戒两种功能不宜由同一种行为即“收容”来承担，这样必然导致收容机关形成把收容人员当惩戒对象的思维定势；收容遣送没有监督机制和救助机制，一个坏的制度在凌辱它的制度对象的同时，也异化了执法人员。不难看出，对整个这起事件进程的报道，确实转化为一场对宪法和法律现实通俗的普及。收容制度既先天不足，又在执行时被严重扭曲，恶性发展，整个社会为此付出了巨大的代价。6月18日，国务院总理温家宝主持召开国务院常务会议，审议并原则通过了《城市生活无着的流浪乞讨人员救助管理办法(草案)》，同时废止《收容遣送办法》。

按照加强立法，到2010年形成中国特色社会主义法律体系的要求，全国性法律、法规每18天1部，有的省市每13天便颁行1部地方性法规。即使这样，我国法律才1万部，与法治国家10万部法律的要求差距甚远。因此现实生活仍存在法律空白。所谓的“法律空白”，是指实践中已经发生的，但对于如何调整此类现象，现行法律尚未予以明确规定的法律真空带。近年来，受教育权被侵害索赔案、大学生刘海洋伤熊案、足坛黑幕等等，都在某种程度上挑战着我国的法律空白区。2001年，广西一老人因妻子拒绝与其同居而诉诸法院索要“同居权”；某地一女孩因父母无力支付其上大学的费用而诉诸法院索要“上学费用”；2002年又有一男孩因母亲“红杏出墙”而怒讨“蒙羞费”……诸如此类的案件被媒体谓之“第一个敢吃螃蟹的人，点中法律死穴”。很明显，法律空白的前提是它必须是属于法所调整的范畴，只是现行法律未对此明确规定而已。法院受理此类案件，因为没有法律依据，只好运用“自由裁量权”进行裁判。然而“自由裁量权”并非是随心所欲、自由行使的权力。对此，英国著名大法官丹宁曾说过：“法官绝不可以改变法律织物的纺织材料，但可以、也应该把皱折熨平。”他的比喻形象地说明了，法官自由裁量权弥补法律局限性的功能以及应遵循的基本守则。

媒体以法制新闻报道的形式，积极参与了立法和法律修改的探讨，对我国的法治建设发挥着应有的影响。媒体借助法学界呼吁，立法机关在立法的过程中应从我国的实际出发，并借鉴国外有益经验，注意保持法律的联系性、稳定性和立改废相结合。当许多新的现象产生时，法律空白也随之产生。此时，法律必须随之变化，以避免法律触角的无奈甚至成为“恶法”。河北徐水的孙大午非法集资案2003年10月30日以孙被判有期徒刑3年，缓刑4年而告结束。49岁的孙大午白手起家，创建了河北大午农牧集团有限公司，身家过亿。大午集团因长期无法从银行获取贷款，孙大午转而采取向员工亲朋和附近村庄的村民打借据的方法募集资金。2003年5月29日，孙因这一行为被指控涉嫌非法吸收公众存款罪被徐水县公安局刑事拘留。7月4日，经徐水县检察院批准逮捕。此案一经媒体报道，立即引起社会广泛关注。经济学专家指出，孙大午很冤，他的这种行为如果发生在民间借贷盛行的江浙地区，根本算不上什么。如果对江浙地区广泛存在的“地下钱庄”完全打击，它们都可以上升到刑事违法层面，但它们的低呆坏账率却是国有银行无法比拟的。它们的存在代表着中国建立一个多层次化的金融体制的要求。当然孙大午在银行市场化程度很高的江浙地区也不可能几年来一次也贷不了款。对于大午集团这样的优质客户，许多银行会为争取客户跑断腿而不是孙大午为贷款跑断腿。贷款无门是孙使用“潜规则”向当地老百姓求援的一个直接动因。“潜规则”的普遍性使企业家生存的阳光地带越来越小，导致法律的刚性受到严重挑战。为孙案辩护的律师许志永博士(他也是孙志刚案的辩护律师之一)在辩护词中称：非法吸收公众存款的罪名含义不清。公诉人起诉的依据是刑法第176条。但是该条并没有解释什么行为属于“非法吸收公众存款或者变相吸收公众存款”，也没有相应的司法解释。“存款”是一个金融概念，对应的是贷款，没有贷款也就无所谓存款。一种货币能不能被称为“存款”，不在于普通村民对它怎样理解，而在于货币的实际用途，如果没有被用作贷款，就不是存款。从契约的角度看，大午集团与几百名集资者的关系，属于“一个愿打一个愿挨”，只要大午集团如期如数履约，政府和司法机关一般是不应该加以干预的。在孙案发生后，几百户农民没有一户前来挤兑，表现了他们对孙的信任和支持，也说明孙的行为没有造成社会危害。许多国家对于这类事情，其法律重在防止发生诈骗。而我国正是因为过去在这类事情中多有诈骗发生，导致参与其中的老百姓血本无归，又考虑到中国的银行基本上是国有垄断的，利率也是国家定的，为保证“安定团结”，为防止“扰乱金融市场”，所以才干脆禁止一切未经官方批准的民间集资。而在其他一切国家，只要你符合法定条件，连私人银行都可以自由设立，更何况一般的金融借贷行为？考虑到民间资本流转毕竟有益于经济发展，也许再过几年，“非法集资”这一罪名将从我们的刑法中取消(如同当年的“投机倒把”罪)，而将其中的犯罪行为归纳到其他国家通行的“诈骗罪”范畴，甚至连私人银行被允许开办也未可知。因此，许志永在辩护中脱开文稿即兴讲的一句话击中要害：“今天，被审判的不应该是孙大午，而应该是中国僵化的金融管理体制。”

世人瞩目的孙大午案和孙志刚案的巧合之处在于，人们在讨论案件时都质疑导致事件发生的现行法律法规。经济学家茅于轼评论说：“过去制订的一些与市场经济原则不相适应的法律法规亟待修正甚至废止，如果违反了这样的法，未必是一件坏事。孙大午错就错在干了一件‘违法’的‘好’事。”许志永辩护词中的两句话说得更直截了当：“对于这样一个优秀的民营企业家，运用刑罚来摧垮他不符合刑法的目的。”“如果说法律非要严厉打击这样造福百姓品德高尚的人，那么法律本身就是有问题的。”

当前特别是市场经济领域对立法的呼唤仍相当迫切。而数以千计的法律中，还有相当一部分很少甚至从未进入过法制记者的视野之内。更何况在我们这个幅员辽阔、人口众多的发展中国家，文盲加法盲的现象还很普遍，即使在一些文化水平较高的公民以及一些领导干部的身上，有法不依甚而以权代法的现象也仍然存在。因此，法制报道任重道远，不存在丝毫可以放松和懈怠的理由。

法制报道是非常不同于其他报道的一种报道。法制特别是案例涉及的部门和内容，有其不宜甚至不能公开的一面，具有内向性，而新闻报道是面向社会、向全社会开放的传播活动，具有外向性。这就构成了矛盾，因而在法制报道中必须把握好以下的度。

一、法制报道必须把握的度

1.正面与负面

法制新闻是抨击违法、揭露犯罪的权威。一些违法犯罪分子“不怕上告，就怕上报”。案例报道条分缕析、就案说法，违法犯罪成为反面教员、生动教材，警钟长鸣，深深驻足读者脑海，始终伴随罪犯改造，使群众有震撼感，罪犯有威慑感。据统计，75%以上的重刑罪犯都程度不同地被媒体曝过光。这活生生的事例对罪犯及千千万万的读者都是永志难忘的教育。同样，对于一些民事纠纷，法制新闻的介入也能显示其权威。这些年拖欠工钱的现象已很普遍，受害人中既有索要无门铤而走险变成罪犯的，也有走投无路以死抗争造成社会不安定的。2002年底，杭州《都市快报》推出了“快报帮你讨工钱”的公示恶意欠薪者的法律援助活动。报社不是法院，没有不可抗拒的强制力量为保障，追讨的成功非常鲜明地显示了新闻曝光对犯罪分子名声和违反契约者信誉的舆论压力。这就是法制报道的正面积极作用。在这正面效应的催化下，发生了温家宝总理在到三峡视察途中帮农妇讨还包工头拖欠工钱的报道，也促成了《浙江省企业工资支付管理办法》等地方政府法规的出台。

对案件侦破和审理的及时报道，是新闻宣传法制，打击犯罪，保障人民权利、满足人民的知情权的重要任务。像对林彪、“四人帮”反革命集团的世纪性审判，对“渤二”沉船渎职罪的审判和处理，对大兴安岭火灾责任人的报道和处理，对原江西省省长和铁道部副部长犯罪的审理，对原北京市委和山东泰安市委主要领导腐败情况的曝光等，在十一届三中全会前都是不可想像的，是人民知情权得到尊重的表现，是国家民主法制建设的重大举措。但是，案件并不都能成为新闻，一是没有这样的必要。媒体的容量和宗旨限制了这种公开。媒体不是法院公告，公众不想也不可能知道中国发生的每一起案件。二是内容的限制。媒体报道的应是一些较为典型、有新闻价值和社会效果的案例。对一些重大、敏感的案件，未经司法机关同意，新闻媒体不能报道；对一些涉及国家机密或会引起不良社会效果的案件，新闻媒体不准报道。案例往往情节错综复杂，犯罪分子的作案手段卑劣残忍，不加筛选地一一报道，容易产生导致思想混乱、诱发污秽、助长消极气焰、堵塞群众言路等负面效应，承受不了普法规范的全部正面功能。好的法制新闻报道，应该是较高的新闻价值和周全的宣传价值的完美统一，从而增强报道的导向、促成、阻滞、疏解等正面效应。所以不到为了普法，为了说服教育人非用不可时不要用案例。这应当成为从事法制报道记者选择采访题材时的出发点。法制新闻记者必须把握好报道的正面宣传度。

新闻不能做超越司法程序的报道。犯罪行为人人痛恨，法制记者在采访此类事件时，不可能不带任何感情；受害人将新闻媒体当作主持正义的机关，要求对自己的遭遇予以关注也是可以理解的，但是，新闻媒体应避免违背自己在社会生活中的正确定位越俎代庖，甚至造成新闻侵权，将自己推上被告席。报道法制的记者自己违法，真是成了负面新闻。

新闻记者是人，并不是什么可以随便干预生活、左右是非的“无冕之王”，法制新闻记者也不会因为多了点法律知识（有的法制新闻记者就担任兼职律师或某部门的法律顾问）就成了法官。客观公正、依法审判，不仅要求对法律的充分掌握和正确适用，而且要求全面拥有与案情有关的人证物证，不带个人感情不受任何关系的影响。现在有些当事人发生纠纷就找法制媒体，着意营造有利于己方的舆论环境。而一些法制记者也只听一方之言在审判前发表没有经法院认可的事实和见解，在审理中加以定性、做结论，甚至在案前披露某些法律规定不应该透露的情况和意见，以图达到干预审判的目的。新闻媒体必须避免对正在审理案件施加舆论的影响和压力。对于涉及案件适用政策、法律有不同理解时，不轻率发表肯定或否定的结论性意见，以免法制报道产生负面影响。

新闻有影响舆论的功能，但不能以舆论干预司法审判。我国宪法规定：“人民法院依照法律规定独立行使审判权，不受行政机关、社会团体和个人的干涉。"这其中就包括了新闻媒体的干涉。中国的媒体负有舆论监督的职责，包括监督司法；但是舆论监督只能在法律范围内进行，不能影响依法独立审判。

对于审判，媒体要避开对正常司法程序的破坏，永远不要去追求什么超前。如果审判真的是靠媒体推动，只能说明我们的法治是很不妙的。

2.教育与教唆

法制新闻通过把不懂法、不守法导致的犯罪行为报道剖析，以及对违法犯罪后果的揭示，对受众进行现实的法制教育。如有人因地里瓜果被盗擅拉电网，致人触电身亡构成故意伤害罪。有人受到非法侵害竟和犯罪者"私了"，受害人反而触犯了刑律。有人抓到盗贼非法拘禁、施以私刑，认为是"正当防卫"。有人对亲人中恶习甚深者私加残害，认为是"大义灭亲"、"为民除害"。分清罪与非罪的界限，懂得通过什么途径如何维护自己的合法权益，这正是法制教育的任务。犯罪反映的是社会的阴暗面，是附在社会这个肌体上的毒瘤。不加选择的犯罪展示，对一些心理不健康者是一种诱惑，对已有不良念头者是一种强化和物化。作为战斗在这条特殊战线的司法工作者倘且需要经常增强免疫力(勿庸讳言，也确实有意志不坚定的司法工作者在此倒下)，何况媒体面对的是包括潜在犯罪意识的一些人在内的庞大受众。因此，法制新闻记者要以普法为己任，始终把握好报道的教育度。

但是，一些法制新闻记者却无视媒体受众的现状，走向了反面。有的展示罪恶，诱导犯罪；有的详细描写作案过程，传播犯罪知识。这就成了"教唆"犯罪。如对抢劫银行案件的详尽报道，把犯罪分子如何踩点，如何筹划，如何实施抢劫及银行营业工作的漏洞一一列举、暴露无余，客观上就是告诉罪犯：银行钱最多又最易得手。同样，硫酸毁容的案例也报道得过多过细，为心术不正、甘当"第三者"又不谙刀枪的所谓"弱女"纷纷效尤。她们得到启发，寻找对方比自己更弱更不设防的妻女摧残泄恨，手段越来越残忍，后果越来越严重。这方面连篇累牍的详尽报道其实是在为犯罪者指点迷津、传经送宝。再如1990年在北京亚运会期间发生的厦门劫机案，导致在广州白云机场两架客机相撞，酿成建国以来民航最惨重的灾难。据事后调查证实，劫机者在犯罪前就认真研究过报纸上的一篇劫机案报道，许多做法与那篇报道所描述的如出一辙。法制新闻不是司法机关的案卷，不能有闻必录；不能为追求轰动效应而无视媒体的社会责任，像黄色新闻一样以刺激受众感官来提高"收视率"；不能以媚俗的方式去迎合受众的好奇心理，而丢弃了媒体理应担负的提高、净化受众心理的教育责任。

3. 公开和避开

法制新闻要树立司法干警的形象，沟通警民，表彰英模。写干警如何嫉恶如仇，出生入死，“为了母亲的微笑，为了大地的丰收”，无私无畏，大智大勇，让人民理解警察，支持警察。然而，司法战线是隐蔽战线，讲究策略和手段。这是司法工作必不可少的，却也是犯罪者为逃避惩罚而研究刺探的。新闻报道就其本质来说是公开的、外向的大众传播，公开度越大越吸引人，传播面越广越见效快。处于这样的矛盾交汇点，新闻报道应从有利打击犯罪、有效保护卫士的职业道德出发，理性地避开极具吸引眼球效应的内幕秘闻的诱惑，把握好这类报道的公开度。

问题的严重性在于，有些法制新闻记者却无视这样严酷的矛盾现实，不知是出于无知还是为了炫耀，把所知的一切和盘托出，泄露破案手段，授敌识别方法。如在营救人质中，为了争取时间，麻痹罪犯，我方往往假装答应罪犯要求，故意拖延，调兵遣将，借机下手。在与境外派遣间谍和毒品、走私、赌博等犯罪的斗争中，为了掌握罪证，准确打击，常常发展“线人”，甚至乔装打入，即通常所谓“卧底”。在犯罪团伙或罪犯中，为了摸清底细，掌握动向，防患于未然，消弭于已然，从中物色“特情”，培养“耳目”。这些都是打击犯罪的需要，是隐蔽战线特殊的工作方式。这一切都是决不能公开报道的，因为一旦罪犯掌握了我们的手段，不仅我们将再不能以此克敌制胜，而且会严重危及战斗在特殊战线上警察的生命安全。轰动一时的电视纪录片《中华之剑》，展示了战斗在特殊战线上缉毒勇士的大智大勇，的确感动了无数电视机前的观众，但却给战士带来了意想不到的伤害。毒贩通过电视屏幕认识了相当一部分战士，并实施了疯狂的报复，有 120 名战士及其家属为此献出了生命。幸亏缉毒部队及时进行了大规模的调防，才没有造成更大的伤亡，但已给当地的缉毒斗争带来了很大的困难。1997 年，郑州国棉五厂幼儿园发生了歹徒劫持幼儿为人质的恐怖行动。女警察王玉荣装扮成幼儿园教师进入现场，乘敌不备，将其击毙。当地有关部门为保护王玉荣生命安全和今后的工作需要，明令各媒体不得擅自报道，不能配发照片。但不可思议的是，王玉荣的照片甚至组照先后出现在全国数十家报纸上，达到了读者“无人不识王玉荣”的“宣传效果”。可想而知，王玉荣的好身手以后是再难有显示的机会了。这对准确有力地打击日益剧增的猖獗犯罪是个难以弥补的损失！

二、法制报道的专业性与社会效果

通过几年的全民普法教育，法律已逐渐为广大群众所熟悉，但这并不等于人人都通晓法律了。即使那些法制相当完善的国家，普通人对法律问题仍需要律师的帮助。这表明，公民与法律之间需要桥梁，法制新闻就是一座这样的桥。法律有着大量的专业用语，工作有专门的程序。这些是普通读者所陌生的。法制报道既必须运用"法言法语"，准确规范，不允许有丝毫的误导；又要注意将专业化的东西，化为群众易于理解的事理，使法律成为他们手中的工具，而不是面前的一堵墙。对法制报道的专业性，我们可以从比较下面的两篇报道中看出。

九旬老太打官司，输了

杭州日报讯(通讯员田平记者陈昌旭)　因不满邻居家的油烟机排气管正对自家大门，现年已 91 岁高龄的张老太太走上法庭打起了官司。一审败诉后，老太太又上诉至中级人民法院。折腾了近四个月，昨天，市中级人民法院也驳回其诉讼请求。

江干区居民张老太与钱某系前后邻居关系，张老太家的房屋建造在先，而钱某家的房屋是后来翻建的。去年 6 月，钱某因日常生活需要，在正对张老太家房门的后墙上开了一个洞，并于同年 9 月份安装了油烟机排气管。张老太认为钱某此举影响了自己的居住环境，侵害了其相邻权，同时也违反了 1994 年 11 月张某翻建房屋时与之订立的协议。今年 5 月，张老太起诉到江干区法院，请求法院维护其权益。

钱某则称，自己在协议中承诺了"翻建房屋后在房屋北侧不设烟囱、在房屋后面不设化粪池和不设排污设施"，但油烟机排气管并不是排污设施。

一审法院经审理认为，不动产的相邻各方，应当按照有利生产、方便生活、团结互助、公平合理的精神，妥善处理相邻关系。钱某为生活需要安装油烟机排气管，对相距 6 米左右的原告房门，并无影响。原告以侵权为由起诉，不予支持。

这篇报道登于 2003 年 9 月 5 日的《杭州日报》，另一篇则见于同一日的《都市快报》。

告违约还是告侵权 选择哪个告法有学问

如一个案子有几个诉讼理由可选择，那么选哪个将直接关系到官司的结果。江干区91岁张老太的官司前些天二审也败诉了。律师说，她告的是“侵权”，需证明四点才能赢，但如告“违约”，只需证明一点，两种告法结果很可能不一样。

老钱住在张老太前面，1994年翻建房屋时，答应张老太“翻建房屋后在房屋北侧不设烟囱、在房屋后面不设化粪池和不设排污设施”，还签了协议。去年9月，钱在后墙上装了油烟机排气管。

张老太的两个女儿受母亲的委托出庭。法官说，这个官司又侵权，又有违约，只能告一个，你到底告哪样？原告想了想：“告侵权！”她们明确主张邻居此举影响了居住环境，侵害了其相邻权，是一种侵权行为。

一审法院认为，老钱的油烟机排气管与张老太房门相距6米左右，并无影响，算不上侵权。张老太不服，上诉杭州市中院，结果二审被驳回的理由和一审一样。

浙江天册律师事务所律师孙志闻说，根据合同法的规定，如果一个官司出现侵权、违约两个打官司的理由，法官要征求原告的意见到底是打侵权官司还是违约官司。

应该选择哪种告法？这对原告张老太是很有讲究的。如要打赢侵权官司，需证明四点：距离6米，邻居装油烟机排气管是违法行为；邻居的行为有过错；邻居的行为对张老太造成损害；邻居的行为和张老太的损害有因果关系。

如当初选择打违约官司，那么按照法律的规定，只要是法律不禁止的就按约定的办，张老太只要证明“排气管是排污设施”，就能赢得官司。这比要证明邻居侵了她的权要容易多了。

而且，根据“一事不再理”的原则，张老太也不能再以违约的理由告邻居了。

两相对比，一眼就能看出，前一篇报道是社会新闻，只是告诉读者发生过这样一起打官司的事。后一篇就是法制新闻，因为报道有法律含量并发掘了法律内涵。报道进行了法理分析，普及了法律专业知识，如对侵权构成四要素的解说：一有损害事实，二存在违法行为，三违法行为与损害事实之间存在因果关系，四行为人有过错。介绍了民事诉讼中侵权责任的构成要件。此外还解说了民事诉讼的一些原则，如一个官司只能选一个诉讼理由，“一事不再理”等。这种规范功能是只有法制报道才有的专业性。类似的专业性还体现在双方签订民事调解书上。对于因民事调解书引发的诉讼，法制报道中就应解说民事调解书的特点，民事调解书经双方签名或捺印就生效。一方如在签了民事调解书后发现利益受损，想通过起诉挽回损失是行不通的，另一方却可以持民事调解书申请强制执行。这时惟一的补救方法就是到原审法院申诉，以调解违反自愿原则（民事诉讼法对民事调解提起再审规定了两条：违反自愿原则或调解的内容违法。只要符合条件之一，对当事人的再审申请，法院就应受理）提起再审。

法制报道针对目前民事诉讼中当事人为了取证而越来越普遍的自己调查或请“私家侦探”的做法，专门请律师指导在法律方面要注意的事项：一不要使用违禁的器材，如针孔摄像头等，即使专业调查人士也不大敢用，容易触犯刑律；二不要拍摄侵犯隐私的照片，如捉奸的裸照，更不要到处散发，有可能构成名誉侵权，甚至触犯刑律；三尽可能用常规的调查手段，不要跟踪，真的要跟踪，也要注意安全。

婚检都合格，婚后却发现妻子有精神病，能否判处婚姻无效？法制新闻就不仅报道这则新闻，还要解说何为无效婚姻：《婚姻法》和《婚姻登记条例》规定，患下述三类疾病不能结婚，即使结了婚，婚后病治不好的，婚姻无效——白化病、血友病等严重遗传性疾病；艾滋病、淋病、梅毒、麻风病等指定传染病；精神分裂症、躁狂抑郁型精神病和其他重型精神病。由于目前婚检一般在普通医院，实际只检身体健康，不检测精神病。因此精神病情不明显的，很难发现。如婚后患了精神病，只要不是很严重，法院一般不支持离婚。即使严重到无法正常生活，离婚后，无病的一方也要尽扶养义务。

家庭暴力在一般人看来，是指对家庭成员以殴打、捆绑、禁闭、残害等手段伤害和摧残的行为，而法制新闻却告知读者，以下行为也属家庭暴力：迫使妻女卖淫、遗弃女婴、因妻子不育或不生男孩而歧视虐待对方、丈夫在妻子不愿意时也要与她过性生活、耻笑妻子的缺陷或弱点、丈夫长期不与妻子说话、丈夫长期拒绝与妻子过性生活、限制妻子女儿与朋友和同事的交往等。

法制报道的专业性还涉及诉讼风险：公民、法人因财产、人身关系发生纠纷，向法院提起民事诉讼时，如果行使诉讼权利不当，将会导致相应的法律后果，产生一定的诉讼风险；当事人起诉必须符合法定条件，否则将不予受理或者驳回起诉或者移送管辖；向法院请求保护民事权利的诉讼时效期间为两年，但因身体受到伤害要求赔偿、出售质量不合格的商品未声明、延付或者拒付租金、寄存财物被丢失或者毁损等诉讼时效期间为一年；已经发生法律效力的民事判决、裁定，当事人在两年内未提出申请再审的，再审申请将不予受理。

报道专业性还提醒：打官司不能漫天要价，当事人打官司主张损害赔偿金额时一定要有个“度”，否则如果不切实际地随便主张损害赔偿金额，就可能导致赢了官司而输了钱。

法制报道的触角广泛触及遵法和违法，并不可避免地要触及犯罪案例。这是法制报道的专业内容之一，本是题中应有之义。案例的报道有其一定的普法释疑积极意义，也有相应的引人入胜的可读性，但如前所述，越是这样，记者越是不能一味从猎奇的心理出发，而应从社会效果来考虑一个案例要不要报道。确定一个案例是否要报道至少必须考虑：一是国家形象。凡有损国家形象要求不要报不许报的案例，决不能我行我素，从商业利益出发，搞独家新闻、轰动效应，不顾中央守土有责维护国家形象的规定。如在反毒品的斗争中，不应把我国写成毒品生产国授人以柄；在罪犯服刑和计划生育的报道中，要从国际人权斗争出发，不要予人口实；对恶性案件、丑陋现象、社会治安和公共卫生突发事件，不应因报道而产生国人素质低下、我国社会不稳定不安全的误导；此外还有少数民族罪犯暴动、克拉玛依大火善后等中央明确规定不准报道的案件，记者和报社不要抢新闻，打擦边球，打空间差，曲线报道，结果毁了自身也毁了报纸。二是国家利益。如 1996 年发生一起对伪劣产品害人的报道，就是不听劝阻不应该的报道，造成在激烈的市场竞争中好不容易打响的名牌产品被迫退出国内国际大市场，经济损失难以估量，被中央愤怒地斥为两个记者一篇报道搞垮一个大企业。这两人也被列入新闻界“黑名单”，从此不得涉足新闻工作。三是法律规范。对涉及国家机密、未成年人犯罪、个人隐私案件等法律规定不能报道不宜报道的案件，不管怎样精彩，怎样独家新闻，坚决不报。四是公众的安全感和社会公德。使公众对社会主义制度不满甚至人人自危的案例不宜报道，渲染恐怖、残酷、社会阴暗面的报道不能刊登。法制教育是正义和道德教育，案例报道要有利公众法制观念的增强和法律知识的普及，要让人民看到人类在文明，社会在进步，要提高人们与犯罪行为作斗争的勇气，激发人们的正义感和社会公德，在公众中树起消灭犯罪这一社会丑恶现象的浩然正气，引发出积极的社会效果。

三、法制报道的人性化与美感

大千世界，各色人等，从危害社会的罪犯到品德高尚的共产主义战士，中间是一个广阔的地带，这个地带要靠道德和教育来滋养和填充。媒体是一道屏障，一个文化隔离层、保护层。它应该把读者引离罪恶。法律是社会安全的基本防线，也是最后一道防线。在这之前是道德。一个道德高尚的人不会为满足私欲犯罪，但罪犯却并非全是道德卑下的坏人。好人违法、激情犯罪的个案并不鲜见。在对孙大午审判时，作为公诉人的徐水县检察院检察长就说孙大午是"好人犯罪"。因此，法律不应该把犯罪嫌疑人和罪犯都视为坏人，以冷漠无情为执法的基本态度。法治的最高层次是一种信念，相信一切法律的基础是对人的价值的尊敬，保障每个人的权益。人性化执法体现一个国家民主程度和人权状况。人们常说"法律无情，执法有情"。情就是人性化。现代法治社会强调的是民主和法制，讲究的是平等和人权。执法者手中的权力是人民通过选举授予、纳税人通过税收奉养的。民乃衣食父母，即使面对有罪错的公民，执法者为什么不能人性化地执法呢？

南京江宁区检察院在办理职务犯罪案件中积极试行"未成年人避开制"就引起了良好的社会反响。这种做法是对有未成年子女的职务犯罪嫌疑人，在对其住所搜查或采取强制措施时，一般避开其未成年子女，以免给其造成不必要的伤害。未成年人的心理还很不成熟，如果让他们亲眼看见父母被审查或抓获，难免会产生羞愧自卑心理，可能会让父母和孩子之间产生隔阂。另外，未成年人如果目睹司法机关采取的强制措施，可能会产生反抗排斥心理，乃至将来发展成对社会的厌恶憎恨。这和刑法的目的是相违的。珠海市检察院对犯罪嫌疑人家庭搜查的原则是：非必要时不进行搜查；杜绝抄家式搜查；安排没有老人、小孩在场的合适时间搜查。这种对犯罪嫌疑人人格和权利的尊重，法制报道应该刻意地突出和表现。

湖南一村民因与村支书几句话不和，竟凶残地将村支书击伤。事发后，歹徒手持鸟铳爬上楼顶与警方对峙。警方不是采取将其击毙的简单方法来了结，而是安排人员在楼下铺了很厚的一层稻草，然后从数十公里外将正在课堂上学习的他的小女儿请到场，满眼泪水的小姑娘连喊 29 声"爸爸"，唤起了凶徒对生命的珍惜，他一声长叹后扔下长枪下楼束手就擒。这时他与警方对峙已 26 小时。

南京一犯罪嫌疑人于 2002 年侥幸逃脱，被警方网上通缉。2003 年其母因病去世。据群众反映，该人在社会上胡作非为，对母亲却很孝顺。民警判定其很可能潜回家中奔丧，即在其家附近布控，果然将其抓获。讯问中，嫌犯拒不交代，却提出要求准许他先回去料理丧事，以尽孝心。警方最后决定，在确保嫌疑人不会逃跑的情况下，准许他回去奔丧。嫌犯得知警方同意，吃惊得睁大双眼，失声痛哭。民警从他母亲出殡、火化到入土安葬，自始至终陪同，特别是在告别仪式上，与在场的亲友一起为老人默哀、鞠躬，令在场的人为之动容。嫌犯办完丧事如实交代了违法犯罪事实。

要做到上面这些，执法人员用不着付出很多，只需在形式和程序上稍有改变，而执法的实际内容、执法的严肃性没有受到丝毫的影响。但对当事人来说，执法者的这些细微变化透出的是温情和暖意，因为他们焦急的心灵得到了抚慰，人格尊严受到了尊重。从这些报道中，我们能看到人性化的色彩和思想在闪闪发光。

在强奸案的报道中，记者如果能注重报道的人性化，就能避免对受害人的二次伤害。在中国这个有着数千年传统道德积淀的国土上，人们把女性的所谓“贞操”看得比生命还重，有着不通情理的苛求。一个妇女遭到强暴，传扬出去，得到的不是同情和呵护，而是来自周围人的鄙视，甚至是未婚夫或丈夫及家人的遗弃。恶劣的舆论环境曾导致一些受害妇女生不如死只能一死求得解脱。一个遭到强暴还能坚持活下来的生命因为媒体的缺乏人性走上了绝路，法制报道惩恶扬善的功能何在？法制记者的职业道德何在？因此，对受到强暴的妇女，一不要详细描写强暴的场面，二不能具体写出被害人的姓名住址。对这类案件的报道仅在于对罪犯的揭露、谴责和对妇女如何正视、避免这种伤害的引导。法制报道应充分考虑到这些，尽可能地保护受害者，不让她们再受伤害；并启示受害人，真正可耻应该受到谴责的是施暴的罪犯，受害者没有任何过错，法律和社会舆论在她们这一边；名声和揭露犯罪相比，后者更重要，只有及时报案，积极协助司法部门迅速破案，及早将罪犯绳之以法，才能避免更多姐妹遭殃。

报纸主要通过正面宣传，树立典型，培养读者区分善恶美丑，嫉恶如仇，行善为美。法制报道要给人见义勇为、正必压邪、恶有恶报、善有善报的美感。

在报道案例时记者应不局限于传播信息，满足公众的知情欲，还应把法制领域与教育、文化、心理、价值、道德等别的领域交叉起来，从别的领域寻求解决问题的途径。对案例的报道要选好角度，要引导读者的视点，培养读者的健康心理。一篇案例登出来对读者会有两种效果，或刺激感官欲望或激发思想美感。要教育不教唆，要激发不刺激，就要避免就案例说案例，就要选好角度，找到切入点。一个案例就是一个矛盾的统一体，有人见美，有人见丑，有人见正，有人见邪。记者应从这个矛盾统一体里理出矛盾的主要方面，理出正气和美感来献给公众，即出污泥而不染，惩罪恶而不脏。未成年人犯罪从教育上分析，女性犯罪从心理上剖析，领导干部犯罪涉及价值观的确立，打工族犯罪引发出道德的重建。从社会转型期的大背景下人的价值取向的变化进行犯罪的预测和防治，摒弃自然主义的描写，一览无余的展示。

法制报道的美感还在于对司法战线涌现的舍生忘死、兢兢业业、神奇断案、秉公执法的典型人物的宣传。神奇的"全能画像师"赵成文以创建警星CCK－Ⅲ系统震惊了国际警坛。这个系统能让无名颅骨"复活说话"，破获了一起第三者插足引发的谋杀案；让一个银行大盗的"目击证人"在摹拟画像面前鬼使神差地供出了自己。测谎大师夏邦祥善于分析嫌犯心理，被犯罪嫌疑人叫做活神仙。一个被他测试的嫌犯听他分析现场时跳起来惊呼："我杀人时，你在旁边看了吧?"一个偷枪的女警听了他对作案情况的分析，从椅子上跌倒在地，大骂其丈夫是叛徒。号称有绝活的足迹专家吴旭芒，能从一只鞋锁定一个作案30多起的罪犯，还能凭9年前的足迹确定一个杀人凶手。此类典型事例的报道将以法律的公正美、正义美、艺术美、人性美唤起读者的阅读美感。

第二节　案件采访的原则和法制记者的素质

在英美法系中，"判例法"（又称"案例法"）是最主要的法源，是基于法院判决而形成的"实在法"。如在19世纪，美国地方法院在判决一起儿子为获得父亲的财产而谋杀父亲的案件时，宣布剥夺其遗产继承权。当律师质疑法官判决的法律依据时，法官称他依据的原则是"人不能通过错误获利"。律师表示认可，于是这一判例就成为一种规范，成为法官和其他裁判人员在此后的案件中按照判例的拘束力原则，在案件情况大体一致的情况下遵守的法律原则和规则。他们的原则就是法律要以公正和正义为最终的和永恒的价值。我国不承认"判例法"，将"制定法"视为第一位法源。"制定法"指法律的主要表现形式是由国家立法机关或经立法机关授权的机关通过的成文法律，故有人称之为"成文法"，以与"判例法"相区别。实际上成文法与制定法有很大区别。判例法也不能说不是成文法，不过是另一种形式的成文法，即不规范的成文形式。尽管这样，对案例的报道仍然成为法制新闻的主要题材。这既出于对司法活动的监督，也由于案例本身的新闻价值较为显著，近几年来，案例成为越来越受新闻媒体关注的热点题材。在讲求积极的社会效果的前提下，案例从较多的"暗箱操作"逐渐向高透明度过渡，法律规定的公开性原则逐渐在媒体的采访报道活动中得到体现。这正是社会主义法治建设进步的表现。

新闻机构的采写报道活动应遵循的规范是一个由众多的法律规章和纪律规定构成的限制性规范体系。法制新闻由于其报道题材的特殊性和报道部门的内向性，采访活动会受到更多更严的限制与禁止。这一限制性规范体系的构成内容就其实际约束力来说，可以分出以下层次：宪法有规定的依宪法，宪法没有涉及的依各种法律，法律没有明确规定的依行政法规或部门规章，法规规章未限定的依宣传纪律，宣传纪律没有的依新闻职业道德。从宪法规定到一般惯例所组成的新闻机构的限禁性行为规范体系涵盖了法制新闻工作的方方面面，对这些规范的遵守既是一种强制性要求，也是新闻工作者享有职业权利必须承担的义务或责任①。

违反规定和纪律的法制报道至少会产生两个消极后果：一是司法活动的威严受到影响，司法机构的威信降低。二是司法机构某些执法活动的有效性受到影响，执法活动的难度因不必要的社会舆论或媒体审判式报道或透露不该透露的秘密而人为地增加。为避免这些因新闻媒体的不当活动而造成司法活动的不独立，世界上很多国家或地区都制定了相应的法律条文来制约新闻报道活动，防止新闻报道形成某种舆论压力直接妨害和影响独立公正的司法审判行为。1948 年联合国颁布的《国际新闻自由公约草案》的"第三公约"章也将"妨碍法庭审判之公正进行的新闻"列为禁载内容之一。1994 年世界刑法学会第十五届代表大会所形成的《关于刑事诉讼中人权问题的决议》反映了为数不少的国家在这一问题上的共同认识或态度，其十五条作为一个国际通例明确规定："公众传媒对法庭审判的报道，必须避免产生预先定罪或者形成情感性审判的效果。如果预期可能出现这种影响，可以限制或者禁止无线电台和电视台播送审判情况。"无疑，法制记者有较一般新闻工作者丰富的法律知识和高度的法律意识，应该更懂得和善于依法进行法制报道。

---

① 陈堂发：《授权与限权：新闻事业与法治》，新华出版社 2001 年版，第 252 页。

一、案件报道的限制性原则

任何违法行为经法院立案后就可称为案件。案件以“审判”环节为分界点可以分为未审结案件和审结案件。对于未审结的案件，考虑到司法审判的独立性和公正性，媒体一般不得作报道。审结的案件中，若法院使用的法律不当、或事实的认定有错误或不清，但判决、判定已发生法律效力，由检察院依法提出抗诉，媒体也不得擅自进行评判性报道。对于法院的法律运用适当、事实认定准确的审结案件，媒体的报道还必须遵守相应的法律、法规和宣传纪律的规定。

从表面上看，案件的构成因素和一般题材报道构成要素没有什么差别。然而，无论是未审结的案件还是审结的案件，除了记录具体的违法事实、告知公众事实性信息外，对案件是否公开传播以及公开传播的方式和内容的选择也会折射出多重社会意义，不可避免地对社会产生一系列显在的或潜在的影响。因为任何一个案件除了本身的事实性内容外，还反映出附带的意义如社会一般的道德水准及人生价值、越轨行为发生的社会原因及应该建立的防范机制、重大党风党纪案件所反映的社会监管机制的某些缺陷、具体执法机构及其执法人员的水平等。正是由于这些“附加值”的存在，我国的有关法律、法规、宣传纪律有必要对某些案件的报道作出限制性规范，使得案件报道能够发挥积极的社会影响。这种积极的社会影响可以用最高法院肖扬院长2000年1月在最高人民法院与中央新闻单位负责人座谈会上就新闻单位的法制报道提出的几点希望来概括：报道法院工作要有利于促进审判工作的开展；鞭挞丑恶现象要有利于维护司法机关的形象；报道案件要有利于维护司法公正。

1. 案件报道必须尊重和维护司法独立

包括独立审判和独立检察的司法独立是司法工作的一项基本原则，《宪法》对此都有规定。《人民法院组织法》、《人民检察院组织法》分别对两院“独立进行审判，只服从法律”、“独立进行检察，只服从法律”予以重申。《民事诉讼法》、《刑事诉讼法》也分别对民事案件、刑事案件的独立审判作了同样的规定。宪法和法律的这些规定是法制记者从事司法题材的报道必须遵从的第一层次的规范和要求。

案件报道如何做到尊重司法、维护司法威严，中央宣传部、中央政法委曾于1985年发布过指导性文件《关于当前报刊在法制宣传方面应注意的几个问题的通知》，给予了较为具体和明确的要求：

第一，“没有把握的案件或有争议的案件，不要公开报道。”这里所指的“没有把握”、“有争议”既包括在事实的认定上有歧义，也包括对案件适用的法律有不同的理解。为了维护法律的尊严，对于涉及案件适用政策、法律有不同理解时，不要轻率发表肯定或否定的结论性意见。但从司法实践看，《通知》精神的贯彻应切实考虑到以下两种现状：一是司法活动中新情况、新问题时有发生，不同地区、层次的司法人员理解法律的能力及执法水平差距较大。法制新闻的公开报道对于确实不当的判决可以起到推动上级法院采取审判监督程序予以纠正的作用，并有利于提高司法工作者的执法水平。二是司法队伍中腐败行为会直接影响到公正的执法。对于明显不公的执法活动，除检察院的监督外，一律禁止媒体对不公正的审判执法案件进行评论，实际上剥夺了宪法授予公民的批评权利，更不利于反腐败工作的开展。法制报道的曝光能加大反腐败舆论监督的力度。

第二，“对于正在侦查、起诉或审理的案件，以及尚未作出终审判决的案件，不要公开报道。个别必须报道的，要先报道破案、起诉或审理的消息，以后再报道判处结果，不得超越司法程序抢先报道，更不得利用新闻报道制造对司法机关施加压力的舆论。”在案件审理过程中是否允许对案件作报道和评论，目前没有正式的法律条文限定。但按照《通知》的规定，审理过程中的案件一般禁止报道和评论。这在法治化社会里有其合理之处，但是如果新闻实践工作极其严格执行案件报道的这一规定，法制报道题材的丰富多样性和新闻报道的时效性要求将受到严重的影响。因此，在案件报道中，有些类型的案件，特别是民事案件中涉及人格权内容的诉讼案件，基本上采取了和诉讼程序同步的处理方式。但重大刑事案件的公开报道目前仍然严格遵循《通知》的精神。民事诉讼案件中涉及企业信誉、声誉的，另当别论。这类案件在终审前同样禁止炒作式的报道，以免改判后给企业带来不必要的损失。

随着民主化、法制化建设进程的加快，新闻媒体对司法案件作适时报道的相对自由权利已逐渐得到了司法部门的认可。1998 年 4 月，法院表述了两条原则：一是公开审判制度是不容违背的法律制度，公众自由旁听和新闻媒体报道审判活动是受法律保护的正当权利。二是新闻媒体报道审判活动是独立的、对法律自负其责的正当工作。它的最重要意义在于对审判活动进行有效的舆论监督。此外，在司法活动报道方面体现媒体相对自由权利的另一重要举措就是各级法院应实施向社会公开重大案件的裁判文书的制度。向社会公布裁判文书，可以让公众通过了解裁判文书对法院裁决案件是否公正、是否于法有据作出判断。司法工作这一改革措施为新闻媒体报道司法案件和监督司法审理活动提供了受法律保护的便利条件。

第三，“对报道的案件进行评论，要努力做到了解案件的全貌和问题的实质。”新闻媒体热衷于报道案例，主要有三个目的：一是积极主动地干预司法腐败；二是通过案例报道实施普法教育；三是增强新闻传播的效果。就干预和普法的目的而言，报道案例都少不了公正而准确的评论。如果报道目的主要是为了普法和指导教育，在叙述案例时，一般都要通过“编者按”、“一案一议”等多种灵活的形式分析原因、总结教训、附以劝诫、阐明法理，力争避免案例报道“只见案情不见法”的纯粹情节叙述。报道案件若是出于监督司法审理、促进法制建设的目的，那么，对案件进行评论就必须严格遵循“了解案件的全貌和问题的实质”的指导原则，无论是审理中的或是审理终结的案件，都必须慎重对待，不妄加断语。确有必要对少数案件的判决失误加以评论的，必须严格以进入法庭审理程序中的有效事实为依据，以对实体法、程序法的准确理解为前提，作不偏袒于一方的分析、评述，力争揭示问题的实质。至于如何对有必要进行报道与评论的案件进行规范性评论，还没有直接或间接的指导性文件。但从理论探讨和实践经验的总结角度出发，可以避免干预司法公正和有损司法尊严的评论原则至少有以下几点：

一是避免评论式媒体审判。案例评论的目的虽然不是为评论而评论，不是搞纯粹的学理研究，但也不可以借评论的手段对案件的终审结果搞全盘封杀式的言论审判。既是评论，就要着重从法理、程序法、实体法的层面寻找证据，合理地推导出理论范畴中的某种较科学的认识。只要评论是充分建立在对案件总体把握的基础上，而且推理的过程又是有理有据，那么，即使评论得出的客观结果对司法审理或监督的威严构成了一定的影响，这种局面也只应该归因于司法活动本身，而不应指责媒体的评论。

二是评论必须寻求充分的和权威的论据，在论据的基础上推出论点。新闻媒体是组织评论的主体而不是评论主体本身。法制新闻编辑、记者应借助权威的材料或法律专家、学者的意见，并不得对相左的或分散的意见任意取舍。

三是原则上案件审理中的任何一个环节以及同案件有关的任何行为事实都可以成为评论的对象，但由于新闻工作者专业知识的有限性，角色行为的法律限制性，法律条文的不周全、不完善和一定程度的模糊性，评论的对象往往更多地指向了司法活动中的某些显在的问题，而力争避免在关键性实体问题上进行没有绝对把握的评论。如评论的重点可以设定在办案人员的纪律问题上或明显可辨的审理程序问题上。这类问题发现或获取的难度是法制记者力所能及的。而对于实体性的问题如证据的真伪、赔偿金额、定罪、量刑等，除非出现明显的偏差外，一般不作评论。

四是民事诉讼案件中涉及企业信誉、声誉的案件，一审之后，媒体不宜搞炒作式的评论，否则，二审改判可能会使企业蒙受不必要的信誉损失，或使媒体处于尴尬的局面。

五是审判结果出现情、理与法明显冲突时，不要过分追求道德判断的价值标准。

2.各类案件报道的具体规范与要求

为了确保法制新闻报道能够发挥积极的功能，20世纪80年代初至90年代初国家有关部门曾集中下达过为数不少涉及宣传报道纪律的规范性文件，专门监管各类案件的报道。这些纪律规范有的已经不合情势，报道实践已不再严格遵从；有的仍然有很强的规制力。

首先，有些违法犯罪类的案件或相关的现象对社会的消极影响较为突出，新闻媒体必须充分考虑到案件报道的积极社会效果和影响。如何规范涉及戒毒工作的报道，是较易产生不良社会影响而需要加大管理工作力度的问题之一。1998年2月，全国禁毒工作领导小组办公室就新闻媒体对戒毒药品、治疗方法等内容的报道作出限定，在涉及戒毒工作的报道中，不要对戒毒药品、戒毒治疗方法进行专门报道，更不能进行渲染。

考虑国内外的影响和国家的形象是新闻媒体选择案件或有关题材报道的又一个指导标准。中共中央办公厅发布的《转发〈新闻改革座谈会纪要〉的通知》强调：凡是不利于我国的国际形象、容易引起国际社会误解的东西，如卖淫、吸毒、贩毒等丑陋现象，应内部反映，一般不作公开报道。个别经批准的，应从打击犯罪、严禁蔓延的角度进行正面报道。但就这一规定实际执行情况看，内部反映已渐渐地被公开报道所取代，但报道立场的选择则仍然遵循着“打击犯罪、严禁蔓延”的原则，通过报道显示政府的决心和执法机关的威力。

其次，有些题材的报道采访及案件报道必须加强归口管理工作。对于危害国家安全案件的公开报道，具体的把关程序和部门在《关于公开报道危害国家安全案件的有关规定》(1998年)中有明确的要求。

再次，案件报道必须保守公安工作的秘密。在报道案例时对涉及国家机密、侦破手段、审判机密、有关数字等不宜公开报道的事项都要严格保密。

二、公开审判制度与媒体采访、报道权

我国有多部法律明确规定了司法机关审理案件，除法律规定不公开审理的情况外，必须实行公开的制度。任何一种变相的不公开审理的做法都是违法行为。司法机关作为国家重要组织机构之一，每天都在收集、处理着大量直接关系到公众切身利益和社会公共利益的信息，是新闻媒体获取有价值的信息的主渠道之一。新闻媒体为着公众的利益和多方面知情权需要而开展工作，从理性上说，法制记者从司法机关获取公众所需要的多种信息应该很少受限制，只要这些信息不属于特别敏感而又必须保密、其公开或外泄会对安全防务和社会治安造成冲击，同时法制记者对这些信息的报道又抱着自负其责的态度。但在实际工作中，既能照顾到司法机关完全顺利地开展工作所需要的越宽越好的保密范围或外界干预越少越好的执法环境，又能充分地尊重和保障新闻媒体对于这些信息采访、获取与报道的工作权利，这种平衡的维持几乎是做不到的。冲突的解决更多是以限制采访、报道权为代价的。

1. 采访、报道权的法律依据

从本质上说，新闻记者是否拥有某项采访或报道权利本身并不重要，重要的是利益的再调整能否实现并按照什么原则。所以，每当新闻舆论监督直接影响到某些既有利益的不合理分配格局时，新闻单位和新闻工作者权利的保护问题就显得尤为突出。近几年来，无论是全国人大和政协会议，还是地方人大和政协会议，都有为数不少的代表提交吁请尽快制定保护新闻工作者舆论监督权利的专门法律或法规的提案。面对法定的公开审判活动，法制记者有时也会面临人为被剥夺采访、报道权的尴尬和无奈。虽有相关的法律依据，但司法活动的媒体监督有时并不顺利。

如果说宪法、刑诉法、民诉法、行政诉讼法、法院组织法、检察院组织法等法律的规定只是对新闻工作者和新闻单位拥有采访、报道权利的间接肯定的话，那么由最高人民法院于 1993 年、1999 年先后颁布的两项规范性法律文件《人民法院法庭规则》、《关于严格执行公开审判制度的若干规定》则较为直接和明确地规定了新闻机构和新闻工作者正常的采访、报道权。《人民法院法庭规则》规定，除精神病人、醉酒的人和未经法院批准的未成年人外的公民都可以参加公开审理案件的旁听，其中包括了新闻记者。同时规定新闻记者旁

听时，未经审判长或者独任审判员许可，不得在庭审过程中录音、录像和摄影。对普通公民的旁听规定是："旁听人员必须遵守下列纪律：（一）不得录音、录像和摄影；（二）不得随意走动和进入审判区；（三）不得发言、提问；（四）不得鼓掌、喧哗、哄闹和实施其他妨害审判活动的行为。""对于违反法庭规则的人，审判长或独任审判员可以口头警告、训诫，也可以没收录音、录像和摄影器材，责令退出法庭或者经院长批准予以罚款、拘留。"从《规则》的字面规定看，记者和普通的旁听公民在庭审活动中的"待遇"没有什么差别。这一点正体现了我国法律的总体立法精神。但在记者和普通公民都享有旁听权利的前提下，《规则》实际上又以"禁止式"而不是"授权式"规定了记者不同于一般旁听公民而可以享有的职业权利。1999 年颁布的《关于严格执行公开审判制度的若干规定》则直接以授权方式规定了记者在庭审过程中享有的采访、报道权。但苛刻地说，记者所获取的采访、报道权还是不充分的和没有保障的。对于公开审理的活动，法院同意或者拒绝采访、报道的依据是什么，法律文本并没有任何规定。这样，在具体执行过程中，法院在何种情况下给予或者拒绝该种权利就有了某种程度的随机性和随意性。这也是法院少数工作人员与记者之间有时不能相互配合的原因之一。

新闻自由和司法独立应是相互依存的关系。没有舆论监督，难有司法的进步。当然，有时候，新闻报道的倾向性可能使司法承受了不应承受的压力；而有时候，司法也会在一定程序上限制新闻自由。随着法治的完善，两者应该相互促进。

2. 庭审直播

庭审直播这种新的法制报道形式经最高法院倡导和中央电视台实际运作推介，得到了司法界、新闻界的积极响应和广大观众的好评。据统计，从 1998 年 7 月中央电视台第一次直播开始，至 1999 年初，全国已有 11 家高院、58 家中院对公开审理的案件进行过庭审过程的实况直播。但在赞同和支持的同时，也有一些法律界的人士对庭审直播的报道形式提出质疑和异议。问题的焦点在于：法庭审理的程序和电视直播的效果谁是关键？法庭的严肃性和直播的现场感谁更重要？由于电视报道特殊的效果要求，新闻活动的主体面对镜头时的言谈举止方式必然有别于在另一个不面对镜头的公开审判场合应该或可能有的言谈举止方式。这是社会人的角色意识导致的不可避免的角色行为。从这种意义上理解，法律界人士的质疑对于克服借电视直播手段片面追求庭审活动公开化的形式主义作风有着积极的警戒意义。尽管庭审直播作为“旁听席的延伸”对于监督司法公正在某些环节上的开展有着不可替代的作用，但这种积极作用的发挥是有条件的，这就是对公开审判的案件是否予以直播必须把握应有的原则：有利于对司法审判的社会监督；有利于传播、普及法律知识；有利于审判案件的顺利进行。在这些原则指导下，对原被告背景比较复杂以及由此引起的人们对司法机关能否公开审判存有疑虑的案件和是非不易分清的案件，应该采取庭审直播的公开审判方式。而对于那些可能或不可避免地要披露犯罪方法的案件以及在审判阶段采取形式上的公开有可能直接影响到法庭审理的程序、庭审过程的庄重和严谨进而影响到法庭的公正审理的案件，则不应采取直播的形式，禁止借监督司法而将新闻媒体置于同司法相对抗的位置。

三、法制记者的素质

法制记者是社会活动的积极分子。他们必须具有较高的素质，才能使法制报道坚持正确的舆论导向，发挥正确的舆论监督，向人民传达正义的声音，灌输法制的观念。法制记者作为法治建设的宣传者、正确舆论的引导者和司法工作的监督者，应该站在法治建设的前列，提高全民的法律素质，为严格执法、司法公正创造一个良好的舆论氛围。

新闻工作是政治性很强的业务工作，也是业务性很强的政治工作。法制新闻工作更是如此。法制记者的素质高低，决定了他们能否把法制新闻的采访报道同社会生活和其他方面融合协调起来，同当前的时代特征和时代特点联系起来，从而做到为社会主义民主法制建设服务，为社会主义市场经济建设服务，为社会主义精神文明建设服务，促进我国民主与法制建设的进程。

法制记者必须政治强、业务精、纪律严、作风正，既要志存高远，又要脚踏实地，使法制报道深入人心、深入生活，既反映生活，又引导生活，在法律和人民之间架起一座桥梁。

1. 法制记者必须具备的政治素质

良好的政治素质是任何一个法制记者必须具备的基本素质。政治素质是指在法制新闻的实践过程中，在大量的错综复杂的事实面前，法制记者所表现出来的坚定的政治立场和政治倾向性。

提高政治素质最重要的是树立为人民服务的思想。在西方，一般认为新闻舆论是社会的良心。法制领域是社会各种权益矛盾的汇聚点，一向为公众所关注。法制记者在公民和法人的权益受到不公正对待或威胁时，挺身而出进行维护，这是社会公正力量形成舆论主流的强烈体现。

法制记者应该深入到人民群众的法制生活中去，做人民群众的忠实代言人，敢为人民的利益赴汤蹈火，出生入死。对法制记者政治素质的要求缘于法制记者职业的危险性。可以毫不夸张地说，在所有的新闻记者中，除了军事记者（但在和平时期除外），法制记者是危险性最大的职业。没有良好的政治素质，法制记者难以胜任这种危险的职业。

这种职业危险通常发生在：第一，采访暴力犯罪的现场。2001年5月13日凌晨1时许，北京西客站北二出口的售货台处，一男子手持匕首劫持了一名女售货员，并声称身上有炸药，要求见记者和自己原单位的领导，否则就要杀人引爆。北京电视台《法制进行时》女记者、主持人徐滔当即赶到了现场。在此之前，徐滔曾经多次头戴钢盔，身着防弹衣，出现在大案、要案的侦破现场。这次执行任务只是她惊心动魄故事中的一个。通过和公安人员的简单交流，她得知劫持人质的男子要求见记者的目的，是为了让更多的人关注他的婚姻问题。在发案现场，劫持人左手拿炸药，右手持尖刀，刀尖始终顶着被他搂在怀里的女售货员的脖子。为了防止劫持人引爆炸药，安全解救人质，警方的第一方案是击毙劫持人，特警神枪手绝对有把握击毙目标。但由于劫持人全身紧贴着人质，要开枪，只能瞄准脑袋一枪毙命。那样的话，就会导致脑浆崩裂，若溅在人质身上，她会受到巨大惊吓，一生都留下难以磨灭的恐怖印象。于是方案被否决。徐滔对这一点特别感动。第二、第三方案是分别派男女特警冒充记者去接近劫持人，都被劫持人识破未能成功。正是在这种僵局下，徐滔微笑着走向犯罪分子，以她的机智沉着，解除了劫持人的戒备心理，并巧用逆反心理，在犯罪分子劫持人质9个小时的时候，让其自投罗网，安全营救了人质。为此，北京市公安局授予徐滔"首都荣誉人民警察"的称号。

第二，对灾难或重特大有背景的案件采访。对矿井的瓦斯爆炸、冒顶塌方，建筑的灾难性事故如爆炸、起火、坍塌，人群的中毒、疫情，有关部门或出于"形象"顾虑，或因利益关系，千方百计隐瞒、封锁，法制记者在深入这些现场的采访活动中，总是遭到百般阻挠，或被跟踪盯梢、逐出现场，或被夺下相机、推搡殴打。新华社记者顾立林在采访河南省登封市昌达煤矿恶性透水事故（据报道，这家煤矿是一家既没有通过安全生产验收又无营业执照的煤矿，发生事故时被困井下的17名矿工已证实全部遇难）时，被"不明身份"的人围殴。记者呼喊"救命"的时候，登封市公安局副局长、宣传部副部长、安监局副局长等官员以及近十名警察就在现场"负责维护秩序"，而记者的采访行为正是得到了他们的允许并“登记了记者证号”的。2003 年 11 月 12 日，中央电视台新闻中心记者徐向宇在随同国家环保局环境执法检查组，对山西、陕西、内蒙三省交界处的污染企业进行调查时，在山西省忻州市保德县宣保联营焦化厂遭到了该厂厂长和工人的围攻殴打。

当然，对法制记者政治素质的考验也不全是暴力阻挠等硬的一手，也有金钱收买等软的一手。2002 年山西省繁峙县义兴寨金矿“6.22”特大爆炸事故发生后，当地负责人和金矿矿主为隐瞒真相，分别对采访事故的一些新闻单位包括新华社山西分社和《山西法制报》记者在内的 11 名记者送了总计8.5万元的现金和 4 只金元宝。这些记者不仅政治素质不合格，连职业道德也丧失了。

第三，对犯罪、非法组织和犯罪、非法活动的采访。法制记者为了揭穿一些犯罪组织、犯罪活动的内幕，往往冒着被识破的危险深入不测之地明查暗访，以所见所闻报道事实真相，如查访卖淫、偷盗、吸毒、走私等；有的为了掌握非法组织和非法活动的底细，为司法、执法部门打击、取缔提供证据，甚至乔装卧底，如查访传销、乞丐、黑社会、恶势力等。

2.法制记者必须具备的业务素质

专业业务素质是法制记者能够胜任艰苦细致的采访、写作等本职工作的能力。

掌握系统丰富的法律专业知识。这是法制记者应具备的最重要的业务素质之一。法制记者要想快速、广泛、深入并且高质量地采集和发布法制新闻，让群众能及时、准确、全面地了解国家立法、执法及公民守法等方面的信息，向社会宣传和普及法律，教育广大公民知法、守法、护法，就必须掌握好法律知识。法与社会生活的各个领域有着千丝万缕的联系，一经传播，其影响是全社会的，如果报道的法律不正确、语言不规范，就会扭曲报道的性质，造成严重的负面效应。法已渗透到社会生活的方方面面，可以说是无所不包，无所不在，法的领域就是法制记者活动的广阔天地和大好舞台。法制记者必须同社会各阶层的人打交道。从各种不同认识的对比中分析、归纳、综合，把握法与情的协调，法与理的统一。法制记者不但要对法律文书的写作了如指掌，而且要对基本的法律概念和主要的法律熟悉。在法制报道中避免出现法律概念和术语方面的偏差，把握住法制新闻报道中一些方向性和技术性问题。

3.法制记者必须具备的心理素质

由于法制记者常常会遇到一般记者难以预料、不会遇到的各种危险，顶着比他们更大的压力，因此必须具备健康的心理素质。法制记者应该形成高尚的信念和坚强的意志，提高心理承受能力和自控能力，否则是难以完成前面所说的三类采访报道任务的。如有的人一见到流血和恐怖场面就会昏过去，有的人受到惊吓和压力就会精神崩溃。那样的话在深入采访时不要说完成任务，只怕自身安全都难保障。某地一银行为了反抢劫搞了一次模拟演习，事先严格保密。银行职员在演习中表现都很好，但事后一女职员却因受到刺激在精神上出现问题无法正常工作。我们当然不必苛求一个普通公民应具备健康的心理素质，就是以与犯罪打交道为职业的特工、警察，由于长时期地面对罪恶和危险，心理也需要释放和调适。美国号称"神奇女特工"的坎黛丝是个单身母亲，曾无数次地出生入死而无所畏惧，但她每天听不到儿子的声音，就会担心他的安全。她说，感谢上帝送给我的是个儿子。我猜如果我有个女儿，我一定会得精神病。因为我看到过太多的对年轻女孩子施暴的犯罪案件。心理学研究证明，警察仅在任职头三年内耳闻目睹的丑恶面，比普通人一生中见到和感受的还要多得多。但是，选定了法制记者为职业的人为了工作的需要却必须训练自己具有健康的心理素质。既要有临危不惧，置生死于度外的勇敢，即心理承受能力，又要有处变不惊，善于应对的机智，即心理自控能力。

第三节　法制新闻的写作

法制新闻在写作中除应遵循新闻写作的共同要求外，还应遵循法制新闻的特有要求。法制新闻与报道生产生活等经济新闻社会新闻有些不一样，它侧重于对人的报道，执法、司法、守法、违法，都离不开人；而且报道对人的行为是否符合社会道德规范和法律规范往往带有一定的判断性，离不开合法与非法、罪与非罪、一般违法与犯罪的区分与界定。如果在这个问题上定性出错，法制新闻侵权要比一般新闻侵权带来的名誉侵害、隐私暴露，性质更为严重，影响更为深远。因此，法制新闻的写作是通过典型宣传、热点引导、舆论监督、案例剖析传播法制信息，弘扬法治精神，鞭挞违法现象，普及法律知识。为了担当起这神圣的职责和重要的任务，在写作中必须严格遵守以下几点。

一、法制报道的无罪推定原则

同犯罪作斗争是保卫社会公共利益和公民权益的正义行为，法制新闻理应通过对涉讼案件的报道向群众宣传社会主义法治知识，普及现代法治观念。但是，法制报道不应该对司法独立和公正构成某种威胁，同时不允许损害犯罪嫌疑人的人格尊严和其他权利。犯罪嫌疑人除了人身自由因为被依法羁押而受到限制外，享有一个公民应享有的一切权利。因涉嫌犯罪而面临的诉讼中，犯罪嫌疑人的主要权利就是接受公正的公开审判的权利，这是一项基本人权。公正和公开审判有一系列原则，其核心就是司法独立和正当司法程序。确定一个人有罪，必须由法院在不受外界干预的情况下按照法律规定的诉讼规则进行审理，然后作出判决。任何人在被依法判决有罪以前，有权被视为无罪，这就是"无罪推定原则"。无罪推定对新闻报道有重要制约，新闻媒体必须遵循无罪推定原则。在法制报道中，坚持无罪推定原则显得尤为必要，因为这样做，不仅可以增强报道的客观性和可信性，而且可以减少报道风险，保证报道不触犯法律，避免"媒体审判"，招惹新闻官司。

1.法制报道不能媒体审判

犯罪嫌疑人在审判前被报道是正常的，特别是那些涉及公共利益的案件，如官员的贪污渎职案件，有的立案后就要由官方来宣布。问题是，这时的报道只能客观叙述有关机关所采取的措施，如立案、逮捕、起诉，而不能擅自宣布嫌疑人有罪，那样是直接违反我国法律规定的。外国把这种超越司法程序的报道、有可能影响司法公正的现象，称为"媒体审判"(trial by newspaper)。媒体应对"媒体审判"承担什么责任：媒体说某人有罪，后来法院判决他无罪，该人就可以告媒体侵害其名誉权，媒体承担侵权责任。更重要的是，"媒体审判"不仅侵犯嫌疑人的权益，而且侵犯正常的司法程序。

在许多国家的基本法律中，新闻报道和案件审理都由相应的法律所规定。比如，在美国宪法第一修正案中规定保护新闻自由，而在宪法第六修正案中规定保护被告接受公平审判的权利。这都是基本的法律原则。在新闻自由的口号下，美国新闻界在较长一个历史时期内对案件的报道基本不受什么限制，这便导致了一些报纸充斥着各种案件。许多案件在审理之前或审理之中，媒体对它们进行大量的评论和报道。这样，有些就导致了妨碍公正审判。1965年美国最高法院推翻了得克萨斯州地方法院对金融资本家比利·索尔·埃斯特斯犯有诈骗罪的判决，认为尽管判决依据的事实确凿，但当时报刊过分的、有偏见的宣传损害了法庭对其公正地进行审判。1966年，美国最高法院以同样的理由推翻了俄亥俄州地方法院对因杀妻案而在狱中已服刑10年的谢培尔德医生的判决。法官们认为："如果在审判过程中出现某些含有偏见的报道，理所当然地会给公正地进行审判增加障碍。”英国的《藐视法庭法》对“媒体审判”具有制约作用。1993年一起3个警察涉嫌伪证罪被起诉又被撤诉，因为法庭认为新闻媒体作了大量的报道，使审判难以进行。1994年一起姐妹谋杀案已被判了终身监禁，而上诉法院认为，由于在审判过程中新闻媒体进行了夸大其词的宣传，姐妹俩被剥夺了接受公正审判的机会，判决罪名不能成立。1995年，一件伪造货币案被终止审理，因为在审理过程中《世界新闻》报发表了一篇长篇报道，被告就以“媒体审判”、“媒体证明她们有罪”为由进行抗辩。法官认定报道妨碍了陪审团的正常工作和正确判断，裁定撤案。这些案例表明，即使在有些法律规范比较详细的国家，新闻报道仍有可能对审判工作造成这样或那样的影响。为了避免这种现象，美国一些地方法院甚至不允许法官在审判过程中接触那些过分评论该案的新闻媒体，以免左右法官的态度。美国有案件陪审团，刑事案件陪审团由12人组成。在刑事案件的审理中，由陪审团来决定被告人是有罪还是无罪。这是被告人的权利。一般情况下被告人都会认为由12人来决定他的案件会比由一个人来决定显得公正。为保证不受干扰，一旦进入审理，直到陪审团作出决定前，陪审员不准与外界接触。当一些案件影响较大，有新闻媒体跟踪报道时，陪审员连电视、报纸也不准看，以免受影响。在著名的辛普森谋杀案的审理过程中，陪审团有3个月时间完全与外界隔绝。另外，美国司法界用制定“判例”的方式（也是一种立法形式），控制新闻界对案件的过分报道。有的地方对法庭采访的方式也做了更多的限制。2001年处死的美国俄城爆炸案主犯麦可维，就不在当地审判，而是到中西部的另一个城市审判，因为俄城群情激愤，不利于审判的正常进行。

2002年12月1日是“世界艾滋病日”，某法制报刊登了一篇文章《“艾滋女”毁了一家》。这篇报道将大连市老汉傅善友杀害患上艾滋病的女儿的情境写得极富现场感，傅善友的动作、神态、语言，就如现场录像一样真切细致地在读者眼前展现。人们不禁要问：记者是怎么得知这一切的呢？很显然，记者不可能在现场；现场的父女两人，女儿已死，父亲已被公安人员带走，记者也不可能对傅善友进行采访。那么，是傅妻提供的吗？从后来《健康时报》采访傅妻的文章来看，傅妻并未目睹事情发生的经过，而且她对那篇报道中称傅“几盅老酒下肚之后，终于愤怒爆发了”的描写甚感不解：因为“他那天没喝酒，家里没一点酒味”。剩下惟一的来源就是公安部门，但读完全文，却无一字一句涉及法制报道这至关重要的一点。细致的、带有认定性的描述，使记者像一名现场目击者，又像是法庭公诉人，报道似乎成了起诉书，媒体已经对案件进行了审判。从《健康时报》的采访报道可以看出，《“艾滋女”毁了一家》的报道不仅出发点大可质疑，报道中的不实之处也在在可见。记者很有可能被指控侵害名誉权或是诽谤。

像这种报道，记者完全应该遵循无罪推定的原则，不仅要讲事实，而且要讲客观公正。客观公正报道必须要用事实来说话，但写了事实并不一定就是客观公正报道。上面的报道中，记者似乎写的全是事实，但并不客观公正，因为记者不是以旁观者的角度去记录这些事实是如何得到的，而是以自己目击的口吻叙述，等于是记者认可的东西。从法律上讲，这种报道方式表明记者对这些事实的真实承担了责任。这种起诉书式的报道在法制新闻的写作上是一种危险的做法。

与记者的“事实”不同，法官的“事实”是一种典型的“制度性事实”，事实的建构与意义依赖于规则，同时也离不开证据。法律事实不同于生活事实，它是“法官用法律思维方式对有法律意义的生活事实之法律认定和解释”。对同一个案件的“事实”，在记者和法官那里就会产生两条路径上的竞争性陈述。两者都对原生态的生活事实进行选择、建构，但在媒体那里是通过记者将之故事化，在法庭那里则是通过法官将之规则化，形成了“媒体事实”和“法律事实”的差异。

2.如何体现无罪推定原则

首先，无罪推定报道有一系列技巧，最基本的就是指出消息来源。以1999年12月发生在山西的轰动一时的李绿松被“割舌”一案的报道来说，2001年6月6日，曾报道过此案的12家媒体被涉案人、岚县公安局副局长杨旺元状告侵权，并要求赔偿精神损失72万元。被告的12家媒体之一《法制日报》代理人在法庭上指出，一审法院对报道是否属实的审查存在误区。一审法院调查认定的事实已经表明，媒体对“割舌”事件进行报道时，报道的是李绿松自控被“割舌”。因此，判断媒体的这一报道是否属实，应该审查李绿松是否确实自控过被“割舌”、媒体对李绿松自控被“割舌”的报道是否准确，或者说媒体的报道与李绿松的“自控”是否相符；只要媒体准确报道了李绿松的“自控”，媒体的报道就是属实的；至于李绿松“自控”的内容，即“割舌”这一问题是否存在，是另外一个问题：李绿松“自控”被“割舌”与李绿松被“割舌”是两个不同的概念。这一案件中，众多媒体报道了李绿松“自控”被“割舌”的问题，而且，李绿松至今仍强烈指证被上诉人杨旺元割了他的舌头。这表明，媒体的报道是完全属实的。

消息来源就是新闻事实的出处。构成消息来源的，有新闻事实的参加者、目击者和知情者。记者作为新闻事实的报道者，所报道的事实除本人现场目击的外，都是靠消息来源提供的。所以任何一个高明的记者，都离不开消息来源的帮助。在报道中提供消息来源，不仅可以增强报道的真实性与可信性，而且使报道中带结论的话出处明确，在遇到新闻诉讼时，可使记者避免许多不必要的麻烦。交代消息来源的方法，就是在介绍关键性的、重要的事实、话语或结论时，交代清楚它们的出处、来历，如“据警方介绍”、“检察院的起诉书说”、“律师认为”、“该证人作证道”、“据目击者说”等等。

其次，在可能的情况下，报道多方意见。即在报道中，对原告方、被告方、律师、证人、法官等各方的意见都注意到，都予以报道。这样，既可以具体展开诉讼过程，如实报道各方面的意见，让读者去评判事实，又可以显示记者不偏向任何一方的客观立场，取得较好的传播效果。

第三，慎重处理事实报道与议论的关系，在报道中少发或不发议论，让事实表达记者的倾向性。议论是作者对所报道的事实评论，是记者倾向性的反映，也是记者法律水平和法律意识的外现。新闻写作中不可能杜绝议论，但要慎重地使用议论。在法制报道中，更应慎重地运用议论手法。在案件尚未终审的情况下，不应使用议论，只宜忠实地报道新闻事实。

二、切实保护公民的名誉权和隐私权

名誉权作为公民依法享有的一项重要民事权利，在实践中经常由于各种各样的原因受到侵害。其中，新闻媒体对名誉权的侵害，影响最大，后果最为严重。

新闻传播对名誉权的侵害是新闻侵权中最常见的一种。与普通民事侵害名誉权不同的是，新闻侵害名誉权的行为发生在新闻传播过程中，由此决定了新闻传播对名誉权构成侵害的一些特殊情形。

1. 名誉权

(1)诽谤。诽谤是新闻侵害的最主要的一种情形。所谓诽谤，是指故意捏造事实并散布于众，损害他人名誉的行为。在新闻侵权上的诽谤指的是新闻诽谤。它的构成有以下条件：一是故意捏造或歪曲事实，二是在新闻媒体上的公开传播，三是对他人名誉造成损害，使其社会评价降低。诽谤在我国法律中有两种不同的用法，一种是民法上的诽谤，一种是刑法上的诽谤。在新闻侵权上，既涉及民法上的诽谤，也涉及刑法上的诽谤。不过民法上的诽谤是从侵害民事权利及其民事责任的角度来考虑，而刑法上的诽谤则是从危害社会构成犯罪这个角度来考虑。

诽谤这种侵权方式最主要的特征是新闻中所报道的事实是虚假的。这种虚假事实是记者故意捏造的，或者是由于疏忽大意而信假为真。由于这种虚假事实的公开传播，使他人名誉受到损害。利用法制报道捏造事实，诽谤他人，触犯了刑法，从职业道德来说，也是一种不道德的行为。因此，法制记者在采写法制新闻时既要有法的观念，又要有道德观念。

发生在杭州的轰动一时的凶杀女记者案的报道，却从另一侧面说明媒体在事实的认定上必须注意的问题。2000年10月25日下午，杭州警方接到报警，《浙江青年报》女记者方某在家中被人掐死。当天下午5时多，原兰溪市委书记、时任省环保局检测科技处处长的孔哲在公安机关的压力下投案自首。案发次日，新华社发布了一份晚报专电，其中提到"孔哲日前杀死与其有不正当关系的《浙江青年报》女记者"。该专电对孔的身份、案发的事由、孔与被害人的关系、孔受审时的情况作了叙述。同日，《钱江晚报》头版以大幅标题刊登了"不正当男女关系引发凶案"的报道。报道全文引用新华社晚报专电。第二年的2月9日，孔因故意杀人罪被判处死刑，缓期两年执行。4月22日，方某的丈夫及其父母将新华社、浙江日报报业集团告上了法庭，要求新华社在五家以上全国媒体、浙江日报报业集团在《钱江晚报》以相同字号公开恢复死者方某的名誉，消除影响，并向原告赔礼道歉；判令两媒体各赔偿原告精神抚慰金70万元和35万元。原告的理由是：法院判决认定孔哲因琐事纠纷而杀人，并未认定孔与方有不正当男女关系。两被告的行为严重贬损和丑化了死者方某的名誉。审理中被告提出：专电中对孔与方关系的概括是有事实依据的，不存在虚构、捏造之处，故不存在名誉权侵权问题。"不正当男女关系"是指异性之间发生的不合理或不合法的、超越正常的社会交往准则，为社会环境、公众舆论所不认可的关系。本案中，孔方两人之间关系的不正当性是显而易见的，况且本案的刑事判决并未对两人的关系作出过结论。经过审理，法院认为：第一被告所发专电的内容中除将孔与方的关系概括为不正当男女关系之外，并无失实之处。其对两人关系的概括虽失之草率，但鉴于其发布的评价是调查采访到的评价，且无证据证明被告对方某有诽谤行为，故可认为第一被告发专电的内容无重大失实。第二被告引用第一被告的专电并无不当，但将凶案原因归结为不正当男女关系，缺乏充分有效的依据。鉴于其报道的内容均来源于第一被告的专电，且无证据表明其在使用第一被告专电的过程中存在过错，故可认定第二被告对案件的报道并无过错。原告诉称两被告的行为对被害人方某名誉构成侵害罪的主张不予采纳。

(2)侮辱。侮辱是侵害名誉权的另外一种主要方式。所谓侮辱，是指以言词、文字、图画、动作或者暴力等方式，公然贬低他人人格，损害他人名誉的行为。它的构成条件为：一是侮辱行为给受害人的名誉造成损害。即只有那些使受害人在公众中的价值评价降低的侮辱行为，才构成侵害名誉权。最高法院曾规定实施侮辱行为，“造成一定的影响的”，才构成侵害名誉权。这应该理解为侮辱行为对公众关于受害人的评价(也就是名誉)造成影响，而不是指给受害人造成严重后果。在新闻侵权中，所有的侮辱行为都必然会产生一定的影响，因为新闻是广泛传播给不特定的大众的。因此，在新闻传播因侮辱而侵害他人名誉权时，原告并不需要证明“造成一定的影响”。二是侮辱是故意而为。在新闻侵权中，如果说诽谤既可能出于故意，也可能出于过失，那么侮辱只出于故意，不存在过失。

侮辱与诽谤是不同的。诽谤中必须涉及事实，而且这些事实是虚假的，单纯的主观看法或评论不构成诽谤；侮辱不需要涉及任何事实，可以只是单纯的评论。因此，在新闻侵权中，诽谤只发生在对事实的报道中，而在对于某个人或某件事的主观看法或评论中，不会发生诽谤，但可以发生侮辱。对于侮辱，被告不能用所报道或评论的是事实为由加以抗辩。马克思曾经形象地为诽谤和侮辱作过区别。他说，“如果我说：‘你偷了一个银匙子’，那么照刑法典的理解，我就是对你进行了诽谤。如果我说：‘你是一个小偷，你有偷窃的习惯’，那我就是侮辱了你。”

2. 隐私权

不愿意让他人知道的东西，就是隐私。简单地说，隐私就是指个人生活中与社会公共利益无关的一些情况、经历、事项、感受以及与某些特定的人物或事件有关的物品等等。这些个人的情况、经历、事项等都属于个人信息，凡与社会公共利益无关的个人信息就是隐私。一般认为，隐私的内容除了包括个人信息之外，个人生活的安宁和个人事项自由决定等两项内容也包括在隐私之中。①

每个人都有隐私，这些隐私并不是法律调整之后才产生的，而是作为法

---

① 董炳和：《新闻侵权与赔偿》，青岛海洋大学出版社1998年版，第65页。

律主体天然就具有的。因此，个人隐私的概念虽然提出不过才一个世纪，但作为个人隐私的事实，在这之前早就存在了。甚至可以说，在人类由自然状态进入到社会状态以后，隐私就产生了。但这种处于自然状态的隐私，在其存在之后很长的历史时期内未能得到法律保护，以至于他人的隐私成为人们津津乐道并可以随意评论的话题。随着人类社会的发展和人类文明的进步，人们认识到需要对隐私加以适当的保护，于是出现了隐私权的概念。

最早提出隐私权概念的是美国波士顿的两位律师布兰迪斯和沃伦。他们在1890年《哈佛法学评论》第四期上发表了著名的《隐私权》一文。隐私权随即得到美国法学界和司法界的广泛承认，并在一些州为立法所确认。隐私权就是对个人隐私所享有的一种权利，是每一个自然人都享有的，属于人格权的范畴。隐私权包括三项内容：个人信息的保密权、个人生活不受干扰权和私人事务决定权。

个人信息保密权是公民对其个人信息所享有的一项重要权利，尤其是在信息传播手段高速发展的今天。如今，除了新闻传播的需要外，许多个人和机构在不断地获得、管理并使用大量的个人信息，如银行、医院、学校、政府机构、商店等等。在无所不在的计算机网络中，大量有关个人信息的数据库在运行，个人信息随时可能被扩散。没有个人信息保密权，我们将在公众面前暴露无遗。现在，一些银行已在存取款时实行一米线，一些医院也在病人的强烈要求下摘下了挂在病床头上的住院卡，学校则被要求取消考试后的成绩排行版。

随着工业化的发展进程，人们的生活节奏越来越快，生活的压力越来越大。人们需要一个安静的个人生活环境，不希望受到意外的打扰。因此，一些偷窥微型电子产品遭到了人们的强烈反对。20世纪70年代，当摄像机开始被赋予窥视功能时，还只限于医学领域中的体内窥视。而在短短30年后，各种微型偷录器以科技进步为载体，竟悄然渗透进了人们的日常生活。台湾璩美凤性爱光碟事件，几乎使整个台湾岛陷入一场偷拍风云的大风暴。

每个人都是自由的，都有权决定自己的事务。这是人作为法律主体必须具有的权利。一妇女得知丈夫在外包了“二奶”，可一直无法抓到把柄。后从一杂志上发现一则“利益、权益受到侵害却无证据，侦探为你讨回公道”的私人侦探广告，遂向杂志社写了一封求助信。信中在请教如何请私人侦探的同时，详细介绍了自己的婚姻经历，目前的烦恼、苦闷、怀疑，最后留下了住址、单位、联系电话。谁知，两个月后，她发现自己的求助信不仅被全文照登，甚至连住址、单位、联系电话也附在文后。杂志社的行为侵犯了该妇女的隐私权，因为来信内容属于个人隐私。她向杂志社发出求助信并不等于自愿向全社会公开上述隐私。求助信不同于投稿，她的权利相对杂志社来说便是义务，杂志社未经本人同意而公开其隐私内容，是对自身义务的违反。她有权要求杂志社停止侵害、恢复名誉、赔礼道歉、赔偿物质和精神损失。青岛一女患者到医院做人工流产手术。医院未经当事人许可，安排八九名医学院的实习生来观摩。女患者气愤之余怒告医院侵犯其隐私权。

隐私所涉及的内容比较复杂，有两点值得法制报道注意：一是国家公职人员、社会名流与普通公民在隐私权的保护上有不同界限。法制报道的重点应放在对公众事务的监督上。公职人员和社会名流是公众关注的人物，尤其是国家公职人员，其行为与大众事务联系密切，理应让公众更多了解。从法律上讲，媒体对他们可以拥有较大的评论报道权利而不至于被认为是侵犯隐私。当然什么该写，什么不该写，也要取慎重的态度。二是注意法律与道德的关系。公民中的某些行为可能是不符合道德规范的，但只要对公众利益没有损害，没有妨害他人，作为传播面很广的新闻媒体就没有必要去干涉。有些记者在报道时，缺少保护隐私的观念，总以为只要是事实就可以报道，殊不知，越是真实地披露了公民的隐私，就越把报纸推到了诉讼中去。揭人隐私也是一种违反记者职业道德的行为。[①]

三、准确运用法律术语

在法制新闻写作中，用词是否准确、规范，对于舆论能否对新闻事实及有关当事人作出公正、正确的评价起着至关重要的引导作用。法律术语与科技术语一样，具有特定的含义，不能混用和错用，使用不当，不仅会造成报道失实，而且会招惹新闻官司。法律区别于道德的特征之一，正在于它的规范是通过精确的语词将行为模式和法律后果固定下来，使人不致有歧义以便遵循。

法律术语有两个来源，一是专为法律和法律文书创造并使用的术语，如诉讼、行刑、被告、采信、心证、卧底、自由裁量、正当防卫、于法有据、法律阶位……在结构上它们严谨固定，语义上精确规范，充分体现了法律的庄重和权威，具有不可代替性。另一是借用日常生活中的常用词语，但赋予其法律上的特定含义，如事实、责任、支持、放任、主张、举证、故意、救助、不作为、嫌疑

① 蓝鸿文：《专业采访报道学》，中国人民大学出版社1991年版，第141页。

人……当它们出现在法律和法律文书中时，它们的结构和语义与第一类专用术语同样的严谨规范，必须根据其法律上的特定含义而不是字面上的含义使用和理解。

一篇讨论一起强奸案认定的文章，由于误用了“新娘的陈诉”遭到质疑，认为作者是错把“陈述”写成了“陈诉”。首先，两词的意思不同：“陈述”限于当事人对事实的表述，而“陈诉”固然可能有事实的表述（即陈述），但其更重意愿的表达（即诉求）。其次，在刑事诉讼法中，“陈述”限于被害人对其被犯罪侵害的事实的表述，该行为所生的证据称“被害人陈述”，是法定七种证据之一，作为一项法定的证据种类，其名称一经立法确立，不宜随意改变；而“陈诉”一词，在当代中国大陆的法律文本中则近乎不用。法制新闻写作要求的严谨于此可见一斑。

刑法中的“罪犯”是人，民法中的“法人”不是人。“犯”在这里不是作动词的“触犯”、“冒犯”、“侵犯”解，而是作名词“犯了罪受刑罚惩罚的人”特称解。如死刑犯、短刑犯、假释犯、累犯、女犯、未成年犯、盗窃犯、职务犯等。法人是指具有民事权利能力和民事行为能力，依法独立享有民事权利，承担民事义务的组织，而不是指自然人。自然人是基于自然规律而出生并生存的人，才是我们通常意义上的具体的人。但两者都是民事主体，在法律上具有独立的法律人格。法人的民事行为能力是通过法人的法定代表人的活动来实现的。把法人视为具体的人就闹了不懂法的笑话。

同样，合同法中的“定金”与我们日常消费、交易中的“订金”也是两个具有不同法律性质的概念。定金在合同中作为债权的担保，针对违约行为实施制裁。债务人履行债务后，定金抵作价款或者收回。如支付定金一方不履行合同，无权要求返还定金；收受定金一方不履行合同，应当双倍返还定金。订金则属预付款，合同履行时充抵价款，不履行时应当返还。预付款的适用不存在制裁违约行为的问题，无论发生何种违约行为，都不发生订金的丧失和双倍返还。现实生活中就有人把两个词写错而哑巴吃黄连不得不蒙受损失的实例。至于把“服法”写成“伏法”，更是成了一字之差，生死之别。国内有名的杂志《知音》在两则法制报道中因分别将刑事犯罪和行政拘留混为一谈，称公安局对犯罪嫌疑人批准逮捕严重不符宪法有关规定，被一名检察官投诉索赔。这些都是报道的作者和编者法律知识和专业知识欠缺、在报道中说外行话所引发的官司。

在我国推行依法治国的进程中，有一个原则及由此原则导致的称呼必须引起法制报道记者的高度重视。1996年3月刑事诉讼法作了重大修改，修改后的第十二条规定："未经人民法院依法判决，对任何人都不得确定有罪。"这一规定吸取了西方无罪推定的某些合理、科学的因素，并为罪刑法定原则在诉讼程序上提供了司法保障。所谓依法判决，就是指必须经过法院开庭审理后，才能对事实清楚，证据确实、充分，依据法律认定被告人有罪的案件作出判决。否则，任何人都不是法律意义上的罪犯。显而易见，在案件侦查阶段，被侦查的对象(包括在作案现场被目击者当众扭获的)只能称为犯罪嫌疑人而不能称为罪犯。

"犯罪嫌疑人"的称呼使用之初，许多人包括法制记者都感到费解和别扭。有人仅仅按照一般的语法规则，将犯罪嫌疑人理解为犯罪与嫌疑的简单组合，认为嫌疑的意思是表示不能确定的某种疑惑。明明看到窃贼行窃而将其抓获，目睹凶手行凶被警察制服带走，根本不存在什么疑惑不明的情况，却偏要说成是嫌疑，岂不有放纵之嫌？

为什么只有经人民法院依法判决，一个人才能定为罪犯？这是法制社会贯彻无罪推定和罪刑法定原则，确保无罪公民不受刑法追究的进步表现。

首先，犯罪是一个非常复杂的严重危害社会的行为。犯罪者的隐蔽和狡诈，目击者的高度紧张和恐惧都极易形成对犯罪行为和犯罪者的误识误判。

守法的无辜者被错认为犯罪者的现象经常发生。普通公民包括法制记者是不具备确定犯罪行为和犯罪者的条件的。

然而，由于信息不对称或信息出错，警方也难免把守法公民当作犯罪嫌疑人的失误。这种失误屡屡见于报道：王某涉嫌诈骗30万，被上海警方上网追踪，结果造成公安机关据此将杭州同名同姓的王某抓获。江西南昌发生了一起团伙抢劫案，案件破获后，同案犯供述还有一个住在幽兰镇叫"刘祖强"的青年也参与了抢劫，结果该镇一个也叫刘祖强的司机"顺理成章"地成了公安部网上通缉的逃犯。尽管刘司机第一次被抓就告诉民警，镇上确实还有一个为非作歹与自己同名同姓的刘祖强，那个才是他们要抓的真凶，但他仍在三个月里两次被错捕。

真凶调包、雇人顶罪的奇闻怪事也不是什么罕见的新闻。有无辜的弟弟替就要结婚的凶手哥哥顶包的，有年迈的父亲为犯罪的逆子揽罪的，甚至还有毫不相关的闲人为贪图钱财甘当替罪羊的。

更匪夷所思的是，某些执法人员立功心切，竟异想天开地设下圈套、炮制"罪犯"，使打击刑事犯罪的斗争越显得云遮雾障、诡谲难测。

犯罪现场的扑朔迷离，犯罪对象的阴阳错位常常将过于主观自信的警方引入迷途，导致误判误抓。对犯罪的认定是一件极其严肃而艰难的刑法任务。公检法等专门机关况且免不了有种种失误，况且需要实行分工负责、互相配合、互相制约的原则，以最大限度地减少冤假错案，因此，在法院作出程序合法、事实准确、定罪正确、量刑适当的宣判之前，把被告人称为犯罪嫌疑人，正是源于刑法保护人民的重要职能。公民的财产乃至生命等权利不仅可能受到犯罪行为的侵害，也可能因为国家权力的滥用而遭受损害。因此刑事诉讼中保护人民应当包括：保障包括犯罪嫌疑人、被告人、被害人在内的所有诉讼参与人的诉讼权利，使之得到充分行使；保障有罪的人受到公正的惩罚。一位法律专家指出，有人认为，法律应该保护好人、守法人的权利，而不是保护犯罪嫌疑人和被告的权利。这种想法是可怕的，因为后者也同样有自己的合法权利，包括利用法律事实争取好的判决结果的权利。一个社会的法治文明程度并不只是表现在保护好每一个好人和守法人的权利，还表现在对每一个犯罪嫌疑人和被告人的合法权利的保护上。一个法治社会应该保障每个人的合法权利，因为在现实生活中，我们每个人都是潜在的嫌疑人和被告。从上面的事例中，我们不能不承认他说的是未免有点残酷而又无奈的现实。

其次，构成犯罪主体的还必须是实施了刑法认定为犯罪行为的具有刑事责任能力的人。这个定义包括两层意思：

一是犯罪主体必须实施了刑法认定为犯罪的行为，即罪刑法定原则。法无规定不为罪。甘肃省发生了一起女教师被其丈夫砍 78 斧致死案，在场的县司法局局长单会忠和民警因见死不救被法院以玩忽职守罪判刑。法学界对此发出了不同的声音。专家的观点是，一个司法局长和民警的责任有所不同，法律没有赋予其必须制止犯罪的义务，不能构成玩忽职守罪。既然以玩忽职守罪判刑，那前提就是当事人违反了法定职责，有渎职、不作为行为。在我国，司法局长的职责是进行普法宣传、履行对律师行业的管理职能，司法局长不过是开展这些工作的负责人与领导者，只要他履行这种领导与管理职责就不能算是玩忽职守。也就是说，在女教师面临伤害时见死不救，不能自动推导出司法局长在工作中玩忽职守的结论，因为他本来就不负有制止、打击犯罪的法定职责。当然，如果法律上存在见死不救罪的罪名，则另当别论。问题是当前法律并未规定有该项罪名。严格恪守当前的法律规定，对单会忠确实是“法不应究”的。此外，如男人“包二奶”，除非妻子能有证据证明丈夫犯了重婚罪，仅凭在外包养情人告丈夫犯了“包二奶”罪是于法无据的。网上

“盗窃”虚拟财产也是一个比较普遍的行为，但现行法律并无对虚拟财产的不正当转移构成盗窃罪的认定，因此现在还不能对网上“窃贼”追究刑事责任。

刑法规定已满14周岁不满16周岁的未成年人，犯“故意杀人、故意伤害致人重伤或者死亡、强奸、抢劫、贩卖毒品、放火、爆炸、投毒罪”应当负刑事责任。也就是说这个年龄段的未成年人只有实施了上面列举的8种行为才视为犯罪，而实施了过失杀人、盗窃、诈骗等成年人应当负刑事责任的罪行则不构成犯罪。

还有法律规定不为罪的如正当防卫、紧急避险的正当行为。

以上所列的是实体法中没有法定的罪名或不予追究刑事责任的犯罪行为，法院将宣判被告人或犯罪嫌疑人无罪或不负刑事责任；而违反了程序法的法定程序，也可以导致实施了犯罪行为的被告人或犯罪嫌疑人不受刑事责任追究，如专门机关刑讯逼供、超期羁押以及前已提及的媒体审判。

刑事诉讼法还规定了不予追究刑事责任的几种情况：情节显著轻微，危害不大，不认为是犯罪的；犯罪已过追诉时效期限的；经特赦令免除刑罚的；依照刑法告诉才处理的犯罪，没有告诉或者撤回告诉的；犯罪嫌疑人、被告人死亡的；其他法律规定免予追究刑事责任的。也即这些行为人尽管已经实际实施了犯罪行为，但法院不追究他们的刑事责任，即不会判决他们为罪犯。

二是构成犯罪主体的必须是具有刑事责任能力的人。刑事责任能力是指行为人构成犯罪并承担刑事责任所必需的、行为人具备的刑法意义上辨认和控制自己行为的能力。根据人的年龄、精神状况、生理功能状况等因素，我国刑法中的刑事责任能力程度有四种情况：完全刑事责任能力，完全无刑事责任能力，相对无刑事责任能力，减轻刑事责任能力。不能构成犯罪主体的仅指完全无刑事责任能力的人。

完全无刑事责任能力的人包括两类：一类是不满14周岁的人；一类是行为时因精神病而不能辨认或者不能控制自己行为的人。

湖北武汉一个13岁的少年在2004年11月11日杀死自己的女同学，其父母知道后不但不劝儿子投案自首，反与儿子制定“攻守同盟”，毁灭罪证。但破案后，不仅这个少年杀人凶手因不够法定刑事责任年龄不能追究其刑事责任，而且由此连带本应按包庇罪逮捕的其父母也因犯罪主体不存在以致罪行无法成立而逍遥法外。

杭州市2002年12月28日发生一起一个中年男人和妻女在逛街时，突然从路边肉案上抓起一把刀向路人疯砍，砍伤17人并包括该人4岁女儿的街头杀人案。凶手傅福权被制服后却未受刑事追究。原因就是此人被鉴定患有偏执型精神分裂症。类似地，新疆乌鲁木齐一个乘了几天几夜火车的农民旅客，下车后突然拔出刀来见人就刺，事后被鉴定为患了长途旅行综合症免予刑事责任。刑法这一规定的原因就在于考虑到行为人在实施危害社会的行为时不能辨认或不能控制自己的行为。

当然，是否具有刑事责任能力是要经法定程序鉴定确认的，对装疯卖傻、篡改年龄企图逃避刑法惩罚和间歇性精神病人在不发作期间犯罪的，行为人必须对自己的犯罪行为负刑事责任。

人们可以将嫌犯送上法庭（有些刑案可以自诉），但不能倒置为将罪犯送上法庭；法律不认可未经审判的罪犯。既然任何人在法院判决有罪以前，都不能视为有罪，那么，按照法律规定，在起诉到法院之前，只能称之为犯罪嫌疑人；在被有权利起诉的检察机关或被害人起诉时，则称为被告人；经法院判决有罪并生效后，才能称为罪犯。从权益上看，罪犯是被剥夺者，嫌犯仅仅是被限制者。因此，两者不能混用，更不能替代，在诉讼过程中决不能超前，这体现了对人权的尊重。法律的严肃性在于保护任何人的合法权益，即便是罪犯，他们的正当权益仍属依法保护范畴。犯罪嫌疑人是一个在特定的时间和特定的空间具有特定含义的法律用语。至此，法制记者应该懂得自己笔下一个法律称呼的份量。

第六章 政治新闻报道

政治新闻的定义和特点
党群团体事务报道
政府新闻的采写
会议新闻的采写
典型报道与成就报道

第一节 政治新闻的定义和特点

政治类新闻报道历来在媒体的报道中占有最重要的地位，人称居于“强势地位”。多次的传媒接触统计均表明，时事政治类新闻列我国各类受众最关注的新闻之首，而占据各国媒体显著位置的也大多是政治或与政治相关的新闻。

身处社会之中的每一个人，都与政治有着千丝万缕的联系，都会随时随地关注它的变化。对一个记者来说，能否写好政治新闻，既是基本功，也是其政治素质和业务素质的综合体现。对一家媒体来说，能否做好、处理好政治新闻，更是其比拼实力、竞争市场的生存之道。把大事做大、把大众关心的事做好，已是传媒人的共识。

一、政治与政治新闻定义

什么是“政治”？

“……政治所要处理的关系主要是国家生活中的各种关系，包括阶级内部的关系，阶级之间的关系，民族关系以及国际关系等，并表现为代表一定阶级的政党、社会集团、社会势力在国家生活和国际关系方面的政策和活动。”①我们可以理解为，“政治”就是处理各种关系的活动，实施主体是“一定阶级的政党、社会团体、社会势力”，也即政治就是社会公共事务的管理和围绕公共事务的管理和处理而展开的一系列相关活动，包括政党等一系列政治组织及其活动。

政治新闻就是对此类活动进行的报道，即：政治新闻是对有关国家、政党、社团以及人民群众日常政治生活所进行的报道。

换言之，它反映的是“上层建筑”的新闻，而且是上层建筑“核心部分”的新闻，即代表一定阶级的政党、社会集团在国家生活及国际关系方面的方针政策和活动的新闻。有关政党的施政纲领、政治思想、政治活动与政策发布的报道，对政府的工作动态、外交事务、政法建设、重大政治性庆典、突发性政治事件、体现党和政府意志的政治性斗争等等，都是它的报道对象。也有学者直接将之具化为“所谓政治新闻，即指以党政机关为采访领域、以国家方针政策贯彻执行过程和领导层的重要公务活动为报道范围的新闻体裁”。② 此定义反映的是政治新闻的主要报道领域和内容。

正是因为政治涉及了一个国家、阶级、集团当然也包括个人在内的切身利益，所以，政治新闻历来在传媒中占有极其重要的地位就可以理解了，尤其是一些涉及重大政治活动和政治事件的新闻，更是当然地处于新闻报道中的“头条”位置。例如：

香港回归，中央电视台进行了长达 60 个小时的直播；“9·11 事件”成就了凤凰卫视电视台：它在第一时间报道、更在其后果断推出了长达 35 个小时的直播，“昭示了现代传媒对于重大突发事件报道应有的抉择。”③凤凰卫视因此役而名声大噪。业内人士认为，“9·11 事件”之于凤凰卫视，犹如海湾战争之于 CNN。

纸质媒体也有这方面的例子，如河南的《大河报》，据称“张金柱事件”之前，它的发行量不到 10 万份，倾力报道此案后，迅速飙升至 20 多万份，“一跃而成为中州大地的主流媒体”。什么是“主流媒体”？一个很重要的标准就是

① 《辞海》1980 年版，第 1465 页。
② 《新闻采访写作新编》，刘海贵著，复旦大学出版社 2004 年版，第 259 页。
③ 《南方周末》2001 年 12 月 28 日。

能不能及时、准确、权威地反映政治类新闻内容。

可以这样说，自有报纸始，政治类新闻报道在各类报道中就是唱“主角”的。像宋代的《邸报》，实际就是官方报纸，通篇都是政治报道。现在无论什么媒体，甚至是专业性、行业性的媒体，在遇到重大的政治新闻时，也是毫无例外地上“头条”。一些纯娱乐性的媒体同样要受影响。比如“9·11”事件后，一段时间内，美国娱乐节目都停播了，为重要的政治新闻让路。

媒体对政治新闻的追逐，是现实决定的，同时，媒体的受众意识也在起作用。什么是新闻？传统的定义是，对新近发生或发现的事实的报道，现在新闻事业的发展使之加上了一个定语：“对公众有获知意义的”，新闻是对新近发生或发现的、对公众有获知意义的事实的报道。

任何政治上的变动，或多或少对国计民生都会产生影响，没有一个人会说，对这些完全不感兴趣，恰恰相反，老百姓都关心得很。老百姓如此关心，媒体岂敢掉以轻心！因此，政治新闻的重要地位和作用是勿庸置疑的。当然，不同的媒体，对政治新闻的报道又有不同的特色。

政治新闻是新闻媒介共同的新闻资源，无论是报纸，还是广播电视，或是新闻网站，首先被强调的一般都是时事与政治新闻。报纸的“要闻版”是政治新闻最集中的地方，往往以醒目的标题或大篇幅、大图片来予以突出，有时还要配发社论和相关评论文章。广播电视作为电子媒介在报道政治新闻的时候，会放在重要的时段并加以强调播出，广播电台还会强调音效；与广播相比，电视更能靠画面来说明与证实更丰富的信息，其现场性、直观性增添了政治新闻的魅力。特别是政治人物的音容笑貌出现在屏幕上，发挥了形象传播的独特功能，为政治人物情有独钟。电视已经成为当代政治家们增强影响力的最佳传媒。

正在崛起并日益普及的网络媒介在传播时政新闻时，将报纸、广播、电视的优势集为一体，而且更加快捷。国内主要新闻网站的新闻网页一般都将时政新闻置于首要地位，辅之以滚动发稿、即时更新，更能满足人们的需要。有的新闻或文章甚至是首发或者独家发布，比其他传统媒介更加方便。如对南丹矿难的报道就由“人民网”首先发布。

在我国的新闻运作过程中，新华社通稿在政治新闻报道中有着特殊的、不可取代的地位，有高度的权威性。但以往媒体在做时政新闻报道时，对重要的新华社稿件大多是全文转载、播放，如电视几乎就是新华社通稿加贴电视画面。现在媒体也能根据自身的情况，在保证政治性的前提下，灵活处理，突破了以往的一些陈旧的形式，日益生动活泼，逐渐赢得了大众的喜爱。正是由于新华社具有国家级通讯社的巨大优势，所以现在各地、各级媒体都十分重视充分利用、挖掘其庞大的新闻资源，特别是重大新闻、政治新闻，地方媒体在力图凸显新闻性、权威性的同时，也融入区域性、可读性。这是十分成功的尝试。

二、特点

1. 强烈的政治色彩

政治类新闻报道是直接反映政治活动的，而其他类型的新闻报道一般是间接地折射。政治新闻强烈的政治色彩表现在三个方面：

(1)内容上。媒体关注的往往是全球的、全国的政治形势，党和政府的重大决策，普通人在政治生活中的活动等，这些无疑都有着极鲜明的政治烙印。如：

秘密划票间首次引入选举

——目击北京居民直选社区居委会

中国青年报北京8月17日电(本报记者 崔丽 实习生 王慧) 今天上午9时20分，北京市北新桥九道湾社区自治组织直接选举正举行。62岁的刘俊明把画了圈的红、黄两张选票轻轻投入选票箱内。

有关人士说，这一票投入的不仅是北京市社区居民直选居委会的第一票，更是推进我国城市社区民主进程建设不同凡响的一票。

闷热的高温阻挡不住选民们的投票热情，上午9时不到，九道湾辖区的居民们就陆续赶到投票选举点。

87岁的徐会卿是今天直选现场年龄最大的选民。老人家坐在轮椅上，把公民选举证郑重其事地举在胸前，引来各路摄影记者一阵抓拍。徐会卿的女儿告诉记者：母亲身体不好，我们本不想让她来，可她坚持要亲自投上一票，并说：“我不去现场，什么情况都不了解，那怎么行？”

在选举投票现场，5个鲜红的划票间格外引人注目。划票间呈三角形状，选民们在相对隐蔽的空间自行划票。据悉，这种划票间在社区直选中亮相尚属首次，中国社会工作协会副会长马学理将划票间的设置称为“了不起的突破”。

他说，以往选举存在走过场现象，选民们划选票都在众目睽睽下进行，选谁不选谁别人一目了然，有人碍于情面或迫于压力，划票并非出于自愿。秘密划票间给选民创造了一个充分行使权利的民主空间，使选举程序更加规范、公平、公正。

…………

(2002年8月18日《中国青年报》)

这篇报道直观地反映了我国人民政治生活中的一个重大变化，它的政治色彩就来自于意义重大的事件本身。

(2)角度上。是不是只有这样的报道才叫政治新闻报道呢？当然不是。它的强烈的政治色彩，还表现在其采访报道活动是以政治为着眼点的。比如，政治类新闻采访也常常需要涉及经济活动、科研活动、文化活动等等，这些都不是专门的政治性活动，但如果以政治的眼光去观察它，便会写出政治新闻。同样是去采访企业家，是着眼于他的经营思想和商业活动，还是着眼于他对国家和社会作出的贡献，或是犯下的偷税、走私、出卖情报等行为，这是经济类报道和政治类报道的分界。角度，是政治的而不是其他的。

如对刘晓庆逃税事件的报道。刘早已是亦演亦商，她的身份当时更多的可能已演变成商人，有关她的逃税新闻，既可做成娱乐新闻，也可做成法制新闻、经济新闻，但往深一个层次分析的话，实际上可能涉及国家税收政策的执行、变化等。有人就从刘案可能引发我国查税风暴的角度入手，显示出强烈的政治色彩。

(3)倾向上。新闻是用事实说话的，但，新闻总归是要说话的。政治新闻涉及一个政党、政府、社会集团等的切身利益，最能体现他们的态度和观点，所以，以政治新闻的倾向性最为明显。不管是以什么方式，总归是要表现自己的立场。这是其强烈的政治色彩的一个重要侧面。当然，这种方式，可能是鲜明的，也可能是隐晦的。如：

“台独外交”四处碰壁

新华社北京2002年8月18日电(邰海) “台独”分子吕秀莲最近偷偷摸摸地搞了一次“台独外交”，但她四处碰壁，最后是灰溜溜地返回台湾。事实再次证明，在国际社会制造事端，挑战一个中国原则，只能影响亚太地区的稳定与和平，成为“不受欢迎的人”和“麻烦制造者”，除此之外，将一无所获。

在国际社会上靠一些小动作鼓噪、推动分裂主张是“台独”分子的一贯伎俩。吕秀莲近期欲到东南亚"出访"的图谋被有关国家拒绝后，于8月14日偷偷抵达印尼首都雅加达国际机场，企图制造事端，进行其所谓的"外交战争"，但印尼政府拒绝其进入雅加达，她只好改道去了巴厘岛，申请赴澳大利亚"看病"，也被拒绝，再谋划去菲律宾和其他东南亚国家，同样被一一拒绝。在走投无路的情况下，吕秀莲于16日突然改乘包机潜回雅加达并耍赖不走，最终由于四处碰壁而狼狈返台。

……

"台独"分子为推动分裂无所不用其极。吕秀莲没有做客的"请柬"，偏要"硬闯"，进行"苦肉外交"。明明印尼政府一再表示没有邀请吕秀莲访问，她却偷偷抵达印尼，并对媒体扬言"准备在巴厘岛会见印尼总统梅加瓦蒂"，以致于印尼政府不客气地指出，"如吕想会见印尼官方人士，她应该有自知之明。"吕秀莲四处碰壁，完全是不自量力，咎由自取。

俄罗斯不准达赖入境

本报莫斯科8月17日电（记者王晓玉） 俄罗斯外交部副发言人马拉霍夫16日宣布：俄罗斯外交部已经做出不给达赖签发入境签证的决定。达赖原计划于今年9月访问俄罗斯佛教信徒比较集中的布里亚特共和国、卡尔梅克共和国和图瓦共和国。

据俄外交部这位发言人称，俄有关部门认真研究了达赖访俄问题，结果发现，达赖此行访俄并不像组织者所说的那样，仅仅是宗教活动，而是有其政治目的的；访俄代表团成分复杂，有"西藏流亡政府"成员和其他与宗教无关的人士。

…………

（2002年8月19日《中国青年报》）

两篇报道其实都表达了自己的立场，前者鲜明，对台独分子极尽嘲讽之事；后者较隐晦，基本靠事实说话，标明消息来源，在语词、语气上都平和、中性得多，尽量就事论事。

2. 既重时效（时效性强），又重"效果"（政策性强）

既重时效，又重效果，这就意味着政治报道要讲究"时机"，要注重宣传效果。首先当然是讲"快"字。新闻，新闻，往往过了关键的点就成了旧闻。没有了快，新闻就会贬值。政治新闻同样也是，应该说，政治新闻的时效性更强。政治上的最新动向，党和政府的最新指示、最新精神，都要迅速地昭示全国，这是它的新闻性决定的。而且，政治活动往往安排在特定的时间内进行，不容许有任何闪失，媒体必须准时采访、及时报道，如果错过了最佳时机，后果极其严重。

其次，更要强调的是，政治类新闻不能一味抢快，这又是它的政治性决定的。它的"快"是建立在"效果"之上的。既"快"又有"效果"，这才是出击的最佳时机。

有时，是越快越好。原新华社驻美记者李希光，曾披露过一个反击事件。1997年8月22日，他在网上看到法新社发自华盛顿的一篇报道《美国国会议员警告说，中国在"吞并西藏"》。接着，路透社也从华盛顿播发了《美国国务院支持国会议员关于西藏的言论》，西方不少媒体对此进行了推波助澜的报道。看到这些，李希光当即请示了上级领导，社领导决定主动出击。8月23日一大早，新华社记者就去了北京的藏学中心采访在那里研究的西方学者；与此同时，在拉萨，分社记者采访了农奴出身的西藏自治区党委书记热地。下午2时，北京就发出稿件《"这简直是睁眼说瞎话"—— 西方学者批评美议员沃尔夫关于西藏的言论》，其中有澳大利亚、英国、美国、德国等7位教授根据自己在西藏的所见所闻有力地揭穿了沃尔夫的谎言；晚8时，西藏分社也发了《热地驳斥美国议员言论》的稿件。

这两篇稿件在海内外广泛落地，对海外舆论即刻产生了积极的影响。

在这个事件的回合中，政治新闻的时效性、针对性，媒体的可信性、主动性显露无疑。在西方传媒就重大敏感问题发表不实言论的当天，利用西方传媒对这个问题的"高昂的热情"，最迟不超过第二天，通过客观、公正的新闻手法给予回击，取得了良好的效果。西方传媒多标榜自己是"客观、平衡"的，所以为了面子，这时也不得不转发我对此发表的针对性报道。主动，即意味着没有丧失战机。当然，不能仅仅为了求快，还必须保证万无一失，不能出半点差错，要遵守新闻纪律，该请示的请示，该送审的送审。①

也有反面的例子。1998年大水，湖北省嘉鱼县簰洲湾因大面积溃口而造成人员伤亡，媒体出于种种考虑，迟迟不报，结果社会上流言四起，人心惶惶。2001年天津的"扎针"案、江西九江的"连环投毒"案开始也是如此。可能有关部门的出发点是想保持稳定，以免影响到更多的人，但从实际效果来看，这种沉默并没有阻止消息的传播，反而由于不透明，给了各种传闻以更多的空间，

---

① 《青年报刊研究》，1997年第6期，第12页。

容易使人们做出最坏的猜想，可能会给社会带来更大的混乱。党的十六大以后，媒体对敏感事件的报道力度和报道方式都发生了一些变化。如清华北大爆炸案、361潜艇失事事件、孙志刚案、上海富商周正毅案等，媒体都进行了快速而多角度的报道。最典型的当属对伊拉克战争的电视报道，体现了媒体勇于改革、追求新闻本质的精神。

双重的要求，尤其是对"效果"的要求，凸现出强烈的政治色彩，要求记者必须熟悉报道范围，学习、理解好党的各项方针、政策、路线等，要达到"烂熟于心"的程度。提高记者的政治素质，不是一句空话。因为党和政府的方针、政策就是靠媒体用生动而具体的新闻事实去解释、宣传的。

3. 具有重要性和显著性

这是从新闻价值要素来分析的。价值总是相对于人来说的。新闻价值是指事实所具有的新闻信息量及其对受众、对社会利害关系涉及的程度。政治新闻主要是关于党务、政务的报道，对国家、政党，对每一个人所具有的重要意义不言而喻，所以，毫无疑问具备重要性；显著性大多具备，这从它的报道对象就可看出。

从对象上说，上层人物的言行，对全局有着更大的影响，这是基层新闻人物所不能比的。如：《东方风来满眼春》彰显的邓小平南巡讲话对中国的意义，朱镕基怒斥九江"豆腐渣工程"的意义。当然，重点放在上层，并不是要单纯地宣传上层人物，而是为了有针对性地解决问题。这个度要把握好。

譬如有关政治人物的电视报道。从当代政治与电视的密切程度来看，政治人物特别是党和国家及地方领导人，出镜的次数显然大大高于一般人。频繁的出镜率，使重要的政治人物妇孺皆知。例如，电视消除了领导者在公众心目中的神秘感和陌生感，拉近了高层与基层的距离，是政治家塑造"亲民、亲政"形象的最佳媒介。西方国家的一些总统和内阁成员很善于利用电视传媒为自己"造势"，特别是在总统竞选中尤其重视电视的作用。我国的电视媒介将党和国家领导人活动的报道当作严肃的政治任务来完成，不应出一点差错。比如，要抢时效，摄像要十分规范，编辑不能擅自删改或压缩已经确定的新闻稿，处理电视画面时要防止张冠李戴，避免忙中出错等等。

4. 媒体处理上大多有严格的规范和程序性

例如体现在文体写作或操作时，在政治关系上、行政级别上等，不能弄错。特别是关于党和国家领导人活动的报道，在称谓、规格等方面都很严谨，具体报道内容要求有一定的统一性，不能断章取义，报道口径要一致。

常见的如“省人大副主任”的用法就是错误的，正确的用法应该是“省人大常委会副主任”，乡一级人大的领导人员反而做“主席”。什么样的会议程序性报道要上头条、社论放哪儿、换届选举名单要上头版并套红等，都有约定俗成的规范。

再如，根据《村民委员会组织法》，乡以下的行政村的组织为村民委员会，是村民自治组织，设主任和委员。它不是政府基层组织。村民委员会主任简称“村主任”，不能称“村长”，也不能把村民委员会成员称为“村官”。

政治新闻报道涵盖多个领域、多种题材，像民族、宗教、外事、军事等，均属于政治新闻报道的范畴，在接下来的内容中，我们不一一涉及，将就几个主要的报道领域重点介绍。

第二节　党群团体事务报道

一、政治生活报道

政治生活报道：关于各级党组织、各级政府机构的民主作风建设和广大人民群众享受民主权利等情况的报道。

通俗地讲，政治生活报道就是反映各阶层人士如何参政议政，享有自己的政治权利。

如2005年3月4日《报刊文摘》的一篇报道就显示出记者敏锐的政治眼光：

一份问卷调查显示
流动人口的政治权利“空壳化”

据《瞭望东方周刊》第9期报道，该刊在广州、南京和浙江省义乌市邀请了90位外来务工者参与“基本政治权利行使状况”的问卷调查，发现了值得关注的情况：大多数外来务工者没有行使过人大代表选举权。绝大多数外来务工者知道自己有权利选举人大代表，有参与选举的迫切愿望。大多数外来务工者希望在打工地行使选举人大代表的权利，并希望能够在当地参政议政，行使政治权利。在设定的“假如您的利益受到损害，您通常找谁反映？”的问题中，60%的人选择找“政府”，27.1%的人选择找“人大代表”，12.9%的人选择找“老乡”。

中国宪法学会副会长林来梵认为，目前“委托投票”的制度设计使得外来务工者行使基本政治权利呈“空壳化”现象。“一个群体如果长期处于主流社会的边缘，游离于政治体制之外，他们合理的政治诉求得不到表达和重视，这是很令人担忧的，不利于社会和谐。”专家认为，这是流动人口大省首先碰到的前瞻性问题，但是随着社会人口流动的加剧，城市化进程的进一步拓展，流动人口政治权利如何异地实现将是一个必然会遇到的全国性问题。

在我国，不同的群体可通过不同的渠道参政议政。职工有职代会，反映情况、保障权益有工会；农民可直选村委会；还有各级党代会、人代会、政协会等。

这些活动，大多数是通过会议体现出来的，因此，各种重要的政治性会议报道是政治生活报道的重点。其中，重点的重点毫无疑问地落在“三会”（中国共产党全国代表大会、全国人民代表大会、全国人民政治协商会议）报道上。

“三会”为何如此重要？因为人民代表大会制度是我国的根本政治制度，体现在它规定了以人民选举产生的人民代表大会为基础的整个政权体系，是国家机器正常运转的基础。由人民选举产生并监督国家最高权力机关，国家最高权力机关选举产生并监督行政机关和司法机关的制度，既可以避免权力过分集中，又可以使各项工作有效地进行，便利人民行使自己当家作主的权利，通过人民代表大会参加国家的管理。而中国共产党是执政党，是人民利益的代表，“三会”的内容正是与整个国家、民族的利益，与每一个社会群体和个体的利益紧密相关。

像每年“两会”（指人代会、政协会），老百姓都带着期盼，在场外关注着方方面面，而“两会”也引领着全国的政治风尚，理所当然地成为媒体关注的焦点。比如“会风”的变化，仔细回顾，每年的“两会”都有新气象：2003 年，代表、委员车辆“一路绿灯”的特权不再，和其他社会车辆一起等红灯；2004 年，全国政协闭幕不作长篇讲话；《新闻联播》打破近 10 年逢“两会”召开必延长播出时间的常规，保持 30 分钟时间长度不变；全国人大代表、浙江新光饰品有限公司董事长周晓光第一个吃螃蟹，在电视上向广大市民征求议案内容，以便在参加全国人民代表大会时，把浙江人民的心声带到北京……曾有学者指出，“千万不要小看‘两会’会风的变化，其中蕴涵着中国民主政治生活的进步，也是政治文明发展的生动体现"。[①] 上行下效，"两会"在形式上力求成为各方面的表率意义深远，必将对各级各地形成健康、高效、务实、文明的政风起到有力的引导作用。

"三会"共同的特点：会期较长、时间集中、会议内容重要、参会的记者多。这样的会议为全国乃至全世界舆论所瞩目，如2002年"两会"期间，5000名以上的代表委员参会，就有2000名以上的中外记者，相当于平均每三个代表就配一个记者。

对媒体来说，"三会"报道竞争异常激烈，是展示整体与个体实力的时刻。因为会议探讨的无不是人民群众关心的焦点问题，也都是当前经济社会生活中的关键所在，会议可说是政治性强、社会影响大，无论从哪个角度来讲，都被媒体视为新闻的"富矿"。相应的，他们一般都会选派实力强的编辑、记者参战。这也被看作是一种荣誉。搞好重大政治会议活动报道，应注意以下几点。

1. 注意推陈出新

"三会"定期召开，会议的基本议程大同小异，弄得不好，报道便会陷入"雷同"的境地，主要区别其实落在内容上。

我们仅以2005年的"两会"关键词"和谐社会"为例。这个关键词表明两会热点问题悄然由经济发展问题向一系列社会公平领域转变。这个转变几年前即露端倪：2002年的关键词是"弱势群体"，2003年SARS以后中央强调农村医疗保障，而当年集中爆发的拆迁和征地中的公正问题，更是引起海内外的极大关注；2004年的关键词是三农问题、农民工权益、民工子弟学校、以人为本的新发展观、城乡差距、反腐败等。它显示出，自改革开放以来，中国经济多年持续、快速发展，在带来举世瞩目的成绩外，不可避免地产生了一些矛盾和复杂情况。在这样的背景下构建和谐社会，便成了一个迫切需要解决的问题。

如果对中国近期的发展没有全面地了解，对社会变动没有深入地体察，是很难把握住这样的报道重点的。

因此，采访"三会"，必要先统览全局，事先就把握好现在是什么时期、什么形势，主要任务是什么，老百姓关心的是什么。大的报道方向、社会背景搞清楚，再选好的切入角度进行报道，以期达到"年年岁岁花相似，岁岁年年人

---

① 新华网，2005年2月5日。

不同”的效果。如何选角度？当然要因受众、因媒体而宜，但总的要求是：

报道应从群众的愿望、关心的问题入手，紧扣实际生活中的热点、难点问题，实现党和政府的政策意图、“三会”重点关注的问题、人民群众的迫切愿望三者的有机统一。

也就是把握好宏观政策和群众切身利益的结合点，从而消除群众对政策宣传的距离感。距离感的形成，固然与陈旧、僵化的报道形式有关，更与报道内容的角度切入有关。以前的会议报道有的大家不愿看，一是不清楚与自己有什么关系，认为是很遥远的事；二是大话、套话、空话连篇，硬着头皮也读不下去。这两年“三会”报道日益鲜活、突出，应该说在这两方面下功夫作了改进。报道事实的新闻，它的力量在于事实本身。

2. 切实把握“三会”的性质和特点

“三会”有共同的特点，但它们仍有本质的区别，切忌把它们统统当成了劳模会、表彰会。因为参加会议的多是先进分子、社会知名人士，可以说是精英荟萃，有些记者便热衷于做人物采访。这种报道当然也要有，但决不能当成“主菜”。“三会”各有各的重点，党代会侧重报道党员代表如何共谋党建大事；人代会要采访报道人大代表如何代表人民商讨国家大事；政协会要看政协委员如何参政议政。这是最基本的，不能偏离报道领域的重点。

像2005年的“两会”报道，媒体都尽可能地全面、深入了解代表、委员们的想法，及时、充分地向公众传达。大家通过媒体获知，围绕“和谐社会”这一问题，萧灼基委员准备了两份提案，一是提高低收入者的收入水平，二是向高消费者征收特别消费税，希望以此缩小贫富差距，消除社会的“不和谐音”。而华中师范大学教育科学学院教授、十届人大代表周洪宇提的建议是《关于制定反就业歧视法的再建议》，他重点对《反就业歧视法》提出法律框架，希望使《反就业歧视法》尽快进入立法程序。

3. 做好记者招待会的采访报道

记者招待会是“三会”期间一个重要的获取新闻线索的途径。这是比拼的大舞台，是记者显示功力、展示才华的大好时机。一般在“三会”期间，记者招待会或新闻发布会有多种形式，有某次会议后召开的（如2002年全国人代会先后有5场新闻发布会），有专题的（如关于农业发展和增加农民收入问题、市场经济和社会信用体系建设问题等），有以个人为主的（如以朱镕基、石广生、唐家璇、戴相龙等名义召开），也有各代表团召开的。2005年两会期间较重要的记者招待会都紧扣当前经济运行与社会发展的热点和难点，有外交部部长李肇星就“国际形势和中国的外交政策”答记者问，发改委、国土资源部、中国人民银行、银监会等部门联合举行的“经济社会发展与宏观调控”新闻发布会，农业部、发改委、科技部和财政部联手举行“三农”问题新闻发布会，政协两场新闻发布会分别锁定了粮食安全与节约型社会两个主题。记者对此都要一一做好准备：了解背景、主题、主持人、出席者……；收集、准备材料；设计提问是关键，要开门见山，保证高质量；提前到场，占据有利地形；注意记录……

参加此类记者招待会，首要的当然是赢得提问机会。老记者们深有体会，坐的位置很重要，要提前去，占据有利位置，既可观察主席台的情况，又可观察全场的情况。女记者的经验是要身穿亮色衣服，这是凤凰台名主播吴晓莉的成功法宝，她就是以几个犀利的问题和一身大红套装而在1998年朱总理的记者招待会上一炮而红的。

提问与回答是记者招待会的重头戏。对记者来说，提问最重要，首先问题必须是关键的（非常重要、大家非常关心）；其次，问题是要有难度的，高质量的问题必定会激发出回答者的精彩话语；再次，提问应符合媒体定位。

记者招待会的报道主要涵盖以下重要的内容：会议召集人、主持人；会议的背景、主题；会议的高潮部分；时间、地点；可能有的不同方面的反映。除却全面报道的写法，记者招待会写作也可重点突出某一主题，前提是对此主题的判断有前瞻性、重要性，是从会议多个问题中提炼的、对全局有重大影响或为社会所关注的问题。

4. 多种报道形式配合

大规模的会议报道多是一个比较庞大的工程。媒体常把它分为规定动作，即会议程序性报道：开幕、闭幕、领导讲话和工作报告、分组讨论情况、记者招待会等；自选动作：深度报道、新闻述评、人物通讯、采访花絮等。

程序性报道非常重要。常有人对会议程序性报道不以为然，这是一种错误的想法。必要的程序性报道是重要的会议整体信息的一部分，媒体必须全面地向公众报道。它不是什么“套路”，媒体应以高度的责任心对待这个任务。新闻是明天的历史，这样做，正是为了对历史负责。而“自选动作”则能体现出媒体对社会重大问题的观察、理解程度。

重大的会议开会前，一般会提前通知确认记者名单、交照片，等领专用记者证。这时就可做先期的案头工作，准备选题、策划，使记者对报道的重点心中有数。代表报到的期间就要进入状态，如要想法弄到详细的代表名单、所住房间等情况。大会的几个工作组是必须常去的，像宣传组、材料组、提案组（议案组）。随后就是参加大会、各种记者招待会，旁听各种讨论会，如果舍得花时间，常会有意外收获。另外要认真细致地阅读代表们的各种提案、议案、建议，约请代表接受采访等。

无论是规定动作还是自选动作，要想做好，就得下功夫。记者应注意：

多从百姓视角看会议。新闻媒体早已从"传播者时代"进入了"受众时代"，受众意识是新闻记者最应该培养的意识之一，如果媒体还是整天高高在上、自说自话的话，是不可能赢得受众的。

多从提案议案中挖新闻，多从代表、委员中找"活鱼"。开会的人来自各个地区、各个行业，会前都做了大量的调查研究和缜密的思考，他们中很多是社会知名人士、权威专家，在他们身上，有的是新问题、新观点，是记者最理想的新闻源。有的人不注意开发这个"富矿"。2002 年"两会"上，新疆团的何秉贤代表就说，"开'两会'时，这么多记者来采访代表，代表成了'明星'。可不开'两会'时，记者们都跑到哪儿去了？我当了 20 多年的人大代表，'两会'期间接受过不少记者采访，闭会时却没有一个记者来找我采访。其实，人大代表在闭会期间，有视察权、建议批评和意见权等权利，我们如果有一些建设性的意见、建议，除了向有关部门反映外，通过媒体来反映也是一个好的途径。希望媒体平时也能多关注人大代表，在人大代表与百姓之间架起一个沟通的桥梁。"①这番话，可看作是对政治记者的一个善意的、有建设性的提醒。

《中国青年报》主任记者张建伟介绍他的经验时说，参与"三会"报道，在庞大的代表群和记者群中间，记者容易有一种自失其间的感觉，经常像无头苍蝇一样忙来忙去，却写不出有分量的东西。其实，同在会场，大家看到的东西都差不多，但感觉却可能相差很大，区别就在于你是否真正投入了。这种投入是与众不同的，"只有敢于以'两会'为起点，而不是以'两会'为终点，才能通过会议报道，写出更宏观、更全面的一段中国历史。要带着许久在会外对'两会'提出的问题的思考，带着许多关于这些问题的资料，在'两会'新的视角上重新观察这些问题，使这些主题在'两会'的大背景下焕发出光彩，再度升华"②。

---

① 人民网，2002 年 3 月 14 日。

② 《青年报刊研究》，1997 年第 6 期，第 23 页。

二、党建工作报道

党建工作报道是一项长期的任务。如何做好报道，同样要注意突出重点。

党建工作报道一般集中在党的组织建设、思想建设和作风建设三个方面。

报道应注意每个时期的不同重点。例如2000年开始的“三个代表”重要思想学习教育活动、2004年开始的“保持共产党员先进性”教育学习活动等。一般媒体都会将此列为重点报道的系列工程，予以精心的准备。

老百姓可能更关注党的作风建设。如近期对“反腐倡廉”、特别是对“高层腐败”问题的关注，媒体都应对此作出充分的、准确的报道。

抓作风建设，要注意以正面报道为主。正面报道，既指内容是正面的、光明的、积极的，也指在揭露和批判不正之风时，能正确看待、分析问题，而不把它夸大或扩大到不恰当的程度，并用心寻找和发现负面事件的正面启示意义。

2002年12月16日《南方日报》A8版刊登的《6年申诉疑案终获重审》一文，讲的是茂名公民李章华、黄伟明夫妇因一次简单的借款让自己陷入一场历时6年未了结的艰难诉讼。对于该案存在的种种疑点，茂名市人大常委会提出了监督意见，公安机关获得了重要证据，检察院也出了“纠正违法通知书”，然而一审、二审、申诉、再申诉连连败北。报道在披露事件过程的同时，交代了事件的最终结果——人民民主权利得到尊重，茂名市中级法院决定对该案进行重新审查，并承诺有错必纠。新闻界同仁评价说，此报道深合民心民意。①

要注意防止两种倾向，一是“报喜不报忧”；一是拿批评报道当“主餐”。重要的是要把握好比例。把握整体真实的问题在党建工作报道上一样要引起重视。我们要如实地反映事物的主流和支流、事实总和中的多数与少数，新闻报道的客观真实取决于反映全部事实比例关系的精确性。

这是从客观的角度上说的，从新闻报道的平衡原则来说，也要注意正面、负面报道的比例问题。

三、各党派、群众团体报道

报道对象为各民主党派，工会、共青团、妇联，民政部门，某些群众性组织，某些基金会等等。

---

① 《南方日报》报业集团区域新闻中心执行主任，新传播资讯网，2003年2月28日。

应尽力保证全面、准确地反映各民主党派、群众团体的活动。中国共产党领导的多党合作和民主协商制度是我国一项基本的政治制度。现在，国家正处于改革发展的关键时期，很多新情况、新问题不断涌现，仅在2004年，中共中央就召开了18次与民主党派中央的协商会议、座谈会，是近年来最多的一次，广泛征求各民主党派和党外人士的意见；国务院每季度就经济发展等问题召开情况通报会，听取民主党派意见已经形成制度，这表明在构建和谐社会的今天，我们特别需要凝聚各方力量，倾听各方声音。

记者要搞好各党派、群众团体报道，应体现出这个基本点，并吃透统战工作精神，同时注意平衡原则。

第三节　政府新闻的采写

在现代国家中，政府是社会日常资源的配置机构，也是理顺各种复杂社会关系的中枢机构。政府是如何运作的？为公众和社会的发展做出了怎样的努力？这些正是公众极为关注的。媒体就是政府和公众之间的桥梁，应使上情下达、下情上传，促使政府机器正常运转。政府新闻报道就是要达到此种目的。它的报道领域集中在政府各机构和部门，围绕政府的职责和权限，向公众解释政府的行为，宣传政府的政策，同时代表公众表达意愿，维护合法权益。

一、重大事件报道

重大事件是在政治上、在社会生活上都产生重大影响的事件，它的性质好坏都有，范围一般较为广泛。正因为它的影响大，历来是媒体关注的焦点。像近几年北约轰炸我驻南使馆、“法轮功”事件、美国“9·11”恐怖事件、中国入世、美对伊拉克战争、全球抗“非典”、印尼海啸等等，都对社会有深远的影响。

重大事件也是对政府的一种考验。作为群体利益的服务者，无论是重大的社会事件，还是重大的突发性自然事件，无不折射出各国、各级政府的政治信念和实力。政府如何应对重大事件，特别是突发性重大事件，正是大众和媒体最关心的焦点问题。

媒体对重大事件的重视，怎样形容都不为过。一个香港回归典礼，全球总共有700多家媒体、8000多名记者到港。对媒体、对记者来说，报道重大事件，利益和风险是同在的，有很多讲究。何时报？怎样报？报多少？还是不报？不报有时也是一种报道手段。

署名为“都人”的国际评论家在一篇文章中披露，美国传媒在国际问题上“政治挂帅”，一个主要手段便是封锁新闻议题。自冷战时代起，涉及中国的新闻，便常常是美国媒体“不予报道”策略的牺牲品。1961 年 11 月，《纽约时报》记者了解到中央情报局在科罗拉多州秘密训练西藏“自由战士”的事实。肯尼迪总统领导下的国防部长麦克纳马拉办公室迅速出面干预，以“美国国家安全”为理由，“说服”《纽约时报》压下了这条新闻。

又如，美国在海湾和巴尔干地区大量使用的所谓贫化铀弹药是聚放射—生物—化学三位一体的“大规模杀伤性武器”。此事一旦被仔细追究，会引起针对美国政府的严重政治、法律、经济、道德问题。因此，美国主流媒体和美国政府心照不宣，极力避免报道有关的新闻和事实。不过，这引起了澳门大学吴玫女士的兴趣，决定对此作一项专题研究。据她统计，从 1991 年 1 月 1 日到 1999 年 6 月 30 日，尽管绝大多数西欧媒体不属于英语世界，却至少有 195 条关于贫铀弹的英文报道，仅路透社便发了 38 条新闻，法新社光是有关的英文新闻就有 22 条。

而同时期的美国主要媒体的表现，“最令人震惊的是美国 3 家知名度最高的精英报纸：《纽约时报》、《华盛顿邮报》和《华尔街日报》在贫铀弹新闻上异乎寻常的缄默。《华尔街日报》关于贫铀弹新闻是零；《纽约时报》除了一条美联社消息和三篇读者来信，没有一篇自己关于贫铀弹的新闻；《华盛顿邮报》的态度更耐人寻味：在 1991 年最早炫耀美国在伊拉克战场上使用的贫铀武器以后，《华盛顿邮报》在其后 9 年内只有两篇关于贫铀弹的消息”。

吴玫的结论是：“通过对美国传媒贫铀弹新闻的定量研究，可以证明美国主流媒体在一些涉及美国国家利益的议题上的新闻封锁已经成为不争的事实，且其封锁之严密，已经达到令人震惊的程度。”①

如何做好重大事件特别是突发事件的新闻报道工作，主动引导舆论，推动事件的妥善处理，维护改革发展稳定大局，显得越来越重要。《中共中央关于加强党的执政能力的决定》明确指出：“重视对社会热点问题的引导，积极开展舆论监督，完善新闻发布制度和重大突发事件新闻报道快速反应机制。”所谓突发事件，主要是指由人为或自然因素突然引发的事件，包括恶性事故、

① 中国新闻研究中心，2003 年 9 月 11 日。

人为灾难、自然灾害、涉外事件以及其他敏感的事件。突发事件具有不可预知、危及公众利益、易引发媒体关注等特点。许多专家认为，就突发事件本身而言，只要处置得当，并不一定就会演变成公共危机、政府危机。只有在处置不当、信息披露不充分，引起媒体对事件背后真相的集中追问时，才会演变成媒体危机，进而成为公共危机、政府危机。

突发事件的不可预知性，使其在发生之初，往往会引发公众的恐慌和对信息的渴求。突发事件又往往与公众的利益密切相关，人们自我保护的本能使得在危机发生时，第一反应和最大需求就是了解信息，了解真实的信息、准确的信息、权威的信息。而媒体往往是公众在突发事件中及时了解真实情况的惟一信息来源。这时，作为公共事务管理者，政府的职责要求其迅速通过大众媒体，在第一时间告诉公众发生了什么事情以及政府采取了什么措施，保障公众知情权。突发事件的特点决定其新闻发布必须及时、客观、准确、稳妥、有序。

突发事件是捂不住的。现代社会中，信息传播手段日新月异，传播速度以分秒计。政府不反应并不能降低公众关注度，只能为谣言提供传播的空间。因此，现代政府在突发事件时新闻发布的快速反应至关重要。

突发事件中政府应对媒体的原则主要包括：

第一时间原则。突发事件中的新闻传播最可怕的不是记者抢发新闻，而是记者抢发的不是出自政府发布的新闻。政府应该在第一时间引导舆论，谁第一时间发布新闻，谁就掌握了舆论的主动权、事件处理的主导权。2003 年 2 月 25 日下午，清华、北大两校食堂同天发生爆炸，事件发生后，中央新闻媒体及时播发消息，境外媒体包括《纽约时报》、路透社等有关此事的报道均采用了中国媒体如新华社、《中国日报》及北京公安局新闻发言人、中国警方、两所高校新闻发言人提供的声明和新闻稿，报道内容客观，没有出现猜测性和歪曲性报道，基本在我方报道框架之内。[①]

滚动发布原则。第一时间发布的信息，不一定是全面的。有了进一步的信息，应滚动发布，不断发布最新情况，对过去由于情况不清晰而发布的不准确的信息要立即纠正，保持政府部门是信息最权威发布者的地位。

真实性原则。政府最大的致命伤就是失信于民。

口径一致原则。不管是事件处理者还是新闻发布者，或者是政府最高首

---

① 转引自周胜林等著：《当代新闻写作》，复旦大学出版社 2004 年版，第 192 页。

长，以及与事件有关并可能接触媒体的人，对外口径必须高度一致，不能提供互相矛盾的信息。

满足基本需要原则。什么人？什么时间？什么地点？发生了什么事？原因是什么？以及怎样发生的？后果如何？已经采取了什么措施？政府对此态度如何？谁将为此负责？如何避免类似事件再次发生？等等。但可能有时政府不会一次披露所有的信息，事实上也做不到。

以我为主原则。突发事件的过分炒作往往会造成不良的社会影响。因此，发布到什么程度的把握也很重要。在第一时间只介绍事情的基本情况，以及政府认为应该对公众的提醒，而不一定要披露具体细节。在告诉公众基本事实的同时，一定要告诉他们政府采取了什么措施，以安定人心，体现责任政府形象。①

了解了政府对重点事件的应对原则后，记者报道重大事件尤其是重大的政治事件时，应注意些什么呢？

首先要有高度的政治敏感，密切关注政治形势。政治敏感是新闻敏感的重要组成部分，没有这个敏感，就谈不上报道政治新闻。重大事件报道对记者提出了高要求，《天津日报》的总编辑张建星就要求编辑记者"每逢大事，把政治判断作为第一判断"②。

其次应坚定不移地站在党和人民大众的立场上，正确地分析和把握事件的性质。一时难以做出判断的，一定要冷静观察，或暂缓报道，或采取客观报道手法，不能急于表态。有专家指出：新闻处理应比社会舆情冷一点，是正确的。对重大事件的报道，不仅要考虑媒体的社会影响力、公众的知情权，同时也应考虑公众的心理承受力。越有重大事件、突发事件，越要及时报道重要信息，但应是有用的、有益的信息，而不是炒作，要杜绝有害信息、无权威性信息，以准确为第一要求，以党和国家、人民群众的利益为重。力争把群众最需求的信息、最关心的事情告诉群众，但应冷静、谨慎，否则可能会误导舆情。同时及时传达党和政府的声音。要注意时间、地点、氛围和大众的心理承受能力。

再次，熟知政府应对程序，严守新闻纪律。

在写作上，一要注意客观、准确，要非常严谨。有些事情本来不大，如果

---

① 清华大学国家传播中心，2005年1月4日，焦扬。

② 张建星著：《新闻的创意时代》，文汇出版社2004年版，第41页。

报道处理不当，就可能演变成政治事件。二要生动、现场感强。

重大事件中，突发性的灾难事件又十分特殊。

这里的灾难定义为巨大的、广泛的破坏，造成严重的后果（通常与人员的大量死亡和财物的巨额损失有关）。它可以是自然灾难如印尼海啸，也可以是人为灾难如“9·11”恐怖事件。

国外对灾难报道有较成熟的理念和要求，值得学习和借鉴。

灾难报道要点：

死者、伤者，受影响的或处在危险中的人数；

死亡原因（如确凿的话）；

目击者陈述；

财产损失（住宅、土地、公共设施等）；

救援和救济行动（疏散、英雄行为、独特的救援经历和技巧等）；

警告等重要信息；

后续报道（评估物质和精神的损失，详细描述相关故事）。

灾难报道写作应注意：

尽可能地重视目击报道。因为它可使得每个事件都可成为独特的“这一个”，从枯燥、刻板的报道要点中凸显出来。

尽可能地使用平实的写作风格。不要试图用一些让人眼花缭乱的词语和写作技巧，事件本身是如此强有力，因此记者所要做的就是：清晰、准确地叙述。

尽可能地准确报道灾难原因，这意味着可能要经过长时间的等待，而不是急于将推测写在报道里。比如一起空难，它真正的原因要经过专家运用各种技术手段去判定，道听途说的东西不能轻易相信。

尽可能地寻找多个消息源。灾难事件涉及的人员和部门非常广泛，单个消息源毫无疑问已不能构成我们对事件的全面报道。并且，单一的消息源也是十分危险的。

尽可能地在报道中呈现人情味。在冰冷的数字下面，让读者体味到的是对逝去生命的感怀、对人与人之间关系的感动……

二、重大政策报道

政治记者都肩负着一个重要的使命，即传达、解释、宣传、监督党和政府各项方针政策贯彻和落实。之所以重要，是因为它们关系着国家、政党和民族的发展和命运。

媒体要满足人民群众知晓和理解与他们切身利益相关的重要信息，即与广大群众的日常生活和工作密切相关的新闻，如公共健康，公共安全、生活环境等公共事务、公共政策等的要求。

比如对基本国策的宣传与报道。

所谓基本国策，从性质上看，属于政策的范畴，但它是一个国家最高、最重要的政策，其职能大大超出了一般政策的范围。它是为了实现党的方针、路线和任务而制定的，制约全国、涉及全局、统帅各方和影响未来发展的重大政策。国策的地位和权威是最高的，是制定其他各种有关政策的前提和依据。它具有权威强制性、普遍约束性、长期稳定性的特点。当国策与具体政策发生矛盾时，只能是各种政策服从于国策，国策制约和调节着具体政策。

1. 人口政策

"高峰私生子事件"是2004年被炒得风风雨雨的著名事件。由于同时涉及体育和娱乐这两大极具人气的领域，导致这一事件从一开始就成为公众热衷于谈论的话题。有人认为如果说其他人还可以抱着一种看热闹的心态，那么有一个部门肯定是不能仅仅扮演看客角色的，那就是计划生育委员会。而媒体当然也不能仅仅把这当成是娱乐新闻。因为它违背了计划生育政策，我国人口政策的核心之一。

政治记者必须具备一定的人口学知识。人口学是社会学的一个分支，它以一般社会学为基础，结合地理学、生态学、心理学、政治学、经济学等有关学科，对人口的规模、组成、分布、密度、增减、出生率、迁移、流动、变化等进行调查研究和分析，为政府制定人口政策以及教育和就业安排、环境保护、社会保障、计划生育等提供理论依据。人口学力求正确认识人口现象、人口问题和人口发展变化的规律，从而说明人口的发展与社会发展的关系。

人口指生活在特定社会制度、特定地域具有一定数量和质量的人的总称。人口政策是各国政府根据本国的具体的人口和政治、经济、文化状况而制定的能影响人口的规模、增长、分布、组成的一系列直接或间接的规定、法令等。人口政策的基本目的在于影响或调节人口再生产的方向，使之符合国家总体发展目标。人口政策一般包括以下几个方面：(1)有关调节生育率和出生率的要求和社会经济措施；(2)有关控制发病率和死亡率的要求和社会经济措施；(3)有关优生的政策要求和社会经济措施；(4)有关迁移人口的政策要求和社会经济措施。其中，有关生育的要求和措施是人口政策的核心。

我国人口政策的内容，从总的方面讲，一是要控制人口数量，二是要提高人口素质，使人口发展在数量上和质量上与国民经济发展的要求相适应。简单地说，我国的人口政策可概括为"优生优育，提倡一对夫妇只生一个孩子"。那种把中国的人口政策简单理解为"只准生一个"就是错误的。

记者还必须了解现阶段我国人口的状况和特点，做好正确的解释和宣传工作。

中国是世界上人口最多的发展中国家，50 年来，中国的人口状况发生了很大的变化，这些变化促进了综合国力的增强和人民生活的改善。20 世纪 90 年代以来，随着我国经济社会的发展，人民文化、健康水平的提高和计划生育工作的不断深入，群众的生育观念发生了可喜的变化，生育水平明显下降，人口增长的速度和人口增加的绝对量都达到了建国以来的最低水平。我国人口也由曾占全球人口的四分之一下降到今天约占全球人口的五分之一，人口增长率明显低于其他发展中国家，但人口控制任务仍然繁重。由于人口基数大，每年出生的人口仍在 2000 万左右，净增人口为 1200 万左右，对我国人口和社会经济的发展产生着巨大的压力。控制人口增长还将是一个相当长时期内的战略任务。人口结构方面深层次的问题也很突出。我国人口文化素质较低，全国人口平均受教育年限还不到 6 年，特别是高级人才和专业技术人才还远远不能满足现代化建设的需要。当前我国老龄化趋势加快，65 岁以上的老龄人口的绝对量已超过了 8000 万，而老年人口的社会保障体系还不健全；我国劳动力资源极其丰富，但就业的压力也是巨大的，每年新增加的劳动就业人口在 1200 万人以上。

2. 环境政策

环境政策是国家为保护和改善人类环境而对一切影响环境质量的人为活动所规定的行为准则。中国的环境政策，是党和政府总结了国内外社会发展历史和环境状况，为有效地保护和改善环境而制定和实施的环保工作方针：路线、原则、制度及其他各种对策的总称，是中国环境保护和管理的实际行为准则。环境政策有许多种类型。就层次而言，有中央一级的政策和地方性政策；就范围和性质而言，有总政策、基本政策和具体政策；就保护对象而言，有土地保护政策、水资源保护政策等。

在 1983 年 12 月召开的中国第二次环境保护会议上，我国把环境保护确定为一项基本国策，主要原因有：一是中国的国情。中国虽然资源丰富，但人均占有量很低；人均资源和能源消耗量虽低，但人口多，绝对消耗量大。由于中国贫穷落后，生产力发展水平低，科学技术不发达，生产手段落后，这就从客观上决定了中国的原材料利用率低，浪费惊人，中国的能源结构以煤为主，更是加重了污染状况。加之过去对环境保护没有充分重视，全民族环境意识差，国家政策存在失误，致使许多地区出现对生态资源进行盲目过度开发，大范围的生态破坏和环境污染造成的危害，有的后遗症至今难以消除。因此，如不抓紧环境保护工作，在未来一定时期，中国的环境污染和破坏，将会像今天所面临的人口问题一样，成为难以解决的问题。二是治理环境污染和防止生态进一步破坏的客观要求。中国目前正在实施改革开放，生产规模迅速增长，农村环境污染和破坏的势头未能很好遏制，这些给环境造成的压力越来越大。中国目前基本环境状况是：局部有所控制，总体还在恶化，前景堪忧，搞不好就会使环境污染和生态破坏进一步加剧。三是促进社会、经济、环境之间协调发展的需要。为了实现新时期社会经济发展总目标，必须把社会、经济与环境作为一个整体系统来进行规划、管理，使三者协调发展。

如中山大学政务学院院长、博士生导师任剑涛认为，长期以来GDP主导的思维导致了资源枯竭性的错误路线，如何树立和落实科学的发展观来指导社会发展是政府要研究的重要课题。这也是发展“和谐社会”的主题之一。它要求记者在报道具体的工作时，具备历史的、长远的眼光，而不是局限于眼前的利益。

比如各地的招商引资热，可能就会存在地方短期利益与长远发展利益冲突。如果前来投资的是强污染项目，或过多占用耕地资源的项目等，哪怕短期内会给当地带来巨大的经济效益，记者也不能因此只当吹鼓手，而不指出其可能带来的负面效应。

3. 男女平等政策

江泽民同志在1995年第四次世界妇女大会上，向全世界庄严承诺，“把男女平等作为促进我国社会发展的一项基本国策”。把男女平等作为基本国策，同人口、资源、环境等人类社会生存发展的基本问题放到同等重要的位置，充分体现了党和国家对妇女地位的尊重和对妇女工作的重视。

这个政策常在一些社会现象中有曲折的反映，如表现在是否尊重妇女和性别歧视上。近年来，有不少报道引起了社会对妇女问题的重视和对妇女权益的保护，体现了媒体和记者的政策水平，但也有些报道把握得不准，值得注意。

2004年2月，济南某高校湖南籍女生小璐给一家报社打热线电话，反映湖南省录用公务员的体检标准中，有要求女生“第二性征发育正常，乳房对称无包块”的“歧视性规定”。此事即刻被诸多媒体以《考公务员也要“乳房对称”?》为题报道和转载，舆论一片哗然，相关评论鱼贯而出，体检标准成为众矢之的。有人质问“不知‘乳房对称’与公务员工作有什么关系”（《羊城晚报》2月19日），有人认为“量乳房选公务员是就业歧视”（《信息时报》2月20日），更多的人则说这是“对女性人格尊严的侮辱”和“性别歧视”（人民网2月23日）。然而，也有人认为这条新闻是某些记者哗众取宠之举，《中国青年报》署名梁剑芳的文章认为：湖南省体检标准原文是“第二十二条，第二性征发育正常，乳房对称、无包块，外阴无炎症、溃疡、肿瘤，无子宫脱垂，为合格。第二十三条，患乳腺良恶性肿瘤、功能性子宫出血、生殖器官结核、肿瘤，慢性盆腔炎，重度宫颈炎，为不合格。”很明显，这两条标准是连起来的，两者之间有很明确的相关性。但有关报道一开始就说：“记者看到，该文件第二十二条明确规定：女性‘第二性征发育正常，乳房对称、无包块……为合格’。”接下来的第一个小标题是“记者暗访，去年近两成女性因此落榜”，由于先入为主的思维定式影响，很多人误以为因乳房不对称而体检不合格的女性达20%。事实上体检标准有数十个项目，一个禁止性项目不合格就是体检不合格。因此，这种有意无意的断章取义，使“新闻”达到了轰动的效果。单纯就医学标准来说，湖南的体检标准将女性“第二性征发育正常，乳房对称、无包块”定为正常，并没有什么问题。第二性征严重发育不良（比如女性男性化）和两侧乳房严重不对称的人，很可能激素或者内分泌系统有严重的问题。同样，乳腺包块，器质性的就是肿瘤，有良性的，也有恶变的。但由于报道的“误导”，使人们把评论焦点放到了乳房的“功能”上——“选用女性公务员不是选美，女性进入公务员行列也不是为的向世人展示其优秀的身材啊!”（搜狐网2月20日）。这条体检标准是否过于严格，是值得讨论的。但要说这是一种歧视或者是对女性的侮辱，则根本无从谈起。在男性体检的外科标准中，也有“外生殖器无严重畸形（如完全性尿道下裂）”的具体规定，这岂不是对男性的公然“侮辱”？既然要体检，就一定会有标准；既然有标准，就一定会有人不合格。对标准持有异议是可以的，是否应该放宽也值得商榷，但不能断章取义和夸大其词，甚至进行一些不必要的联想。（据新华社2月23日消息，湖南公务员体检标准中关于女性双乳对称的条款已废除。）

在涉及重大政策的报道时，记者一定要谨慎从事。比如土地政策，湖南省常德日报社总编室副主任胡德桂就曾介绍过他的一次采访实例，可以给记者以很好的借鉴：

2001年3月21日，我应湖南省津市市委组织部之约，前往津市采访“三个代表”的学习教育情况。津市市委“三个代表”学习教育领导小组办公室的同志说灵泉乡汉泗村拍卖土地经营权的事很有特色。他们说，汉泗村拍卖土地经营权是土地经营权流转制度改革的一种有益的尝试。随后我采访了汉泗村党支部书记周道水，他介绍说，他们之所以要拍卖土地经营权，是为了解决土地严重抛荒的问题，从而使土地向种田能手转移。他们把拍卖土地经营权的9万多元钱已用了三分之一奖励种田大户，其余的将用于公益事业。这时，我还是不放心，便又问道：“村里的农民群众同意吗？这样做有政策依据吗？”周道水说：“村民代表大会一致通过了的，并且咨询过土地管理部门是合法的。”采访结束后我还了解到，灵泉乡的其他村及津市市的不少乡镇的村都已像汉泗村这样拍卖了土地经营权，只不过是进展没有汉泗村那么快罢了。

经过分析，我当时认为汉泗村拍卖土地经营权的做法可以从正面报道，于是我写了篇消息。《常德日报》2001年3月25日头版头条刊登，新华社2001年4月3日向国内播发了通稿。

农民买断30年土地经营权
汉泗村冒出30多个“庄主”

本报讯　3月19日，长期在长沙打工的农民周道能赶回家乡津市市灵泉乡汉泗村，买断了4亩水田的经营权。至此，汉泗村的1600亩水田的经营权被该村300多农户全部买断，他们都拿到了村委会颁发的期限为30年的土地经营权证。

汉泗村600多个劳动力中有一半在外打工，田地抛荒严重。在家的劳力因看不到种田的效益，既不钻研种田技术，也不愿对田地进行大投入，村里农民对赖以生存的土地的感情越来越淡薄。如此现状令村党支部和村委会痛心。为了让土地成为农民的“聚宝盆”，再次唤起农民对土地的珍爱之情，去年10月，他们大胆决定把土地经营权推向市场，实现土地向种田能手的转移。

乘农村税费改革在津市试点的东风，汉泗村开始实施买断土地30年经营权的设想。他们规定，允许本村农民跨村民小组超人均占有土地计划面积购买，允许竞争超标价购买。根据村里的经济状况，他们确定土地经营权的价格为水田每亩100元，旱地每亩20元，并实行了“零售价”

与“批发价”：对一次性购买水田15亩以上的，每亩奖励20元；一次性购买水田20亩以上的，每亩奖励30元；一次性付款给予6%优惠的政策。买断了经营权的土地，除了不准葬坟、烧窑、建房之外，可以按市场价转让，可以改变现有形状，可以从事任何种植养殖业。

此举得到了农民的积极响应。第一村民小组的周远秋是种田好手，原来只分了3.5亩田，田地的收入只能糊口。他曾想捡别人的抛荒田，又嫌东一块西一块种起来不方便，买断土地经营权圆了他的“庄主”梦，他一次性买下了15亩成片的水田。汉泗村像他这样当上了“庄主”的农户已达30多个，最大的“庄主”是第八村民小组的组长周宗湘，他一次性购买了20多亩田。在外打工的农民也有不少人纷纷回家购买田地，像周道能这样赶回来买断土地经营权的打工人员已有20多人。拍卖土地经营权的9万多元资金，汉泗村用来奖励种田大户和种田能手，并由民主理财小组监督执行，目前已奖励种田大户3万多元。

买断土地经营权，不但使汉泗村抛荒的田地找到了“婆家”，而且还最大限度地激发了村里农民种田的积极性。目前农民正加紧整田、修路、施肥，改良田地，备耕生产如火如荼。

这篇报道发出后不久麻烦就来了，常德市的澧县、临澧等地都要学习津市汉泗村搞土地经营权拍卖。常德市委、市政府分管农业的领导追究起常德日报社的责任来，常德日报社自然要追究我这个作者的责任。追究责任的理由就是因为报道违背了国家的政策。当时我还真没弄清究竟违背了哪些政策，后来才从中共中央2001年12月30日出台的《中共中央关于做好农户承包地使用权流转工作的通知》（以下简称《通知》）中找到了答案。

《通知》中有以下内容：要认真落实中央关于土地承包期再延长30年不变的政策，确保家庭承包经营制度长期稳定，这是土地使用权流转的基本前提。在承包期内，村集体经济组织无权单方面解除土地承包合同，也不能用少数服从多数的办法强迫农户放弃承包权或改变承包合同。不准收回农户的承包地搞招标承包。土地使用权流转必须建立在农户自愿的基础上。在承包期内，农户对承包的土地有自主的使用权、收益权和流转权，有权依法自主决定承包地是否流转和流转的形式。任何组织和个人不得强迫农户流转土地，也不得阻碍农户依法流转土地。土地流转的转包费、转让费和租金等，应由农户与受让方或承租方协商确定，流转的收益应归农户所有。流转期限不得超过农户承包土地的剩余承包期。

对照以上中央的政策，汉泗村所谓的土地经营权拍卖显然违了规。从“汉泗村1600亩水田的经营权被该村300多农户全部买断”可以看出，该村暗地里收回了农户的承包地而搞起了招标承包。事实上，村里已经单方面解除了农户土地承包合同，或者说用少数服从多数的办法强迫农户放弃了承包权或改变了承包合同。这显然剥夺了农户30年不变的土地使用权。现在看来，他们这种做法的实质就是巧立名目向农民乱收费。他们的这种做法虽然解决了土地抛荒的问题，但是就是在外打工、土地抛荒严重的农户要流转土地，也应由农户自己确定流转的方式，而不应由村里做主拍卖。退一步说，就是愿意流转土地的农户愿意由村里做主拍卖其土地，而流转土地的收益也应归农户所有，而不应归村里占有处置。

当然，记者毕竟是杂家，而不是专家，对各种复杂的情况或问题不可能都一一弄清。有时，有些情况或问题由于一时找不到相关的政策依据，连专家学者也难以说清，如像汉泗村拍卖土地经营权的问题，由于当时国家还没有出台具体的有关规定，因而连新华社都没有把握准。所以，对于在采访当中遇到的把握不准的情况或问题，要么不报道，要么写成中性报道。所谓中性报道，就是指在报道中既不肯定什么，也不否定什么，把事情或问题如实报道出来让受众去评论。依照此法，汉泗村拍卖土地经营权的事就可以这样来报道：汉泗村拍卖土地经营权是否可取？如果这样报道就不至于因为把握不准政策而造成导向上的失误①。

三、政府日常工作报道

在2005年初的杭州本地报纸上，有这样一些市民极为关注的话题占据了大量有分量的版面：改善外来务工者生存环境、降低药价、市政十大工程、环西湖改造工程、西溪湿地改造工程、背街小巷改造工程……显然，政府在做些什么？他们为什么做这样的决定？他们将怎样做？这样做将给我们带来怎样的影响？这些都是老百姓迫切想知道的。除此之外，政府机构是怎样运作的？它的责任和义务是什么？它怎样统筹安排社会资源？它怎样处理各不同利益群体的关系？它的工作是否高效？毫无疑问，也都是公众极为关注的。

比如令人瞩目的第五次政府机构改革，根据2002年中央编制委员会办公室的统计，在过去的近5年间，全国各级党政群机关行政编制共精简115万

---

① 中国新闻研究中心，2003年2月17日。

名，市县乡在机构改革中清退超编人员约43万人。政府机构从上到下都“瘦”了一圈：国务院组成部门由40个减少到29个，部门内设司局机构减少200多个。省级政府机构设置平均由55个减少到40个，市、地级政府机构平均由45个减少到35个，县级政府机构由平均28个减少到18个。当然，这些变革都意义深远。

“国家发展计划委员会”改名为“国家发展与改革委员会”，剔除的不仅仅是中国计划经济残留在政府部门身上的最后一点痕迹，更为重要的是，它表明中国走上了一条不可逆转的市场经济之路。新建立的社会保障行政机构，促进了独立于企事业单位之外、资金来源多元化、保障制度规范化的社会保障体系的发展；新组建的信息产业机构，致力于推进国民经济和社会服务信息化；将国家环保总局、质量监督检验检疫总局、国家工商总局、新闻出版总署升格为正部级，适应了环境保护和加入世贸组织的需要。如何搞活对保持中国社会主义性质至关重要的国有经济并使其发挥主体作用，是中国经济改革的当务之急。在这种形势下诞生的“国有资产监督管理委员会”被寄予厚望。“国家银行监督管理委员会”的成立，旨在分离货币政策决策与金融监管职能。将国家计划生育委员会更名为“国家人口和计划生育委员会”，其中的“人口”二字凸显了以人为本的理念，提高国民素质成为重点。

有专家称，这次对政府机构权力的重新划分，使全能政府向有限政府转变，其实质应是从无限权力到有限权力的转变，而这正是民主政治的关键。政治记者应对此有深刻的认识并反映到对政府工作的报道中去。而对此次改革的一系列报道，毫无疑问可以让公众看到，政府机构改革为我国现代化建设提供了重要的组织保证。

政府的职能应主要体现在经济调节、关注民生和服务社会。政府职能如何转变，需要政府有序地进和退。所谓“退”，就是政府集中精力去做好公共服务，避免在市场经济体制下政府职能的越位和错位现象。所谓“进”，就是进一步完善与市场经济及其规则相适应的政府管理体系，使政府管理纳入法制化管理的轨道，依法行政。健全的监督机制是一个法治政府正常运转的保证。新闻媒体也在其中承担着重要的责任。媒体在此类报道中大有可为，如下面两例：

《中国经济时报》刊文提出

政府不可越位承诺

据新华社报道，吉林市"2·15"特大火灾已经发生一周年了，但一些遇难者家属对当时政府部分承诺至今未能兑现感到不满。在善后处理时，吉林市实行的是各委、办、局分别"包保"一户家庭的办法。团市委承诺为遇难者家属沙志忠办理低保，并解决其大女儿的就业问题，但这两点至今没能兑现。市林业局承诺将遇难者于淑云享受的低保转给儿子许敏，但到现在也没兑现。

为此，朱述古在2月25日《中国经济时报》撰文说，想必吉林市有关方面也懂得，低保绝不是地方政府可以随意慷慨赠送的礼品。作为社会保障的重要组成部分，低保的享受条件和标准都有着严格的政策规定；如果低保政策的严肃性受到损害，就会使社会公平和协调发展受到影响。同时，按行政指令安排工作早已是非常落后且明令禁止的就业方式，团市委没有任何权利也没有能力安排工作。但是，面对业已发生的特大火灾事故，当地领导息事宁人的动机盖过了严格依法行政、按政策行政的要求，这不是行政管理上的疏忽，而是行政管理无原则、无纪律的表现。

在市场经济条件下，政府应该做什么，不能做什么，这应该为各级政府及其公务人员所熟知和谨守。同时，政府要树立公信力，绝不应该僭越政策法规的边界草率承诺。

（《报刊文摘》2005年3月4日）

（团市委不属于政府部门，但因其主动承诺为遇难者家属安排工作和办理低保，而就业和低保均属于政府职责范围，故在此也与政府部门相提并论）

政府不该奖励纳税大户

据2月22日《辽沈晚报》报道，近日，抚顺市顺城区召开两个文明表彰大会，投入400万元作为奖金。某企业因为去年交纳税金1100万元，董事长开走了一辆价值166万元的S600奔驰轿车，引起了轰动和争论。

政府奖励企业是对财政资金的滥用。税收是公共财政的主要来源，这些钱应该用来投资那些无法通过市场取得回报的投资项目，即社会公益性事业；同时可以用来为经济和社会长远发展与可持续发展进行投资。总之，财政收入的使用应该是为全社会全体人民群众的。如果把财政资金拿来奖励企业，就违反了公共财政的基本原则。

政府奖励企业也是政府职能的错位。政府的职能是"经济调节、市场监管、社会管理、公共服务"。政府只能为全社会公民谋利益。在发展经济方面，政府应该加强环境建设，包括城市设施方面的硬环境和服务质量方面的软环境。而其中之一，就是良好的竞争环境，保证所有企业都在同一起跑线上公平竞争。现在，政府自作规定，奖励和优待一些企业，使它们在靠自身能力取得经济效益的同时，又拿到政府的意外奖金。这使人觉得，某些企业成了政府的"惯宝儿"。

政府奖励企业的做法虽然在理论上的荒谬性显而易见，但在实践上却屡见不鲜，原因出在制度上。纳税虽然说是"依法纳税"，但是税收的刚性却不够，而弹性较大，地方政府有较大的自由裁量权，当税收任务已经完成，或者财政收入形势较好时，政府就可以自由地减少、豁免或让企业缓交税收。而在资金财政收支的监督上，人大还过于原则和宽泛，也使得政府甚至少数领导就能决定企业的减免税，政府奖励企业就更轻而易举地进行了。

（河南《今日安报》2005 年 2 月 23 日）

搞好政府日常工作报道，要求记者熟谙政府的职能和各个工作环节，和各职能部门保持密切的联系。

第四节　会议新闻的采写

什么是会议？《现代汉语词典(修订本)》(商务印书馆 1996 年版)对会议一词的解释是:有组织有领导地商议事情的集会。当今世界，从解决国际争端问题到一个单位的工作安排，可以说都在进行不同规模、不同形式的会议。一个组织、一个团体，几乎都离不开会议。会议，已成为当今时代的重要实践活动，已成为解决问题、部署工作，从而推动工作的重要手段。

可是不少报纸都在压缩会议报道，理由是这类新闻有时候看起来很枯燥无味。这种看法是错误的，因为会议将做出决定，而这些决定影响着公众。大多数时候，乏味的可能不是会议，而是那些看起来很乏味、表面化、程式化的会议报道。影响读者日常生活的一些决定，比如他们应怎样处理垃圾、怎样停车、孩子的学校怎样收费等等都是政府相关的机构在会上做出的，"即使这样许多会议新闻仍然不注意解释这些会议将对读者将产生的真正的影响。”怎样做好会议报道，就成为一个研究的课题。

一、会议报道的“新闻眼”

当代新闻媒介与会议结有不解之缘，这与传媒和政治生活的紧密联系是分不开的。但遗憾的是，新闻报道常常在“会海”中迷失了自己。其表现之一是，纯会议新闻在我国传媒中占有很大的比重和地位。会议消息多、领导活动多、重要讲话多。

表现之二是报道形式单一。每次几乎都是固定不变的会议程序报道，领导人的长篇讲话被大段地引用，甚至全文发表，所以有人说开会时期的报纸是阅读率最低的报纸。会议报道内容都是一些现成的套话：

什么时间开了什么会，谁参加了会，研究了什么；

××强调指出，××最后指出；

会议认为，大家一致认为；

参加会议的还有张三、李四、王五。

这种填空式的新闻，在某些新闻单位看来，紧跟了当地领导和上边精神，省心省力，但读者不要读，观众不愿看。

会议是出新闻的地方，但会议本身不等于新闻。作为党政部门的一项日常事务，大部分会议本身是不具备信息特质的。然而，会议的文件和议程却可能蕴涵有价值的信息。大家熟知的《天安门事件完全是革命行动》就是记者从北京市委的一次会议决议中挖掘出来的重大新闻。因此，应撇开会议本身去报道会议，从会议的内容中去寻找有价值的信息。新闻报道的是会议活动中具有新闻价值的事实，而不是会议活动、程序本身。记者参加会议，无论是阅读材料还是听报告，也不论是旁听座谈还是讨论发言，都必须从有无新闻价值的标准定取舍。没有的话，就不必逢会必报。一篇会议报道，只要所报道的事实、体现出来的思想是新鲜的，就可以成为读者所需要和喜欢的作品。

从受众的角度看，政治行为对公众的影响毕竟是巨大的，他们的经济活动、日常工作、家务琐事都会或多或少地受到政治的影响。举例来说，一个投资股票的人将会对政治形势的变化、政策法规的出台、高层动向安排非常关心，因为这些因素可能会极大地影响股市；大学生盼望能找到好一点的工作、盼望就业环境宽松；困难企业盼望国家会出台政策扶持，因此但凡影响到这些因素的会议、政策他们都会打听、关心；一般老百姓对社会安定、反腐倡廉、通货膨胀不能不关心，有关这些问题的会议会告诉他们这些信息……这都说明，现在不存在会议不能报道的问题，而是会议该怎样报道的问题。会议报道不是笼统地报道会议，而是站在不同的角度去理解会议，传达会议精神，处理会议文件，剖析会议背景即会议背后的"意义"，这才会受到受众的欢迎。

从传播学的角度看，大众传播媒介肩负着上情下达和下情上达的使命。领导者希望会议的内容为百姓熟知，希望扩大会议的影响，这种愿望本身是无可厚非的，但不应违背新闻传播规律、以强制的方式进行，完全可以通过举行新闻发布会、接受专访、提供资料等途径向传媒"供给"新闻。近来不少具有丰富从政经验和个人魅力的政要人士，频频利用接受专访和访谈、出席新闻发布会的形式，宣传政府意图、解释大政方针、发表看法意见，既直接、形象，又亲切、自然，效果非常好，百姓也欢迎。这一方式将不断地为富有头脑和眼光的领导人所接受采用。按新闻规律出牌，才能达到良好的传播效果。传媒也应多向领导阐释自己的意图，同时配合改革会议报道方式。这种情况下，会议报道原来呆板的面目一定会得到一个改观。

另外，也要求形式等多方面的突破。会议新闻重复、单调，引起群众的阅读疲劳，偏偏许多编辑记者图省事、怕麻烦，对会议新闻的处理成年不变，甚至许多大众化的报纸也以"××会议隆重开幕"作大标题。实际上，有时形式的稍许变化也能给读者一股清新的气息，激发其阅读兴趣。新华社记者郭玲春报道全国优秀新闻工作者表彰会议只用了一个很不平常的导语，新闻就活了起来，这种努力是值得大力提倡的。

总之，会议是现代社会议事决策的主要方式，是文明社会的显著标志。它是人员聚集、信息密集、思想活跃、便于沟通的场所，往往汇集了某个方面的行家里手，有准备地研究某个方面的专题，是一个相当丰富的新闻信息源。因此，会议报道是新闻传媒必然面对的课题，无法逃避，我们要做的是思考如何有效利用这个资源，把会议的领导者、组织者与受众的目标真正地统一起来。媒体对于一些领导讲话和会议文件不仅要给予报道，更要挖掘其中有价值的信息，在形式上做活，让人感觉到有一种亲和力，增加新闻的可读性，让公众对会议的方针和政策有感性和深刻的了解。如何突破会议的模式化和常规性，透过枯燥的会议报告、工作总结，还原新闻事实，提炼新闻亮点，这是记者要思考的。

二、会议报道要素分析

在报道中，可对会议的各种要素进行分类处理，如主题、主办者、参加者、发言、结果、会风等，突出其有新闻价值的内容。

主题：一些重要的会议，一般都主题明确且重大，理所当然成为报道的重点。对此类会议，应予以精心的分析和安排，像前面对“三会”报道的介绍一样。一般性的各类会议，就要求记者从媒体的受众角度出发，加以判断和选择。

主办者：相对于会议的主题来说，主办者的身份是否权威，直接影响到会议报道的新闻价值。例如，2002 年初，中央政治局常委会召开了研究困难群众生活问题的会议，这样的主办者和会议主题，都决定了这次会议的重要性。而教育部就“英语四六级考试”问题表态的会议，肯定会引起全国的关注。

参加者：有的会议，参加者本身即具备很强的新闻价值。2002 年 8 月中国数学会宣布本月将在北京举行国际数学家大会。在事先的新闻发布会上，中国数学会理事长马志明等预告消息的人并不重要，数学家们将发布哪些成果也未知，而即将与会的霍金、纳什等数学大师，就成为了报道的重点。新华社播发了《世界著名的数学大师霍金和纳什将到京开坛授课》的消息。

发言：会议功能的主要表现即为交流并讨论各种观点。学术会议上，往往会因为与会者发布不同见解而产生新闻。政治性会议上，往往因为各级官员发言中透露的重要信息而产生新闻。一般性的会议上，参会者多针对会议议题有备而来，所以，无论会上发言与否，都会有自己的看法，所以，都有可能产生大量新闻。例如，杨振宁 2004 年 9 月 3 日在人民大会堂举行的“2004 文化高峰论坛”上做了题为“《易经》对中华文化的影响”的报告，称《易经》影响了中华文化中的思维方式，而这个影响是近代科学没有在中国萌芽的重要原因之一，也影响了中华文化的审美观念。报告在海内外的华人圈中引起巨大反响，尽管杨振宁声明自己并无攻击中国传统文化之心，但还是引起了广泛、持久的激烈批评，在国内学术界引起很大的争论。多家媒体以《杨振宁炮轰〈易经〉》为题予以报道，而对这个会议反倒没人关注了。

结果：开会都有目的，有目的往往会有结果，或达成共识，或形成决定，或制订具体的措施。这些大多有报道的价值。有时因种种原因会议可能未有结果，但因较为重要，未形成结果的结果也是一种结果，有报道价值。如 2005 年 3 月 17 日“据香港大公报报道，伊拉克的新议会在大选后六星期终于在星期三首次召开会议，但各派政党仍未能就组内阁达成协议。”

会风：会议的重要性不言而喻，因此会议开得是否高效，也是世人关注的重点之一。记者从这个角度往往也能挖掘出很多有价值的新闻。2002 年夏天在呼和浩特市召开了一个“2002 国际企业创新论坛城市产业发展高峰会议”，由于部分与会学者的报告书本味、说教味过于浓烈，仍然沿用“老师讲学生听”的传统模式，所讲的内容宏观多微观少、理论多实际少，会议效果不理想。新华社记者就根据事实采写了一篇“记者来信”《“创新论坛”的形式与内容应有“创新”》，提出了善意的提醒。当然这还只是开法不当，实际生活中还经常要遇到一些完全是形式主义的会议，会议本身空洞无物，参会者有的发呆、有的打盹、有的打手机、有的交头接耳；或“挂羊头卖狗肉”的会议，名为开会，实则游山玩水，凡此种种，记者都应对不良的会风提出批评。

这样分析后，我们即可看到，大多数会议都不用面面俱到突出所有要素，而只要根据具体情况突出其一两个要素即可。

三、会议报道要求

1. 做会议报道，最重要的记者意识是“提前介入”。在会议召开之前就全面了解会议的各种背景、情况，以做出选择和新闻策划。

有时可能你在会前写的东西甚至更重要。这篇报道会告诉读者，相关部门将召开什么会议，在会议里将讨论哪些话题，重点可能是什么，可能对读者有什么影响。人们正是借此倾注了注意力，实现了对公共事务的知情权。如果不知道政府官员们打算做什么，他们就没机会参与政府的事务。

记者应该在会议之前和之后问一些问题，弄清楚报道将怎样影响读者。美国一名记者就政府的一个招标会提出质疑：“一个议题是将就北街的扩建公开招标，我就会问这是什么意思？他们是想把道路拓宽？这是惟一一条把闹市区和旧住宅区连接起来的大路，他们打算把这条路的交通停止 8 个月吗？这就是官员如何花掉纳税人钱的计划，你应该发现它将对读者产生什么样的影响。”

2. 记者采访会议时，一般情况下，要自始至终参加会议，不应迟到、早退，做到认真听，认真记，认真核实，认真思考。只有这样，才能写好会议新闻，才能挖掘出会议以外的新闻。2003 年 4 月 20 日，湖南省《常德日报》记者去采访该市市委二届七次全体会议。会议主要内容是讨论通过推选出席省党代会党代表的方案及关于召开市委第三次党代会的决议。会议由市委书记吴定宪主持。会议的所有程序进行完毕后，吴讲了一个与会议内容没有多大联系的事，说的是，目前该市存在着领导干部跑官要官的现象。记者听后为之一震，于是，除写了篇会议报道之外，还以《吴定宪痛斥跑官要官者》为题，单独写了篇新闻，此稿刊登后，在社会上引起了强烈的反响。如果记者当时不坚持参加会议，而是拿了有关资料提前离开会场，是抓不到这条新闻的。

3. 注意捕捉线索会后挖掘。

一名美国记者告诫说"官员们在会上说的话是向公众表示的一种姿态，你能够得到的最好的引语是在会议结束以后。你可以在会后请他们解释他们说的话或做的事。"

这条建议也适用于在会上发言的代表。"一个人可能只说了30秒，但是在会议结束以后，他可能告诉你：'我的孩子需要一个安全的步行环境，因为两年前他曾遭遇过一次车祸。'如果那个人走了，你就不要在会场上停留，跟着他出去，这样才能得到这些追加的话。"

不管你在什么时候报道会议，都要看看官员除了对公众表态以外的东西，这非常重要。不要只写官员说了什么，要知道他们为什么要做这种评论或这个决定，以及这对读者来说将意味着什么。

《河南日报》2004年12月28日一版刊发的会议消息《全省发展和改革工作会议主题内容外的"新闻"(肩题)没有一位省领导出席会议(主题)》就是一个典型的例子。省委工作会议结束几天后，全省发展和改革工作会议召开，这是省长宣布"副省长一律不出席部门'总结会'"之后的第一个省直部门年度会议，各界对此非常关注。当会议召开，而省领导一个没参加时，记者立刻意识到这样一个事情背后挖一挖，也许新闻价值比会议内容本身更大。于是记者抓住不放，一连串采访加上精心写作，该消息成为当日各媒体的独家新闻。刊发后，新浪网、新华网等各大网站立刻转载。

同样，2004年6月13日，《河南日报》刊发的消息《下午就做出调整!》及其后续报道《郏县公安局局长、政委被免职》就是从会议上"链接"出的新闻。6月12日河南省公安厅召开一个学习任长霞同志的电视电话会，其他媒体的记者到会拿了材料，不等会议结束就走了，只有该报记者坚持到最后。当副省长、省公安厅厅长秦玉海最后做总结讲话时，严厉批评了郏县公安局领导工作不负责任，必须立即做出调整。记者捕捉到了这句个性鲜明的"题外话"，会议结束后立即跟踪采访，了解当地对此事的态度和处理情况，从新闻角度寻找题眼，反复与有关方面沟通，精心写作，经过六次修改最终定稿，推出了这条有特色的独家新闻。发表后，社会各界好评纷纷。

4. 以受众视角找会议报道的“亮点”。

再以《河南日报》为例。2004 年 12 月 21 日至 22 日，中共河南省委工作会议召开。这既是一年一度的常规会议，又是全省政治经济生活中的一件大事，会议将对全省明年的经济发展和社会进步做出全面的安排部署。会议前一周，河南省委主要负责同志调整，全省干部群众急于知道省委、省政府对明年大局如何安排，会有哪些关乎自己切身利益的新政策措施出台。按照往年惯例，省报按照省委的安排发一条长消息全面报道一下会议精神即可，但这次《河南日报》却发了四条消息、一篇评论和两个整版的“会议解读”。

会议开幕的第一天，新任省委书记徐光春在讲话中传达了省里的决定：从 2005 年起，将对全省所有县(市)免征农业税。省长李成玉在讲话中宣布：从现在起，省直各部门召开的本系统年度工作会议，副省长一律不出席，各市的分管领导也不再参加会议。《河南日报》立即抓住这两条全省上下共同关注的新闻，在次日的一版头条和二条做了突出报道，并配发评论《让利于民的莫大善政》。次日，参会记者又从省委书记的讲话中发现另一条新闻：除安全生产和国家法律规定的检查评比外，省直各部门原则上一律不准进行检查评比活动。同日，报纸又用两个整版的篇幅，对全省 2004 工作的主要成就和省里对 2005 年经济工作的安排做了要点突出、全面深入的梳理、解读性报道。

对于这些报道，读者反响强烈，一位省辖市领导说，《河南日报》的报道从大家共同关心的角度，将会议中的新闻、会议内容中对于不同阶层读者来说的“亮点”较好地报道出来了，我们回去将会议文件念几遍，也绝不会有这么好的效果。新闻界的同行说，《河南日报》的此次报道既有高度，又有深度，这说明，减少会议和领导活动报道并不是说“减”得越少越好，而是要从公众关心的角度，从读者需求的角度看会议，提炼新闻。①

5. 报道会议本身时，应注重现场观察。

写会议新闻也应当注意充分展示新闻文体生动活泼的美感。从某种意义上说，会议报道都应该是来自现场的即时播报。会议新闻所报道的事实本是一个个正在发生或刚刚发生的鲜活的、跳动的事实。记者的使命就是去观察、感受这些鲜活的事实，用文字记录下所见、所闻、所感、所思、所想，为此在报道方式的选择上，现场短新闻是首要的选择。而要写好这样的现场短新

① 清华大学国际传播中心，2005 年 1 月 4 日，《河南日报》编委会。

闻，记者要尽量让新闻中的人物说话，引语、独白、对白技巧的运用，常常是不可少的。因为这样才能增添现场感和情趣感，才能让事实流动、跳跃起来。例如：

集思广益编制好“十五”计划　国家计委问计于民

记者王政报道：冬日的北京寒气袭人，可在今天下午召开的国家计委“十五”计划问计求策座谈会上，一股浓浓的爱国之情，却把小小的会议室烘托得温暖如春。

“我国每年有几千亿元废旧设备报废，其中约60%～90%的废旧部件可以再利用。目前美国有3300个废旧部件再制造企业，1996年产值就达到530亿美元，欧盟从2002年起废旧汽车的可再生利用率将达到85%……”

“效益如何？”石家庄铁道学院教授易新乾话音未落，国家计委主任曾培炎就表示出浓厚兴趣。

“经济效益很好，社会效益也不错！”

“要注意防止出现新的假冒伪劣哦！”国家计委副主任王春正的提醒，引发了会场一片笑声。

……

（《人民日报》2002年12月16日）

关于会议报道，2003年3月28日中央政治局专门召开了会议，研究进一步改进会议和领导同志活动新闻报道等工作。会议指出，各级党委要高度重视这项工作，并把它作为一件大事抓实抓好。中央和国家机关要带头，各级领导机关和领导干部要严格自律，自觉支持新闻媒体改进报道工作。新闻单位要坚持正确的舆论导向，大力宣传党的理论路线方针政策，多报道对工作有指导意义、群众关心的内容，力求准确、鲜明、生动，努力使新闻报道贴近实际、贴近群众、贴近生活，更好地为人民服务、为社会主义服务、为党和国家工作大局服务。

中央政治局会议之后，各新闻单位立即行动，虽然时间不长，改进却很明显。许多地区的党委、宣传部门和新闻单位，采取了具体措施，制订了切实可行的制度，下决心改进新闻工作。北京市委要求，《北京日报》和北京电视台对书记办公会和重大会议报道，严格控制字数和时间，镜头多给基层，版面多给群众，市委、市人大、市政府、市政协多位领导参加的活动，市属相关媒体只综合编发一条消息，不分别发稿；出席会议、活动的领导同志名单能省略尽量省略。上海市委宣传部要求，对市委主要领导参加的会议，要挖掘会议和活动本身的意义，不在报道中突出领导个人，对市领导参加的日常工作和调研活动等，一般不作报道；鼓励编辑在版面上不断创新。

浙江省除省党代会、省人代会、省政协会议应作全面报道外，省委全会、省纪委全会、省人大常委会议、省政府全体会议、省政协常委会议，一般发一次消息，省领导在会议上的讲话，可综合在消息中，一般不另发；省委、省政府召开或批准召开的其他重要会议，一般发一次消息，省领导的讲话不另发；省里举行的重大活动、重要节日和纪念日集会，一般发一次消息；省领导下基层调查研究、督促检查、指导工作，一般不带新闻记者；党政主要领导对全局工作有指导意义的上述活动，省级新闻媒体可作报道。浙江省还提出，省领导不要授意新闻单位报道自己参加的会议和活动，或对新闻单位的报道规模、版面等安排提出要求；省领导的秘书及省级各单位均不得干预新闻单位的报道安排。

中央电视台“新闻联播”节目也有了很大改进，节目播报按新闻规律办事，以新闻价值排位，把基层的活动、群众的活动，把人们关注的消息，放在重要位置，受到观众好评。

会议报道改革起来不会立竿见影，要有一个渐进的过程，但相信一定会出现一个新的局面。

第五节　典型报道与成就报道

一、典型报道

有学者认为，典型报道是中西新闻报道形式中最重要和最显著的区别特征之一，其后有着深层的文化和政治底蕴。

作为社会主义新闻正面报道思想的代表，典型报道一直是新闻宣传工作中重要的舆论手段。一大批光彩夺目的先进人物、集体由于典型报道的推出，成为广大受众学习的楷模，有些人物甚至影响了整整一个时代。随着社会的变化，典型报道也走过了一条曲折之路。

“典型”，为一种艺术和美学的古希腊术语，原意是铸造用的模子，并派生出“理想”之义。典型即“最接近理想之型的具体之型”。一些美学家认为，典型与理想、模范的含义都很接近。巴尔扎克说："典型是类的样本。"

1942年4月，《解放日报》把吴满有多开荒、多打粮的消息登上了头版头条，这被视为中国典型报道的开端，一个普通劳动者登上了如此显要的位置。其后我国典型报道可谓是高潮迭起，董存瑞、黄继光、雷锋、焦裕禄、张海迪、蒋筑英、鲁冠球、徐虎、孔繁森、李素丽直至近期的任长霞，都是历来为百姓耳熟能详的典型人物。

什么是典型报道？甘惜分教授认为："是对具有普遍意义的突出事物的强化报道。普遍意义，是指代表事物的面要宽，影响要大，包含思想意义、教育意义、借鉴意义，它是成为典型报道的基础；突出，主要是指同类事物中最先进的事物，以及少数最恶劣的事物。典型报道的强化，有些是根据上级当时的中心工作或受众的反应，由新闻机构着意形成的。"①

刘建明教授认为："典型报道是新闻媒介选择事实、强调新闻事实社会意义的报道方式，多表现为经验新闻、先进人物新闻。典型报道是宣传性报道方式，即为了达到宣传推广的目的才在同类事物中选择典型的事例。"②

张威教授认为，两种定义实际上还未点明典型报道特定的生存土壤，即"社会主义条件下的新闻特写"③。因此，总结以上观点，可以这样看：

典型报道是社会主义新闻宣传性报道方式，指新闻媒体为强调新闻事实社会意义而在同类事物中选择典型的事例加以强化报道。它具备强烈的政治色彩和主观色彩，有教育指导性和推广性。

典型报道确实在其后的一系列社会主义国家的实践中发挥了巨大的作用，它将值得人们效仿的具有鲜明时代特色和广泛代表性的先进人物、先进事迹及具有教育意义的典型事件，介绍给受众，在发动群众、促进生产、引导舆论、规范社会道德等方面成效显著。

典型报道做好难度很大，难在何处？主要就难在一篇好的典型报道如何回答好重大问题。实践证明，能否回答重大问题，是典型报道成功与否的关键所在。因为典型报道的实质，是以具体、鲜明、生动的个性，来反映和展示共性，回答现实社会和人们关注的一些重大问题，是对现实生活作富有本质的反映、对社会舆论作富有示范意义的引导。

---

① 《新闻大辞典》，河南人民出版社1993年版，第154页。

② 《现代新闻理论》，民族出版社1999年版，第142页。

③ 《比较新闻学：方法与考证》，张威著，南方日报出版社2003年版，第400页。

典型报道的过程常常也是一个寻找时代精神的过程。典型报道的最紧要处、最感人处也是体现这种精神的东西。因此，典型报道就精神而言，应有所遵循，有所把握，应更具有时代精神或叫时代感。

《浙江日报》获得中国新闻奖一等奖的作品《台州三千“党代表”活跃在股份制企业》之所以受到好评，很重要的原因是较好地回答了当时各级党委和领导关心的一个重大问题——在市场经济下，非公有制企业党建怎么搞这个重要而又敏感问题。在当时浙江省非公有制企业面临大力发展的情况下，提出和回答这样的问题是非常有意义的。[①]

在实践中，典型报道有自己的策划与推广模式，以充分体现其教育指导性和推广性。

《天津日报》社长张建星在介绍他们的一次报道时说：

“2000 年秋天，为了一名落水儿童，天津 50 多位市民在子牙河搭起抢救生命的人梯，19 岁的青年大学生牛瑞亮和贾轩献出了自己的生命。当一些媒体将这一事件仅仅当作社会新闻报道的时候，《天津日报》和《天津日报》主办的《每日新报》记者，从开始采访到完成报道，都是把这一事件作为一个重大典型进行研究和策划，把这些普通的群众作为一个英雄群体，确定了系列组合、强势推出、言论引导的报道方案。连续一周多时间，消息、长篇通讯、重型评论，加上突出细节的特写，极为个性化的图片，多形式、多角度、全方位地报道这一重大典型，使读者通过我们的报纸，通过这组典型的强势报道，感受到一种升华了的英雄主义精神，一种升华了的城市精神。精神饱满了，境界提升了，典型推出了，我们这个城市也就更加光彩夺目，充满希望了。

那两天，洛阳纸贵，报纸零售量激增。参加全程报道的记者很有感触地说，这就是大道理、大典型、大新闻、大报风格，这就是两个效益双赢。”

有学者认为可以从以下三个方面概括在长期的新闻报道实践中所采取的典型报道的工作方法，即：从题材上来看，典型报道通常会紧扣时代脉搏，紧跟形势潮流，从现实生活中寻找能够集中体现有关宣传导向的人物或事件作为报道对象；从报道角度上来看，典型报道着重强调报道对象中所蕴含的具有震撼人心或发人深省的某一两个新闻价值点，以这种重点事实来表现报道对象的“突出性”；从报道组织上来看，典型报道非常重视报道强度，不管是报道的历时长度、采访深度还是作业人员规模、版面幅度，都远较一般新闻报

---

① 《新闻实践》，2001 年第 9 期。

道为甚。[①]

由于其历史背景和社会原因，典型报道也出现一些问题：如拔高、一般化、面目雷同、虚假、与读者不贴近等，特别在“左”的思想泛滥时期，一些假典型曾经造成很大的祸害，所以典型报道的名声不大好，至今有的人对典型报道还有怀疑。

它说明典型报道还存在不少问题：

任意拔高。为了配合形势，或增强宣传效果，脱离实际，凭空捏造，甚至采用一些文学化的创作手法，将众人的事集中到某一人身上，或张冠李戴、移花接木，总之把某人的一点优点说成完满无缺，把初步效果夸大为显著成绩，最后文中的典型必定是高大无比。

缺乏特色。任何典型都是在一定的历史条件下产生的，脱离了时代与社会背景，典型便失去了存在的根基。有些典型报道毫无时代和社会的特色，缺乏鲜明的个性，给人以远离现实之感，没有时代气息。由于舆论宣传的需要，有些典型报道常常只突出典型光彩照人的一面，淡化他作为自然人的生理需求、思想情绪等人性特征，缺少对其人文精神的关怀，以致造成了读者对典型在心理上的排斥，出现典型“可爱不可学”的尴尬情况。

隐瞒。不作整体考虑，不作全面报道，而是为了宣传的需要，将一部分事实甚至是重要事实隐瞒起来。

手法陈旧。写作公式化、概念化的现象十分突出：先进人物一定是不顾家庭不顾身体，工作努力一定是废寝忘食，科研入迷就是走路撞到电线杆上，克己奉公总是三过家门而不入，勤奋敬业最好是累倒或病倒在岗位上，反映某个单位的事迹，总是“党委重视、领导带头、齐抓共管、形成合力”。这种思维定势指导下的典型宣传。让人觉得可敬不可学。个性是新闻报道、更是典型报道的根本，共性融于个性之中，如果不能妥善地处理好个性与共性之间的辩正关系，就不可能写好典型报道。

典型形象要为读者所接受，必须突破固有模式的束缚，在增强典型的吸引力、说服力和感召力上做文章。可从下面几个方面努力：

一是改变“以我为主”模式，增强典型报道的吸引力。

典型是要吸引读者、引导舆论、教育群众的，不能板起脸来说教，把自己的观点强加于人。典型宣传要真正发挥作用，首先必须学会从读者角度思考

① 以上事例及观点见《新闻战线》，2001年第7期，《前沿关注》。

问题。

要用平视角度而不是“仰视”典型，克服文章空洞乏味、典型缺乏立体感的毛病。2000年度军区报纸好新闻获奖作品《有这样一个上等兵》，是一个比较突出的例子。从平常人的角度看，盛文赞没有突出的事迹，也没有过人的思想，甚至还像个“刺头兵”。文中有这样一段，说团里搞知识竞赛，连长许诺：谁拿第一，就给谁奖励。盛文赞等4人拿着了第一，连长却只字不提奖励的事。文章写道：盛文赞憋不住了。那天晚饭后，他把连长堵在饭堂门口：“带兵的要讲信誉，承诺过的事情不兑现，会降低你的威信，也会挫伤大家的积极性。连长你说，这次奖励要不要给？”连长一怔，直拍脑门：“唉呀呀，这两天实在太忙了，差点把这事给忘了。”从盛文赞这一堵一说，把新时期呼吸改革开放空气长大的年轻人的“闯”劲展示得活灵活现。类似这样的典型，推出来肯定会受到欢迎和认可。

二是改变“讳疾忌医”模式，增强典型报道的说服力。

因害怕损害典型的形象，而回避缺点、任意拔高、扭曲角度，甚至弄虚作假，是造成少数典型失真的主要原因。其实，瑕不掩玉，如实叙述典型的自身缺点和思想曲折，更能增强典型的说服力。事实的准确是典型报道具有说服力的前提和基础。具有说服力的典型，不仅要追求事实精确，而且要留有一定的余地。因为，只要有1%事实的失实，就可能会造成读者对典型100%的不信任。

湖北《楚天金报》刊登了这样一则消息：被科学界誉为“中国杂交水稻之父”的袁隆平，到武汉市汉口区与中小学生面对面交流。一个中学生说，他看过一篇报道，说袁院士累倒在稻田里还不放弃研究，非常敬仰。袁隆平连忙澄清：“别受误导，累倒还工作不值得提倡。身体才是最重要的。另外，我也从来没有累倒在田里，那是耍笔杆子的人杜撰……”袁隆平作为一位严谨的科学家，非常有分寸地否定了不顾身体只管工作的做法。

逻辑上的合理是增强典型报道说服力的必备条件。典型有其异于普通人之处，但是，这种差异是有限度的，不能为了突出典型形象，过分铺陈和渲染，造成逻辑上的不合理。

三是找准典型与读者的共鸣点，增强典型报道的感召力。

一篇典型报道要催人泪下、发人深省，就必须找准典型与读者的共鸣点，增强典型的感召力。

要注重细节的刻画和渲染。典型报道靠事实来说话，而事实需要细节来打动人。在典型报道中，在涉及可感性较强、能引起读者共鸣的地方，应把有血有肉的部分凸现出来。如《岗位作奉献真情为他人——记北京市二十一路公共汽车售票员李素丽》写道：对待一些不讲理的乘客，李素丽也是以礼待人，以情感人。有个小伙子上了车就往干干净净的地板上吐了一口痰。李素丽轻声提醒他不要随地吐痰。不想气呼呼的小伙子又吐了一口。这时，李素丽没有再说话，走过去，掏出纸把地板上的痰迹擦干净。在全车人的注视下，小伙子脸红了，下车连连道歉："刚才全是我不对，请大姐原谅。"

这个细节，非常生动地凸显了李素丽的不平凡之处，也是打动人的地方。

要反映典型丰富、复杂的情感。人类的情感具有共通性，报道如果能够准确捕捉人们心灵上的动情点，在典型身上折射和放大，就容易引起读者的强烈共鸣。

一些典型报道中，在感情叙述方面要么没有任何的感情色彩，是不食人间烟火的圣人；要么情感单纯得像白纸。对典型的情感曲折有时故意回避。比如，当年报道张海迪时，有的记者就把她因屡受挫折而自杀的情节略去。其实如果能恰当地把典型可能有的思想曲折和情感世界如实地展示出来，感染力肯定会有所增强。新时期的典型报道在这方面就有所进步。

另外要注意增强典型的理性色彩。典型要真正发挥魅力，更持久地打动人心，靠的是理性的魅力，要表现出相当的高度和深度，具有很深的穿透力和启发性。①

与五六十年代价值取向趋同、政治意念单纯、媒介形态的单一化不同，进入市场经济条件下的典型报道遭遇了新的挑战，呈现出新的特点。

首先是在题材范围上。如在报道对象有了新的扩展：一是群体增多，如有关济南交警、徐州下水道四班的报道、被树立为"社会主义精神文明建设先进典型"的张家港市的报道；二是典型事件报道增多，如对国庆 50 周年庆典、'98 抗洪胜利的报道等，还有一些舆论监督的稿件。

典型报道在题材范围上紧随时代而不断发展，使得这一传统的新闻宣传样式焕发出了新的生命力。

其次体现在深度上。从新闻的叙述能力及表现力上看，今天的典型报道比以往有了较大程度的不同。近年来涌现的众多优秀的典型报道，大多从方法论上对新闻报道给予了较大的调整，而这种调整的核心即在于日益趋向于

① 参见程家驹、曹星光《突破典型报道的传统模式》，《新闻与成才》2003 年第 5 期。

“深度化”。

深度化的典型报道具有新闻性、解释性、调查性和分析性的特点，已是一种深度报道。这种深度体现在写作方法上，集中表现为：一是塑造典型人物时，更多挖掘其丰富性；二是在叙述新闻事件时，更多探究事件的动因、展现事件的过程与背景；三是在传达新闻报道的启迪意义时，更多表现出不同思想内容之间的复杂的相关性，以及价值判断时的多种可能性；四是在题材的选择、鉴别、处理上，更多地考虑到新闻受众的接受心理，趋向于“新闻化”。

对典型报道现时和将来的发展走向，有学者认为：

一是科学、理性元素与典型报道更深地相融。在高举科学、理性旗帜的现代社会，过去那种“十全十美”的典型报道越来越遭到受众的摈弃。1999年第2期《新闻传播》上刊登了曹锋《我写马永顺的40年“情缘”》一文，记录了他随着时代的变化对英雄人物的认知和把握的心路历程。从砍树模范到植树模范，外在客观条件的变迁，使得典型的行为、内涵也会发生量变甚至质变。因此，以科学、理性的视角关注变化中的典型人物，才能使典型获得真实、持久的生命力。

二是典型形象的多样化。近年来典型报道所关注的典型形象开始从平面走向立体，从单一走向多样，代表不同价值取向的多样化典型形象不断涌现。除了体现社会主义时代真、善、美的典型，还披露了假、恶、丑的反面典型；除了宣传旨在树立楷模引导示范的“学习型典型”，还把目光投向一批蕴含着多种变革意义、启迪人们思考的“思考型典型”；除了褒扬体现社会主义精神文明和共产主义思想境界的“道德型典型”，还挖掘了一批突现改革进程中新试验、新问题的“探索型典型”，如关广梅、步鑫生、年广九等；除了以前表扬或批评的“单向度典型”，还出现了一些引起人们争议、众说纷纭的“双向度典型”。

还有一些新型的典型，他们的行为有时会引起很大的争议，甚至很难用是好还是坏来区分，客观报道他们的行为和经历所呈现的某种“现象”，并不是号召人们去向他们学习，而是要启发人们从他们的行为经历中进行思考，改变观念，调整自身行为。而这种典型报道对于实际生活的积极意义也是无可怀疑的。学者魏永征将其称为问题型的典型。

无疑地，新时期典型形象的多样化，与那种先进典型正面典型报道要求有很大的不同，要以更多的理性的思考、冷静的分析和实事求是、客观公正的态度。

三是更多地关注普通人，铸造“普通人”的典型时代。典型越是贴近生活、贴近百姓，就越能引发受众的共鸣，取得的效果就越大。在这方面，《中国青年报》的《冰点》专栏、中央电视台《东方时空》节目已发出了先声，使典型获得了新的诠释。

进入90年代以来，尽管典型报道的受众面有逐渐缩小的趋势，但不可否认，关于孔繁森、徐虎、李素丽、任长霞等先进人物的报道仍然取得了广泛、良好的社会效果。2003年抗击“非典”，也进行了一系列成功的典型报道。这说明，即便是在崇尚个性、价值取向多元化的现代社会，依然存在着某种共同的价值标准为公众一致认同，比如对体现时代精神的真、善、美的追求，对英雄人物和英雄主义精神的崇拜和向往。这就是典型报道生存、发展的社会基础。

二、重大节日与成就报道

重大节日报道属于重大事件报道的一部分，但因多涉及成就报道而引人注目，同典型报道一样，有明显的中国特色，因此单独介绍。

重大，是指具有政治意义的节日而言。一年中，有“三八”国际劳动妇女节、“五一”国际劳动节、“五四”青年节、“六一”国际儿童节、“七一”建党节、“八一”建军节、“十一”国庆节等，常年的有各种重大政治事件的发生等纪念日，政治人物的纪念日等等，像1998年的改革开放20年、1999年的建国50周年纪念日。另外，还有一些新设的节日，如教师节、记者节等，也因有一定的政治意义而渐为人们所重视。

这些重大政治节日的采访报道虽然具体要求不一，但从共性上说，有两个共同的方面。

1. 抓好纪念、庆祝活动本身的采访报道

对重大节日的纪念和庆祝，有关方面一般都要召开各种形式的集会、座谈、游行、演出等活动，记者既要注意深入现场观察，获取现场有价值的新闻素材，同时还要注意有关背景材料的收集，力求对不同的纪念、庆祝活动采写出各具特色、富有新意的报道。因为此类活动年年有，经常搞。可见，功夫在诗外。

做好两方面工作：准备工作要联系事前和事后，现场工作要观察台前和台后。

活动报道有一些模式化，想要出新很难，只好尽量在写得活泼上下功夫，多注重现场观察和细节描写。

注意在报道形式上下功夫，生动多样的形式同样可以产生吸引力。

2. 要有计划地抓好与节日有关的“成就”式的采访报道

好的成就报道往往能增强民族信心、增强社会凝聚力。

这也是媒体比拼的战场，因为“自选动作”的成份更大一些，可供发挥的空间更大一些。近几年，新闻策划的兴起，应该说与媒体倾力打造“成就”报道不无关系。为什么要策划？重大节日媒体是预先知道的，不是突发性事件。在这种情况下，媒体比拼的是什么？角度和力度。不能去年报道了几个模范党员，今年还是“老一套”。因此，大家就把重点落在策划和落实上。策划的好与坏，决定了报道活动的成败与否，然后，要投入大量的精力，甚至是财力、物力。策划好了，实施不到位，同样达不到预想的效果。

重大节日报道，常规动作不能有误，自选动作要早作安排，重要的是找角度、出新意。

成就报道可视为典型报道的一种，是社会主义新闻工作的特色和优势，被广泛运用于重要的领域及重要的时刻，在正确引导社会舆论和思想、鼓舞人民精神和士气方面，发挥着十分重要的作用。

因此，成就报道的采写应注意以下几点：

——要“新”。成就报道同样要讲求新闻性，最新取得的成就，事物在量与质上的新的变化，更能给人以震撼力。总是旧的、大家都知道的东西，就没什么新鲜感、吸引力可言，成就报道的“鼓劲”宗旨从何而谈？

——要“深”。成就报道实质上就是如何去发现成就、如何去看待成就。善于在社会这个坐标中审视一地所取得的成就，而不是仅仅停留在个体上，只有这样，成就所具有的意义、价值才能真正凸现出来。记者要胸怀全局、大处着眼，从整体上去把握。

——要“细”。成就报道最忌僵化、说教。要避免大而空的成绩累积、总结，而用客观的事实说话，让人觉得具体可感。《浙江日报》2001年元旦推出了“人均看浙江”系列成就报道即是通过一个个数据，来反映全省经济社会发展全貌的。其中有篇题为《浙江人“饭量”越来越小》的报道，列举的数字是：从1995年至2000年的6年间，浙江城镇居民人均每年购买的粮食数量从91公斤下降到77公斤，而2000年人均鲜菜的购买量达到了93公斤。也许老百姓对这些数字不甚了了，但对数字的演变带给人们生活的变化，是有切肤之感的。浙江人“饭量”小下去，正说明老百姓的生活越来越红火，食品选择的空间大多了。

——要"近"。成就报道选题与策划的视角要低下去，用老百姓的眼光观察社会，从老百姓看得见、摸得着的小事入手，让他们以亲身感受表达看法，更有说服力和感染力，能有效缩短成就报道与百姓之间的距离。

——要"活"。过于突出工作性，不活泼，是以往成就报道不太受读者欢迎的主要原因。因此，要让成就报道生动活泼起来，不断改变传统的思维定势，不断在语言、形式上创新。

以形式为例，《浙江日报》的宣传专栏《钱江浪花》就作了成功的尝试，令人耳目一新。如视角创新。《三问嘉善木业》一稿，三个设问点出了嘉善木业的奇特之处："一问：无木何以能成林？二问：有市缘何无场？三问：政府不出分文，何来6亿投资？"在报道义乌"浪莎"袜业时，记者也采用了独特的报道视角，让"浪莎"的竞争对手来谈"浪莎"的成功之道，显得客观可信。还有体裁创新。一篇叙述湖州一位下岗女工创业的报道，借鉴了电视节目的形式：人生A剧，主人公沈菊英，湖州城大名鼎鼎的连锁餐饮业女董事长；人生B剧，主人公沈菊英，湖州化肥厂普通女工；人生正剧，主人公沈菊英，一位改变着自己命运的浙江女性。此外，《钱江浪花》专栏还进行了新闻附件的创新，主要表现形式有：新闻链接、采访感言、个人档案、网上搜索、数字解读、新闻背景以及照片、图表等。2001年9月，国家有关部门公布了全国最具竞争力产品的情况，浙江百余种产品名列其中，在全国处于首位。然而，产品成就的报道容易走向两个极端：一是纯粹宣传产品本身，广告味太浓；二是报道产品制造过程让人看不懂。经过讨论，觉得围绕"让读者了解产生这些最具竞争力产品的有关背景以及这些产品对浙江经济发展的作用"这一思想进行报道，是个不错的主意。在形式上，借鉴了电视上常用的"三人谈"，通过近似聊天的形式，让读者在阅读报道时有身临其境、参与交流的亲切感。这样的报道就生动活泼得多。于是，《浙江日报》推出了3篇"三人谈"报道，受到了读者的好评。[①]

成就报道成功的例子很多，如建党80周年报道、建国50周年报道、迎接新世纪报道等等。以媒体对建党80周年的报道为例：

同是关注党史，《人民日报》从6月25日起连续推出专栏，全面回顾，史料和新闻相衬，历史与现实并重，和它的地位很相符；行动最早的是《哈尔滨日

---

① 参见《新闻界》1998年第3期。

报》，他们在年初就开始策划，3月初开始实施《辉煌80年 沿着党的足迹走》，遍访革命圣地，厚古不薄今，介绍了这些老区改革开放以来取得的成绩，以事实说话，没有口号，没有歌功颂德的语言，但“不着一字，尽得风流”，这个策划开风气之先，随后多家媒体模仿。

同是写革命先烈，《中国妇女报》5月15日起专门介绍女英雄，而《北京青年报》则高人一筹，4月起即在一版固定位置推出《80位共产党人的故事》，约请国防大学徐焰教授撰文，一天一篇，大标题，大图片，分“生平”、“背景”、“故事”三部分，上面有一栏倒计时，距离建党80周年还有几天，这是一些报纸的老招数，它会形成阅读习惯和心理期待，像是有规律的鼓点，重槌落在最后的高潮处。整个报道结束后，反响十分强烈，据央视新闻报道：北京出现收集这个专版的热潮。

同是写普通人的，也有很多很好的栏目，如《我身边的共产党员》、《党的光辉照我家》（《新民晚报》的摄影专版，从普通家庭的角度报道，平实），《向党说说心里话》（普通读者的心声）。北青报7月1日推出的《献给党的80个祝福》，有图有文，10人一组，一个版一个主题，表现了80个普通人对党的深厚感情，有儿童、老人、售货员、盲人、学生，当然还有名人，王选、毛新宇、奚美娟及外国人，营造的气氛非常好。写事的也很多，如北京电视台的《1949年的今天》，就非常新颖。

建设成就的报道，好点子就更多了，《新中国的第一次》、《我身边的50个变迁》，吃、穿、住、行、用，无所不包，都是老百姓喜欢看的。

建国50周年，《天津日报》一天拼出30个新闻版，最后为历史博物馆所收藏。

第七章 科技新闻的采访写作

科技与科技新闻
科技新闻的追求与作用
科技新闻的分类及特点
科技记者业务素质的认识
科技新闻的获取
科技新闻的写作

第一节 科技与科技新闻

著名学者、被誉为近代实验科学始祖的弗兰西斯·培根曾说过：知识的力量不仅取决于其本身的价值大小，更决定于它是否被传播以及被传播的深度和广度。我们因之能认识到科技新闻的重要性。科技新闻不在于仅仅报道科技界的动态，它还承担了更为重要的使命。

科学知识与技术发展的历史，与人类发展的历史相伴相随，成为其不断前行的"第一推动力"。然而正如上所说，科学技术知识要发生作用，还要取决于它是否被传播及被传播的深度与广度，在这中间，科学技术的传播可以说是居功至伟。如果中国的"四大发明"没有流传至欧洲，如果西方先进的技术没有流传到中国，如果……如果这种如果成立，人类历史将被改写。

早期的科技传播当然是口口相传的；在印刷术发明以前，是以手抄形式出现的。有观点认为，可以认定文字出现后就有科技新闻的雏形出现，因为文字记录的科技信息有一些新闻要素，如：时间、地点、何事等。如果以这种观点来看，最早的科技新闻可能出现在埃及、中国，《周易》、《诗经》等都记录过类似的信息。甚至有人认为象形文字的出现，最初就是为了人类记录自然现象的，后来才出现了意义抽象的文字，用以表达更复杂的情感和相互交流。

也就是说，在报刊出现以前，科技新闻的写作与传播实际上已经存在并发展了相当长的阶段，大量存在于书籍、论文等中。

15～16 世纪近代新闻传媒在意大利出现后，科技新闻即成为这一时期报刊新闻的重要品种。例如当伽利略制造出天文望远镜时，就在 1609 年 9 月 4 日的《星际通报》上公布了他观测的结果，轰动了整个欧洲。1701 年，荷兰阿姆斯特丹出现了以报道科学和文学为主的《荷兰科学新闻》，出现了“科学新闻”这样的词语。

工业革命后，科技新闻已成为大众报刊上最重要的内容之一。19 世纪后期，科技新闻渐渐从书籍、论文、学术报告中脱离出来，形成了自己的特色，即集中关注科技发展及其对人类生活的影响。

20 世纪，科学技术突飞猛进地发展，科技新闻的传播对科学的发展起了越来越直接的作用；科技新闻在量上较之以前有了显著的进展，科技新闻也越来越成为普通大众阅读的内容，出现了大众化的趋势。

20 世纪中期，很多媒体设立了专门的科技新闻采写部，有了一大批专业的科技新闻记者。我国也在 50 年代创办了一批科技专业性媒体，在质与量上都有可观的进步。

一、定义

记者最难采写的新闻是什么？大家公认科技新闻必是其中之一。对什么是科技新闻，国内有不同的理解，最常见的一是狭义的科技新闻，指“科技成果及其运用的报道”；二是广义的科技新闻，“科技新闻是科学技术领域新近发生的事实的报道。”

现有学者在广义的基础上，对科技新闻的特点加以突出，如“科技新闻是对新近发生或发现的科技事实、科技现象所进行的科学性、知识性的报道”①。这个定义指出，科技新闻应对所报道对象中蕴含的科学性、知识性成分进行揭示，实际上是对科技新闻某些特点的一种强调，也无不可。

其他如：“科技新闻是对科技成果、科技人物、先进经验进行报道的新闻活动”、“科技新闻是新闻机构对科学与技术领域最新研究成果的报道，它要

① 程道才编著：《专业新闻写作概论》，中国广播电视出版社 2002 年版，第 137 页。

求迅速及时，真实可靠，以事实说话，具有传播速度快、覆盖面广等特点”、“科技新闻，是运用新闻的形式通过有关媒体向大众传播的科技信息和科学知识”等均与此类似。

二、媒体在现代科技发展中的定位

在大学里做过这样的课堂调查：普里莫·罗费斯国际奖？杨焕明、于军？卡尔·萨根？沃尔夫奖？几乎没有学生能回答。

卡尔·萨根是美国康奈尔大学行星研究中心主任、大卫·邓肯天文和太空科学研究会教授、加州理工学院喷气推进实验室出色的科学家、世界著名的科普作家，他被誉为惟一能够用简单扼要的语言说明“科学是什么”的科学家，他是20世纪最有影响的人物之一。他自编、自导、自演的大型科学电视系列片《宇宙》轰动全球，被翻译成10多种语言，在60多个国家放映。与电视片配套的《宇宙》一书，曾列在《纽约时报》畅销书排行榜上长达70周之久，在美国先后印刷了42次，另外还有31个国外版本。在美国，卡尔·萨根的知名度超过了影星、歌星，甚至国家领导人。在1991年美国青少年中进行的“十大聪明人”评选中，他的名字列居榜首。

他的优秀科普作品《伊甸园的飞龙》曾获美国普利策奖。我国近期出版了他的《暗淡的蓝点》(上海科技教育出版社2000年版)，但知道他的人仍然很少。

普里莫·罗费斯国际奖是享誉全球的科普界最高荣誉。该奖于2000年12月18日在意大利海滨城市特里亚斯特举行颁奖仪式，将1999年度的大奖授予“中国电视科普带头人”、武汉电视台台长赵致真。这是该奖项设立10年来第一次由中国人获得。

中国基因研究专家、中国科学院基因组信息学中心暨北京华大基因研究中心主任杨焕明，2002年11月18日被《科学美国人》杂志评为“年度科研领袖人物”。一同分享该荣誉称号的还有瑞士先正达公司的斯蒂芬·戈夫、美国华盛顿大学基因组中心的于军。他们因“在水稻基因组测序研究中发挥的领导作用”而获得这一荣誉。

沃尔夫奖是具有极高学术声望的多学科国际奖，主要是奖励对推动人类科学与艺术文明做出杰出贡献的人士，每年评选一次，分别奖励在农业、化学、数学、医药和物理领域，或者艺术领域中的建筑、音乐、绘画、雕塑四大项目之一中取得突出成绩的人士。沃尔夫奖具有终身成就性质，是世界最高成就奖之一，1978年开始颁奖。吴健雄、陈省身等四位华裔得过此项大奖，“杂交水稻之父”袁隆平2004年获得此项大奖中的农业奖。

这些信息很多人包括大学生都不知道。

党的十六大提出了全面建设小康社会的奋斗目标，把提高全民族的思想道德素质、科学文化素质和健康素质列入实现小康社会的具体奋斗目标。十六届三中全会又提出了“以人为本”、“全面、协调、可持续”的科学发展观，把公民素质看作是国家竞争力和社会进步的核心动力。公众科学技术的素质不仅影响国家的竞争力，而且影响国民对科学技术的态度和对科学技术事业发展的支持程度、科学世界观和价值观的形成。联合国教科文组织1995年发表的《世界科技报告》指出：“发展中国家的差距，从根本上说是知识的差距，人才和劳动者素质的差距。”2001年2月，联合国教科文组织制定了“提高全人类科学技术素质手册”，呼吁世界各国重视普通公民的科学技术素质水平。2001年的中国公众科学素养调查报告显示：每千人中只有14人具备基本科学素养。据了解，美国公众的科学素养水平1990年时就已达到6.9%，欧共体国家1989年时达到4.4%。当然国内一些发达地区居民的科学素养已有显著的提高：北京2002年5月的调查表明，每100名北京人中有6.6人科学素养水平达标，略低于美国1990年的水平。中国科协进行的2003年“中国公众科学素养调查”结果显示，我国公众达到科学素养水平的比例为1.98%，比2001年的1.4%增长0.58个百分点。

可是，仅仅依靠呼吁崇尚科技、重视科技，并不能必然地带来全民科学素养的提升。科学知识的传播扩散通过三种渠道，即科学界间的交流(从科学家到科学家)、在教育领域的传播即科学教育(从教师到学生)、在公共领域的传播即科学普及(全社会，涵盖了前两者)。发达国家的历史经验以及相关比较表明，提高全体国民科学素质的主渠道、主阵地在于学校正规的科学教育。而在科学普及活动中，随着大众传播手段的发展进步，尤其是电视、互联网的发展兴起，以及社会公众对科技发展知情权和参与权的普遍愿望，大众媒体的身影已经越来越多地出现在当今科普活动的前台。北京大学科学传播中心教授吴国盛说：科学与公众之间是有鸿沟的，需要架起科普桥梁，科学家和媒体要担起这一责任。

随着时代的发展，科学普及活动有了新的内涵。对发展到21世纪的科技来说，其生存、发展及社会功能的发展，必须依赖于公众对它的理解。对生活在21世纪的公众来说，无论是各种社会的选择，还是个人的生活方式都要求对科学有一个基本的理解。科学不仅仅是一系列成体系的知识，更是一种对现代社会有重要作用的社会活动。依靠科学家个人的兴趣及科学家背后的赞助者的慈善来支持科学发展的小科学时代已一去不复返了，代之而起的是高度依赖社会支持的大科学模式。科学不再仅仅是科学家的科学，而变成了全社会的科学。公众不仅要学习科学技术知识，还要不断关心和审视科学的发展，监督科学领域的科学研究。媒介依然是重要的桥梁。

让公众理解科学是国际科学传播界的一个重要口号，要让公众理解，首先需要让传媒理解。中国科普研究所研究员李大光把科学传播的渠道比作一条河：上游是科学家，中间是媒体，下面是公众。科学家研究创造出来的，需要通过媒体承上启下或转换过来。新闻媒体不可能为公众提供他们所需的所有科学知识，但其巨大的影响力、传播的快捷性等却是其他科学普及手段所难以替代的。

媒介人士的科技素养如何呢？很遗憾。大众媒体在科学传播中的作用应该是最为突出的，但近年来，大众媒体出现了许多真伪不辨、错误百出的科技报道，新闻记者同样存在科学素养低下的问题。据中国人民大学舆论研究所的调查：我国具有大专及以上学历的新闻工作者中，91.5%的人所学专业为社会、人文学科，其中，30.6%的人为新闻专业（含广播电视专业），还有4.7%的人为外语专业，56.2%的人为其他文科专业；毕业于理工农医专业的人占我国新闻工作者总数的8.4%①。中国的高校里极少有科技编辑专业，这些专业出来的学生也多在学术期刊、科技信息研究机构就职；普通新闻媒体的编辑记者通常理工科基础知识有限。

科技新闻记者不仅要有较广的知识面，还需要对科学精神有一定认知。而在大家都拼命追求轰动，新闻的真实性都难以保证的今天，如何做到真实性与科学性的高度统一？结果是把完全缺乏科学根据的东西当科学推荐给读者的错误也会出现。

例如73岁的袁隆平获得2004年度沃尔夫农业奖，和吴健雄获奖时是在美国哥伦比亚大学、陈省身获奖时是在美国伯克利加州大学不同，袁隆平的工作是在中国本土进行的，从这个意义上讲，他的获奖显得更加可贵。但国内的报道出乎意料地迟钝，只《湖南日报》次日刊发了一则不到300字的短讯。

---

① 中国新闻研究中心，《我国新闻工作者职业意识与职业道德抽样调查总体报告》，2002年7月27日。

对在各自领域内获得最高奖的科技人员，我国媒体反应之冷淡实在让人难以理解。难怪有人要质疑国内媒体的科学报道。

但媒介在今天却承担了极其重要的科技传播职责。北京大学教授吴国盛认为，中国目前已经出现了一个庞大的科学传播行业，这个行业主要分为三个部分：一是社会传播活动的组织管理者(政府人士)，二是运用媒体或其他方式职业从事科学传播工作者，三是科学普及创作者，主要是科普作家。以往人们普遍认为科普作家是科学传播的主体，但值得注意的是，现在科学传播的主体正在转向第二类，即在电视、广播、网络、报纸、杂志、出版社、戏剧、电影等媒体中专职从事与科技有关的报道、评论和演绎工作的人员，以及在科技馆、博物馆、天文馆、展览馆等专职从事与科技有关的布展、分类、讲解工作的人员。所以提高这部分人的科学素养尤其重要。

调查也证明，媒体对于提高公众科学素养非常重要。2003年中国科协中国公众科学素养调查课题组对我国公众获得科学技术信息的渠道以及参与科普活动情况也进行了调查。调查结果表明：电视是我国公众获得科技知识和科技信息的最主要渠道。高达93.1%的公众通过电视获得科技知识和信息，比2001年增长了将近10个百分点。报纸、杂志或刊物也是我国公众获得科技知识和信息的主要渠道。我国近七成的公众通过报纸获得科技知识和信息。通过广播获得科技知识和信息的公众比例大约占1/3(31.9%)。比2001年提高了两倍(2001年为10%)。通过因特网获得科技知识和信息的比例仅有5.9%。有调查显示，科技新闻是吸引民众上网的主因之一。

清华大学传播学院李希光教授说，美国20世纪100大世界新闻排名，科技新闻占37%，政治新闻30%，战争暴力新闻20%，体育新闻2%。中国科协的排名，对政治新闻感兴趣的最多(占39%)，其次是科技新闻(占37%)。

但现在我国的媒体在这方面的努力并不够。譬如我们没有把电视这个无与伦比的传媒真正用好。在现有的电视节目中，科技节目所占比例大约不到播出总量的1%。目前，全国有上千个制作电视剧的民营公司，却几乎没有生产科教片的公司。“中国人当然需要从电视中得到愉快和享乐。但作为一个科学文化仍然十分落后，面对激烈国际竞争的发展中大国，寻欢作乐是否应该适可而止？真正的‘快乐大本营’也许是科学。没有综合国力的强盛和民族素质的提高，我们在这个世界上就不可能有持久的、可靠的欢乐。”这是武汉电视台台长赵致真获奖时的感言。

大众传媒对人们日常生活的影响力是空前的，因而也必然会成为科学传播的生力军。吴国盛教授说他曾问过好几位中国科普界的老前辈，如果用10个亿来搞科普，应该如何花这笔钱？科学家们在思考片刻过后，几乎都认为应该先办一个电视台，或者投资制作电视节目。可见大众传媒成为科学传播的主力军已成共识。

曾获得诺贝尔奖的白川英树先生认为："在这个科技迅猛发展的社会里，大众是需要科普知识的，而媒体是传播科普知识的最好的渠道，所以进步的社会需要科学报道和科学记者，这是衡量社会进步程度的标准。"

第二节　科技新闻的追求与作用

在知识经济时代，科技传播无论对科学技术本身的发展，还是对科学技术的应用，都具有基础性的作用和"服务"功能。科技传播可以帮助科学家及时获取最新的科技情报，是培养科技人材的基本手段之一；技术的推广和应用则是使科学技术产生社会经济效益的前提；而在整个社会范围内有效普及科技知识，可以提高广大民众的科学素养和科技水平，为科技知识的广泛应用奠定坚实的社会基础。可以认为，科技传播与技术创新、知识应用一样是知识经济所必须依靠的基本过程之一。一旦科技传播遭遇障碍，将严重制约科技创新的质量与效率，阻碍科技成果的应用，从而减慢社会和经济发展的步伐。

人类的历史证明了这一点。自有人类始，就有"科技新闻"，此话虽过于绝对，却也不无道理。人类本来就是在认识、适应和改造自然的过程中成长发展的。人类向前迈出的每一步，科技以及为科技的传播与普及起巨大作用的科技新闻都功不可没。可以肯定地说，任何忽视科技传播发展的做法都将是极其危险的。

科技新闻的重要，不仅体现在它的"信息传递"价值上，更重要的是，它还有教育作用。有些新闻，报道者更多的只是传递一种信息，只要及时、如实，受众就满意了，就像气象信息、交通信息。但，任何一篇科技报道，都会给受众带来或多或少的知识收获。同时，它还有社会价值（帮助受众树立正确的科技观念，培养科技技能等），最后还有审美价值。在满足受众好奇心的同时，使他们得到了一种愉悦，领略神奇的自然之美、科技之美。

"世界上有两件东西能够震撼人们的心灵，一件是我们心中崇高的道德标准，另一件是我们头顶上灿烂的星空。"德国哲学家康德这样说。科学的目的在于揭示自然的奥秘，反映自然的规律。科学美的实质在于反映自然界的和谐，科学（科学实验、理论、公式）之所以美，首先在于它能够把握客观实在，反映自然界的内在和谐。爱因斯坦曾指出：要是不相信我们的理论构造能够掌握实在，要是不相信我们世界的内在和谐，那就不可能有科学。自然的和谐与统一决定了科学理论的和谐与统一，是大自然的和谐之美决定了科学理论的和谐之美。欧几里德的几何学，爱因斯坦的相对论，普朗克的量子论等等被人们称为“科学的艺术品”，决不是没有道理的。

随着我国科技与经济的蓬勃发展，科技新闻已成为新闻大家族中具有活力的角色，比重日渐上升，其深厚根基即在于科学技术对社会发展和人类生存的重大影响。当今世界，科学技术的飞速发展深刻地影响着人类的生活方式。大到人类登月、复制生命，小到“拇指经济”（短信），有人说“科技以人为本”正越来越演变成“人以科技为本”。

这种紧密的关系促成了我们对科技的崇拜，“科技信息”都是好的，都应当向公众传播。实际上这是很值得思考的。只有弄清楚该传播什么，才谈得上如何有效地传播。如果传播者不清楚科学本身是什么，不但可能欲速不达，还可能南辕北辙。近些年科技报道中出现的大量伪科学及夸张性报道，都与科技新闻从业者对科学本性不够理解有很大关系。

有学者指出，当前媒体在科技报道中频繁出现事实错误，但这还不是最严重的问题，更严重的是有些传媒的科学观念陈旧，在科技报道中一直传达着错误的科学形象，这种看法非常深刻。如把科学传播的使命单纯地理解为提高生产力、为经济建设服务，显示出过分实用化的倾向。另外，媒体在介绍科学和科学家时，也一直喜欢走两个极端：要么过分夸大、神化科学，迷信科学家的所有言论；要么科学猎奇心太重，热衷于宣传超科学、神秘现象，为伪科学泛滥推波助澜。而有的媒体又会出现反科学情绪，如在报道克隆技术的过程中，一些媒体和记者的观点就过于片面。

我国科技传播的宗旨是“弘扬科学精神、传播科学思想、倡导科学方法、普及科学知识”。可以看到，除了传播科学知识和科学技术，还应传播科学精神和理念。科普工作和科技新闻报道并非仅仅是为了单纯提高生产力或劳动生产率，科学传播最主要的动机还在于提高国民的素质。

像“法轮功”事件本身也充分说明，科学素养不只是科学知识多少的问题。中国近些年伪科学的泛滥也说明仅仅致力于科学知识的传播还不行，要致力于传播科学精神。只有摘掉科学头上的神圣光环、还科学的本来面目，科学才能健康发展，社会才能健康发展。因此，可以从两个层面来理解：

首先，科学知识的传播和普及是科技新闻永恒的主题。

科技新闻对传播科学知识的追求，体现在：一方面，通过大量事实和评论，向人们提供科技信息、推广科技成果和科技政策，使人们强烈地意识到科学技术对人类生活、社会发展的重要意义；另一方面，使受众理解知识并使他们体验到科学探索的智趣，科技新闻中蕴育的智慧，用生动的事实揭示科学家的聪颖和努力。也就是说，科技新闻不仅要为受众提供科学事实，也要提供认识自然的方法，使他们领悟到知识的美、智慧的美、科学的美。

但是，当人们感受着由于科学发展而带来的生活的改变时，讲究现实性的公众常常只看到技术，而看不到科学。近年来高工、教授、博导陷溺于邪教的事情，还是发生了不少。对于这种现象很多人大惑不解。其实这至少说明，只满足于知识和技术的灌输，却大大忽视科学方法的传授，忽视了科学精神的培养，将导致许多人处于"有技术却不懂科学"、"有知识却没有文化"的状态中。

谈到科学，不能仅仅认为只有那些既成的具体的科学知识才是它的全部。与科学知识相共生的科学精神、科学文化、科学方法、科学态度，也都可以被认为是科学整体的重要的组成部分。对于广大公众来说，后一部分内容甚至更加重要，只有理解了这些内容，才能够更加深入地理解科学究竟是什么和科学究竟意味着什么。

事实上，科学上的每一次进展并不仅仅给人类生活带来种种变化，更重要的是给人类思想带来了强烈的冲击，也改变了人类观察世界的眼光。爱因斯坦精辟地道出了科学对于人类的深刻影响："科学对于人类事务的影响有两种方式：第一种方式是大家熟悉的，科学直接地、并且在更大程度上间接地生产出完全改变了人类生活的工具；第二种方式是教育性质的——它作用于心灵。"

科学技术的发明，不仅意味着一种强大物质力量的出现，也往往带来全新的思维方式、全新的世界观，形成更为强大的精神力量。

其次，传播科学精神、科学方法、科学思想，也即传播一种理性意识、批判意识，是科技新闻的最高追求。

科学家竺可桢在他的《利害与是非》一文中指出，只看重科学带来的物质文明，却没有培养供科学生长的科学精神是不行的。学习了一些科学知识并不能解决根本问题，因为科学在缺乏"科学空气"的地方不可能健康地发展。

这种科学空气就是科学精神。

《科技日报》资深记者郭梅尼认为，形成某项科技成果的技术过程，只反映这一个别事物的面貌，它的读者面也是极狭窄的，而科学思想、科学精神和科学方法，却能反映科学领域中的普遍规律，对广大读者都有启发。

当我们颂扬科学技术的伟力时，必须谨防走进科学神话，认识到许多问题并不是科技所能解决得了的，经常要用怀疑和反思来看待科学本身，而不是盲目地、无条件地信奉科技的功效。科技的传播不仅仅是宣传科学技术的好处，教给公众知识，还要让公众了解科学技术的全部，包括科学技术可能造成危害的一面，帮助公众理解科学的局限性和技术的负面效应，促进公众在科技与社会、科技与人的关系中全面理解科学技术。"科学运行在科学精神之中"，通过科技的健康发展来解决现实世界存在的问题，才能保证人类既能够不断获得科技带来的好处，又能够活在一个公正、合理、道德的社会中。

中国科协第五届、第六届主席周光召院士在《2000 年中国国际科普论坛开幕式上的讲话》中说："在当代，一个国家的科技文化水平，不仅体现在它的科技成就上，而且体现在其公民的科技文化素质上。科学技术的发展，既要依靠科学家和广大科技工作者在科技高峰上不断攀登，也有赖于公众对科学技术的理解、应用和支持。对科学技术普及是以提高公众科学文化素质为目的的科技传播活动，她的根本任务，是把人类已经掌握的科技知识和生产技能，以及从科学实践中升华出来的科学思想、科学方法和科学精神，通过各种方式和途径，传播到社会的各个方面，为广大群众所了解、掌握，以增强人们认识自然和改造自然的能力，并帮助人们树立正确的世界观、人生观和价值观"。

中国科学院院长路甬祥在第 6 届"科星新闻奖"颁奖会上告诫说，要宣传科学发展史，不要光把科学当作新闻来炒作；在宣传科学成就时，不要只关注结果，要反映其研究过程、采用的方法及科学求索的精神。"希望新一代新闻工作者像新闻界前辈范长江当年深入西北那样，深入科研工作第一线，与科学家交朋友，沉下去，做长期积累，成为科学'知音'！"

前国家科技部部长朱丽兰也撰文指出："法轮功"事件的发生充分表明，尽管我国已经进行了数十年辩证唯物主义和历史唯物主义的思想教育，但科学精神并没有完全成为照亮人们心灵的灯塔，迷信的恶魔仍会在特定的环境下死灰复燃。一些高级知识分子迷信"法轮功"的事实也说明，科学知识并不等于科学精神，有科学知识的人不一定有科学精神。人类即将迎来新的世纪，尽管我们深信科学和理性终将成为新世纪的主流，但人类仍无法认识一切宇宙自然现象，愚昧和迷信也不会自然而然地消逝。新闻界特别是广大科技新闻工作者应当在弘扬科学精神中发挥更加积极和重要的作用。

媒体做学术界与公众之间的桥梁、让公众对科学有公正客观的了解，是极有意义的。很难想像一个科学素养极差的社会能够制订出良好的科技政策。有人说我们不能把科技发展方向的决定权交给极少数高技术企业董事长和政治家，与科学界进行充分交流、正确对待科学是关乎每一个人利益的事情，获取这方面的信息是我们每一个人的需要，身为公众的每一个人的需要，这是十分有道理的。

我国的科技新闻在这些方面做得还不够理想，一般动态性报道多，分析性启发性的东西少；介绍一般科技知识的多，有针对性地系统宣传科学理论与思想、精神的文章少。较重视科技宣传的实用功能，轻视科技宣传的教育功能。如只强调科技宣传通俗易懂，深入浅出，而忽视科学理论与思想的传播，在从根本上消除封建迷信和伪科学的消极影响，帮助人们科学意识的觉醒和科学素质的提高方面做得还不够。

第三节　科技新闻的分类及特点

一、分类

理论界对科技新闻的分法种类多多，综合起来大致可归为：

1. 科技成果类。科技成果指"为解决一种科学技术问题，经研究、实验、试制或调查、考察、综合分析而得出的，并通过技术鉴定或评审具有一定新颖性、先进性和实用价值（或理论价值）的结果或重大项目的阶段性成果。"这种成果应具有研究性、科学性和实用性的特点。没有实用性，不是完整意义上的科技成果。[①]

科技成果按使用价值，可分为理论性科技成果和实用性科技成果；按成果存在的形态，可分为论文型科技成果和实物型科技成果等。对科技记者来说，为了让受众更准确地理解科技成果，最重要的是认识科技成果的使用价值，理论性的成果多是对认识论和方法论的突破，较难为受众理解；实用性的

① 刘建明、胡钰等著：《科技新闻传播导论》，中国财政经济出版社 1999 年版，第 2 页。

成果直接作用于生活，更容易为人们所感知。

科技成果的报道，不能为报道而报道，仅抽象地讲成果的运作机理，而要着重突出其价值，让受众了解其作用。为什么社会需要它以及它会产生什么作用？比如，它与该领域原有理论的关系？是否已得到认可？在实际运用中的有否不适应？如何克服？等等。

2.科技人物类。报道对象是以科学技术研究为主要任务的工作者。他们的明显特征：以科学技术研究为主要任务，具有较高的知识水平（不仅仅指学历高）。有人将其分成学院型（高等院校、科研单位）、企业型（工农等行业生产第一线）、军事型（国防领域）等。

报道科技人物，要着重介绍他们在相关领域所作的工作及取得的成就。

同时，我国对科技人物的报道，还较多集中在对其精神的报道，对科技人物精神的挖掘与升华。一般凸显他们执着的钻研精神、无私的奉献精神、严谨的科学精神。较为突出的如《让历史记住他们》，颂扬了中国研制“两弹一星”的群体科学家那种科学、协作、爱国的精神。

3.科技社会活动类。包括科技政策类和科技领域调研、交流、管理等活动类。如《国家中长期科学技术发展纲要》(1990 年～2000 年～2020 年)的制定；科技体制改革原则的制定，“稳住一头、放开一片”：稳住少部分从事基础性研究、高技术研究、重大科技攻关和重点社会公益性研究的队伍，由政府统一组织，放开大部分从事科技开发、服务的机构和人员，以市场为主要调节手段。

媒体传播科技政策，具有广泛性、时效性，但准确性、权威性较弱。因此首要任务，要追求准确体现、有效传播，让公众真正了解政策的必要性、解释其抽象性（有人形象地称之为抓颁布环节），获得公众的认同，督促政策的实施（即抓落实阶段）。

例如美国的科学素质计划。1985 年 6 月，美国开始了一项长达 76 年的中小学全面普及科技教育的计划——“2061 计划”。要用几代人的努力，在哈雷彗星下一次回归时，使美国“人人具备科学素质”。1988 年美国科学促进会完成第一阶段任务，并发表了《为全体美国人的科学》的报告，对中学毕业生在科学素质方面要达到的目标做出规划。1993 年，美国科促会又出版《科学素质的衡量标准》，把《为全体美国人的科学》中的目标转化为二年级、五年级、八年级和十二年级结束时的学习目标。目前，“2061 计划”的第二阶段正在进行。媒体的传播就要根据各阶段的特点进行。

我国科协也将会同有关部门共同启动《全民科学素质计划》研究。其目标是，到中华人民共和国建国100周年之际(2049年)，使18岁以上的全体公民达到预期的科学素质。《全民科学素质计划》对不同人群和部门制定了8个行动子计划，即党政干部和公务员科学素质行动计划、青少年科学素质行动计划、企业员工科学素质行动计划、城市社区居民科学素质行动计划、农村干部和农民科学素质行动计划、大众传播媒介科学素质行动计划、科学技术教育公共设施行动计划、科学技术教育作品创作出版行动计划。媒体应根据计划的实施情况予以报道。

4. 科技珍闻类。如大家熟知的UFO、神农架野人、喀那斯湖鱼怪等。大多尚无定论，但受众很感兴趣。

二、特征

1. 科学性。科技新闻报道有其自身的特点，在报道过程中，坚持报道内容的科学性是第一位的，它是保证报道真实、准确、客观的基本前提。新闻报道要讲求真实性，但科技新闻报道的真实性又有特别之处，科技记者应清楚：报道对象的真实并不代表其中蕴涵的科学原理的正确，即事件的真实性不能等于事件的科学性。例：

(1)涉及基本原理，如喧嚣一时的水变油、酒变油，永动机等。只要对科学性有高度重视，就能识破这种骗局。如“永动机的发明”，数十年来不断，著名的打假者方舟子指出，在科学界一般把永动机分成两类：第一类永动机声称一旦让其运转起来，就不再需要继续提供能量，而能自动不断地做功。这类永动机自古以来就有人设计过，我们所听说的永动机基本上属于这一类。它实际上是认为能量能够无中生有地创造出来，违背了热力学第一定律(能量守恒定律)。这条定律上过中学物理课的人都知道，所以其漏洞很容易被识破。第二类永动机给机器提供能量，只不过是从单一和均匀的热源(例如海洋、大气层)吸取能量。这一类永动机在设计循环过程时，都要让热能从低温物体传到高温物体，或让热能百分之百转化成机械能。这违背了热力学第二定律。热力学第二定律有多种表述方式，其中比较通俗的一种是：自然界中一切与热现象有关的实际宏观过程都是不可逆的。没有学过大学物理的人不了解热力学定律，因此第二类永动机不容易识破，比较有欺骗性。

(2)对科学技术及效果的渲染、夸大。记者不仅要具备一般的科学知识，要对新发现抱有强烈的怀疑精神并运用一定的手段去检验它，更要正确认识它的阶段性和适用范围。例：2003年11月，据新华社报道，我国基本完成SARS病毒灭活疫苗临床前研究的消息公布后，引起社会强烈反响；同时一些不实宣传也引起了公众的误解，有关部门不得不出面进行澄清：SARS病毒灭活疫苗临床前研究的完成，这只是仅仅意味着疫苗的安全性和有效性被初步确认，真正通过临床研究并广泛应用于普通人群还需要一定的周期。进行SARS疫苗研制的，只有指定的两支科研攻关队伍和几家自发地开展研制的单位。我国从未向社会招募接受SARS疫苗临床研究的志愿者。而在一些媒体的报道下，情况已变成——SARS疫苗已经研制成功，可以广泛接种；国内共有200多家单位进行SARS疫苗的研制；一些地方正在招募志愿者接受疫苗临床试验，乃至试验者要接触SARS病毒。

科技报道最终要达到真实性和科学性的统一。真实性要求事实真实存在，科学性要求事实反映客观规律，真实反映客观规律。报道要抓住客观规律这个核心，不要被表象所迷惑，不要被事实存在所约束。

科学性是科技新闻最重要、最本质的特征。

科技新闻是传播科技信息、普及科学技术知识的重要载体。科技新闻的科学性含义有二：一是要有科技内容。新鲜的科技内容是科技新闻的主体。这就像有的同志指出的那样：科技新闻不仅要报道科技成果，而且要说明科学原理与意义。报道科技会议、科技展览的新闻，也要侧重从科技的发展和动向上去写。报道科技人物，要着重介绍其科技活动和所取得的成就。二是要有严肃的科学态度。无论是科技成果的介绍、科学知识的传播，还是典型经验的推广、先进人物的宣传，都要实事求是，尊重科学。对所提供的新闻事实，要有新闻根据和科学根据，切忌人云亦云，哗众取宠。

强调科学性，还因为有些媒体为了寻找新闻点而把科研过程庸俗化，夸大偶然因素的作用，或片面强调科学家如何克服困难完成“不可能任务”。在对实验设备要求不高的情况下，科学家可能在一定程度上克服物质困难，但是，知识基础的障碍是不可能逾越的。

2. 知识性。科技新闻主要是通过报道展示人类探索自然的科技水平的实践及其发展，因此，科技知识在科技新闻中必然存在。科技报道的一个任务就是要向广大读者传播、介绍有助于他们认识自然，开阔眼界，进行科技攻关和生产实践，以及指导他们科学生活的现代科学技术、知识。

科技新闻的知识性主要通过科技新闻中的知识量体现，即在科技新闻中包含的能够反映最新的科技成果进展以及正确的科学知识的信息量的多少。

报道过的内容，当然已没什么知识量；内容新而不正确，也一样没知识量。现实的情况是，大量的报道内容雷同，毫无知识量可言。例如，每年一到秋天，报刊上就开始介绍“春捂秋冻”，还有一些类似慢跑有利健康的“常年使用信息”，可以说是没有一点新的东西；有些虽然看起来很有新意，但正确性有待证实，如一个时期媒体曾过度报道“儿童感觉统合失调”，弄得不少家长都疑惑自己的孩子是否也有这个症状，实际上这种情况还是很少的，这种不当宣传透露的信息是不准确的。

3. 规范性。科学自有一套严谨而系统的研究规范和方法，科学报道应遵循这种规范。比如其主要表现之一是术语的使用。术语是在学科发展过程中逐渐形成并固化的，具有很强的专有性和稳定性，不能随便使用，其准确性直接关系到研究的推理、判断及结果。术语的规范使用体现在：概念清晰、单位标准、译名统一。

概念清晰，指理解基本的专业概念，不会错用、乱用。例：“绿色产品”特指遵循可持续发展原则，按照特定生产方式生产，经专门机构认证，许可使用绿色食品标志的无污染的安全、优质、营养类食品。由于与生命、资源、环境保护相关的事物国际上通常冠之以“绿色”，为了突出这类食品出自良好的生态环境，并能给人们带来旺盛的生命活力，因此将其定名为“绿色食品”，而不是绿颜色的食品。

单位标准，指科技新闻中的度量单位按国家标准表述，如“公分”已不能使用，而只能用“厘米”。

译名统一，指对外来科技名词的译名。译名统一体现了科学研究规范性的特征，反之将影响科研的进行。例：以下的名词就曾译名混乱，WWW——环球信息网、环球网、万维网、全球浏览系统等。Internet——互联网、国际网、英特网等。

4. 通俗性。倘若要使科技新闻更接近受众，必须进行通俗化、大众化的努力。如果说科学性是科技新闻的第一生命，科技新闻的通俗化就是科技新闻的第二生命。科技新闻应提倡讲“科技普通话”。特别是在我们这个公众科学文化素质偏低的国家，科技新闻通俗了，才能让受众喜闻乐见。否则就会被束之高阁或打入冷宫，甚至有被淘汰的危险。

科技新闻报道的传播对象是社会公众，能否为大多数公众所接受是报道是否成功的基本标准之一。因此，参与科技新闻宣传的科技工作者和新闻工作者，都应强化社会意识和公众意识，在选择报道对象、内容、形式和题材时，应充分考虑到社会发展的现实需要，考虑到公众的接受程度，考虑到报道的应用价值、知识价值、宣传价值和信息价值，力求使科技新闻报道社会化、大众化。

曾有这样一条消息：

全球二叠系三叠系界线在浙江

本报杭州3月18日电　国际地质科学联合会近日投票确认，标志全球二叠系、三叠系界线的"金钉子"，在我国浙江省长兴县。该联合会的专家认为，形成于2.3亿年前的长兴灰岩，它的地质剖面完整地记录了地球在古生代末的历史，是研究古生代、中生代之交地壳演变、古生物演化与灾变的重要依据。

这枚标志二叠系、三叠系界线的"金钉子"，将于今年8月正式落户长兴，举行建碑仪式。长兴县将在"十五"期间投资8000万元，兴建国家级古生态与地质公园。

《人民日报》(2001年3月19日第六版)

"二叠系"、"三叠系"是地质学中的术语。何为"二叠系"？何为"三叠系"？它们与古生代、中生代之间的关系又是如何？何为"金钉子"？消息中未作解释。

而另一篇报道为：

"金钉子"标志性纪念碑在浙江落成

我首次获得国际地层学研究最高科学荣誉

据新华社杭州8月10日电(通讯员：金加宝　记者：潘海平)　今天，一个标志着全球二叠系与三叠系界线层型剖面和点位的标志性纪念碑——"金钉子"，在浙江省长兴县煤山剖面下正式落成。这是中国首次获得国际地层学研究"金牌"。

这枚"金钉子"的确立，表明中国学者在二叠系与三叠系界线地质领域的研究处于国际领先地位，是中国地层研究水平获得的最高科学荣誉。

……

"金钉子"即指全球性界线层型剖面和点位。古生代、中生代、新生代的年代地层分别划分为若干个系，系与系之间的全球标准简称为"金钉子"，有大小、主次之分。

浙江长兴煤山的“金钉子”既是二叠系与三叠系的界线，又是古生代与中生代的分界标志，是地质年代中最大的三个断代“金钉子”之一，又因为在这一时期发生过目前地球生命史上规模最大的生物灭绝事件而备受瞩目。

……

国际地层委员会的中心工作，就是确定已建各个地层系、统、阶之间的界线层型剖面和点位，把它作为全球定位标准。100多年来，二叠系与三叠系界线一直以菊石化石作为分界标准，但是它分布局限，难以进行全球对比。

……

据了解，“十五”期间，长兴县委、县政府计划投资8000万元保护这一地质遗迹，并兴建一个国家地质遗迹保护区，让人们进入时空隧道，欣赏、想像、体验远古时的地球景观与生物景观。

《人民日报海外版》(2001年8月11日第一版)

第一篇报道读者能获得的有效信息极为有限，第二篇则不同。

用通俗的语言表达深奥的专门化科技问题，用群众易于接受的形式传播科技领域的最新信息，是科技新闻的通俗化原则。《我第一台类人型机器人亮相》就是比较成功的一篇报道(见附文)。

第四节　科技记者业务素质的认识

媒体和新闻，归根到底还是依赖于人的事业。对于科技类的媒体和科技新闻来说，从业人员的科学素养不容忽视。较高科学素养的编辑、记者、编导，才能保证科技新闻的内容严谨可信。

国外一些成熟的媒体具有一流的科技记者队伍。比如英国BBC的科技报道最大特色是自行摄制科普电视片，以自然历史(生物学及古生物学)题材见长。这些电视片的脚本由科学家参与审订或亲自撰写，保障内容的严谨。BBC负责科普片摄制的工作人员本身也有很高科学修养，一些人已超越了传媒工作者身份，实质上已是工作方式较为特殊的科学家，获得学术界认同。

在《纽约时报》的著名科技记者中，既有拥有医学博士学位、具有行医执照的专家型医学记者，也有连续跟踪采访多个科技主题、跑遍五大洲的“探险采访专家”型记者。在日本，《读卖新闻》、《每日新闻》、《朝日新闻》等主流大报都有科技部，专职科技记者达到30人左右，其中约有一半人拥有科学技术相关专业的教育背景。在个别大型学术会议上，《纽约时报》记者的言论甚至和一些诺贝尔奖得主的语录并列。《纽约时报》的科技报道之所以有如此大的影响力，关键在于这家老牌大报拥有一支高水平、专业化、多年如一日扎根科技报道的资深记者编辑队伍。

而我国还没有形成如此规模、如此水平的科技记者队伍。有人曾专门总结过我国科技记者的失误：

知识性错误：如将熔岩与岩浆混为一谈；把蛇颈龙、鱼龙、翼龙这些带龙字的古动物都当成恐龙。因常常见到，被称之为科普中的流行性错误。

头脑发热的非科学报道：有些人抓科技新闻心切，希望获得有惊人科研成果的所谓独家报道。比如，前些年曾轰动全国的"水变油"新闻，有些记者听后头脑发热，认为这下子"连王铁人也不用了"，就大吹特吹，最后查明原来是一场骗局。

利令智昏的非科学报道：随着经济的快速发展，科技工作者的地位日渐提高，科技工作者价值多元化的出现，科技人员直接插手从事商业宣传的现象也屡见不鲜。有些人为寻求在政治上、经济上的支持、树立自己的科技领先地位和良好的业绩形象，往往通过传媒推销、包装自己，一些缺乏经验、平时又不加强学习的科技记者往往成了枪手。什么"疗效达100%"、"提高工效几十倍"、"全国各地四季都可以种植"、"产品价值超过黄金"等等，不一而足。结果，不仅害了群众，而且使确有一定效果的成果产生了负效应，被束之高阁。

不懂装懂的非科学报道：随着科技的迅猛发展，科技报道在新闻总量中所占比重猛增。但是，媒体单位中有扎实科技知识的人较缺乏，有科研实践的人更少。一些人不懂装懂，对常规性的一般科技大惊小怪；一些尚在试验阶段的成果就急于全面推广；甚至将一些违反科学的东西当作科技新闻宣扬。20世纪80年代名扬全国的"邱氏诱鼠剂"发明人邱满囤，曾给无数农民带来了消灭鼠害的希望，结果经一批专家检验，由于鼠药含有禁用的剧毒药，给社会和群众造成了巨大的损害。

粗心造成的非科学报道：科技报道是一项十分严谨的工作，容不得半点差错，药品多一字或少一字，农药配方中弄错一个小数点，都会闹出笑话，甚至人命关天。但一些科技记者粗心大意，往往笑话连篇。据说有一则通讯员写的稿子，将番茄直径3.5厘米写成35厘米，编辑、校对也都未发现，报道刊出后读者讽刺"面盆样的大番茄问世"。

就前一时期关于基因报道出现众多差错，国内一位基因专家甚至提议，先开一个记者培训班，就相关知识进行普及，以免出现更多的笑话。看来只有提高科技记者的发现力、观察力和辨别力，才能尽量提高科技报道的准确性，尽量减少被人所利用的几率。

科技记者应该具有怎样的素质，就这一问题新华社国际部科技编辑室主任、理学博士姜岩介绍说，从日本几大报科技部记者的专业来看，学习理科的占一半左右，剩下一半有的学文学、有的学社会学、有的学哲学。全是理科出身的科技记者，在报社就职以后，很多都要到其他部门去锻炼，以便扩大视野，总起来说，这些记者懂专业，上路快。学习社会科学的记者经过一段学习以后，看科技视角独特，了解生活，可以把科技文章写得更活，把硬的科技内容写得软一些。但无论文科理科，要当好科技记者最重要的是要具备以下三个方面的特点：

1. 热爱科学事业。只有热爱科学事业，才能在科学的海洋里留连忘返，才能对科学的奥秘产生浓厚的兴趣，从而培养出科学新闻的敏感性，捕捉最新科技新闻的信息，发现最新科技发明的意义，久而久之形成一种科学的眼光，在庞杂科技信息中总能去粗取精，把最重要的和对人们日常生活最有用的科技新闻奉献给读者和观众。

2. 有科学钻研的精神。现代科学发展迅速，门类繁多，无论多么优秀的科学家都只能在科学的海洋里捡几个贝壳，要搞好涉及很多门类的科技报道，必须不断学习，对每一种新发明都有新感觉，认真钻研，反复查证。只有在充分理解的基础上，才能写出游刃有余的科技新闻来。

3. 心里要有群众，写作时既要注意普及又要注意提高。所谓普及就是从形式到内容要让读者和观众能够接受，再深奥的科学都不能写得不知所云，或只有极少数专家能看。尽量让人在轻松愉快中有所收获，对生活有所帮助。所谓提高，就是要在群众接受的基础上，提高人们的科技水平，让人们认识新事物，开阔视野，给科学家以启迪，向新的领域迈进，让普通人提高科学认识，更加热爱科学。

我们认为可以从以下几个方面要求。

科学的态度

报道这类与科学技术有关的事件，首先要求记者的就是科学的态度：怀疑精神和求证意识，这不仅需要扎实的科技和其他学科知识，识别真伪的科学方法，还需要相关的法律知识。科技记者缺少科学精神、科学知识和科学方法，报道就容易出偏。

例如医学报道要求记者具有基本的医药保健知识，但记者毕竟不是专业人员，如果在采写新闻的过程中遇到无法肯定的内容，一定要虚心向专家请教。切不可不懂装懂、盲目跟风，以致不辨真伪、误导受众。有些治疗方法，如20世纪50年代的“柳枝接骨”，60年代的“鸡血疗法”，70年代的“甩手疗法”，80年代的“红茶菌疗法”等等，皆因为记者不辨真伪、以误传误，以致轰动一时，有时甚至到了人们争相仿效的地步，给社会带来不良影响。

广博的知识

最早在《人民日报》担任社长的老新闻工作者范长江曾经说过：“广博的知识，丰富的思想，广阔的活动天地，这对于一个记者是非常非常重要的。记者做到最后，一定要博。记者写一篇报道需要有广泛的知识，深厚的积累。”夏衍在谈到记者的业务素质时讲过：“搞新闻工作，中文、外文、历史都要学好，其他知识也要学，社会科学和自然科学的知识都要懂一点，这有助于钻深一点。”在美国，对记者有同样这样的要求。熟悉西方报刊和通讯社业务的杰·海敦在谈到“科学报道和医药卫生报道”对记者的要求时说，“大多数报纸遵循这一条规定：它们首先是通才，其次才是专家，虽然有例外，但是大多数报纸先聘用的是记者，因为集中以后可以发展成为专家。”①记者就是具有广博知识的通才，也就是我们通常讲的杂家。他们能掌握广博的知识，对多种学科有一定的研究，并能融会贯通。当然，同专职的政治、经济、体育记者相比，科技记者的业务素质更加需要广博一些。

有专家认为，从事现代科学传播工作，需要具备四种理论素养：①科学技术思想史；②科学技术哲学；③科学技术社会学；④传播学，侧重基本理论和传播模式研究。资深的科技记者则建议，对自然科学不妨建立一种“一个主干，两个翅膀”的知识结构。一个主干，就是物理科学；两个翅膀，则是生命科学和计算机科学。35岁以下的青年编辑记者，受过正规的高等教育，阅读一定量的高水平的科普读物，并有一定的外语基础，应该能够在两年之内建立起这样的知识结构，从而成为一名合格的科学记者。因为一旦熟悉了物理科学的思想方法、思维习惯，那么所有自然科学方面的语言、表达方式，都会习惯起来，就可以方便地与科技工作者交朋友，很快拥有共同语言，为深入采访创造条件。另外，上自天文、下至地理，加上大部分的工程技术，本质上都是

---

① 杰·海敦著：《怎样当好新闻记者》，新华出版社1980年版，第304页。

物理科学，它们占据了半数左右的科技新闻线索，抓住了这个关键，如同抓住了科技这头牛的鼻子，左右逢源，一通百通。为什么要以生命科学和计算机科学为两翼呢？这是因为这两个领域是目前最为活跃、最出成果的，不论是科技新成就，还是科技人物，很多都出自这两个学科，从克隆技术复制生物，到“深蓝”大战卡斯帕罗夫，这里经常出现许多可读性极强、普通百姓极为关心的新闻。

严谨的作风

科学的态度必然要求具备严谨的作风。曾在国内一著名媒体出现的“换头术”报道，被评为2003年度“十大假新闻”之一，但令人遗憾的是，这篇漏洞百出的报道不仅在国内的不少媒体上刊登了，有些媒体还登了不只一次，可见一些编辑的工作态度和素质。

严谨，要求对科学研究成果既不能缩小也不能扩大其效果。比如国内关于“高露洁”牙膏可能内含致癌物的报道即遭到专家的质疑。美国科学家的否认很能说明一些问题：

美科学家否认三氯生致癌

2005年4月21日

据新华社电　“高露洁含致癌物质三氯生”的消息，近日被媒体热炒。前天，取得“部分牙膏、洗手液、洗面奶等抗菌清洁用品因含有化学物质三氯生可能致癌”这一“发现”的美国科学家彼得·威克斯兰在当地一家报纸上澄清说，他没有说过抗菌化学物质三氯生有潜在的健康危险，会必然导致癌症，人们现在根本没有必要担心。他表示，媒体的报道太急于做出推论了，对他的报告断章取义。

据了解，“三氯生致癌”的消息最初来源于4月15日英国伦敦的《标准晚报》。然而19日，消息的“正主”、取得这一“发现”的美国弗吉尼亚工学院的助理教授彼得·威克斯兰在弗吉尼亚一家地方报纸《洛诺克时报》上澄清说，他的研究主要关注的是水处理工厂的化学反应，并对家庭每天使用的含三氯生的产品有产生三氯甲烷（致癌物哥罗芳）的潜在可能发出警告，但研究者并不确定每次都会发生这样的化学反应，而三氯甲烷能否被人吸入或通过皮肤渗入也还是一个需要研究的问题。他表示，媒体的报道太急于做出推论了，对他的报告所提出的潜在健康危险断章取义，以讹传讹之下事实越来越片面，结论也越来越可怕。

彼得·威克斯兰说，他搜索网页后发现，法国和中国都转载了这个“不科学的故事版本”。记者搜索后则发现，英美主流媒体都没有报道这个“故事”，美国食品和药物管理局、英国药品及健康管理法规署等政府管理机构也未提出相关警告。

科学的态度、严谨的作风最终将使记者能面对复杂的情况作出应有的抉择。最典型的莫过于“非典”战役中的病原报道。2003年2月下旬，新华社发出通稿宣布：“经中国疾病预防控制中心和广东省疾病预防控制中心的共同努力，引起广东省部分地区非典型肺炎的病原基本可确定为衣原体。”消息给出结论：衣原体是一种在真核细胞内寄生的原核微生物，衣原体引起的肺炎采用针对性强的抗生素治疗非常有效，该病是完全可以预防的。老百姓不是专家，人们没有注意到，当时推断衣原体的依据只是“通过电镜，观察到了衣原体的形态”(新华社报道)，而且只有两例标本。而广东专家则对这一结论持谨慎的反对态度。

《南方日报》记者段功伟事后说：“获知新华社消息后，我进一步采访了解到，几乎所有的广东专家都反对这个结论，包括钟南山院士。他认为，仅凭两例尸检报告并不能完全说明都是衣原体引起的，如是，为何在临床治疗中采取了抗衣原体的药都没有效果呢？他指出，应该科学地说，相当一部分病例不是由衣原体引起的。事实证明，广东专家没有错，正因为他们实事求是，才创造了全球最低的‘非典’病死率。”《南方日报》当时经过慎重考虑，决定公开报道两方的意见，并放三版刊出。这是当时第一家这样报道的媒体。

4月16日，世界卫生组织正式确认冠状病毒的一个变种是元凶。4月21日，《人民日报》详细披露了事情的经过。

保密的意识

在当前激烈的科技和经济竞争中，世界各国都十分注意保守自己的科技机密，因为它事关国家和民族的利益。然而，作为向公众传播科技动态和科技知识的科技新闻，所报道的往往都是最新的科技成果或科技活动的最新动态，如果稍有疏忽，同样容易泄露国家和军队的科技机密，造成不可挽回的损失，这方面的教训很多。据有关部门统计，我国失、泄的科技机密，60%是由新闻报道造成的。因此，在科技新闻报道中，保守科技机密十分重要。

造成科技新闻泄密的原因虽然很多，但绝大多数都是由于稿件不按规定和要求送审或审稿把关不严造成的。最典型的事例莫过于“卫星轨道泄密事件”。1981年，我国首次运用运载火箭发射了3颗人造卫星，当时新华社只简明扼要发了一则消息，外国情报机构便闻风而动，想了解这3颗卫星能否进入不同轨道，结果一无所获。正当他们心急如焚的时候，北京某电台播出了《太空奥秘压桂冠》的广播新闻，不久北京某晚报又刊登同一作者的长篇科技新闻，还配发了照片，将3颗卫星的运行轨道、无线电遥测频率全盘托出，严重泄露了我国的航天科技机密。后经查实，这些稿件未经审查，而作者送稿时却谎称稿件已经有关部门审查通过，结果造成严重泄密事件。

从事科技新闻报道，要增强保密观念，了解科技机密的保密范围。记者应对国家和军队的保密规定和措施有所了解，特别是对报道涉及领域的保密范围要十分清楚，也不能因国外已经报道过同类新闻就放松保密意识。要严格按照程序送审，一般应经过课题负责人、单位主管领导、科研主管部门和保密委员会这几道关，切不可为了发稿时效而强行“闯关”。

第五节　科技新闻的获取

一、科技记者关注的重点

1. 关注各类科技探索及应用。新华社记者李斌曾说：“多年的科技报道经验告诉我，应该抓住三大领域，也就是三个制高点，第一是生物科学，第二是信息技术，第三是纳米科技。”这应是目前科技记者关注的重点。其他如工农业等行业的技术改造领域，科技产业化过程（观念更新、技术选择、技术推广效率等，面对技术引进的种种新事物，会有很多科技新闻），一些重要课题的批准与立项（如课题的前沿性、突破性，价值评估，研究过程、鉴定、获奖）等。

2. 关注自然界的变异。大都是突发性事件，获取有赖于记者的“信息网”。在发生自然变故的时候，谁第一涉足，谁就成为这条科技新闻的最早见证者。例如1994年，《我国科学家首次确认雅鲁藏布江大峡谷是世界第一大峡谷》，即为新华社记者在专家的论文中发现。

3. 关注科研机构。我国有各类自然科学研究所、社会科学研究所一万余家，这里都是出重大新闻的地方。他们的探索往往能揭示重大规律，创造新理论或方法。许多科研机构都有自己的发明创造，只要深入，就能发现好的新闻线索。这线索不仅是事物，也包括人。科学家的工作、方法、精神，都是好新闻线索。科技新闻不仅引导人们正确认识自然，也影响人们以何种方式、何种精神理解和探索自然。

同时，还可以发现科技政策新闻，报道他们实施、贯彻等情况。

4. 关注其他传媒。包括其他报刊、广播电视、书籍、论文等。由于科技记者自身及媒体的局限，科技新闻的转载已成为惯例，但也应注意比例。对记者来说，更重要的是在科技书籍、论文、实验报告中发掘新闻，这是最有意义的转载，它把最新的科学发现以新闻的方式，通俗易懂地呈现给受众，这是记者的创造性劳动。如前例新华社记者发现世界第一大峡谷。美国著名的《科学》杂志就主动联系媒体，提供资料和情况。

途径：论文、学术交流会、成果介绍会、新闻发布会、专利申请等。

二、对科技事实的鉴定

记者首先要判断：事实是否真实，材料是否完整，事实是否具有创新性和深刻性；材料有无触及事物的本质和实际意义，有没有被表面假象和不合理的现象所掩盖。

科技报道以搜集材料的科学性为基础，否则就会成为无源之水，但又不能仅仅只做现象的描述和分类，要深入事物的内部，探究它的规律和本质。

其次要做鉴定：

1. 在报道最新的科学成果时，不要轻信当事人的说法，而要有起码的怀疑态度。科学界有一句名言，值得新闻界借鉴：越是特别不寻常的声称，越需要特别确凿的证据。对那些声称"世界上独一无二"、"价值无法估量"、"挑战诺贝尔"等等耸人听闻的成果，要多留个心眼。

科学的现象必须是能在一定条件下重复出现的，偶然的成功还不能算是科技成果。

2. 要多向不同的专家询问，尽可能获得、报道不同的意见。一般来说，对那些重大的科学成果，一开始都是会有争议的，向中立者或竞争对手询问，都不难听到不同的意见。像2000年8月多家媒体大规模报道的美籍华人科学家、"世界生物科学界顶尖级人物"、"基因皇后"陈晓宁，带回世界三大基因库并将其中的人类基因克隆库赠送给国家的事件，报道中对这些基因库的作用、陈晓宁女士的学术地位和贡献多有不实和夸大之处，如果能在报道之前找几位在国外从事分子生物学研究的专家打听一下，是完全可以避免的。报道中的评价根据的是由陈女士的丈夫担任董事长兼首席执行官的"博宁"公司提供的"详细的背景资料"，一些学者尖锐地指出，新闻记者不应该轻信与当事人有利害关系的消息来源，而应该向有关专家独立地求证其可靠程度。这应为科技记者所谨记。

3. 尊重科学界的惯例。按惯例，重大的科学成果，要经过几名同行匿名鉴定、在权威的学术期刊上发表以后，才有可能获得承认的。那些绕开了正常的学术渠道，抢先发布新闻，试图引起轰动、制造声势的科学成果，都应引起记者的注意和警惕。

著名理论物理学家何祚庥先生在吉林大学作报告时曾说过：即便是作为院士也只是在自家的“院子”里是“院士”，到别的“院子”里就不一定是另一个“院子”里的“院士”。如果专家所评论的不是他们所从事的领域，且对评论领域的文献也不清楚，那么这些评论是有“水分”的，这样的“专家”召开的所谓鉴定会本身的科学性就值得怀疑，只有真正的同行专家的意见才是可以信服的。

4. 注意区分科学成果和商业炒作。那些伪造、夸大研究成果者，目的都是名利双收，可能更在意的是“利”的丰收，所以应该注意他们是否带着明显的商业目的，比如“陈晓宁事件”的背后，那个博宁基因公司就号称已吸引了两、三千万元的投资。

总而言之，材料的可靠性（第一手还是第二手，摘录还是转引，内行还是外行，时间等），业界的不同观点，权威同行的评价，对记者的鉴定来说是最重要的。对重大的科技新闻报道，对所报道的人物、成果、发明等，最好能送其主管部门或请同行专家审议，因为他们往往对情况最了解，请他们对所报道的内容进行定性、定量，这样才能做到科技报道不拔高、不遗漏，起到较好的把关作用。

第六节　科技新闻的写作

苏联科普作家伊林曾说过：“没有枯燥的科学，只有枯燥的叙述。”

一、科技新闻的写作原则

1. 选题坚持新闻性、公众性。

要着重强调科技新闻的新闻定位及报道角度。首先是新闻性，不管写哪一类新闻，写的首先是新闻，不是写科普作品。记者在采集到重要的、新鲜的科技事实后，要从中挖掘出“新闻眼”。是突出政策性，是迎合公众的关心，还是显示科学家的创造性？看你能不能以新颖的角度，给人以知识，给人以启发。科技新闻不能只是机械地、专业化地把科技事实写出来。这只是对科技活动的发现，很可能不是对科技新闻的发现。科技新闻必须突出感受最深的、最重要的东西（如新的科学知识、新的科学思想）。这涉及下一个标准，即公众性。科技新闻要把有新鲜意义的科技事实放在首位，这还不行，还要把"对公众有获知意义的"新鲜的科技事实放在首位，可能是他们关心的，可能是他们未知而想知、应知的。

发达国家的科技新闻和科学媒体中，最受到公众欢迎的除了重大科技新闻之外，就是和人们生活关系紧密的题材，比如与健康、医学进展、新药研制相关的主题，而吸引力位具其次的新闻集中于航天、天文、新发明等门类。可见科技新闻的内容和题材确实需要强调贴近性，这是决定新闻生命力的根本因素。

要从受众的角度来安排报道方式，应注意：

①关注与群众生活密切相关的最新科技动态，捕捉受众欲知未知的新闻信息。例：全国兴起一阵炒作"纳米"风时，新华社浙江分社发了《浙江对炒作"纳米"说不》的稿件，向公众报道了事件会有哪些误区，非常及时。

②关注给人们生活带来深远影响的科技成果，引领科学文明的生活时尚。例：上海一中学教师发明防近视作业薄。

③关注运用高科技革新生产方式的创新举措。例：日本人发明"EM 生物技术"解决农药或激素残留，就引起人大代表的高度关注，在"两会"中提及，被一记者敏感地捕捉到。

④关注困扰公众的生活难题或自然现象，运用科学知识解惑。例：浙江一村民发现村头一楼自然发光现象，后经媒体报道，请专家解答。

总之，强调针对性、指导性、服务性、趋前性、可读性。科技为"魂"，社会为"体"。

2. 报道坚持客观公正。

科学是无止境的，很多自然现象不能一下子就简单地用"是"或"不是"作结论。记者不要当"裁判"。对一些有争论或正在进行的课题，或迟发，或"进行式报道"，要独立思考，不要受任何一方的影响。对一些需要报道的自然现象，不妨试用"纯客观报道"手法。

客观报道手法对科技新闻报道来讲非常重要。它给争论的双方都留出说话的空间，亮出各自的观点，也可能有机会听到不同的声音。而对于受众来说，这样做的意义则在于，可以了解在这种富有争议的问题上的不同观点，在充分了解事实真相的前提下进行思考与选择。这对于科学精神、科学思想的普及与弘扬无疑将有所助益。相比之下，一边倒的舆论只会将公众引向偏执，不利于公众理解科学，也将对科学的健康发展产生或多或少的影响。

例如，1997年世界上第一只完全采用无性繁殖的小绵羊多利诞生后，舆论界一片沸沸扬扬之声。大量的报道并没有遵从科学性和客观性的原则，而把它炒成了对“克隆人”的恐惧。四川电视台的科技记者精心策划了一次对克隆技术及其历史、现状、未来的全景式的深入报道。从互联网上克隆多利的英国科学家的现身说法，到舆论界的反映，从动物学家、医学生物学家到作家、科幻杂志编辑，社会有关的各个方面对这一新闻事件的思考，客观准确、真实科学地反映了克隆技术的原貌和它的进展可能给人类带来的巨大的福祉，当然也有对克隆技术滥用可能带来的严重问题，深刻地探讨了包括克隆技术在内的一些生物学高新科技所存在的两面性、矛盾性以及和伦理的冲突，提出了科学技术介入社会的方式问题。这次深度报道，对社会的各种声音、对克隆技术正、反两方面都有客观的、尽可能全面的反映和深刻的分析。这次报道立足于克隆，但又不局限于克隆，而是引发了更为深刻的对科学技术与人类未来的思考。在很多传媒仅仅满足于跟风式的零零碎碎的表面现象的报道之时，四川电视台这次的全景式特别节目引起了广泛的关注和好评。

需注意：客观报道也含有平衡的原则。如注意防止喜欢报道前沿科学，而忽视报道一般性研究的现象。

3. 遵从知识阐释的逻辑安排结构。

多数学者将其总结为“导语＋原理解释”，即在导语后有一个阐释段，对关键的科技概念或实验过程予以解释。这种表达方式是由报道对象的特点决定的。

4. 通俗易懂。

二、科技新闻的写作手法

1. 运用叙述、描写、议论和说明等多种手法，多用图片、图表等感性形式。这是针对纸质媒体而言。其实，科技新闻最有力的报道者是电视和网络。

科技报道要力戒单调枯燥，增强感染力和吸引力。文笔要新，形式要活。要突破科技知识介绍的程式化、条文化的束缚，调动一切行之有效的写作手段，做到图文并茂，文字生动，版面活跃，达到强化科技宣传的效果。

1998年11月末，黑龙江日报社记者史志强到哈尔滨工业大学采访，在与该校计算机工程系一位博士谈话中了解到，该系一位教授正在从事“机器人足球”的课题研究，准备筹建国内首支机器人足球队。而这种能踢足球的机器人并非玩具，它是通信、电子等多种技术的综合体，并且国际上已有“机器人足球赛”这个充满科技含量和技术实力的项目，而当时我们国家还没有一支机器人足球队。记者敏锐地感到这是一个广大读者都会感兴趣的科技题材。由于足球对于国人来说是一个充满爱与无奈的运动，当时中国足球始终与世界杯无缘，而中国科技工作者将通过足球这种形式在国际上进行科技较量。获取这个信息后，记者采取图文并茂的报道方式，以科技工作者打造机器人足球队，迎战该领域世界杯为切入点，推出了这篇科普报道。

1998年11月26日，《哈尔滨机器人足球队一脚踢向世界杯》在《生活报》发出后，立即引起了读者浓厚兴趣，新华社、电视台的记者纷纷来电询问有关情况。史志强又作了两篇后续报道，详细介绍了这个课题组的科技成员、比赛用球板等设施，由于足球是大众喜闻乐见的体育运动，人们对中国机器人足球队欲突破该领域无中国队的空白、挑战科技领域世界杯这一壮举激动不已，全国各地读者和报社纷纷来电、来信。

对难懂的术语，要善于使用“翻译”技巧，多用比喻、举例等。新华社曾播发过一条关于我国稀土矿藏的通稿，开头写：“广东在遭到强台风袭击时，手指粗的高压电缆线像面条一样被割断，而加入稀土制成的铝合金电缆线，任凭狂风怒吼，却安然无恙，依旧输送电流。”用形象、有趣的事实，向读者说明了稀土在工业生产中的作用。

2001年3月，国防科大研制成功的我国首台核心路由器每秒信息吞吐量达400亿比特以上，“比特”是计算机储存基本单位，“400亿比特”是一个什么概念呢？普通读者是很难理解的。记者王握文在写作时就把它“翻译”为：“相当于每秒传输25亿个汉字信息，也就是说，1万册每本25万字的图书，在核心路由器上1秒钟就能完成交换传输任务。”读者看了这段文字，不仅对“400亿比特”概念有深刻的理解，而且还会对研制出如此高水平成果的科学家产生钦佩之情。

图表在解释科学知识方面有特殊的效果，繁琐的原理会变得简洁，枯燥的数字会变得直观，使人有一目了然之感，如神舟五号发射时电视台做了三维动画，报纸做了图示，都取得了很好的效果。

新闻忌抽象化、概念化的写作。数字化、概念化的表述，很难使读者形成深刻印象。《洞庭湖长大五分之一》的作者在获知洞庭湖扩大554平方公里这样一个数字信息后，专门请水利专家进行计算，确认现在洞庭湖扩大了的面积相当于还湖前的1/5。这样他们就把扩大了的554平方公里转化成了形象的新闻要素，并在此基础上确立了“洞庭湖长大五分之一”这个形象化了的主题。

而一则有关医疗卫生方面的报道这样写道：“患病率较高的疾病依次为：慢性胃炎占30.4％，高血脂占20.8％，脂肪肝占13％，心脏疾患占10％，胆囊疾患占9.9％，高血压占6.7％，肝囊肿占5.5％，糖尿病占2％。”这一组数字无疑比较精确，但是这些数字化的东西在一篇报道中多处出现，读者反而不会有明确的印象。

2. 注重捕捉典型的细节、场面。细节呈现给读者的，远远大于记者所能概括的，它能使科技新闻呈现出形象性、动态美。关键是记者能抓住报道对象的特点。记者韩晓波1993年采访机器智能翻译专家陈肇雄博士时，材料已经很多，写一篇特稿绰绰有余，但还觉得差点什么，于是请陈博士拿了一个最新样品出来，这是台号称当时世界上第一个能够进行英汉整句翻译的智能机器。记者意识到关键在于“整句翻译”，它比单词或短语翻译是一大进步，是革命性的飞跃，于是决定自己试一试，先写进一句“明天早晨九点我去银行”，机器就很快、很准确地翻译出来了；第二次写进了一句略带修辞性的话：“鲸不是鱼，就如同马不是鱼”，机器费了一会儿功夫，翻译出来的结果不大通顺，但意思还是对了；第三次把尼克松总统就职演说中的最后一句格言式的话写进去，“只有共同前进才是真正的前进”，机器怎么也翻不出来，最后翻出个“真走就是一块走”。读者由此可以清楚地看到，机器翻译的性能怎样，它适合翻译哪些东西，不适合翻译哪些东西，也可以知道机器智能翻译有多么难。这些内容，要是都用干巴巴的介绍，得吓跑多少读者？事实证明这样写非常成功，这篇报道被全国多家报刊转载。为了提高科技报道的可读性，可以用一定篇幅讲述那些有情节、有细节的事。

3. 注意使用背景材料。科技新闻对知识的报道除叙述、描写的方法外，主要是用“说明”的手法。说明是展示科技现象的主要形式，用以解释某一现象中的原理。科技新闻的学术性、专业性很强，如果用几句话解释不清，可以配发“资料”、“科学常识”等背景材料作专门的说明，有人形象地称为科技新闻的“附件”。

4. 多作深度报道。科技类题材，有不少适用于使用深度报道的方式。这是因为科技类题材一般很难仅仅停留在事实报道的第一阶段，很多情况下，必须深入到二、三阶段才能使受众对所传播的科学事实有所领悟。对于普通受众来说，要理解对于他们完全陌生的科技事实，没有对其背景的阐释，没有对其相关知识的说明，没有对其意义深入浅出的挖掘，没有对其成果的因果关系的揭示，是很困难的事情。《南方周末》曾经刊登的《中国没有真正的心理大夫》一文就有很浓郁的研究成分。文章看似一篇记者普通的较为广泛的访谈，实际是在进行调研，并得出了结论。这类科技新闻对生活具有重要的参考价值。当读完这篇文章后，大家可能就会产生这样的想法：如果遇到心理障碍需要看心理医生，会很谨慎，因为中国尚无真正意义上的心理医生群体。

如果从更广泛的角度看，科技新闻的研究性报道文章还包括对国家科技新政策的诠释，科技计划的实施，科技体制改革等。只有研究性文章，才能给公众提供一个说法，从而拉近公众与科学的距离。

1998年的洪水还没有完全退去之时，四川电视台推出了六集系列科技新闻深度报道节目《洪灾后的反思》，在全国较早地在电视屏幕上对这次百年难遇的大水进行了科学技术领域里的理性反思，寻找这次洪水发生发展的轨迹和导致这次洪灾的直接和间接的各种原因。他们采访了大量专家、学者，其中包括中国科学院院士、全国人大常委、防灾减灾专家、气象学家、地质学家、水环境学家等等，镜头不仅展示了长江中下游滔天的洪水，而且大量触及了长江上游森林、植被被破坏、山体滑坡、水土流失的现场实景，还有长江中下游围湖造田、堤外开发等一系列的不当行为，甚至还把长江洪灾和世界上其他地区洪水灾害进行了类比分析。从某种程度上说，虽然报道不如抗洪一线的报道那样轰轰烈烈、动人心魄，但在全国人民的焦点尚在抗洪本身的时候，它已经把眼光投向了更为长远的系统地从科学的角度总结洪灾、防患于未然上面，体现了可贵的前瞻意识和社会责任意识。

另外，科技报道还可以适当加入情感等感性因素。比如体现情感因素，依据人类共有的情感做出判断，表现出一定的倾向性和浓郁的人情味。人性化科技报道具有强大的感染力，更生动，更形象，更真实，更深刻。

2000年12月1日(世界艾滋病日)，《浙江日报》的一篇报道突破了僵化的模式，报道的标题很耐人寻味：《与HIV感染者的对话(引题)——你从哪里来，我的朋友(主题)》，很有人情味。新闻报道以传播信息为主责，切忌煽情造作，但缺乏人文关怀、只见物不见人、只见事不见人、只见数字不见人的报道方式，只会疏远和读者的距离，削弱传播效果。

1999 年 11 月 25 日《中国青年报》的《首届全国机器人足球锦标赛烽火燃起》一文中这样写道：

> 今天的首场比赛是国防科技大学对哈尔滨理工大学。只见国防科技大学的"运动员"灵活勇猛，频频发动进攻。而哈尔滨理工大学的"守门员"却有点玩忽职守，站在球门外呆头呆脑地东张西望，被国防科技大学连进两球。尽管哈尔滨理工大学队奋起反击，终以3∶4败北。观看比赛的老师同学不时为"运动员"的精彩表现鼓掌叫好，玩忽职守的哈尔滨理工大学队"守门员"的"放水"行为，也引得大家哄堂大笑。

语言跟真人比赛一样吸引读者的注意力，完全没有一般科技报道的生硬和艰涩。《洞庭湖长大五分之一》的作者在写该文前曾经确定，要"打破常规，求活求美"，用"不拘一格的散文笔调"，做到"这种信息的传达对读者而言又应当是一次美的历程"。所以在文章中，就有了恢复生态后的"白鹭、野鸭、天鹅"，有了"杨树在风中摇曳着，赶走了冬天的苍凉"这种散文诗似的句子。这样的新闻作品，既有内在逻辑严密的"骨架"，又有丰富的血肉，看上去是美的，富有活力的。

对如何写好科技新闻，使其成为人们喜闻乐见的作品，许多来自采写一线的科技新闻记者有更具体、形象的总结，如韩晓波的"多用类比、多讲应用、多说故事"，这种"故事"大致有三个种类，一是科技成果发明者本人，肯定都有一段酸甜苦辣的创造史，讲出来，就会有读者；二是普通群众的故事，没有这个科技成果，生活是什么样子，有了以后又是什么样子；三是科学史上的典故，是很有意思的，甚至是非常引人入胜的，它既是新闻必不可少的背景材料，又是抓住读者的主要"卖点"，讲这样的故事，可谓一举多得。还有如针对科学学科的不同特点总结出的写作经验"基础科学力求轰动性，应用科学力求实用性，工程技术力求市场导向性"等等，也非常有特色。

美国学者门彻在其《新闻报道与写作》(华夏出版社，2003 年)中给专业记者这样的基本建议：

1. 尽量让消息源意识到他们在同外行人说话，请他们讲得通俗些。如果使用专业语言，要不停地核实你对问题的理解。

2. 不要忘了问一些常规的问题。如这项治疗对这个艾滋病患者意味着什么？他的生命会延长几天？最新的发现只是一种很大的进步，还是一项能改变许多人命运的根本性突破？

3. 不要忘记在你的报道中要有一种真实的平衡感。如果一些卫生视察人员因为老鼠猖獗而关闭了市里的一些私立医院，你可以写一些可怕的现象，但必须说清楚这种可怕的现象是在个别医院发现的，还是在所有的私立医院发现的共同现象。

4. 比喻可以是不错的方法，但有时也可能使报道琐碎化。有的报道把抗体比喻成步兵手拉手去对付害虫，其实去掉那些琐碎的内容，可以用更明晰的方式叙述：抗体是一种产生于体内、用于抵抗感染的物质。

我第一台类人型机器人亮相

国防科技大学这一成果标志着我国机器人技术跻身国际先进行列

本报长沙1月29日电　记者姜宁、特约记者王握文报道：在中国第一台两足机器人10周岁时，中国第一台类人型机器人呱呱落地。今天，这个高1.4米、重20公斤的“新生儿”在国防科技大学首次亮相。有关专家称，类人型机器人的问世，标志着我国机器人技术已跻身国际先进行列。

记者在实验现场看到，与10年前通过鉴定的两足步行机器人相比，这台我国独立研制的名为“先行者”的类人型机器人，如今不仅“长”出了身躯、脖子、头部与双臂，还具备了简单的语言功能，其行走功能更是今非昔比：行走频率从每6秒1步，到每秒2步；从只能平地静态步行，到能转弯上坡自如的动态步行；从只能在已知环境步行，到可在小偏差、不确定环境行走。

据有关专家介绍，类人型机器人具有广泛的应用领域，不仅可以在有辐射、有粉尘、有毒等环境中代替人们作业，而且可以在康复医学上形成一种动力型假肢，协助截瘫病人实现行走的梦想。

与此同时，机器人相关课题研究，也取得长足进展。机器人神经网络系统、生理视觉系统、双手协调系统等成果，先后获国家或军队科技成果进步奖。在国家863计划和国家自然科学基金的支持下，随着相关研究课题不断深入，中国类人型机器人将更加聪明伶俐。

机器人基础研究的“水涨”，带动了应用型机器人的“船高”——全自主无人驾驶汽车、核化侦察机器人、地面移动智能机器人等相继问世，形成了军用机器人系列。在军用智能机器人实验室，一群类似大螃蟹的爬行物，引起记者浓厚兴趣。实验室主任马宏绪博士告诉记者，这就是当今国际间普遍重视发展的微型机器人，又叫昆虫机器人。随着纳米技术发展，其体积可制成昆虫大小，能完成许多特殊环境中人类难以从事的工作，军事应用前景十分广阔。

中国科学家抓住台风“黄蜂”

2003年8月19日

新华社，第三届中国科技新闻奖一等奖

驱车近千里，与台风赛跑。今天晚上8时40分，中国科学家在广东沿海吴川市一个叫吉兆湾的小镇将行动诡异的台风“黄蜂”抓了个正着。

在海边一座少人居住的度假村，气象工作者顶着怒号的狂风将探测仪器架在屋顶上，设在屋内的电脑仪器上便清楚地显示出风速、风力等数据。该课题组负责人之一、广东省气象局高级工程师宋丽莉说：“从数据显示看，‘黄蜂’的中心刚刚经过我们，这些台风中心区域的探测数据十分难得，对今后的研究将是非常珍贵的资料。”

今年夏天，中国科学家启动一项跟踪、探测台风的“捕风”计划，旨在通过对登陆台风大量密集、近距离的观测，以提高台风观测、预报的准确性。开着配置精良的“捕风车”追逐台风是该项计划的一个重要内容。据悉，这项被称为“登陆台风外场试验”的捕风计划在国际上也属前沿课题。

从前天晚上开始，来自西北太平洋的第0214号热带风暴开始影响中国南海海面，并在昨天和今天给广东带来了连续阴雨天气。根据卫星云图预测，今天夜间该风暴将升级为台风并在粤西地区登陆。气象工作者给这一将影响广东全省的台风命名为“黄蜂”，它成为“捕风计划”的第一个目标台风。

今天上午，气象工作者便开着载有先进探测仪器的汽车从广州出发，向台风预计登陆点进发，记者有幸随行。

一路上，受台风雨带和阵风的影响，天气忽而阳光普照，忽而狂风骤雨大作。不时从广东省气象台传来“黄蜂”的最新消息，在海上风速、风力一直不是太大的“黄蜂”靠近岸边时忽然加快了速度，其路径也摇摆不定，这使“捕风者”的路线也随之不断调整。

下午6时，台风登陆点被初步预测将在广东西部沿海吴川至电白一线。“捕风者”迅速驱车赶到吴川，在海边找到一处四周非常空阔的地方作为观测点。此时，当地的风力已达八九级，狂风在海上掀起巨浪，夹着雨水、海水、沙子呼啸而至。

在几乎站不稳的狂风暴雨中，气象工作者将探测仪器安装到一座三层楼顶上。这是一种轻便的感应器，通过电缆与室内的电脑连接。据介绍，这种国际最先进的三维超声风速仪，可以每秒检测到60组数据，而普通的风速仪只能3秒钟检测一个。

此后的两个小时，电脑数据显示出台风的风力、风速在迅速加强，“黄蜂”越来越近了。到晚上8时40分，检测数据达到了最高，风力达到12级，随后风力逐渐减弱。从事多年台风研究的气象工作者宋丽莉说，过去对台风的监测主要依靠气象卫星获取的云图分析，受现场系统探测手段的限制，台风登陆后的变化却一直涉及不多，这次对台风进行这样近距离的观测，确实令人激动。

今天，广东省300多个自动气象站同时对“黄蜂”进行了监测。此间气象专家何夏江说，定点检测和跟踪检测的数据相结合，经过测算将会得出“黄蜂”登陆后的细致的变化情况，这对今后台风预测以及气象应用研究都会是非常有益的资料。

（记者车晓蕙）

第八章 教育新闻的采访写作

第一节　教育与教育新闻

一、教育的定义

如果你是一个小学(初中、高中、职业学校、大学)学生的家长，你是否关心课程改革、教育体制改革、校园安全、教师质量?

如果你是一个学生，你是否会关心升学、学习成绩、有什么样的老师、学习是否有用和有趣这样的问题?

如果你是一个在职工作人员，你是否关心如何提高自己的业务水平而不被社会淘汰、有何种途径可以接受再教育?

……

答案几乎是肯定的，而每一个人也肯定是这其中的一员。这就是教育，它无所不在。

提到教育，传统的联想一般都指向学校教育，《现代汉语词典》中即是这样给“教育”下定义的：“培养新生一代准备从事社会生活的整个过程，主要是指学校对儿童、少年、青年进行培养的过程。”[①]实际上，学校教育只是教育含义中的一部分。国际21世纪教育委员会向联合国教科文组织提交的教育研究报告说：教育是“保证人人享有他们为充分发挥自己的才能和尽可能牢牢掌握自己的命运而需要的思想、判断、感情和想像方面的自由。”因此，我们理解的教育，是广义的教育，也即：凡是能增进人的知识和技能，影响人的品质和思想的活动皆称为教育。正确地理解教育这个概念，对正确地划定教育新闻的报道范围十分重要。

从教育活动自身的层次来讲，可分为：

正式：指有组织、有计划、有目的的教育活动。包括正规教育，即学校教育（基础教育、高等教育、职业技术教育、成人教育等）；非正规教育，社会机构办学（如各类培训班等）。

非正式：指家庭教育、社会教育。

从教育工作自身的内容来看，又有教育管理、教育方法、教育制度、教育改革等。

以往我们的教育报道多在正规教育这个范畴内，内容和对象相对来说都较窄。随着教育改革的推进，当然主要是随着社会的发展和进步（比如说我们现在就进入到一个知识经济的时代），教育已被推到了一个前所未有的重要位置。当今教育发展的一个趋势就是以终身教育为取向。1972年，教科文组织所属的国际教育发展委员会发表了著名的报告——《学会生存》，文中明确提出把终身教育作为今后制定教育政策的两个最基本的指导思想之一（另一个是“学习化社会”）。以前的情况可能是，学好前十几年，享用下半生；现在则强调：学校教育的方向是让年轻人为进行自我主导的终身教育作好准备。从这个背景就可看出，教育新闻报道领域的大大拓展是很自然的了。

这个指导思想的转变在我国表现得也相当明显。如果说前些年教育新闻还大多在中考、高考等时令性热点上打转，那么，如今的子女教育、招生就业制度改革、教育收费、继续教育等就成为举国上下长期关注的热点话题。教育还由于它的经济、政治、文化和育人等多种功能而受到了上至国家领导人下至黎民百姓的重视。国家的口号是“教育大计，百年树人”；老百姓说：“再苦也不能苦孩子，再穷也不能穷教育。”质朴的话蕴含着他们对教育功能所寄予的希望。

---

① 《现代汉语辞典》，商务印书馆1996年版，第640页。

因此，从教育对象上看，除了千万大、中、小在校学生外，还包括参加岗位培训、继续教育的诸多成年人；从办学力量上看，除教育部门外，农业、工交、体育、财贸、金融、劳动、公安、司法等部门，大量的厂矿企业甚至一些个人，都是教育的参办者；至于教育教学改革中涉及的招生、分配制度的调整，学科课程、考试内容的变动等，更无不牵动着每一位学生家长的心。可以说，教育广泛渗透于社会的各个领域，涉及千家万户，涉及人生的每个阶段。

教育需求贯穿人的一生。教育是每个人发展的基础和需要，从这点来说，教育涉及现代社会的每个人；教育是社会发展的基础和需要，被每个国家置于与国家利益休戚相关的发展战略的突出位置，"科教兴国"、"科教强国"实际上是每个国家发展的必经之路。教育的重要性还体现在个人的现实生存上，特别是在当今这个竞争的时代，个人的竞争能力受制于个人的综合素质，受教育程度越高，相对来说，竞争能力就越强。现在的人不断地"充电"，正是适应社会、迎接挑战、力图在生活中掌握主动权的表现。而社会上重视教育风气的形成、人们视学习为终身任务观念的形成，教育新闻可说是功不可没。

知识经济时代的教育已经成为一种产业。现代教育学理论认为，学校教育仅仅是教育的一个阶段、一个部分，社会、经济、文化生活才构成教育的全部内涵和外延，即大教育。专业人士指出，教育报道，惟有放在这样的宏观视角下，放在纷繁复杂的社会生活背景中，才会变成一座新闻的富矿。

二、教育新闻

教育新闻：凡是与教育活动相关的新近发生或发现的有价值的新闻事实，都是今天教育新闻报道的对象。

在我国，教育新闻是在近代教育事业和新闻传播事业都有所发展之后才出现的，曾在我国教育史上起过重要的推动作用，"五四"时期的教育报道直接促进了新的教育阶段的诞生。《新青年》等报刊宣传普及教育、识字运动和教育改革，是新民主主义教育的萌芽。在建国前，中国共产党一直致力于在根据地和解放区推行新民主主义教育事业，利用报刊等媒体大力宣传，培养了大批人才。

建国后，教育新闻报道有了显著的发展，先后创办了《教师报》、《中国教育报》等专业报刊和《光明日报》、《文汇报》等以文化教育为主的报刊，各新闻单位也都设立了教育新闻报道机构，有了专职的教育记者。随着改革开放的发展，我国的教育事业又进入了一个新的阶段，教育新闻也随之繁荣。

1985 年，中国教育记者协会成立。这是我国最早成立的专业记者协会之一。

现由各省(直辖市、自治区)教育主管单位主办的教育报刊在全国已有几十家，冠以教育的专业电视频道几十家，与教育相关的专版、专栏则几乎综合类媒体都有。

教育新闻的独特性在于，它不仅是教育活动的报道者，同时也是教育活动的实施者、参办者。大众媒介不是传统的教育机构，却产生着客观存在的教育效果。从大教育的视野来看，大众传播纳入大教育体系是历史发展的需要和必然。

大众传媒应为公众提供良性的学习环境，“与正规教育形成合力，协调他们对儿童和成人教育的一致性”。大众传媒更要把教育性与娱乐性、消遣性、公共利益与商业利益协调起来，以追求传播的社会效益为传播宗旨，率先承载起“学习化社会”建构的职能，和学校教育共同创造有利于人的发展的社会教育环境。①

第二节　教育新闻重点关注的内容

正因为现在的教育已成为全社会长年关注的热点，而不再像以前那样有较强的时令性特点，所以反映在教育新闻的采写内容上，即范围大大扩展了，不仅仅局限在教育界的活动。

一、党和政府关于教育工作的重大决策、方针、政策

这毫无疑问是教育新闻的一个重要内容，因其直接影响到国家、民族的前途和命运、直接影响到人民百姓的切身利益而备受关注。像 1978 年第一次恢复高考，就改变了多少人的命运。著名导演张艺谋上大学以前就是陕西西安某纺织厂一名普通的工人。其同学陈凯歌也是在 1978 年从西双版纳插队回来后考上的北京电影学院。再如，现在允许社会力量办学和高校扩招，这就使更多的人有机会接受高等教育，社会也因此有了更多高素质的人才，不再像以前那样“千军万马过独木桥”。可见教育方针、政策的调整，会对社会、

① 《审视大教育体系中的大众传媒》，《当代传播》2005 年第 2 期。

对个人的命运会造成多么大的影响。有句著名的话是："知识改变命运"，往往一项教育政策就会大大增加这种机会。

二、教育活动的变革和引人注目的现象

教育，作为培养人的一种社会实践活动，时刻处在不停地摸索和变动之中，每改一点，每动一点，教育事业就向前迈进一步。在这过程之中的成绩、经验、教训等，都是教育新闻的重要报道内容。如教育体制上：扩大办学自主权、高校后勤管理社会化；用人制度上：打破教师终身制，实行评聘制；教学方法上：小班制、学导制、问题式、双语教学等。这些都曾是教育报道的热门话题。

关于教育领域内的批评报道，可以说是比较多的，这也是大家非常关注的结果。媒体在促进我国教育的改革上，应该说是发挥了相当积极的作用。如：学生负担过重问题、应试教育问题、教材陈旧问题、教师素质问题等，每一个都可以找到相当多的生动事例。

在种种变革中，更重要的是观念上的改变。如下篇：

"知识改变命运"与"爱才是果实"
公益广告《橘子》引发教育价值观争锋

（2002年12月2日《人民网》）

著名导演陈凯歌首次执导的公益广告片《橘子》从12月2日起，在央视一套黄金时间播出。这部一分钟广告片还没有播出就引起广泛关注，不仅是因为陈凯歌的名人效应，更因为它传达的主题被认为是在质疑"知识改变命运"的传统教育价值观。

两位著名导演，两部公益广告，两种教育价值观

此片情节简单。西北农村女孩告别乡亲去城里读书，临走前，父亲送她一个橘子，握着饱含亲情的橘子，女孩对父亲的背影依依不舍。这时画面打出字幕："一个橘子有多重？"

几年后，女孩报考美院，在考场门口遇到了一位卖橘子的老人，在她走进考场前，一场大雨从天而降，女孩赶去用一把伞为老人和两筐橘子挡住风雨，而自己却在那场决定前途的考试中迟到了。这时画面出现了"两筐橘子有多要紧？"的字幕。

多年后，女孩成为一名小学教师，她带领孩子们到野外写生，学生将一幅稚嫩的画递到她的面前，画的是一棵结满果实的橘子树，女教师欣慰地笑了。

广告片最后的主题词是："教育不仅仅为了知识，爱才是果实。"《橘子》的情节和主题词对"教育"的理解，被评论为"是对'知识改变命运'的传统教育主题的一次大胆质疑"。对此，陈凯歌日前接受媒体采访时表示，执导该片只想表达他对教育、知识的一种理解，并无质疑的针对性。

不过，陈凯歌认为，中国教育长期存在一种实用主义倾向。比如，"知识改变命运"就是一种当前被普遍理解并接受的教育价值观。同样是国际级大导演的张艺谋于1999年为李嘉诚基金会执导的系列公益广告《知识改变命运》，宣扬的正是这一观念。该片中，40名来自各行各业的人物，以亲身经历阐述了"知识改变命运"的主题。

而陈凯歌却提出，当"知识改变命运"被漂亮的影像包装传播时，我们是否想过，按知识把穷人变成富人的表象去理解，这句话体现了一种实用主义倾向和狭隘性。陈凯歌解释，他的《橘子》是一种"审视和提示"，《橘子》提倡一种爱的教育，这种教育是广义的，不是功利的。

有人注意到，《橘子》对"爱的教育"的呼唤，与陈凯歌最新电影《和你在一起》的主题一脉相承。《和》写了亲情在技术教育面前的胜利，琴童放弃了所谓的"成功"，选择和亲情在一起。从《和你在一起》到《橘子》，陈凯歌给人的感觉是在质疑世俗的"成功"概念。陈凯歌这样认为，"成功对某些人来说意味着幸福，但有时候成功摸上去很冰凉。"

"学识教育"与"爱的教育"

对刚刚落地的这个"橘子"，教育界的人士也有不同看法。

中央教育科学研究所高等教育研究中心主任李志仁认为，"教育不仅仅为了知识，爱才是果实"这句话表述得似是而非，本身就表明作者"不懂教育"——"教育当然从来就不完全为了知识！但是，教育的一切目标也不全是为了'爱'！"

李志仁不同意中国教育存有"实用主义倾向、功利主义"的说法。他说，时下社会上一些人的狭隘做法，使教育在某些地方蒙上功利色彩，但那绝非中国教育的全貌，中国的教育也是呈多方向的：中小学教育重在打基础，这不是功利；职业技术技能培训，是授与人谋生的一技之长，也不完全是功利。

李志仁认为，学识教育无可厚非，“试问文盲能为社会做多大贡献？一个学识低下的社会，能有多大发展？”因此，有别于陈凯歌，李志仁赞赏“知识改变命运”。他认为，这句话恰恰体现了“教育的终极目的”——满足人的个体和全社会发展需要，是一种“鼓励上进”的价值取向。

教育学家杨东平却认为，弥漫在教育领域中的功利主义“越来越强”，整个社会的人才观有些变了味儿，“功成名就、成家成名”，似乎已从先前单纯的学术标准，逐步衍变为商业化的成功模式。因此，杨东平认为，《橘子》直接呼唤一种容易被漠视的教育观，这样的声音弥足珍贵。但是，“‘爱是果实’”和‘知识改变命运’一样，不是一个学理更不是教育的定义，仅仅是一种价值取向”。

全国中小学心理健康教育专业委员会常务副理事长沃建中教授指出，倡导“爱的教育”，陈凯歌不是第一人。但《橘子》呼唤的“爱”，确实是中国教育的某种缺失。他说，中国教育长期偏重知识教育，热衷灌输“学到什么份儿上，将来就会如何如何”，功利主义色彩浓厚。相反，爱的教育往往容易被漠视。“把‘爱心’、‘善良’等美德转化为一个人的‘人格特征’，是一个成功的教育应该达到的方面。因为从人的终身发展看，人的品行起着主导性作用，其次才是学识。”

教育的终极目标是什么

“但是，仅仅呼唤‘爱’远远不够！培养具有良好人格特征、同时具备生存能力且有创造性的人，才是教育的终极目标。”沃建中举例说，调查表明，国际性大公司对人才最看重的四大综合因素，是“团队精神、忠诚度、创新能力、交往和表达能力”。他认为，除了学识教育、培育爱心与善良的品德教育外，教育还应该做到让一个人具备“独立性、敢于冒险、坚韧不拔”等意志品德。

不过，也有人对陈凯歌所说的“成功摸上去很冰凉”，表示相当的认同。他们指责说，这正是“教育的虚伪”所造成的。一位30多岁的职业女性对记者坦言，我们为过上好日子而读书，目的是追求幸福，但我们偏偏在接受教育的路途中积压了过多不幸。

为此，有人提出“教育就是制造幸福的感觉”。杨东平说，事实上，一个成功的教育是这样：让社会像一个生态多样化的自然环境，有参天大树，也有灌木、小草，各司其职，各享其乐，换句话，教育就是让每一个人做回他自己。

持“幸福是教育的目的”观点的还有北京新东方学校副校长王强。王强认为，教育的终极目的，不该完全是追求知识获得智慧，或者成为一个神一样完美的人，而是“学会如何幸福地生活”。

但这种所谓“教育带来的幸福感”，在一些人看来也是分层次、因人而异的。李志仁就认为，每一个人对“幸福”的感受、对“教育”的理解，同样呈现一种“多样化”。每个人在接受教育的过程中不断提升自己，向着更高的精神和物质目标奋进，这一奋进过程，就是推动自己与社会进步的过程。

这样两种教育价值观的碰撞，也许其新闻价值并不仅在于简单地争论谁是正确的，而是这种碰撞给人们带来的对教育、对教育作用的反思。这种反思将对社会、对个人的发展产生深远的影响。

三、教育活动中的人物

我们认为不能简单地把教育新闻反映的人物定为老师、学生，这样不够全面，没有反映出教育活动的多层次性、多样性。教育活动中的人物应包括：教育活动的组织管理者、教育实施者、受教育者、参与者等，一些以前看来特殊、现在是新生事物的人如大龄考生、自筹资金办学的打工者等也应包括在内。

也就是说，教育新闻的报道对象应涵盖教育体制中的教职员、学生、家长，关心教育的知识分子等各界人士，教育机关的工作人员，未来希望投身教育工作的青年学子，对新知识、新观点有浓厚兴趣的社会大众等等。

四、受到社会广泛关注的时令性教育热点

教育领域有自己的“重头戏”，如高考、招生、毕业分配、中小学收费等都是每年必有、到时间必报道的内容，它们按时发生、影响巨大，历来是媒体必须重点关注的。媒体一般可提前组织人力，围绕事件连续报道。时令性教育活动内容的报道对记者的策划能力要求颇高，因为要连续地出新，不断地超越自己。只要每年看看高考、中考的媒体大战就可深深地感受到这一点。

教育记者在每季度、每月初即根据掌握的大量信息，对各级各类教育可能形成的热点话题，作预先的报道要点安排，尤其是一些受到社会广泛关注的季节性教育热点，提前行动，围绕事件连续报道，报道视角可涉及学生、家长、教师、学校、有关行政部门、社会舆论诸多方面。如果每年都能不落以往

窠臼，及时写出读者关注的新情况、新问题，一定会引起读者的热烈反响。

2003年高考，聚集了比以往更多的“重要”题材：中国恢复高考20周年，首次在6月举行“清凉高考”，广东省首次人数最多的高考，广东省首次计算机网上远程巡考的高考等等。广东的媒体不约而同把目光都集中在这些夺目的新闻要素上，《南方日报》却脱颖而出。《南方日报》2003年6月8日起开辟《非常时期正常高考》版，此刻非典阴霾未尽，广东是重灾区，高考能否在11352个教室里顺利进行，为世人所关注。但每个考生以平均3秒的速度通过了体温测试仪，迅速进入考场。《南方日报》教育记者胡键介绍：其他报纸只报道了高考的相关信息，而我们提炼了一个主题“无一考生因‘非典’缺考”，稿子精炼，叙述、描写、议论和背景相结合，深刻地反映出我省高考中所体现的以学生为本的理念。文章不长，影响力不小，稳定了社会，凝聚了人心，展示了广东，取得了很好的效果。

9日，专版中有考场概况、花絮、提醒、手记等，内容丰富，现场感强，从不同角度集中反映了高考的相关情况，指导性和贴近性皆备。

10日，《考完小心“放松病”》，提醒及时重要，配发的主图是考完的学生们欢笑着将手中的书抛向天空，较好地表现了学生们的轻松与可爱。

《南方日报》这一年度的高考报道，给人们留下了深刻的印象。

五、教育活动中的大量信息

如全球性的学术信息、行业信息，学生毕业就业率、录取情况等，新的动向如大学生停学创业等，这些都是大家关注的。

在教育新闻中，动态性信息其实占有重要的篇幅。这些动态性信息也当然包括大量的工作经验、工作总结和政策文件、会议精神。动态性报道的关键在于，如何对此进行开发和利用，把这些信息转换成新闻，传递给急需这些信息的受众，而不是仅仅只是信息的“原样转载”？受众视角无疑是筛选有价值信息的利器，记者就应从这个角度出发，从海量的信息资源中挖掘出受众真正感兴趣的、和他们密切相关的新闻来。以《2003年普通高校招生工作规定》的报道为例，《文汇报》以“更重视学生权益”为主标题，其他分列“放宽体检受限专业”、“高校自主安排生源计划权扩大”等小标题，文中有高校招生办老师针对其新规定做出的具体解释。这样，报道不求全，而是把最有价值的、大家最关心的从宽泛的信息资源中拎出来，显然比一些面面俱到、不分主次的文件照搬式的报道高出一筹。

第三节 教育新闻的特点

一、针对性

教育有多项功能，其中重要的有政治功能、文化功能和育人功能，这使得教育工作本身具有教育、引导、纠正人们思想认识的作用，这些作用再加上新闻报道的导向作用，就决定了教育新闻有很强的针对性——根据现实情况，发挥其特定的作用。

新闻媒介对人们的思想和行为具有迅速、广泛而深刻的导向作用。这种引导作用要真正发挥作用，并不是由上而下的灌输，是它寓于思想性、趣味性、知识性之中，能给广大受众提供真实反映客观世界新变化的正确认识，并产生趋利避害有益于人民的社会影响。

教育新闻即发挥如此的作用，针对教育工作中的某种倾向，引导人们正确地理解国家的方针政策，例如指出提倡素质教育并不等于全面否定应试教育；针对实际工作中急需解决的问题，指出方向和途径，例如扩招后的高校后勤问题，就可进行高校后勤管理社会化；针对一些不良现象，及时给予批评和纠偏，例如中小学乱收费现象，等等。如：

昆明某区青少年投诉占3成 信用消费不适合儿童

鑫源文具店坐落在昆明市云南师范大学附属小学附近，经营文化用品和工艺美术品。店主是一个被小学生看来"大方、可亲"的阿姨，她总是对想买东西又没钱的孩子说："没关系，你可以先不付钱，等你有钱时再来付。如果怕东西带回家被家长问，可以存放在我这里。"

今年7月中旬，一封由几十名小学3至5年级、8至11岁孩子的家长联名写的呼吁"救救孩子"的信，引起了市长章振国的高度重视。他当即要求公安、工商等有关部门查明情况，依法处理。

信中说："鑫源文具店向未成年人非法集资，变相吸收公众存款，不问来源正当与否，收存与年龄、智力不相符合的未成年人的巨额款项；设置圈套，拉同学加入本店抽奖，诱骗未成年人参赌获取钱财。"

有关部门调查的真相令人瞠目：据当事人账册记录，从2001年11月至2002年6月，共有26个学生在该店存款。金额最大的是一个小女孩，她分25次存入3096元在该店消费，现剩91元；其次是另一名小女孩，她在今年4月至6月间分13次存款1049元，现已用完。其余孩子分别存款7元至750元不等。26个学生一年间存款8208.7元，大部分都已用完，仅剩130元。

据查，该店还为存款、存货多的孩子提供抽奖机会，抽一次奖收两元，其抽奖所用的“碰碰乐”抽奖盒进价为134.5元，一盒有96个方格，抽完奖后可获利57.5元。此外，学生们说，店主还以赊账的方式让他们购买海报、贴画、名信片、小摆设等与学习无关的东西，事后以原有价格的数倍要钱。

店主称，她是在学生们强烈要求下才帮忙存钱和抽奖的，因为学生怕钱在身上被“拔毛队”抢去，也怕其他同学发现有钱而要求请客。学生说他们的钱是家长给的零花钱和压岁钱，她把每一笔存款记录在册，学生在其店内买东西就从账上扣除，如果要取钱到其他地方花，她从不拒绝。

孩子们坦白，他们为了在店里获得更多抽奖、中奖机会，以各种理由向父母、外公、外婆、爷爷、奶奶要钱，有的甚至偷钱，少则几十元，多则几百元。同学间相互攀比中奖成果，还相互订立攻守同盟，告诉家长是同学间互赠的礼品，随时到店里支付现金、买零食，或用西餐相互请客。

目前，该文具店已被工商所责令停业整顿。但是，令更多家长担忧的是，许多类似的文具店仍隐蔽在昆明市各中小学校附近，以经营文具的名义，用各种欺骗手段侵犯未成年人的消费权益，使家长、学校防不胜防。有的老师多次与店家交涉，阻止学生到这类文具店购买东西，却遭到店主谩骂和推搡。“尽管学校和家长对孩子进行过专门教育，但对没有免疫力的未成年儿童，包装成巧克力的毒药他们是难以辨别的。学校周边的环境，将直接影响学生的健康成长。”云师大附小政教处副主任李陈松老师告诉记者，学校周围聚集的众多流动商贩，也危害着孩子们的身心健康。他们向学生兜售各种好看、好玩、好吃的东西，甚至以次充好，哄抬物价，还可以赊账、以物换物，有的孩子甚至用家里2元的牛奶换取1元的食品。

据悉，那些商贩消息灵通，学生缺什么他们卖什么。同学忘记带的学具、红领巾、扇子、烟盒、手铃等都能从他们那儿买到。小学生山山（化名）的妈妈说，山山现在有10条红领巾，都是因为忘戴而在学校门口花1

元钱买的。“商贩们为学生提供的这种方便，纵容了孩子粗心大意、丢三落四、奢侈浪费的习惯。”李老师说。“青少年是一个特殊的消费群体，他们年龄小，缺乏社会经验和自我保护意识，因此消费权益时常受到不法商贩侵害。”昆明市五华区工商行政管理局局长张卫民介绍说，五华区是昆明市传统的“学府区”，辖区内共有50所大中小学校。据五华区3·15投诉台统计，在1998年至2001年的3876件消费投诉中，青少年投诉占1193件；而在今年的1800多件投诉中，青少年的占了30%。“青少年消费投诉通常价值不高，但它对青少年身心健康却有很大的影响，所以多年来，我们在处理中一直坚持优先、快速、彻底的原则，不留一个‘夹生案’，不炒一次‘回锅肉’”。

今年11月1日，该局在云师大附小设立了昆明市第一个“青少年维权岗”。该局还与辖区内学校周边经营户签订合约，对其经营行为约法三章，其中明文规定“不得以抽奖及有奖销售、以物易物等方式销售商品”、“不得代学生保管财物、玩具”、“不得赊销商品”。五华区工商局消费者保护科夏副科长说：“信用消费不适合儿童，因为他们没有理性消费，也缺乏控制能力。”

目前，还有10多名云南大学法学院学生担任了维权志愿者，一年来为消费者提无偿法律咨询160多起，并多次与不法商家对簿公堂。

（2003年2月28日《中国青年报》）

该报道明确提出信用消费不适合儿童，对此类现象的揭露，也给别的地方做了警示。

对待现实生活中出现的涉及教育的一些负面现象，媒体应该采取什么样的思维方式，作什么样的取舍？鉴于教育新闻的独特作用，首先就应该把思考的重点放在积极的方面。记者编辑首先应该考虑这一事件提供了什么样的事实，这样的报道出去对读者会有什么作用，对各部门有无参考价值。如何报道，什么时机报道，要不要报道。如对越来越热的中考及高考，有些媒体过分炒作，“关怀”备至，以致引起了家长、学生及学校的忧虑与反感。媒体应如何关注这一热点，这都是应该以新的观念、新的视角思考的问题，而不是一味地炒作，帮倒忙。另外，有关教育部门新出台的政策等，牵涉千家万户，报道务必做到准确、适时，作出权威的解读。

二、专业性

毫无疑问，教育是一门科学，它有自身的规定性，教育报道要符合、遵循它的规律，并能运用这些规律去观察、分析一些教育现象。记者去采访基础教育和去采访社会教育，就面临着不同的教育规律和特点，没有一定的对教育理论及行业情况等的熟悉，教育新闻就写不到点子上去。

1998年某省召开成人教育工作会议时，某报记者为报道好这次比较重要的会议，费了好大的劲搜集了一些有关学校的资料，结果稿件见报后，却被一些同行和教育界人士当作了笑话。为何？因其分不清成人教育与职业教育，其所用资料大多是职校的。职业教育培养的是各级实际应用型人才，有初级、中级、高级之分，内容主要是专业性的劳动技能培训和教育；成人教育是对在职人员进行业余、半脱产或全脱产教育的教育形式，目的是提高在职人员的专业素质，根据对象的不同，有多种和多层次之分。这还是初级的知识性错误，如有些违背教育规律或传播陈旧的教育观念的报道，负面效果就更大了。

三、多样性

教育的多层次性，决定了教育新闻受众的多样性。同样，教育新闻报道对象的层次性就非常明显，如小学生、初中生、高中生、中专生、大专生、本科生、硕士生、博士生，都有自己的特点；再如教师，幼教、普教、高教、成教、社会教育，这都是不同的。不同的层次、不同的阶段、不同的读者、不同的报道对象，都对教育新闻的采写提出了不同的要求。因此，教育新闻必须是多样的，既能满足一般读者的需要，又能满足不同读者特别是高层次读者的需要，做到内容多样、形式多样。

教育新闻的写作几乎涉及绝大部分的新闻报道样式。

四、“慢热性”(或称长期性)

这是对教育新闻采写不利的一面。教育记者应对此有充分的准备，有足够的认识。教育活动有较强的行业特点，其中重复性、相似性的社会活动比较多，周期长，稳定性强，见效慢(如大家一段时期都在进行内容差不多的活动)；一些有重要价值的变革、经验、成果等，没有相当长时间的探索是难以取得的，这对教育记者的观察力、判断力及其耐性都是一个很大的考验。

第四节 教育新闻采写的具体要求

教育新闻采写的难点是，突发性事件较少，重大活动少，教育活动与改革周期长，教育科研相当专业化……所以教育领域一度被认为是难“出活”的地方，一些记者不太愿意跑这条线。实际上，“静水流深”，真正深入进去以后，会感到大有东西可挖。新思想、新观点、新尝试、新成果等层出不穷，只要善于挖掘，总有精彩的“宝石”等着你。

一、教育新闻的采访

1. 建立广泛的信源

教育界看似平淡、安静，多琐碎活动，不太容易找到新闻线索，记者必须广交教育界的朋友，建立多种信息渠道。在建立自己的信息渠道时，注意全面和广泛，既要有教育领域高层人士、专业人士，也要有教育战线上的教育工作者，既要结识各类学生，还要结识他们的家长；同时，广泛关注社会上和教育活动相关的各类人士。

2. 重视各种会议采访

教育界会议很多，教育记者平时更多的是出席各种各样的会议、活动，像新闻发布会、研讨会、科研成果鉴定会、教学展示会、工作会、现场推广会、颁奖会、表彰会、咨询会等等。记者要善于从会议中寻找线索，获得采写信息或素材。曾获浙江省好新闻奖的《今年高考无状元》就是记者从一个情况通报会上一句“今年不再作考分排名”而被记者独具慧眼抓住的。

在大量常规性的报道中，记者被人们注意到的，不是你对活动报道得是否全面，而是有没有看出点“新意”。记者的“求异思维”很重要。

像教育记者常常会被邀请参加一下校庆活动，这是较难写的稿子，因为内容相似、程式一定，写出来肯定是固定的模式，还很可能上不了版面。例如当年华东师范大学45周年校庆，举行了一个上海普教系统校领导座谈会，这个会按常规写法，写简讯发都成问题。《上海教育报》的记者却抓住该校校友中有一百多位现职中学、职业学校的校长、书记，就用现场采访的方式报道了《百名校长回母校》，不落俗套。

1995年，上海举行学生京昆剧演唱比赛，如果仅仅报道这个问题，没新意。记者采访了组委会，最后得知，上海已率先将“国宝”纳入了中小学音乐教材，学校为此还组织兴趣小组，《京昆剧首次步入上海中小学音乐课堂》就不同一般。

每年必开的多个面向高校毕业生的人才咨询会，怎样采访？看一例：

东北地区研究生暨高级人才交流会传出信号

——高学历人才消费虚热开始降温

11月30日，来自东北三省的近4000名研究生走进沈阳人才市场，参加为期两天的第六届东北地区研究生暨高级人才交流会。投了一圈简历，26岁的细胞生物学硕士杨慧林显得有些失望。"今年到会招聘的企业太少，大多数是学校和科研院所，而且开出的待遇也不是太高。""很多企业都希望招来的硕士能从零开始，和本科生、专科生们在同一起跑线上竞争，薪水待遇视工作业绩而定。"来自黑龙江大学的张华给自己开出的身价是月薪2000元以上，但企业的反馈让她感觉似乎并不像想像的那样热情。

沈阳奥吉娜公司是该市的知名民营企业，尽管此次参展的是高学历人才交流会，但公司总经理魏国平坦陈，事实上，公司今年最希望招收的还是本科生，具体就销售工作等岗位而言，大专和中专毕业生就足够了。

沈阳东软集团人力资源部招聘主管郭鹏告诉记者，公司今年并没有硬性指标一定要招到几个博士、几个硕士，主要看具体岗位需要什么人，只要合适，本科甚至专科都会考虑。

就业者似乎也感受到了来自市场的阵阵寒意。来自沈阳农业大学的杨建成告诉记者，他所在系80%的同学决定继续考博士。黑龙江大学中文系、辽宁大学俄语专业，近50%的应届硕士毕业生决定继续考博。继续攻读博士的动机各样，但其中一个很重要的原因是，今年很难找到令自己满意的工作。"这实际表明，前几年持续不下的高学历人才消费热开始出现降温的迹象。市场已经向我们发出了明确信号。"从事人事人才工作17年，中国人才协会副秘书长、沈阳人才市场主任孟庆伟是这些细微变化的观察者。此次交流会上，孟庆伟发现，过去企业动辄抛出几十万上百万元年薪招聘博士、硕士已是"盛况不再"了。

……

扩招研究生正在涌入就业市场。孟庆伟提醒，尽管高学历仍然是人才市场上一块好用的"敲门砖"，但市场发出的信号应该引起学校、就业者包括社会各方面的足够重视。“事实上，随着高校不断扩大招生规模，用人单位不断调整更新自己的用人观，高学历人才的就业压力将越来越清晰地表现出来。我们的教育者、受教育者包括市场都应提前对此做好准备。”孟庆伟说。

（《中国青年报》2002 年 12 月 2 日）

一些会议如教育工作会议、经验交流会就年年开，很枯燥，大部分内容是与以前重复的，怎么办？突出最新的信息即可。每年总会有一些新措施、新变化，可以紧扣这些个“新”字做文章。

3. 充分挖掘各种调查报告、教育科研成果

教育是科研项目最多的领域之一。各大中小学校都承担着众多的课题，内容涉及广泛，其中基础教育的科研大多与教育活动紧密相关，教育管理、教学手段、家庭教育、教育心理等等，这些研究都从实际出发，运用调查研究等手段，进行科学的分析论证，因此往往角度新颖、观点重要，具有很高的新闻价值。如 1993 年《上海教育报》刊发的《调查表明：中学生价值取向趋于相对化多重性》就源于一项德育科研的基础调查。

4. 放宽报道视野

读者常批评以往的教育报刊视角往往较为局促，习惯于抓行政业务的报道，报刊围着主管机关的日常工作程序转，内容难以贴近广大师生及一般读者，结果把自己的读者圈在了部分教育管理工作者这个狭小范围内。其实，教育是一个很大的概念，它泛指一切传授知识、增长智力的活动，其内涵与外延都有很大的拓展空间。

现在，教育新闻的报道范围和题材日益扩大，呈开放性，报道领域与社会、法制、文艺、科技、体育、经济等相交叉；报道对象呈多层次开发，如从教育活动扩大到教师、学生的日常生活和行为，从学校、社会、家庭等多角度、多侧面地报道；教育活动自身的报道向深度进军，如思想品德教育方面的报道不仅仅局限于原来意义上的思想政治教育，还包括行为规范教育、社会实践、学生各种行为表现倾向、学生心理状况、心理品质教育、青春期教育、校园文化等等。

要从教育工作中去发现带有社会性问题进行报道，也要善于从社会生活中去发现教育问题，有针对性地进行报道，让基层的、第一线的、鲜活的新闻唱主角、上头条，让报纸走出机关，走到广大师生、家长和所有关注教育的读者手中。

比如关注学生学习动态的同时，也应关注他们在教室外、学校外的生活。教育家认为，校园文化的影响比学校和父母的影响要大得多，前几年流行的“校园歌谣”、2005年刚刚报道过的“小学生流行印名片，上有自己获得的各种荣誉、官职和父母的工作单位、官职”、“调查显示，小学生最不喜欢的人是父母”等等，这些现象背后都隐含着重要的教育问题、社会问题。

二、教育新闻的写作要求

1. 突出思想性

教育是上层建筑，是为一定的阶级或社会培养人的活动，当然具有明显的阶级性，因而也具有鲜明的思想性。教育新闻是它的一种反映，当然地具备思想性。做教育新闻的采写，一定要突破就事论事的角度，要努力挖掘，对新闻现象看深一层，将最具本质意义的新闻传达给读者，彰显其思想性，指明正确的舆论导向。

在这方面，记者一定要有“求高”、“求大”的意识，立意要高，多注意社会关联度大、事关全局的“大鱼”，在对教育现象的宏观把握中，突出面上的指导性。

如1999年，《新华日报》的教育记者在无锡商业职业技术学院采访时获悉，江苏省将从秋季学期起在全国中等职业学校首开就业与创业指导课程。记者马上意识到，这不仅仅是教育系统内部普通的课程调整，而是新的历史条件下教育对社会人才需求的一种积极适应。记者随即进行了深入的采访，采写了《学会创业：为你迈入21世纪增添一本通行证》，这对大中专毕业生的学习与就业、对学校人才培养方向都有一定的导向性。

突出思想性，关键要做好拓深报道内容这篇文章，以深来求新求“活”。在新闻采写中，要突破传统的工作经验式新闻，多写观点性新闻。在找准受众关注的教育热点问题的前提下，开掘深度报道，才能产生较强的社会辐射力。从教育新闻读者层面来看，尽管涉及面广，但主要对象的文化水平都相对较高，属于善于思考型，他们往往不满足于教育事件表层的信息，要求能深入到事件的内部，了解其发生的内在动因和规律。

在上海市青少年校外活动的一次采访中，当许多媒体从统一的报道口径出发，进行常规报道时，《文汇报》则以《城里娃没了虎气》为题，提出了一个非常典型的问题，跳出了一般报道的局限，具有一定的深度。

《北京青年报》曾进行过一次“素质教育是靠体制还是教师”的讨论，讨论主题来自于在对北京一位优秀的数学教师的几次报道之后的二次深挖掘："变应试教育为素质教育，其根本的出路在于教师的努力，还是在于体制的变革？"《北京青年报》就此组织的讨论持续了17天，参与讨论的有中学老师、大学教授，有学生及有家长，有从事教育研究的专门人员，有企业的总裁，还有记者综合读者来电等。在40多篇来稿，近10篇专访，两个座谈会纪要，一份调查报告中，对问题进行了深入、细致、透彻的探讨，以观点的解读来深度介入、深度关注社会热点。

教育报道要凸显思想性，加强背景性信息应该成为重要手段之一。背景性信息包括横向的信息，如事物涉及的政治、经济、文化、道德、科技、环境、习俗等各方面的背景情况，也包括纵向的信息，即有关事件本身过去的存在状态的信息。新闻事实的社会影响力通常与事实发生时的社会背景有紧密联系。

2. 突出知识性

教育的相关知识，应该是广大受众欲知而未知的，记者在采写中应适当给予关注，有针对性地介绍，增强知识性，读者会非常欢迎。比如，针对社会上一些家长非常心急而又不懂教育规律乱操作的现象，如让孩子过早地学习某些知识或技能(俗称拔苗助长)，记者可以以教育规律进行阐述。

3. 突出可读性

作为一种专业性强的报道，教育活动往往较为严肃、单调，因此，教育新闻应追求可读性，"内容上求新，形式上求活，语言上求俗，角度上求刁"，使得读者想知道、愿意看、又容易看懂，多抓新鲜的个例，多用事实说话。不要满足于一般性的报道，内容、形式毫无新意的工作动态、行业进展等，应少做、小做。

平实的文风，是与教育新闻自身特点相匹配的写作风格。可读，首先是平实易懂。一些读者抱怨教育报道读起来总觉得有些枯燥，这一方面受其行业的性质所限，另一方面也与教育新闻本身的特点有关。教育新闻的任务是传播教育信息，反映教育动态，与政治、体育、文化新闻等相比，缺乏为社会关注的突发性和娱乐性事件。如果教育记者们为了片面增强报纸的可读性，大量采用文学方式或现在比较突出的"炒作、煽情"手段来写新闻，效果只会适得其反。教育新闻由于其本身的特点，更要求具备平实的文风。

教育新闻受众面广，不少读者在需要了解所关心的教育信息同时，又对许多教育专业性名词感到难以理解，为此，记者们非得在写作上下一番苦功不可，让教育新闻做到既生动活泼又浅显明了。二是注意写作手法的运用。一个重大的教育问题，不妨先用一件读者熟悉的小事导入，事件是身边的日常生活，问题则是大家需要获悉的，使读者既喜闻乐见，又易于消化吸收。《文汇报》的记者浦建平对此有生动的描述：

第一次写教育改革大课题"突破世界级难题——帮助学习困难学生大面积在学习上获得成功"的消息时，我刚转入采访教育新闻不久。看了上百页材料，听了一整天示范课，感到确实非同小可，完全是可上一版头条的大题目。回去向老总汇报闸北八中的这项"成功教育"，老总不以为然，要我讲出与优秀班主任帮助差生取得好成绩有何不同。我只得回家花了4个晚上，把材料再梳理一遍，列出几页纸的不同之处，老总才认可确实是好；但字数限在1200字，还要有细节。我看看引用的许多教育理论都非常关键，少了就讲不清。结果老总讲，写那么多教育上的理论干什么，谁有耐心看，还是要依附具体实例，再作简括。我只得把有关教育理论再细细咀嚼一番，一点点删简，数易其稿，总算在一版头条登了出来，教育科研人员也说比别的报纸写得好、写到点子上。此后再与校长、教育科研人员谈起"成功教育"时，我已能讲得头头是道。

4. 突出服务性

突出服务性是当今许多媒体的自我要求，教育新闻同样也要做到这一点，"贴近、贴近、再贴近"，加强服务性就是其中重要的内容，大至政策方针指南，小至温馨提醒。甚至有教育记者认为，加强服务性已是现在媒体教育新闻竞争的重点。比如说招生，以前的教育新闻很少有详细的报道，最近几年开始增多。一开始大多是公文的改写，老百姓读起来艰涩难懂，所以读者关注的程度不高，或者说传播效果并不好。由于新一轮新闻竞争的出现，这种局面改变了，一些媒体不再按陈旧的思路进行报道，而是大打服务牌，招生工作的每一个环节、每一个步骤、每一项改革都揭开了面纱，许多报道实质上并没有离开政策的指引，但多是从纯粹的政策信息入手，结合招生工作的方方面面，将老百姓想了解的信息用最浅显易懂的形式表达出来。高考报名有什么政策、3＋X改革是怎么回事、考生高考应注意什么问题、全省高考的整体情况、北大清华今年在我省的招生比例如何……许多的问题只要当年有子女参加高考的家长，都能如数家珍，这都是媒体的功劳。每年的高考大战，也就是媒体大战。在媒体竞争激烈的年代，老百姓是新闻战的最终受益者。仅从招生报道这一事例来看，教育新闻除把握思想性、知识性等外，服务性也是不可小视的。许多媒体还开辟了新的服务形式，如钱江晚报的“高考直通车”，招募志愿者高考时送考生上考场，以活动服务读者、以活动带动新闻。

第五节　教育记者应注意的问题

现在强调专家型记者、学者型记者，跑教育新闻的记者正是有条件成为这样的人，当然他必须不断地学习、在实践中磨炼、勤于思考善于观察才有可能。教育记者应在这样几个方面予以注意。

一、对行业政策、行业情况等的熟悉

没有对行业等情况的熟悉，就没有对政策报道的准确判断及分寸拿捏。比如民办教育在我国已走过了最初的创业期，面临着以后的发展竞争和一些难题，究竟该怎样走？这样来看下面的这则消息，可能更有意义。

上海推出发展民办教育四大重要举措

新华网上海3月23日电（马晓舫）　2005年上海将在深化民办教育体制改革、进行制度创新等方面推出四大重要举措。这是3月23日召开的上海市民办教育工作会议传出的信息。

首先，上海将实行民办教育投资主体多元化，积极倡导多方出资联合办学或多元投资合作办学，发展混合型办学体制，鼓励各种不同性质的社会力量集中投资办学，有效地提高民办教育的投资效益，降低办学成本，最终实现“多赢”的局面。

其次，上海将对一些区政府和行业主办、目前办学难以为继的高校进行改制，办成民办学校或多元投资体制学校。改制将采取国有企业收购或民营企业接盘的方式，尝试引入社会资金，并在民办教育有关政策的指导下进行。

此外，在明晰产权的前提下，鼓励、支持民办学校结构重组，资产转让。包括民办学校间的重组，民办学校和公办学校的重组，以及将政府和国有企业对土地、校舍的所有权和民办高校的办学权分开管理等等。

上海还将进一步提高民办学校的“准入门槛”，提高民办学校的办学标准，吸引社会大资金举办高水平、高标准、高层次、高效益的各类民办教育。在此基础上，积极创造条件，引导一批民办学校提高层次，向一流

学校的目标不断发展。

目前，上海共有民办高校20所，在校学生5.39万人，占全市高校学生总数的12.9%；民办中学127所，在校学生8.85万人；民办小学17所，幼儿园225所。此外，上海还有1500所非学历民办机构，每年培训200万人次。民办教育已成为上海教育体系中不可或缺的一个部分。

我国民办高校近年取得了快速发展，目前全国民办高校175所，在校生81万人，民办的其他高等教育机构1104所，注册学生100.4万人。

二、必须深入一线

我国教育事业发展迅猛，一个省的学校就有几万所，在校师生人数甚至可达几千万，这么一个庞大的教育领域，要想足不出户地完成采访、报道，简直就是异想天开。1999年，当时许多大学生提出找工作难这个问题。于是，一名记者带着这个问题跑了山东的众多学校和用人单位，利用各种机会接触了许多不同类型的大学毕业生，算出了许多数字，搜集了许多资料，最后得出结论：毕业生们所谓的"择业难"是难在自我选择与市场需求的错位上。期望大城市待遇较高的工作，轻视实践，不愿吃苦，是"择业难"原因所在。利用这些材料，他写了一篇报道，在获奖同时也受到了读者的广泛好评。

《现代教育导报》枣庄记者站记者张运祥回忆一次采访经历：

"一次应朋友之邀，我到一个全市最偏远的乡镇中心校采访，进了校园后一看，学校破烂不堪，令人无法相信这是一所乡镇中心校。校长谈了很多事例，当然在该乡是好的，但站在全市的角度没有任何价值。我在实在无法挖掘新闻的状况下，便提议到校园内转一转，忽然发现了一个'规范台'，摆在显眼处，经询问，学校主要是从便于学生学习实践《小学生日常行为规范》而设的，每周由教导处书写一条规范内容让学生学习、记住并实践。我立刻随便叫了几个学生，让其背诵一下，居然都会，于是举起相机，按下了快门，很快便在《人民日报》、《中国教育报》、《光明日报》及《大众日报》、《齐鲁晚报》、《教师报》、《德育报》等10家报纸刊用。"

由此可见，教育记者的确应将深入教育第一线视作做好采写工作的关键。

美国的梅尔文·门彻先生介绍说：当俄勒冈洲尤金《纪事卫报》记者鲍勃·弗雷泽报道教育新闻时，他会坐在小学教室中，把自己6英尺4英寸高的身子蜷缩在小学生的椅子上。他写的报道比教育厅长办公室发布的新闻稿重要得多。深入学校的经历会告诉记者，学校校长是否具有使命感，其领导是否有力；它还会告诉记者，学校里的教学水平有多高，教师是否受到了学生的尊敬，以及他们是否尊重和关心学生。记者还应该观察学校环境：学校是否安全？是否有严格有效的行为规则？违反校纪者是否受到处罚？逃学率上升了还是下降了？记者可查看学校有关违规问题和破坏事件发生频率、次数及类型的记录。①

同时，由于教育事业自身的特性，突出性、冲击性新闻较少，就更需要教育记者去用心去发现。很多教育报记者都有这样的感受，一些地方的教育情况看似按部就班、平淡如水，但如果"沉"下去呆上一段时间的话，就能抓到不少好新闻。

三、要有责任感，敢于发现问题、提出问题、剖析问题

鉴于教育活动无可比拟的效果，教育报道就应有责任感，有慎重性。对不符合教育规律的不科学现象、不良现象，要勇于报道。

如作为教育事业改革发展中的一支生力军——民办学校，近年来发展迅速，其中有不少学校确实起到了为教育事业添砖加瓦的作用，但不可否认的是，也确有不少学校在激烈的竞争中采取了一些不正当的做法，出现了一些问题。面对这种情况，教育记者该如何办呢？因民办学校的问题较敏感，因而许多记者即便是发现了问题，也不敢说，也不愿说。而某报的一位教育记者却在调查采访了大量事实后，大胆地报道了一所在省内较有名气的民办高校利用假广告坑骗学生的事件，事后引起有关部门的注意，治理并整顿了该方面的工作。

四、注意积累

一般说来，作为教育记者，首先必须打开自己的新闻信息源，建立良好的业源关系，也即多和教育领域的专家学者交朋友。多和校长老师交朋友，他们不仅对提高记者的教育理论素养大有好处，扩大信息存储，而且经常会"送货上门"。还有一个必须建立良好关系的就是各级教育部门的管理、工作人员。

其次建立自己的信息资料库。平时多注意收集相关资料、相关的新闻素材。教育新闻突发性事件少，很多属于"慢热型"新闻，慢慢地量变、量变，有

① （美）梅尔文·门彻著：《新闻报道与写作》，华夏出版社2003年版，第655页。

时在不经意间就发生了质变。如果平时不注意，缺乏积累，很难对此新闻现象做出全面、深刻的把握。所以，面上的材料，点上的材料，发现的问题，自己平时的思考与想法，这些东西要经常放在一起考量，往往会碰出火花。

第三要注意开拓视野，锻炼“信息转换能力”。在一个领域跑久了，往往对这一类主题有相当强的敏感，但对别的领域又会显得有些迟钝，所以教育记者不能老是就教育论教育，也要“立足教育界，面向全社会”。可以从教育的圈子扩大到教育与社会、教育与法制、教育与文化、教育与经济等，从他们的“交集”中做文章，锻炼自己的“信息转换能力”。

记者看教育，既要熟悉教育，又要善于跳出教育写教育，这样才能充分审视和表现教育现象背后的新闻价值。

第九章 文艺新闻的采访写作

文艺与文艺新闻
文艺新闻的报道内容
文艺新闻的特点
特殊的采写要求
娱乐新闻

第一节 文艺与文艺新闻

文艺新闻是广受欢迎的新闻品种，不仅历史悠久，而且历久弥新，一直散发着独特的魅力。《人民日报》原总编辑范敬宜说："随着精神文明宣传力度的加大，文艺报道的分量将会加重。因为文艺对于人们潜移默化的作用越来越重要。"[①]如今，人们对大量文艺信息的获取都是依赖于媒体完成的。

在介绍文艺新闻之前，我们首先应当区分三个概念：文学、艺术、文化。

文学的概念，有广义与狭义之分。广义：一切以口头或书面言语行为和作品的统称。狭义：以语言文字为工具，形象化地反映客观现实的艺术。

艺术的概念：用形象来反映现实但比现实有典型性的社会意识形态。[②]

因此，文学是艺术的一种，它是语言的艺术，用语言塑造形象，靠语言表达材料。由于文学对人类生活持久而重大的影响，它常常被单独拎出来，所以有文艺一词。实际上，它是属于艺术的范畴之中的。

---

① 范敬宜著：《总编辑手记》，人民日报出版社 1997 年版，第 17 页。

② 《现代汉语词典》，商务印书馆 1996 年版，第 1319 页，第 1491 页。

文化的概念：广义指人类在社会历史发展过程中所创造的物质财富和精神财富的总和，特指精神财富，如艺术、教育、科学等。狭义指精神生产能力和精神产品，包括一切社会意识形态。有时又专指教育、科学、文学、艺术、卫生、体育等方面的知识与设施。①

可见，文学、艺术是文化的一部分。

之所以分析这三个概念，是因为现在媒体的使用较为混乱，如《北京青年报》有“文化新闻”、“文娱新闻”两个版，《中国青年报》有“文化新闻”版，更多的媒体如《人民日报·华东新闻》是“人文新闻”，《成都商报》是“文娱新闻”，《南方周末》的“文化新闻”比较接近原来的范畴，包括影视、文学、科学、阅读等，用的是文化的本来外延。《人民日报》也是如此，其文化版在2005年改版后，由原来的教育、科技、卫生、环境版和文化新闻版合并而成，报道领域涵盖科教、卫生、环境和文化(狭义)等大文化领域。

这种种情况，都说明新闻分类在随着时代的变化而变化，媒体力图适应社会，这种看似混乱的状况是可以理解的，体现了不同媒体对文化新闻的不同理解和追求。尽管如此，还是有其基本规律可循的，即多数认为原来的“文艺新闻”已不适应现有的情况，范围过窄；而现在使用的“文化新闻”的范围与边界也并没有得到共识，实际操作中，仍然以以往的文艺新闻为核心，反而是突出了原有的演艺界的新闻，即今天很多媒体都单设的娱乐新闻。不少媒体虽冠名“文化新闻”但也认为指的是狭义的，主要还是文艺报道，并不包括科技、教育等大的文化范畴。

因此，尽管不少媒体都用了“文化新闻”一词，看来以后也可能成为一种趋势，但在没有清晰的界定之前，我们这里仍然沿用了“文艺新闻”这个概念，视为文化新闻的一部分，以清楚地区别于本书提及的如教育等其他文化新闻。

文艺新闻的定义：对文艺领域新近发生或发现的有价值的事实的报道。

这是一个开放式的定义，力图能概括文艺新闻广泛的内容及其特点。

文艺新闻在今天承担着重要的社会责任，它传递文艺信息，传播文化知识，能娱乐受众，并反映社会心态和潮流，当然更重要的是，它能促进各种文化交流，引导审美情趣。

---

① 《辞海》，上海辞书出版社1999年版，第1858页。

第二节 文艺新闻的报道内容

文艺新闻的内容比较广泛，包括以下几个部分。

一、关于文艺作品及文艺活动的报道

各类文艺作品的出版、上演、展出、发行、评论和研究、评选、拍卖等信息，文艺界各种活动（包括群众文化活动、中外文化交流活动）信息等。这是文艺新闻的主要报道内容。如：《英雄》的公映、《同一首歌》走进台湾、《哈利·波特》在中国出版、第五届茅盾文学奖颁奖等。

二、关于文艺活动中的人物的报道

如文艺工作者的创作（成果、经验、过程）与生活（爱情、婚姻、家庭），从事文化艺术活动的普通群众等。浙江省杭州市话剧团在2003年抗击非典期间创作的“非典型剧场”很受欢迎，新闻媒体即对这个有创新精神的集体及主要演员和群众演员作了采访报道。央视曾举办过全国京剧票友大赛，引起轰动，里面就出现了很多新闻人物。

三、关于文艺方针、政策等的报道

像“双百”文艺创作方针，“两为方针”（为社会主义服务，为工农兵服务），坚持推陈出新、洋为中用、古为今用的方针，坚持革命的政治内容和尽可能完美的艺术形式相统一的原则，加强精神文明建设、高扬主旋律的原则等，这些方针政策是进行各项文艺活动的指南针，当然是文艺新闻报道的重要内容之一。

四、关于文艺工作的各类信息（如管理、改革的信息等）的报道

例如人事及管理制度方面的、工资酬劳方面的等等，像乐团实行指挥负责制、首席乐手制，电影、电视的制片人制，电视台的制播分离等。大片引进和同步上映的推行，则带动了国内影院放映的一系列变化，给国产影片制作、国内影片市场、国内消费者等都带来了冲击。

五、关于社会中相关的各种文艺现象的报道

作为一种意识形态必不可少的内容，关注社会上的各种文艺现象，如实报道，并做出分析，是文艺新闻应负起的社会责任。像周星驰的“无厘头”风格给内地的影视文化乃至大众文化造成的影响、“韩剧热”折射了什么、宫廷剧的热播说明了什么等等，都值得深入思考。

这就要求文艺记者随时关注文艺领域的动态，并对其将引起的反应有前瞻意识，有准确的判断，能将其放入社会大的背景下观察、思考文艺现象的社会意义。

第三节　文艺新闻的特点

文艺新闻大体上有两个特点。

一、思想性与娱乐性的统一

文艺是意识形态的一部分，文艺作品本身就是一种精神产品，当然有一定倾向性。这种倾向性首先表现为政治性。不同的时代、社会、国家、政党、民族，对文艺的好恶都有不同的标准；其次表现为较强的思想性，通过文艺新闻信息的传递，表达出某种观点和思想，给人们以引导和启迪。古人云：文以载道。这是我们的文化传统，把文章作为一种传播思想、道德、理论、观念的载体，以一种潜移默化的形式，完成一个民族的文化构架。因此，文艺报道就成为我国精神文明建设和思想道德建设的重要组成部分。

同时，文艺新闻又必须坚持自己的特色。文艺拒绝抽象说教，必须让大众喜闻乐见、怡情悦性，通过美的形式陶冶人们的情操。文艺新闻在体现思想性的同时，同样要反映文艺本身的这一特点，因此，必须把思想性与娱乐性统一起来，两者不能偏废，缺一不可。

可是，在实际的操作过程中，却存在着过于偏重一方的现象。

在比较重视新闻宣传功能的时期，我国的文艺新闻大多数是严肃的，除反映内容与其他新闻不同外，并没有怎么刻意突出文艺新闻自身的特色；而近期文艺新闻却出现了相反的倾向，太过强调娱乐性，以至于很多人不把这种文艺新闻看作是真正的新闻。

文艺新闻本来就有一定的娱乐性，在当前人们经济条件不断改善、生活

日趋多彩化、需求走向多元化的情况下，娱乐性多一点是可以理解的。应当认识到，偏重于娱乐的新闻也是文艺新闻的一个部分，但对娱乐性要有准确的把握，“它应具备以下条件或因素：1. 有益无害、益多害少或至少无益也无害；2. 文笔风趣幽默，有生活气息，能怡情悦性，不粗俗、不低俗、不媚俗；3. 有一定的知识含量、价值判断和审美作用。”①

而现在有些媒体将娱乐性代替了文艺新闻的其他特性，忘却了文艺新闻的重要使命，将一些捕风捉影、无事生非、趣味低下的报道充斥于版面和栏目中，是不负责任的行为。

二、专业性与通俗性的结合

专业性首先体现在知识性上。文学艺术虽然是人们运用情感、虚构和想像等艺术手段创造出来的，但无一不是知识的结晶，是人类历代文明积累的结果。

其次，文化艺术门类极多，专业性强，档次不一，既有阳春白雪，又有下里巴人。文艺新闻必须兼顾雅和俗，而且要尽可能把高雅的题材写得让大众感兴趣，把俗的题材写出一点高雅品位。既有一定的专业、知识含量，又不能忘记作为信息传播的特点，面向大众。

比如京剧，旦行中有青衣（正旦）、花衫、花旦、刀马旦、武旦、老旦。青衣在旦行里占着最主要的位置，青衣扮演的一般都是端庄、严肃、正派的人物，大多数是贤妻良母，或者旧社会的贞妇烈女之类的人物。年龄一般都是由青年到中年，青衣表演上的特点是以唱工为主，动作幅度比较小，行动比较稳重。念白都是念韵白，一般不念京白，而且唱工相当繁重。从服装上看，青衣穿青褶子为多，所以青衣的另外一个名称也叫青衫，简称衫子。

你看，仅一个剧种的一个行当就有诸多的讲究。知道了青衣，再去看徐帆演的电视剧《青衣》，肯定对剧中人物和主题的理解更深一步。文艺新闻必须反映出这个特点，使受众能从各种各样的文艺报道中获得丰富的知识，真正领略到艺术的魅力所在，而不只是看热闹。

从另一个角度看，任何一种文艺活动，都有着极其深厚的群众基础，都是在社会生活广袤的土壤中滋生出来的，并在其中延续着生命，因此，文艺新闻不能不对此特性有所反映，在内容和形式上体现出一定的通俗性特点；同时，

---

① 周胜林等著：《当代新闻写作》，复旦大学出版社 2004 年版，第 424 页。

文艺新闻受众的广泛性也决定了它的这个特点，只有做好专业性与通俗性的结合，才能获得文艺新闻的最佳传播效果。这就决定了好的文艺新闻，也必定是雅俗共赏的。

近年来，文化领域也逐渐走向大众化。交响乐一般被视为高雅艺术，但有时也会在媒体的影响力下呈现出大众的一面。比如每年的维也纳新年音乐会，虽不是正式的交响音乐会，而是以交响乐团为主的音乐演奏会，但近年来已成为全球性的新年联欢节目，我们在观看新年音乐会的同时，通过媒体的报道，了解了维也纳新年音乐会的由来，体会到它展示的是人类最文明、最欢快、最明亮的侧面，高雅、轻松、豪华、热烈是它的最大特点，它不是一般的音乐会，蕴含着一段历史，延续着一个传统，是一种文化的积淀。了解了这些，我们就会为那些理解而热爱音乐的人们所感动。

此外，文艺新闻还有着较强的显著性。文艺新闻大多反映了文艺界较为显著的人或现象，一般都为大众所知晓或瞩目，因此有较强的显著性。

第四节　特殊的采写要求

正因为文艺新闻面对的是人类反映客观世界的精神产品，因此它在采访和写作上除遵循新闻写作的一般规律外，有一些自己的要求。

一、文艺新闻采写原则

1. 正确的文艺鉴赏态度

面对复杂的文艺思想和现象，文艺记者要能保持清醒的头脑。文艺界情况错综复杂，各种思潮、流派、圈子都有，“文人相轻”的现象也还存在，但因为都较有文化，这些都表现得很隐晦，是文艺报道的难点之一。

文艺现象常常有争议，记者尤需冷静、超脱、掌握分寸，褒贬尽可能得当。文艺现象中的一些思想倾向、潜在意识，又常常深藏其里，难以辨别，如一段时间来热播的一些皇帝戏等，记者对此必须有非常敏锐的判断，不能人云亦云。另外，文化事业在市场经济条件下必然有商业因素，文艺记者要有独立见解，防止被人利用，陷入盲目炒作而失去理性和品格，在自觉和不自觉的情况下充当了“枪手”。应做到：

(1)不以个人好恶取舍采访对象及作品。去采访一个画展，记者不同于一般的观众，观众可以以个人的审美爱好来观赏，而记者必须把值得采访报道的对象及作品介绍给广大的读者或观众、听众。在这里、此时，艺术价值、新闻价值永远是第一位的，不能仅凭个人兴趣来取舍。

(2)不带偏见鉴赏。以正确的世界观、文艺观，按文艺活动的特性和规律，实事求是地进行判断、鉴赏。也许你不喜欢"三高"，更喜欢"同一首歌"；也许你讨厌京剧，向往《图兰朵》；也许你觉得国画已没落，行为艺术更刺激；也许你就觉着周星弛的电影那才叫有味，好莱坞的也就那样……但在采访中，你得把这些都抛在一边，实事求是地去分析、欣赏，不滥用自己的权力。

(3)不自以为是、不懂装懂。文艺有很强的专业性，如果连一些基本的知识都不知道，那么采访时很可能就是别人在给你上普及课。你的问题也很难问到关键点上去，因为文艺新闻的采访，多是围绕具体的人或作品。所以，要有充分的前期准备。

比如采访一个导演，不知道他的艺术历程，不知道他的风格，不知道他的代表作，不知道他的近况，那么记者提问的起点就高不到哪儿去，多是一些大路货的问题，最常见的有："你最近有什么新作？""你最满意自己的哪一部作品？""你想和观众说些什么？"对这些人来说，类似的问题早已烂熟于心，不用思考就可以回答你、应付了事，很可能还因为你的不专业、不敬业而破坏了采访。北京的一位文艺记者在回忆她采访旅美台湾女指挥家张培豫时，介绍说在她之前的一家电视台、一家杂志的记者，对张的基本情况不甚了解，提问漫无边际，采访时间拖得很长，张的脸色明显不悦。轮到她时，时间已非常有限。她直奔主题："我曾听过许多著名指挥家与乐队的多种版本的《安魂曲》，但还是被你的音乐感动得流泪了。你对莫扎特晚期作品的后古典主义突出戏剧性特征的解释很有说服力。你是如何做到的？"女指挥家一下子来了情绪，滔滔不绝地说了起来。

看《北京晚报》记者白宙伟的作品：

张艺谋　欲谋芭蕾"大片"

在电影上用独特的艺术手法点石成金的张艺谋在语言上也常冒出具有独特风格的惊人之语。日前，他在中央芭蕾舞团召开的芭蕾舞《大红灯笼高高挂》新闻通气会上，回答记者提问的"你为什么决定编导《大》剧"时这样说："有时候，大家看西方古典芭蕾，由于风格和节奏的问题，难免因看不懂而犯困，我编《大红灯笼高高挂》就是要编一部具有中国风格，让中国观众看了不困的戏。"

中央芭蕾舞团团长赵汝蘅介绍说，《大红灯笼高高挂》策划已经整整一年，现在确定她本人担纲制作人和总监制，张艺谋任编制、导演，陈其钢作曲，王新鹏编剧，曾力舞美设计，并由法国服装设计大师热罗姆·卡普兰“挂帅”服装设计。

有记者问张艺谋导演：“你能否公开你最新的东西？”

张艺谋笑道：我公开什么？

问：最时尚、最前卫的东西。

答：肯定不能说，我现在说了，你们就不会来看戏了。舞剧肯定与电影不同，它也要有故事、有戏剧人物，但比电影要简单化、更加紧凑、更简洁，因为舞剧是肢体语言。

问：你上次导演歌剧《图兰朵》，有舆论说，由于一些中国风格的东西太多，而显得与意大利舞歌剧有一种游离之感，你怎么考虑？

答：很简单，那个剧不是我们的原创，我们只是在包装，而不是去解释普契尼。《大红灯笼高高挂》将完全是中国原创舞剧，它的中国传统艺术与西洋艺术的结合将更为中国化。京剧肯定要有，三太太的角色本身就是京剧演员演的，为什么不用京剧的因素？

问：你又导演《幸福时光》，又导申奥影片，又要编芭蕾舞剧，如何分身有术？

答：办法还是有的。《大》剧我已写了十稿，一年多来为这个剧不知开了多少会。过了春节，我就要到中芭上班，一直干到明年5月份公演。下一部电影我将推迟投入。

问：你的《幸福时光》在一些地方票房不好，而你现在又在导芭蕾，你是否认为自己会成功？

答：你的意思是不是说我在用编芭蕾来弥补我在电影上的退步？（笑）。其实这是两个领域，进行芭蕾舞剧的改编不是一种新的挑战吗？

问：你认为电影和芭蕾舞剧最大的区别是什么？

答：芭蕾舞剧不说话。

在这篇作品中可以看出记者们事前都作了充分的准备，提问十分有针对性，因而获得了较有价值的回答。

文艺新闻对于记者的要求其实是很高的，它要求记者报道时客观公正，不以个人喜好定取舍、作褒贬，不能把个人好恶、偏见强加于人，也不能人云亦云、推波助澜。这一切，都需要有较高的政治素养、艺术素养和业务素养。

2. 强调深入现场

采访工农业等新闻，常说要深入生产第一线，对文艺界来说，剧场、电影院、音乐厅、美术馆、片场、书店、创作室，当然还有新闻发布会、新片见面会、歌迷（影迷）交流会等等，这些地方也是"生产第一线"。鲜活的文艺新闻，大多发生于此。记者只有深入到这些场所，才能了解当时的情况和活动效果。就像一件东西做成后，被摆上柜台卖了出去，它作为商品的价值才表现出来一样，一件艺术品也在观众的欣赏中实现了自己的价值，很多时候，现场的效果也是这价值中的一部分，如话剧、戏曲等。因此，深入现场是对文艺记者的必然要求。有人可能会认为，天天看戏、看电影，多过瘾啊。实际上并非如此，因为这时你不是一个纯粹的欣赏者，不能只顾自己的感受，而要眼观六路、耳听八方，把现场的情况记录下来，把观众的反映记录下来，照顾到台前幕后、台上台下，其实很不轻松。

3. 注重思想性和知识性

作为对精神产品的一种反映，文艺新闻的思想性是客观存在的。理论上说，文艺新闻的文化品味应该没的说了，但现在却常听到这样的说法，"文化新闻没什么文化"，要么是大而空泛，要么是明星炒作，品味越来越低，真正有思想内涵、有深度的日见稀少，这是目前文艺新闻报道重新强调思想性的背景所在。

突出思想性，要求记者能做到微观和宏观的辩证统一。"微观着手"，记者要立足于新闻事实，尽量挖掘能揭示事物本质的特点，把握好能说明问题的过硬材料；然后"宏观着眼"，记者要胸怀全局，善于把具体事物放到全局中去衡量，从中判断出新闻事实在社会全局中的地位，显示出新闻事实所包含的深刻内涵，即能在目前纷繁复杂、浮躁虚荣的文化生活、文化活动、文化现象中，抓到事件背后的深层次内涵，为读者提供更准确、更全面、更有益的信息和价值判断。如对中国最大的民营旅游投资集团——杭州宋城集团这样一个民营文化企业，很多报道流于常规思路，《新华日报》抓住其涉足文化产业经营，将其放入"文化产业系列"，报道就有一定的突破。

突出思想性，还要求记者能把握现状与趋势的契合点。中国人民大学舆论研究所有调查显示，城市居民对信息的需求更加强调其有效性，也就是说，已从量的需求上升到质的需求。这个结果对文艺新闻而言，则意味着"炒作"、"绯闻"等会逐渐失去现有的轰动效应，而真正能够对文艺发展现状进行深入分析，准确把握文艺现象未来发展趋势，具有强烈时代感和前瞻性的，有深度、有思想的文艺报道将日益受到读者的青睐。比如，现在海外大批中国文物出现回流，有记者做的一则电视报道作品并没有停留在这个现象上面，而是深究其背后的原因：是否可以成为一种趋势？此种现象说明了什么？经过调查和分析，报道得出了三点原因：一是中国近年来经济的飞速发展，使得个人购买力大大增强；二是内地收藏品市场经过几年的培育和发展后，现在已经走向成熟和规范；三是在个人利益保证的前提下，很多拥有收藏品的海外华人更愿意将它们回归祖国，原因的剖析显示它将成为一种趋势。这种具有时代特征和前瞻性的报道无疑会使人从中领悟到更多的东西，会受到欢迎。

当然，这还只是发展趋势。就目前而言，这类报道并不占优势。比如世纪之交的柏林影展，应该是很重要的历史事件，世界电影的趋势和走向如何，中国电影将如何面对挑战，中国电影人将如何找寻和摆正在世界影坛的位置，这些应该被注意、被提及的重要问题都被冷落在一边，而充斥大小媒体的是张艺谋、巩俐、章子怡可能的"历史性、戏剧性"的会面、"三角关系"的推测，这构成了大家对那届柏林影展的惟一印象。这，是很不应该出现的现象。

突出思想性，还要处理好文艺报道的社会效益和经济效益之间的关系。文艺产品主要是满足人们的精神生活需求，对人们的思想道德和科学文艺素质有重要的影响；文艺产品的经济效益要以社会效益为其思想原则。对文艺产品的报道，新闻媒介主要着眼于其社会效益，使其能给人们的文化生活带来精神享受。原《钱江晚报》副总编江潜曾撰文介绍说，"这些年，许多新闻媒介对一些演员假唱、罢演、吸毒等不良风气进行有力的批评，充分发挥了舆论监督的作用，倡导德艺双馨的良好风尚，起到了积极作用。《钱江晚报》有几组文艺报道在全国引起很大的反响，如批评歌星韦唯在浙江横店演出不顾现场观众等候，只顾台后埋头数钱；披露特型演员古月因为德艺不佳，三次被中国电影表演艺术学会拒绝评奖等。这些文艺报道向读者传播的理念就是文化行为必须以实现其社会效益为最高准则，对过分重视经济效益的行为进行严厉的批评，引导读者正确认识文化事业的价值。"①

当然，也要重视文艺产品的经济效益。对一些只强调其社会效益、盲目生产而没有经济效益的文艺产品，文艺记者应有自己的鉴别眼光。文艺报道要多传播实现两者统一的优秀产品，使它在社会生活中发挥更大的作用。

① 《搞好文化新闻之辩证法》，《中国新闻传播学评论》，江潜专栏。

二、强化策划意识

大多数城市，不像娱乐业发达的北京、上海、广州那样占有先天优势，有取之不尽的新闻资源，囿于客观条件，天天外出采访也不现实。因此地方媒体的娱乐报道要做出有新意、有分量的文艺新闻，就不能不在策划上下工夫，赋予文艺报道灵魂是地方媒体突出自身特色的必经之路。

2002年，《济南时报》的太阳周刊改版为《新周刊》，设置新观察、新生活、新娱乐三个版块，他们在创立之初就坚定办刊思路：不拼时效，拼深度策划，拼新锐视角。如2002年第6期出版的时候马上就要过春节了，按说应该关注一下春节晚会，但动态的消息新闻版已经做得足够了，于是编辑想到，现在越来越多的年轻人在年三十晚上宁愿泡吧、看碟、上网聊天、睡觉，也不愿看春节晚会，而且不觉得是什么损失。时代变了，看春节晚会这个新民俗是不是也该与时俱进？他们大胆地策划了“拒绝春节晚会”的专题，分为《建议篇：不看晚会照过大年》、《回顾篇：想想往年的情景就腻味》、《现实篇：看看今年的菜单就头疼》及《评论篇：说说晚会的毛病就来气》四部分，有分析，有建议，有回顾，有评论，素材还是那些素材，但经过策划、整合，让人看后觉得有理有据有新意。

《北京青年报》有个口号，搞策划要“不求空前，但求绝后”，就是说就某一个选题来说，哪怕自己的策划比别家搞得晚，也要做得让对手一两年之内没法再做。《济南时报·新周刊》的编辑周全介绍说，他们也拿这个标准来要求每一次的娱乐策划，做了“终结周星驰神话”、“新韩流野蛮杀到”、“独家盘‘点’刘晓庆”等选题策划。虽然篇幅有多有少，挖掘有深有浅，但一个共同点是在最大限度地占有新闻资源的前提下，充分挖掘事件背后的内幕及所蕴涵的深层意义，从而以全新的角度和观点呈现在读者面前。这样，就尽可能地淡化了时效性上的劣势，而以深度、广度、角度取胜。

同时，这也是身陷多重媒体竞争的各类媒体做好文艺报道的必经之路。即使如北京、上海、广州者，在竞争的压力下，要想脱颖而出，就得求新、求变，力争把大众资讯“做”成“独家新闻”。

三、写作应体现出个性和特色

文艺是以形象来反映现实的。文艺新闻相应地比别的专业新闻具有更多的形象性，它的报道对象，无论是作者本人也好，是作品也好，都具有鲜明的个性，是典型的"这一个"。因此，在写作上，要求尽量能从这些个性出发，反映他们个性化的艺术风格和精神气质，写出真实可信的"这一个"来。如下面两例。

韩美林：我是一个流着中国血的中国人（节选）

采访/高晓春

记者：最初知道您是因为您画的小猫、小狗、猫头鹰，那些小动物经过您的手一抖搂，竟那么的趣味无穷；后来，又知道您的画儿很值钱，一幅就能让您成为百万富翁；再后来，还知道您的散文频频获奖。就拿"第二届韩愈杯散文大赛"来说，获得一等奖的有三位作者，您就是其中之一。评价您的散文时，人们这样说：您写的文章和您画的画儿一样，都是动了真感情的；说这叫做"功夫在诗外"。您是怎样下的这个诗外的功夫？

韩美林：我确实没想到我写的散文能得奖。得"第二届韩愈杯散文大赛"奖的那篇散文是《人生美好，把美留住》。得奖的那一天，我随着一大群出了名、拔了尖的作家进了会场，我那时想：我一定是搞错了，连标点符号怎么标都不会、错别字一大堆、"的、地、得"弄不清、语法也搞不懂的我，却跟着那一大帮人进了会场！

我写散文是半道出家，写起来也就像野马一样撒欢尥蹄没个规矩，常常是写到张三，又忽然想起了李四，并且盯上一件事情就会没完没了地想下去：刚想到马铃薯怎样才能不退化，不一会儿说不定又想着杨贵妃要是活到现在那该多带劲儿。当我还是个孩子的时候，就躺在凉席上看银河、看星星，一直到60多岁的老翁一个，还在做着牛郎织女的梦……我总觉得这个大千世界什么都是问号，于是就把这些问号都写在文章里，所以写的时候就很过瘾。说到写东西和画画儿之间，我觉得，艺术应该是相通的吧，它们都不是仅靠谁有熟练的技巧就能够写得好、画得好的。我不知道这是否属于诗外的功夫。

记者：写到张三，又蹦出个李四，这种跳跃性的思维应该是有助于散文写作的。

韩美林：是啊，大家都说我像个孩子，因为有时候我说话没深没浅，写文章的时候也就没深没浅。我给自己找的借口就是你刚才说的：我用的是跳跃性思维。我总觉得，世界上的事情都存在着两个方面，这两个方面相互依存并相互转化。比如说，对于动物，人们喜欢它时，便夸赞一番；不喜欢时，就乱骂一气。本来，小狗、小猫、小狐狸什么的，挺可爱的，但他不高兴了，他翻了脸了，出口就是什么"狼心狗肺"，什么"小狐狸精"了。就说猫头鹰吧，在中国就从没混出过什么样儿来，它被人看不起，被人歧视，被人污辱，被人当作灾难的象征。想一想，我自己不也曾经被当作过"灾难"，我曾经不也是人们都躲着走的这么一个人吗？弱者才知道弱者的那种特殊的低人几等的地位，这不仅仅是因为我同情猫头鹰。一些被灭绝或者即将灭绝的动物，为什么会灭绝？在我的散文《生存》里，我写到过这事儿。我说，人们总是说"狼来了"，但动物们说的却是"人来了"。然而，不管是人生在世，还是"牛生在世"，"马生在世"，都不容易。如果，只给这个世界添乱，还不如死去；如果能给这个世界添光添彩，哪怕是添一声美鸣，也没白活一世。

梁朝伟：张艺谋害羞　外国人可能很难懂(节选)

同样是会聚了当今最优秀的明星，《无间道》与《英雄》在香港档期的撞车，让电影市场上演了一次难得的双龙会，而巧的是梁朝伟同为两片的男主角。梁朝伟会更看好哪部电影呢？"这很难说，其实我拍电影是喜欢从中得到乐趣，重视的是经历的这个工作过程，至于最后的结果如何，我并不太在意。"

一件黑色的纯棉衬衣，一条普通的休闲裤，一双蓝色的帆布小球鞋，和往常的发布会一样，梁朝伟昨天又是以一身极其简单而普通的服装示人，让人不禁感叹这位大明星的恬淡之心。问到梁朝伟作为大众关注的明星，为何如此淡泊外表，梁朝伟说，自己就是这样的性格，如果能不换服装一直穿这一件衣服更好。如果为了发布会特别选件新衣服来穿，自己反而会觉得很不自在。

信报记者宗珊/文

两段记者访谈，采访对象的个性与神采跃然纸上，韩美林的率真、梁朝伟的含蓄，都给人以深刻印象。

写出个性和特色，这对记者的要求较高，比如说，要具备较好的文艺素养、较强的观察能力、出色的采访能力及写作能力等。

四、加强可读性、趣味性

文学艺术本身丰富多彩的特质，决定了其题材、主题、形式、风格等方面都呈现出多样化，这样才能满足不同层次群众的审美需求。邓小平同志对文艺作品需要多样化的要求，有过这样的分析："我国历史悠久，地域辽阔，人口众多，不同民族、不同职业、不同年龄、不同经历和不同教育程度的人们，有多样的生活习俗、文化传统和艺术爱好。雄伟和细腻，严肃和诙谐，抒情和哲理，只要能够使人们得到教育和启发，得到娱乐和美的享受，都应该在我们的文艺园地里占有自己的位置。"①

在多样化的基础上，还要凸现文艺报道的娱乐功能。人们从中不仅能得到信息，还能得到娱乐、愉悦和享受，说白了，就是要"好看"。这可以从几方面来看，一是内容，要新鲜有趣、情节跌宕有致；一是语言，要通俗易懂、风趣幽默；一是风格，要有浓郁的人情味；一是形式，要新颖别致。这些都可以大大加强可读性、趣味性。

比如文艺新闻的导语，就不像时事政治新闻等那样以直接性导语为主，而是有很多的间接性导语，丰富多彩，常常产生"饶有趣味"的效果。

> 十五年前，一个在马祖服兵役的台北青年一边忍受着军营生活的折磨，一边不断地把他的四格漫画偷偷寄给一家大报。一年半后他退役回到台北，发现自己已经成了一个足可傲视同侪的名人。他的以婚姻的荒诞可笑为内容的系列漫画《双响炮》成了最受追捧的热门专栏。许多读者私下里以为作者是一个一辈子都在受着婚姻的折磨，内心极度凄惨的六十多岁的老头。媒体蜂拥而至。
>
> 那年他25岁，尚未婚配。他叫朱德庸。
>
> （《朱德庸：看透了男女关系》，《南方周末》2001年7月19日）

这段导语，先用对比，突出一个服兵役的无名青年与傲视同侪的名人间的差异效果，后用悬念，从老头变成了25岁的青年，短短一小段，却峰回路转、引人入胜。

在写作体裁上，文艺新闻较多运用特写、通讯等，结构上也较复杂和多变化，甚至引入文学、戏剧等写作形式，如分幕场、旁白、曲式、电影蒙太奇等手法，以与文艺的特性相匹配。近几年，消息开始大量见于各种媒体的文艺新

① 《邓小平文选》第2卷第210页，人民出版社1994年版。

闻板块中，这是为了适应受众对信息量的追求，其他的文体与以前相比反而少一些了。

第五节　娱乐新闻

有人说，2002年是“中国娱乐元年”，大意是指各种令人眼花缭乱的新娱乐元素层出不穷及娱乐媒体在这一年里空前的兴盛而言。《娱乐人物周刊》、《魅力影视》、《超级访问》等一大批娱乐节目登陆各地荧屏，收视不俗；《明星时代》、《卫视周刊》、《明星周刊》等大批拥有全新办刊理念及经营模式的娱乐媒体也“遍地开花”，成为报刊阵营中的生力军。娱乐新闻成为诸多新闻品种中的“明星”。现在已很难找到哪一家综合性媒体没有开设专门的娱乐新闻空间。

“娱乐新闻是从文艺新闻中分离出来的，它把报道范围划定在娱乐圈、演艺圈内，并把影、视、歌等演艺明星作为报道主角。”如果说原有的文艺新闻更多地是张扬严肃文化、传播文化内涵、提升受众的文化品位的话，那么娱乐新闻则从诞生起就带有通俗性、商业性、消遣性的烙印。

一、现状

在中国，娱乐新闻要追溯至20世纪80年代至90年代初。那时的文艺新闻，主要传播文学、艺术、影视界的动态信息，视角多以主旋律的、严肃的、正面报道为主。1996年，广州《羊城晚报》率先将文化新闻版改版为“娱乐新闻版”，每天刊登醒目的明星照片，对港台明星的演艺、绯闻报道开始升级，对大陆演艺界的报道开始进行“炒作”，随之，全国各种生活类报刊、电广传媒原有的文化新闻板块纷纷更名为“娱乐新闻”，甚至严肃类的机关报也将文艺新闻单独组版，命名为“文化娱乐新闻”。一时间，娱乐新闻俨然成为主角，娱乐圈动态信息、明星大腕的吃喝拉撒、喜怒哀乐、谣言绯闻成为众多记者追逐的目标，这些记者也被业内人士统称为“娱记”。

娱乐新闻的兴起和繁荣，客观上丰富了大众的业余生活，同时也是这个时代娱乐产业兴盛的必然“产品”，媒体的娱乐内容已成为娱乐产业链中不可或缺的一分子；同样地，名人、影星的私生活，婚恋、艳史、秘闻，这些娱乐新闻的“主打菜”，在吸引大众眼球的同时，也使娱乐新闻成为媒体获取市场的一大“卖点”。从这个角度看，娱乐新闻的繁荣还将持续，但不可否认，它有严重的低俗化倾向。

直到今天，媒体对娱乐新闻的这种低俗化倾向仍然乐此不疲，并大有蔓延之势，业界称为“新闻娱乐化”，即其他新闻品种，如体育新闻、社会新闻、经济新闻、法制新闻等等，也开始了“娱乐化”炒作的倾向。

可以说，当前的娱乐新闻已有片面地夸大其趣味性、通俗性、消遣性，弱化甚至完全放弃文化批评、舆论监督功能的趋势。

有人说我们已步入大众文化时代。台湾学者杭之对大众文化做过这样的描述：“大众文化是一种都市工业社会或大众消费社会的特殊产物，是大众消费社会中通过大众传媒所承载、传递的文化产品。”①大众文化具备通俗性、消费性、娱乐性、商业性、产业性等特征，西方学者也曾概括大众文化的特征是一种媚悦消费者的商品。因此，娱乐新闻其实具有明显的商业化气息。

二、娱乐新闻的商业化表现

1. 盲目追求“卖点”、关注奇闻逸事

明星三角恋、绯闻、吸毒等等都是娱乐新闻所津津乐道的，而为了抓“卖点”，一些媒体甚至不惜给炒作、包装出来的新闻(带有商业化目的)以阵地。比如刘晓庆拍摄《皇嫂田桂花》时，就从片场爆出“刘晓庆两个私生女”的新闻。几天之后，刘晓庆接受采访的文章一出，各报又纷纷刊载，在这个过程中，受益的是刘晓庆的《皇嫂》剧组。毛阿敏于 2001 年推出新专辑之前，就有《毛阿敏被传上吊自杀》的报道出现，此后又出现辟谣的报道。在信息爆炸时代，吸引了受众的眼球，就会带来经济效益。媒体娱乐新闻在自觉与不自觉之中已经为文化产业的商业化运作提供了方便。例如歌手孙悦的“日记”与其新歌专辑几乎同时上“市”。其网上“日记”事先就公告，要披露其是否做过美容手术、是否当过第三者、是否拍过裸镜、是否有过异国恋?! 类似的手法大家已见过不少，所以读者已形成了条件反射，会下意识地不再相信，而认为是炒作。

2. 趋同性

同一新闻大量复制，一旦有“猛料”，各报刊则纷纷不惜版面同时披露，我们每天看到的娱乐新闻版面是那样的高度一致。面孔单一化，也是商业文化在其传播载体——媒介上的突出反映，从成龙“龙种风波”到那英高峰情变，

---

① 杭之著：《一苇集》，三联书店 1991 年版，第 141 页。

从毛宁遇刺到红豆被判刑，如此新闻一旦出现，便会遍地开花，迅速占据各路媒体的重要位置。短时间内信息的重复与趋同，则产生了不少负面效应。

3. 哗众取宠，显示出游戏心态

比如，张艺谋新片《幸福时光》刚刚选定董洁为女主角，就有媒体把巩俐、章子怡和董洁的照片放在一起比较，并以《张艺谋选角全长一个模样》为题做文章，从眉毛到嘴巴逐一比较，体现出娱乐报道的游戏化心态和庸俗倾向。

娱乐新闻内容的肤浅和享乐、游戏心态，正是商业文化的"快餐式"消费的体现。不用动脑又提供放松神经的佐料，是大众文化商业化目的所在，娱乐新闻也带有这样的特征，并使受众在享受快餐文化时，精神层面上日渐萎缩。

现代社会中，媒介是大众文化的重要载体，是大众文化的塑造者、引导者。现代媒介几乎主宰了人们的认知世界，它通过传播信息影响公众态度和社会生活。但娱乐新闻在商业性、通俗性上走得很远，其他功能却明显弱化。

大众传媒的重要功能是传播文化的功能。娱乐新闻直接面对文艺圈，自然担负着传播精神思想文化内容的重担。不少学者认为，传媒具有如此大的效力，但是在实际操作中却不难看到，娱乐新闻正在摒弃人文内涵，它回避了承载文化内涵的职能，而是简单地以娱乐、消遣功能代替了人文内涵。

三、原因

媒体的文化新闻版面上，娱乐新闻唱了主角，使报刊结构发生了很大的变化。传媒的庸俗文化趣味将导致受众审美情趣和文化素养的进一步平庸化，特别是对娱乐新闻的主要受众群体——青少年来说，更附加了一种精神层面的渗透，即社会价值观影响。看多了"一夜成名"，青少年的价值观自然就会在潜移默化中受到影响。娱乐新闻的扩张之势和娱乐新闻人文内涵的缺失已经引起业内人士的重视。

前几年两会期间，著名作家冯骥才在会上就说："文化正在走向粗鄙化。"他呼吁，媒体应注重导向作用，提高娱乐新闻的文化品味、文化含量，以对公众起积极的引导作用。政协会议期间，著名相声演员姜昆提交了一份《娱乐节目应注重文化品位提高，娱乐新闻严禁不负责任》的提案。姜昆认为，如今报纸的娱乐新闻版面虽不断扩大，但消息多，分析少，评论上不去，过多关注演艺界人士的个人隐私、纠纷官司，有时甚至有不负责任、恶意炒作的倾向，损害了演艺界人士的声誉和形象，也给社会带来不良影响。姜昆建议，有关部门应当规范不负责任的娱乐新闻报道。

但也有不同看法，有的人认为娱乐新闻从文艺新闻中分离出来过于匆匆，使之先天文化营养不足；有的人觉得娱乐新闻的“快餐式”文化特征则使它后天缺乏文化滋养；也有的说，娱乐新闻所关注的客体，娱乐圈内的明星们，更是商业化制作的产物，“星工厂”一夜之间可以制作出多个十分相似的明星，甚至其话语方式都趋同，而明星们自身又文化内涵偏低。

当然也有反面的观点，有人认为是受众趣味低下、素质不高造成了今天娱乐化新闻的品位；另有人认为比起港台媒体和国外的媒体，中国大陆的媒体拘谨有余，娱乐化不够，如果再自命清高，势必固步自封，丢失市场，自寻末路；还有人认为，世俗化、通俗化、娱乐化是传媒的必然趋势，应无可指责，曲高和寡才是大众媒体的失败。

应当承认，娱乐化新闻的出现和畅销表明了当今传媒业的一大趋势：走向世俗化，走向平民化，走向资讯化。这一趋势被业内人士称为“大报小报化倾向”。大量报道犯罪新闻、丑闻和社会猎奇、名人隐私之类的题材，重视版面视觉效果，多刊载人情味的故事，娱乐新闻第一。在市场主导的大旗帜下，小报化、世俗化、娱乐化已不是个别现象，而是世界传媒界的一大趋势。

“任何一种新闻品种的兴衰背后一定有深刻的社会原因，媒介作为传播主体，正是出于对大众文化商业化目的的认同，主动选择那些易炒作、能够带来卖点的新闻，而放弃了对更深层次的人文内涵的开掘，以在竞争中寻求生存空间。”但是，令人关注也为许多有识之士忧虑和不满的媒体现状是：片面地一味追求卖点、扩大市场，使得媒体在娱乐化的分寸把握上走入了误区，不讲格调品位，甘以品位低下、格调庸俗的产品去迎合低级趣味。对此种情况，上海新闻学会会长张启承认为，娱乐化新闻的泛滥相当一部分责任应归咎于媒体从业人员的思想品位低下，因此出现了新闻的低级化趣味。

戴安娜之死大概算是20世纪最轰动的新闻，全球传媒报道之深、之广，竟超过对第二次世界大战的新闻报道。在国内，以2001年媒体所评出的最热门的十大娱乐新闻为例，如张艺谋和模特王海珍的地下恋情，章子怡和成龙的绯闻，伏明霞的“脏裤子”事件等。十大新闻中，至少有八条是与名人的隐私与绯闻有关。而综观娱乐化新闻，大大小小的媒体一窝蜂而上的，多半也是与名人揭秘式的资讯有关。

更有甚者，如幕后策划、操作的“黑箱新闻”，这种做法既玩弄了读者的感情，也破坏了新闻的公正性、独立性，大大损害了媒体的形象。如果受众仅仅把娱乐新闻看作是娱乐本身的话，新闻媒体、新闻的信用度无疑会降低，最后成为博人一笑的东西。

娱乐报道不仅要提供信息，也要在文化层次方面多提供对人们身心健康有益的东西，提倡高雅的乐趣。最好的文化娱乐报道应是有益于人的身心、有益于文化建设、有益于整个社会的。

一个值得注意的现象是所谓“深度娱乐”的崛起。基于媒体的使命感和社会责任感，2001年岁末，《广州日报》、《华商报》、《成都商报》等33家都市类报纸的“娱乐记者”聚集成都，郑重签订了“文化娱乐记者自律公约”，把不捏造新闻、不肆意炒作、不做枪手、不低级趣味纳入了“自律公约”，虽然只是民间自发形成的一纸公约，却让广大受众看到了新闻媒体的初步警醒与自觉。其后《21世纪经济观察》也打造了一份《明星周刊》，其较宽的视野，纵深的选题，可称是中国首份品位较高的娱乐类报纸。

南京的《服务导报》，在2002年4月18日改版后，就率先在《星传媒娱乐周刊》上打出了“深度娱乐”的旗帜，该周刊的理念“高举娱乐大旗，评判新闻是非”在版面上一直以强势凸现，以较少的篇幅适时报道明星们的各类资讯，而以鲜明的立场及时刊登娱乐界发生的重大新闻事件，他们的视角常关注全球的动态，关注亚洲和全国的文化现象，对娱乐界的不正之风每每都有犀利的批评，酣畅淋漓。央视的《艺术人生》，虽然并非资讯节目，但它对所有文化娱乐类栏目都产生了影响。北京电视台的《每日文化播报》栏目，也开始意识到挖掘文化内涵的重要性，逐步缩小原来的明星资讯内容。

四、记者和明星的关系

“什么是娱记？娱乐记者是也，继承了文化记者的衣钵，报道娱乐业新闻、花边、专访或隐私，为满足读者的好奇心而东奔西走，劳苦功高，属于光明正大的职业，不可以歧视。理论上如此，不过现实中就有点差别了，我所了解的娱记，除了拿红包、捧臭脚方面有过人的神勇之外，没有什么别的能耐。当然，电话号码簿是比较丰富的，大小明星总认识几个，演唱会、发布会通常都有票，倘若问起最近比较红的某某，他们一般都会说呵呵我认识，我认识，最近还一起吃过饭呐……我对娱记普遍的质量是比较担心的。因为他们本来只是普通的记者，工作需要，或者喜爱影视、音乐，遂加入捕捉星星的行列，结果发现这行业除了包装和艳闻，还真没什么值得研究的，到头来不过是人际关系和广告公关，于是破罐子破摔，拿了红包和通稿，回家剪剪贴贴，稿子就出来了——至于我们在杂志上看见的所谓专访，多半都是先拟好了题目，被对方规定了问题，闭着眼睛问出来的；如若不然，也是些问了几千遍，答了几千遍的废话。”——这是网上一名自称是娱乐记者的感言。

实际情况当然没有这位人士说得如此不堪，但也说明要当娱乐记者，就要面对如何处理与明星的关系问题。

文艺记者要摆正位置，认清和明星的关系是互相依存的关系。双方的服务对象是广大公众。记者是公众知情权的实现者。因此，如果你同时还是个追星族的话，工作时切记放下“有色眼镜”；假如你和某个明星关系不错，切记你们可以成为熟人，但不可以引为同类。否则，你的心态永远不能平衡。请看某媒体对王志文的采访，记者的倾斜心态暴露无疑：

> 记者：你对记者采访一贯的态度大家都清楚，这次获得了观众这么多的选票，心里是否感到惭愧？
>
> 王志文：我得奖是观众选出来的，好像跟你们媒体没多大关系吧。
>
> 记者：如果不是媒体，你怎么会得到宣传，如果没有媒体，你怎么跟观众交流？
>
> 另一记者：你的意思是不是以后就不需要媒体的报道了？

一些记者最致命的观念在于认为是自己在操纵着娱乐业和明星的沉浮。但实际上，真正控制娱乐业的要素或决定因素一定是在文化生产创作领域和大众消费领域。记者们往往忽略一个事实，作品本身是一种传播载体。如电视剧，往往比媒体更有威力。王志文的《过把瘾》、姜文的《红高粱》就是很好的例证，观众因为他们的作品接受了他们，娱乐记者是为了满足观众的需求去采访甚至追捧罢了。①

有些记者往往还认为，明星不应该有隐私权，事实是明星有选择采访的权力。

这里也存在一个记者的职业素质和职业道德问题。如南京“田震摔话筒”事件，记者本应知道：聊天不能见报，这涉及采访语境。事前应明确告诉采访对象，谈话的内容可能会见诸媒体，从而进入一种采访语境，不能以私下聊天的形式套别人的话。

现在娱乐新闻操作已经有了进步。如面对电影《寻枪》，媒体是炒姜文？炒陆川？炒第N代概念？再或者炒拍摄中究竟谁是真正的导演？值得庆幸

---

① 戴方：《娱记：没头脑和不高兴》，《北京晚报》2000年11月2日。

的是最终的关注点还是停留在《寻枪》本身——它到底是一个什么水平的电影上。姜文在《绿茶》新闻发布会上说有的记者是“弱智”，马上有人出来抱不平，但最后有媒体认为，一方面记者要提高专业知识水平，另一方面姜文要加强沟通能力和个人修养。由此可见现在娱乐新闻报道的进步，这并不是普通的“一碗水端平”，有人称媒体总算“炒”出了理性。

人们最终要认识到，娱乐新闻也是新闻，也要遵循新闻报道的基本准则，也要客观准确公正，也要放到社会公众标准的大框架里来评判。

五、娱乐记者的职责与修养

做到以下两点可以看作是对娱乐记者的严格要求：

1. 客观地报道对受众有意味、有价值的人和事。不捕风捉影、低级趣味，以社会道德、法律及新闻价值、大众兴趣为标准，一定要报道的，必须是与公众利益、社会利益密切相关的人或事，新近发生的公布明星家庭住址、联系电话的事件，都违背了这一基本底线。

2. 对明星的艺术创造和道德表现进行客观公正的社会评价。不人云亦云，不夹杂私心，不偏激、片面，因一部影片没拍好就断言此导演“江郎才尽”，即是一种不公正、不科学的行为。应谨慎、客观地发表自己的看法。

娱乐记者应具备的修养：学习文艺经典作品；把握流行趋势；了解与娱乐相关的各种游艺活动。

第十章 体育新闻的采访写作

在20世纪90年代中期，体育运动已经成为一个新兴的产业，今天，体育已变得无处不在，更是各类媒体的宠儿。体育新闻报道也随着社会和体育产业的发展而日趋成熟、丰富多彩，不再仅仅是人们茶余饭后的谈资，这是因为人们越来越认识到体育在社会前进与发展中的重要作用。体育事业兴旺，会给体育媒体带来丰富的信息，而大众物质文化水平的提高，体育观念、体育意识的增强，对体育新闻信息的要求增高，也会促进体育新闻信息传播规模和水平的提高。

第一节 体育类媒体概况

一、我国体育媒体现状及趋势

我国当代最早的官方体育报纸(建国后)，是1958年的《中国体育报》。很长一段时间里，它是惟一的一份体育报纸，发行量最多时达100多万。到今天，它已发展成为一个"中国体育报业总社"(1999年挂牌)，下面有一家报社、两家杂志社(《新体育》,《中国体育》杂志社)、一家出版社(人民体育出版社)，还有一个“中国体育在线”(网络媒体)。仅从它的发展历程上,就可以推断出今天中国体育新闻事业的繁荣了。

北京体育大学体育传媒系副主任易剑东将中国的体育传媒发展划分为几个不同的阶段。中国体育传媒的第一波浪潮是政策推动的,建国后五十年代的体育传媒经历了“创刊浪潮”,现在仍然是传统的有着不可替代的传播力量的《中国体育报》和《新体育》即是那个时代的代表。

中国体育传媒的第一次有市场意识的崛起是由一个人和一部电影引起的——李小龙和《少林寺》。1981年,中国大陆第一家武术杂志《武林》在广州创刊;1982年,《中华武术》杂志在北京创刊。1981—1985年,十几种武术方面的杂志如雨后春笋般冒出,但由于武术本身是完全中国特色的体育项目,因此这个阶段体育传媒的发展并不具有广泛和普遍的规律性。

改革开放之后,特别是1979年中国恢复了参加奥运会的身份,中国的体育事业发展到新的阶段,体育传媒也随之有了全新的表现。1984年美国洛杉矶奥运会上,许海峰为中国夺得第一块金牌更是激发了中国人对体育的热情,对于体育信息的需求也就瞬时膨胀起来。也就是在这期间,中央台和地方电视台都成立了体育部,各个省或城市都创刊不同的体育类媒体。基本上每个省以省会城市为中心,都有一份杂志和一份报纸,体育传媒迎来了第二次高潮。

进入20世纪90年代,足球的火爆让体育传媒开始了第三轮的快速发展。中国的足球甲级联赛与国外的赛事共同培育了目前仍在竞争的《体坛周报》、《足球》、《南方体育》、CCTV5的《足球之夜》、《球报》等体育传媒。当中国足球越来越不成器,让球迷失望到极点的时候,足球报道也不得不让位于其他项目,如篮球。现在,NBA和CBA大有取代足球之势,而姚明作为体育明星的传播效应也刺激了媒体对篮球的狂热追随。

易剑东认为,第四阶段是体育类传媒分化的阶段,一些非体育类传媒也开始介入这一领域,如媒体改革后的报业集团开始筹办专业类报纸,体育是其选择的重点,各种资金比以往更踊跃地参与进来,包括外资直接或间接地进入体育传媒。①

目前,湖南省的《体坛周报》仍是“老大”,2001年创纪录单期发行260万份,周发行量超500万份。紧跟其后的是《足球》、《南方体育》,其他鲜能成

---

① 转引自朱秀亮:《体育传媒热焰虚火》,2005年6月15日《新经济导刊》。

敌手。

这已是世界的奇迹了，因为纯体育报纸在国外已为数不多。在法国的体育类报纸市场中，成气候的只有一份《队报》。在美国，同样也是一两份有实力的体育类报纸占据着绝大部分的市场份额。

目前多数中国体育报刊的通病是专业性、独特性、权威性不强，可读性也就不强，缺少透明度，报喜不报忧，且制作不精美，发行时效慢。

中国的电视媒体在体育报道方面有长足的进步，发展很快。在央视设立专业的体育频道后，又有部分成立了广电集团的城市随即设立了自己的体育频道，综合类的频道也都将体育新闻作为一个栏目单列，具有很高的收视率。

人们接受体育资讯有很多渠道，且分层次。首先是电视（包括有线电视），以及网络媒体，因为它们在时效性、现场感等方面优于其他媒介，可称是第一渠道；其次是广播电台；处于第三位的才是报刊。这个时候，报刊对体育迷的最大作用可能在于"回味"事件的过程和寻找观点——相同或相反的。而且，在体育报刊这一具体的市场中，主流的强势媒体（如综合性的日报、晚报、都市报等）所设置的体育版块将会瓜分掉大量的体育资讯，使得专业的体育类报纸承受着很大的压力，其成长的空间越见狭窄。最后，可能像西方的体育传媒市场一样，专业类的体育报纸越来越少，优胜劣汰。

《经济日报》报业集团发展部副主任、报业经济学家曹鹏认为，目前，国内体育类报刊市场虽然火爆，但还是属于初级阶段的繁荣。报纸杂志化是其中较为突出的一种运作理念。然而，把杂志的运作理念体现在报纸的形态上，锁定的目标却依然是在报纸市场，这种经营策略其实很难达到利润的最大化，总有事倍功半的感觉。

相反，电视、网络等体育节目是越做越热闹。众所周知，新浪新闻就是以体育报道起的家，新浪网总编陈彤说："它让我们第一次意识到自己的力量。"显然，这是媒体才会具有的传播力量。王长田的"光线"打造了一档号称新锐的体育节目《体育界》，每天一期，每期 30 分钟，首批预定在全国 100 家电视台的黄金时段同步播出，覆盖人口将达到 5 亿以上。

另外，体育产业的充分发展，与传媒产业的迅速发展交相辉映。经过一番磨炼，体育传媒已成为目前中国传媒领域中市场化最高，也是发展较为充分的一部分，尤其是广电传媒。在知识经济时代，电视这种独特的传媒工具在迅速发展的体育产业中就显得更加重要。电视媒体与体育产业之间的关系越来越密切，互相扶持、密切合作、风险共担、利益共享。据说萨马兰奇认为，将来体育运动可以简单地归纳为两大类：一类适合电视的口味，另一类则不适合。体育项目只有在属于第一类的情况下才有机会发展。否则，要么衰落，要么踏步不前。“只有更多的人看，才有更多的人干”，体育产业的发展已经说明了这一点。研究表明：体育产业正在成为我国经济发展的重要支柱，电视媒体在其中起到越来越重要的作用。

像中国前往 NBA 打球的姚明，在两种产业的合力下，已成为一种现象。2002 年 11 月 20 日清晨，火箭队与联赛成绩最差球队之一克里夫兰骑士队的比赛，在中国的收视竟然有 550 万观众；当晚重播这场比赛的录像时，又吸引了 1150 万观众。一场比赛从早上到晚上竟然有 1500 万电视观众，这个数字是前一个赛季 NBA 转播的 2.5 倍。而中国的电视台为获得 NBA 转播权，支付了几十万美元，具体数字取决于观众数量等因素。姚明现象使人们从中不仅看到了体育，更看到了巨大的利益。

二、体育记者形象与地位的变化

我国体育记者已形成一支庞大的队伍。体育记者也不再是“啦啦队”，而成为公正、客观的报道者。由于体育事业的强盛，体育新闻已成为展示个性与才华的绝佳领域之一，体育记者也越来越多地出现在公众的视野里，社会地位、公众形象都有了很大的提高。以往很少有体育记者获得重要的新闻奖项，而现在则不同，如央视的体育中心主任马国力就获得了第五届“范长江新闻奖”，还被英国的《卫报》评为“对世界体育影响最大的 50 人”之一。

由于体育报道的高强度、高要求，好的体育记者也被视为是职业素质较高的“全能型选手”。另外，李响等“转会”记者的出现，打破了中国体育新闻报道的旧有格局，也使得体育新闻记者出现了分野，人们对成功体育记者的定义有了新的角度。从这个意义上说，她的影响是重大的。

我国体育记者的素质也有了显著的提高，分工越来越细，具有专业背景、专业知识的体育记者也越来越多，越来越多的退役运动员、相关的人员、体育迷们投入到体育记者的行列中来。在一些培养新闻人才的大学里，也出现了体育新闻专业，这意味着未来我国将出现一批高素质的体育记者。

三、体育报道的变化

体育报道内容出现了扩大化、深度化、娱乐化的趋势。

中国体育大的环境正朝着越来越有利于发展的方向变化，这是近几年我国际体育赛事丰收外，最值得关注和反映的。在这种背景下，中国的体育新闻报道也已不仅仅局限于赛事本身的报道了。体育产业的发展、体育法制的建设、体育文化的传播等越来越多地成为体育报道的内容。

目前电视仍是体育报道的主力军，但由于电视体育节目的采制成本巨大，门槛太高，竞争程度远不如其他种类节目、其他介质媒体间的竞争。现有体育节目多以赛事报道为主，注重比赛赛程和比赛结果的介绍，电视直播对纸质媒体的写作产生了极大的影响，迫使其主力渐渐撤离比赛现场，而转入深度报道，提供电视画面所不能提供的东西。更多的背景内幕消息出现在体育报刊中，深度化成为其特色。像有些报纸已规定，体育比赛不发金牌消息、不发单项比赛消息、破纪录才上一版，因为报纸不能和网络与电视媒体比时效。所有的报纸都在竭力建设专栏，提供观点，而这正是深度化的表现。专栏的特点就在于它的主观性，读者需要知道他的意见，而不仅仅是客观和公正，这已由常规的体育报道来完成了。由于专栏体育记者的权威性，因此实际上很多时候都扮演了舆论领导者的形象。有没有好的专栏写手，是许多报纸体育版竞争的焦点所在。

报社的体育记者应清楚地知道自己写作的动力：

对体育迷来说，他们希望再次尽情享受重要比赛。

体育迷想知道赛场以外的事情。他们在知道了比赛结果后，还想知道得更多——关键球是如何打的、明星为何输了比赛、教练对队员的表现有何评价等等。

美国一位资深体育记者认为："球迷盼望知道一些有趣的杂闻、关键的比赛瞬间、冉冉升起的明星，这些东西吸引他们认真阅读关于日前自己已经认真观看过的比赛。"

当然，深度化也是电视体育节目的努力方向，因为体育报道时间段的延长，使得电视也有可能除赛事转播外，尝试做有深度的节目，满足观众的要求。另一个因素来自网络媒体，由于技术的支持，时效、现场、深度报道同时成为它的亮点。

同全球性的新闻娱乐化潮流相适应，我国的体育报道也呈现出娱乐化的趋势，报道的内容和手段都趋于边缘、轻松，特别是加大对体育明星的全方位的关注。比如光线公司的《体育界》即宣称他们的口号就是"聚焦体育明星，报道体育的台前幕后。努力实现体育娱乐化、明星化、故事化"。它走的是和央视体育频道不一样的路，以期异质化竞争。一些比较传统的体育媒体也慢慢地、有分寸地向这方面转化。

体育报道还出现了媒体间的合作与融合，一些大型体育赛事报道就形成了纸质媒体间、电视台之间、报纸与网站间等的媒体合作体，这也给体育报道的采、写、编带来了变化。

2005年6月8日的杭州《都市快报》体育版选题是大家还不怎么了解的电视体育解说员，在重点介绍了ESPN的王牌解说、出自我国的苏东之后，在"链接"部分还简要配图介绍了不同风格的解说员群体，如央视、地方台、ESPN的其他解说员、运动员出身的解说员等，更设置了"互动区"：用短信的方式调查："谁是你最喜欢的体育解说员？为什么？"，选题的处理明显体现了上述的变化。

第二节　定义与报道内容

体育，即发展体力增强体质的教育、锻炼身体的各种活动。这决定了体育报道内容的广泛性。它不仅包括我们熟悉的各种正式的体育比赛项目，也包括钓鱼、健美、各种棋类、瑜伽、飘流、攀岩、登山、航海、热气球、各种探险，甚至是老人们的晨练……还有趣味体育活动，如慢骑自行车、托乒乓球比赛等，以及围绕着体育活动发生的事情。

体育新闻：对人类的体育运动、健身活动及相关信息进行的一种报道。

体育报道可分为两大类。

一、动态体育活动报道

1. 竞技体育：专业的以参加各种比赛为目的的活动。这是体育新闻报道的重点内容。竞技体育占的比例约在60%～69%之间，远远高于学校体育、社会体育的报道量。

竞技运动有很高的新闻价值，它新鲜、刺激、有趣。每一场重大赛事都是一个精彩纷呈、跌宕有致的故事。重要的是它有悬念，谁将最终获胜一直会吸引着受众。据说一位好莱坞导演认为"没有一部奥斯卡影片所制造的悬念能与一场足球比赛媲美。在运动场上任何结果都是可能发生的，竞争对手之间的实力越接近，双方的竞赛水平越高，其悬念性越强"。正因为如此，受众对其特别偏爱，竞技运动自然成为体育报道的重头戏。竞技运动的强对抗性可能满足了人类的某种天性，有人就说体育比赛就是和平时代的"战争"，因此体育报道连语言上都体现出这一特点，战争术语经常出现在体育新闻中，如开幕是“重开战火”、闭幕是“硝烟散尽”、技高一筹是“勇冠三军”、同胞相争是“同室操戈”、轻松夺冠是“兵不血刃”等等。

当然，竞技运动还有很高的商业价值，现在市场已成为竞技运动的主导者，赛事要有名、有大量的体育明星参加，媒体就会趋之若骛。

赛事报道的主要内容为：

(1)比赛过程和结果；(2)赛前转播预告或预测；(3)赛后评论；(4)人物特写；(5)奖项颁发；(6)运动员与球迷的表现；(7)球队、相关体育协会动态；(8)涉及的体育科技新知；(9)场内外花絮；(10)其他相关活动。

2. 学校体育：以增强体质为目的的教育活动。通常通过学校有关的教学及体育活动来体现。

3. 群众体育：社会上开展的以增强体质为目的的日常体育活动。

4. 军事体育：适合军事需要的体育活动及比赛。

动态体育活动报道的重点在对各种比赛、运动的情况报道、人物报道等。

二、相关体育工作报道(静态体育报道)

1. 体育运动有关方针政策的制订与贯彻：如加强社会气功管理，开展全民健身运动。

2. 体育比赛规则的制订与修改：如乒乓球改大球，羽毛球改回15分制。

3. 体育机构的日常管理工作：如人事变动、会议活动等。

4. 体育科研：如有关动作的科学性研究、器械的改进等。

5. 体育基础设施建设：如场馆建设等。

6. 体育经营活动。体育新闻对传媒经济效益的贡献是多方面的。据说在2000年悉尼奥运会短短一个月的时间里，《南方日报》报业集团与“奥运经济”相关的收入达到2亿元。奥运会、亚运会、全运会及世界杯足球赛等在内的重大赛事期间，商家在强势传媒上进行大规模的、饱和式广告轰炸，已成惯例。这些还仅仅是事情的一个方面。

传媒体育新闻栏目(节目)、版面与业外资本的合作，为业外资本参与传媒运营提供了一种新的、易操作的方式。大众传媒合法利用业外资本的关键就是把传媒的传媒业务和经营性业务分开，传媒业务是非经营部分，是业外资本的禁区，但其中的体育新闻“正在成为一个例外”。电视、广播、网络及部分报刊在这方面已有成功探索，如特约刊登(或赞助播出)体育新闻，由企业出资独家买断重大赛事媒体特派记者现场报道权等，业外资本在此获得的是受众的“注意力”。还有一种形式，就是业外资本与媒体体育专栏合作，举办赢利性的群众体育赛事，或邀请高水平运动员（队）前来参加商业比赛，风险均担、利益共享。媒体在获利的同时，又能服务百姓，扩大影响。

从内容上看，现在的体育新闻报道的进步是显著的：报道领域更宽泛；一改过去报喜不报忧的做法，更客观；许多传统的观念和作风，都被放到媒体上形成争鸣；赛场内外的弄虚作假、黑箱操作、部分从业人员素质和道德水准低下等问题，都被披露出来。这些都将极大地促进体育事业及体育新闻事业的发展，也给体育记者留下了更广阔的发挥舞台。

第三节　体育新闻的特点

这里探讨的体育新闻特点和采写仍以最重要的竞技体育报道为主。

体育运动的竞争性、超越自我性、审美性以及娱乐休闲性、普及性、国际性等，使体育新闻报道成为广大群众的重要精神食粮之一。体育报道可以反映时代的精神，是人的意志、智慧、体能的集中体现；体育报道还能让我们有美的享受和愉悦，这是其他的文化活动很难替代的。激烈的对抗、顽强的拚搏，能使人的情感体验达到最高潮，获得精神上的极大满足。这些都使得体育新闻形成了自己的特色。

一、时效至上

体育报道的重头戏是竞技体育，要比赛就要有结果，这个结果往往又是万众瞩目，谁的报道最及时，谁就在新闻战中抢了先手。新闻的时效性是有限的，对体育比赛的结果来说更是如此，结果的“第一落点”新闻价值最大。结果的价值往往还是“一次性”的，一家媒体公布后，其他媒体类似稿件的新闻价值就会迅速跌落，这是新闻价值规律中的“递减性”决定的。因此，所有的体育记者都会千方百计地去抢这个“第一”：第一块金牌、第一块银牌、第一次失利、第一次打破记录……所以，体育新闻报道在比赛时常有“第二赛场”之称。1984 年，许海峰一枪打了个“双第一”，新华社也夺了个“金牌”，比其他的媒体都快。新华社虽然是第一次参加奥运会报道，但却是第一家向世界报道洛杉矶奥运会第一块金牌获得者的通讯社，为国家争得了荣誉。

体育新闻时效性的竞争，往往首先体现在技术手段上。记者们常说，要看媒体的装备如何，看看他们的体育记者就行了，因为最好的“家伙”往往都在他们身上呢。这很大程度上是因为强烈的时效性要求所致，否则就会仗未开打先败下阵来。不光是设备，媒体还会想尽各种办法提高时效。比如“插播”这种形式，就是1983年我国跳高名将朱建华破世界记录时，上海电台使用的，它当即中止了正在播放的节目，插播了这条重要新闻，成为最先向世界报道的媒体。这就是从形式上打破了原来的做法，以提高时效性。

现代科技的发展，使体育报道真正“高速、便捷、高效”成为可能，数字化体育报道已是现实。全国九运会时就在这方面有明显的突破。记者全电脑操作，摄影记者使用的都是数码相机，组委会发给记者无线上网卡，网上有为记者准备的资料库、图片库供下载。这和以前的采写环境相比，大有进步。这也提醒体育记者，应提高这方面的操作能力。

当然，时效性也有媒体自身的限制，如早报和晚报就得根据自己的时间特点来做体育新闻。

二、重冲突性

竞赛充满了冲突，由此，充满了冲突的竞技比赛报道也成为体育报道的显著特征，越是激烈的比赛，受关注的程度就越高，像奥运会、世界杯、NBA等比赛，就是因为水平高且接近，充满了冲突的张力，而被世人关注，像“点球”、“赛点”，更是一场比赛的最大“卖点”。实力接近的比赛，激烈、充满了悬念，能充分调动人们的情绪，在最短的时间内经历紧张、大喜大悲等各种情感体验，从而达到一种精神上的愉悦感。这是体育比赛的特殊作用，在欣赏的同时，起到一种宣泄的作用。体育报道无形中会带动受众的情绪变化，成为精神上的享受。

三、广泛的受众性

体育运动具有很强的人情味和观赏性，因为它是人类战胜自我的挑战和超越，人们不可能不关注它。有一个体育记者说“它是最能体现人性的一部分”。正因为如此，体育迷的范围是最广的，体育报道拥有最庞大的受众群。这个庞大，不仅在于人多，而且层次广泛，男的女的、老的少的，农民有，专家也有。据报道中科院物理所有一个球迷协会，都是专家、院士，女性，她们是中国女足的拥趸。有报道一个死囚临刑前说：我还有一个最后的要求，昨晚中国足球队是赢还是输？当他听到输了时，叹了一口气，再没说什么。

广泛的受众性，决定了体育报道是为大众群体而做的，通俗、生动是其基本要求。

四、较强的专业性

每个体育活动项目都有自己的技术要求和完整规范的比赛规则，有自己的一套理论和训练方法；对体育活动的研究已形成了种类齐全的学科门类，并与其他自然与社会科学相联系、交叉，成为一个系统的科学分支，如果记者不具备这方面的专业知识，就无法欣赏，更别说采写体育报道了。

比如，写预测性体育新闻报道，最见一个记者的专业能力与综合知识能力。与其他新闻文体相比，体育报道中的预测新闻多一些。体育是实力的较量，虽然竞技结果是各种因素综合起作用，但大体作出倾向性判断还是可能的，同时也合乎受众"欲知"的接受心理需要。无论是重大赛事的总体预测，还是一些具体项目的单项预测，记者根据自己对局势的把握和判断，对结果和可能出现的情况做出谨慎大胆的预测，言出有据，往往能满足受众预知的迫切心情。不少记者也因为较准确的预测而名噪一时。

但现在令人不安的是，一些体育记者往往缺乏深厚的专业知识积累，在没有进行大量可靠资料、数据的科学计算与冷静、缜密的严肃思考下，就草率搞一些预测性体育报道，而赛事结果又往往与这些"专家推断"相差甚远，令大家啼笑皆非。有识之士认为，鉴于预测性体育新闻的特殊性，业内对写作预测性体育新闻的记者应有一定资格与条件的限制，在整个体育赛事报道中，预测性新闻在总量上也应有恰当比例的限定，不能将此庸俗化。

最后，体育新闻和文艺新闻一样，也有一个特性，即显著性。运动的人是体育的主体。而运动的人，尤其是出众的体育明星在与人或自然的搏斗中所表现出来的超凡的能力，以及残酷竞争后简单的胜负结局带出的悲壮色彩，往往会令人产生惊惧、尊敬感，进而让人表现出亲近与认同，"爱屋及乌"，于是不仅仅对明星们的公开言行很关注、崇尚，即使对他们的个人爱好、婚姻家庭等私人行为也兴趣盎然、津津乐道。明星报道也由此成为体育新闻报道中不可或缺的组成部分。且明星的知名度越高，其活动的报道新闻价值就越大，哪怕这种活动只是日常生活中极其平常的小事情。如乔丹休闲打高尔夫球并不是什么重要事件，但由于其巨大的明星号召力，也远比一场 NCAA 的常规赛更具新闻价值。

但在注重显著性的同时，也必须注意，不要因刻意追求名人效应而使体育新闻报道流于捕风捉影或过于琐碎、流俗，那样是舍本求末了。

第四节 体育新闻采访要求

一、掌握专业知识

在所有的专业报道中，体育记者的分工可以说是最细、最明确的，而且有越来越细的倾向，因此，必备的专业知识是采访写作的前提条件。

体育竞赛瞬间万变，没有扎实、熟练的体育知识，会应接不暇、不知所云。体育记者必须熟知报道领域的各种赛场技巧和规则，懂运动心理学等等；熟知运动员的成绩、技术特点、个人风格以及他的教练等；懂一些裁判知识也很重要，因为体育比赛经常发生赛事争执，倘若记者不懂有关裁判知识，别说准确、及时、全面地进行新闻报道，就连基本是非都难以辨别清楚，这又如何写好报道！

体育虽然表面上表现为一种体力竞技，实质上，是高级思维活动与身体综合素质与技能的抗衡与竞争，观众不仅想知道谁赢谁输，更期望得知"为什么赢"与"为什么输"这个深层次问题。体育记者只有掌握扎实的专业知识，才能写出有见地、有深度的体育报道，满足受众的需求。

《中国青年报》的著名体育记者马年华认为，作为报纸的体育版不仅要服务于读者，为读者提供大量的比赛信息，同时还要对某场比赛的结果及某个新闻事件的过程作出尽量快的反应，甚或是提出正确的观点和见解，以便让读者更深层次地了解体育，达到指导读者的目的。即通过对纷繁的体坛竞争的认识和把握，而对体坛大势有一种客观、准确的理性判断，了解体育运动自身发展的规律与特性，以及体育运动技术战术的发展趋势与格局对比的演化方向。比如说，1998 年的长野冬奥会上曾刮起滑冰刀的革命，中国选手因换刀太晚而名落孙山，成绩比起以往也有大幅度下滑，然而只是从冰刀换晚了这一点上做文章，显然还不够，因为中国滑冰运动员即便提前一年换冰刀也不可能有所收获，原因在于我们在滑冰技术上存在缺陷，我们的训练观念和手段仍显陈旧，当中日选手同场竞技时，这种技术上的差距便显而易见了。如果仅从冰刀上做文章，显然只是抓住了现象而掩盖了本质，报道的效果会给读者以误导，也不利于中国滑冰运动真正改变落后的局面。

二、做好准备工作

体育新闻的强时效性决定了准备工作的重要。事先没有准备好，到时采、写、发要一气呵成，再要去找资料，显然不行。采写赛事，这方面要求更高。比赛的程序、要求、双方的情况、过去的成绩、过去相关的报道等，这些在体育新闻写作时都很重要。甚至你还要熟悉比赛时的工作环境和流程。赛事报道最能充分体现记者"截稿压力下的写作能力"。在ESPN中文部的中国解说员苏东介绍：ESPN有一本大约厚60页的解说规则，任何刚加入的新人都必须详细阅读，其中包括什么样的节目需要什么样的解说，这样才能使得节目本身以及解说都体现美国的传媒文化背景。1997年，他随ESPN中文部迁至新加坡，主要负责转播意甲、英超、西甲及欧洲冠军杯等比赛。为了能做好节目，每天除了上网收集有关背景资料外，还必须知道参加比赛的球员状态好坏以及受伤、停赛队员的情况。如果主力队员有伤，就要知道整支球队的战术是否会受到影响或战术是否会改变。基于对各球队特点的了解，每次在转播时，他都会大胆预测哪位球员应该换上或换下，"还好80%都能预测对。"

要当好体育记者，一定要熟悉运动员、教练员。凡是报道出色的体育记者，都有积累运动员、教练员资料的习惯，因而每次采访都能进展顺利。只要资料丰富、准备充实，采访和写作就会得心应手，使报道既迅速准确又生动深刻。否则，报道就没有深度，没有立体感，就不能增加观众对比赛结局的深层次认识。

三、深入现场观察记录，重视赛前赛后采访

体育比赛虽然重结果，但可看性、观赏性却在其过程之中，否则就不会有那么多人去看比赛了。对记者来说，不仅要看到比赛场上发生的事情，还要看到观众看不到的事情，一些赛场上的细节、情节、运动员教练员裁判的细微表情，都有可能成为记者的描写内容。

新华社体育记者杨明，以前是撑杆跳运动员，后不幸受伤，转行当了体育记者，负责田径，是名副其实的"国内田径第一人"。他的成名作就是那组《约翰逊"欺骗"了整个世界》，这正是他善于观察的结果。汉城奥运会时，最重头的戏莫过于男子百米决赛，美国的刘易斯挑战加拿大的约翰逊。刘看起来跑姿优美，是当时的百米王，但没有称雄多久，便被约翰逊挑下马来。当时，刘

易斯前几轮比赛，数次踏破10秒大关，而约翰逊本人却几乎在决赛中被挤了出去，大家都认为刘夺冠毫无疑问。杨明却从约翰逊被采访时流露出的一丝怪异表情中体味出了一点问题。他说，我看到了一种熟悉的东西，那是一种窃笑，是在上次两人比赛时我看到过的表情，那次约翰逊也是低眉顺目，但决赛时异军突起。杨明心里一动，莫非他还要玩猫捉老鼠的游戏？果然，比赛以约翰逊的“9秒79”而结束。人们惊呆了，杨明自己虽然不喜欢约翰逊，但当时也非常激动。回去后，他构思了一个题目，要重现这戏剧性的场面。《约翰逊“欺骗”了整个世界》，夸他有心机。从这个角度写飞人大战，他是独一个。几天后，约翰逊服用兴奋剂的丑闻爆出，杨明冲进编辑部发了第二篇，这一篇题为《约翰逊果真欺骗了全世界》。这两篇成为体育采写史上的一段佳话。

记者深入现场时，主要的访问时机分别在赛前和赛后。记者应注意，运动员、教练员最忌讳在紧张的训练和比赛时刻有记者前来采访，干扰训练和比赛。再则，比赛时的战术运用，运动员力量的配备等都带有一定的保密性，万一泄露出去会招致被动。因此，在这种情况下，观察往往成了体育新闻采访的主要手段，一进入赛场，便尽可能抢占最佳观察点，以便细致、全面地进行观察。如有社会当面访问运动员、教练员，记者也必须注意两点：一是要趁运动员、教练员空闲时访问；二是提问的内容事先要准备，谈话要简短，要找到谈话的切入点，从侧面了解教练、队员的情况也未尝不可。

对于一篇全面可信的赛事报道来说，记者做好认真细致的比赛记录是至关重要的。记者应牢记，你的读者对这些都是相当了解的，不能出现任何细小的差错。

很多记者有自己的记录本，如篮球比赛，记录的内容就可能包括：全场总分、三分球及三分命中率、罚球及罚球数和命中率、犯规、助攻、篮板、盖帽，关键的时刻和人物如谁进球、谁何时投入制胜一球、方式等各种细节。除记录外，一些技术统计数据是很重要的，现在可以使用电脑来进行此项工作，将大大缩短截稿时间。

写赛事报道一定要有非常好的观察位置，既能集中精力观看比赛，又不遗漏全场的情况，如篮球比赛报道的最佳位置通常在记分员工作台附近，那里一般会有记者席。

在赛事的前后进行一些补充式的采访，将为赛事报道增色。赛后的新闻发布会采访、球员休息室采访都是记者大展身手的重要时机。当然，记者能否提出有份量、关键的问题，决定了采访的质量。这次的雅典奥运会，就有不少记者因在比赛结束时老问一些诸如“感觉如何?”“你当时是怎么想的?”而被人指责。

四、抓住特色和重点

体育新闻报道无非是要写赛场上涌现的新闻人物、新闻事件以及新风尚、新动向等，因此，记者的注意力应放在这上面，比如说人物，就要注意优胜者、落马名将以及教练、家属等。体育比赛如同打仗，也是要讲战术与策略的，像前文介绍的约翰逊是一种，先隐藏实力，然后再出奇兵；像原先的马家军是一种，集团作战，几个运动员保一个。所以，记者还要有眼力，判断谁是有潜力的“黑马”。

要抓住特色和重点，就面临着角度出新的问题。如注意不要一边倒，“胜者捧，败者冷”。毫无疑问，体育竞技当然以赢和胜为荣。对打破世界纪录和国家纪录的运动员多一些报道与镜头是无可非议的。但任何事物都有度的界限，因此，在日常体育报道中，我们在着重报道一些获得重大成绩与荣誉的运动员的同时，也不可忽略对失利的运动员作适量而必要的报道，在总体报道中，掌握平衡。在这一点上，一些记者显示出独特的新闻敏感与眼力。如我国著名体操运动员李宁在1988年汉城奥运会上从吊环上摔下来，失败惨重。对此，舆论一片嘘声，韩国报纸甚至刊出了他从吊环上摔下的连续照片。而这时，著名记者鲁光却用笔向亿万观众展示了这位“体操王子”的心声：“真正理解体育的人太少了。昨天是天子、是冠军，今天是败将，这就是体育，体育是最无情的。”“观众评论我，骂我，怨我，我都能理解。因为我胸前挂着国徽，我没有满足大家的期望。其实，作为运动员没有一个不想为国争光的，但我心有余而力不足了，在场上，我不能哭，不能垂头丧气，这有损于中国运动员的形象。下赛场，我哭了……”[①]体育的最高境界，除了成绩之外，还有体育精神，还有参与、理解与尊重，这不容忽略。

还要注意突破一些旧的、固定的思维模式。如运动员一获奖，记者就要问：“请问你当时心里在想些什么?”运动员答：“我仿佛看见五星红旗冉冉升起。”千篇一律。外国某记者在对世界著名田径运动员约翰逊成功原始力的揭示上，写得很精彩，很有个性色彩。他写道：“约翰逊坦率地说，‘我参加田径运动，是为了摆脱贫困。’‘要知道，当时在多伦多过冬时，我是学校中惟一

① 例见许立群：《体育报道要走出两个误区》，《新闻战线》，2000年第6期。

不穿棉衣的，为这我常常被人嘲笑，而现在……'他没有将话说完，只是用眼睛扫视阿迪达斯俱乐部装饰华丽的大厅。"揭示出每个成功运动员的心理个性，会使貌似相近的体育报道有立体感，给人以鲜明与深刻的印象。

第五节 体育新闻的写作

一、追求时效

体育写作，首先是个"快"字。

争分夺秒，尽快发稿，这是体育新闻采写的首要要求。体育比赛好多项目本身就是在赛速度，犹如闪电般稍纵即逝。作为体育记者，必须有较强的时间观念和快速反应能力，一进入比赛场地就必须争分夺秒地采制新闻。

比赛有了结果时，体育记者还要善于控制自己的感情，当万众欢腾时，千万别激动得忘了自己的职责，否则，新闻稿件就难以及时发出。

注意结构布局，尽量写短。尽可能以简练的语言，运用短句、短段成文。

如 1983 年 9 月 23 日，《人民日报》报道了我国选手朱建华在上海举行的第五届全运会上创造世界跳高记录：

> "先是几步小碎步，接着是急如闪电般的弧形跑，然后是有力气的起跳、过杆收腹、抬腿、落下。横杆略微抖动了一下，然后就'钉'在跳高架上不动了。"

以一连串的短句、短语，让人对朱建华的动作有一气呵成的连贯感，形象、细腻生动而准确。

又如《中国体育报》1987 年 11 月 23 日报道我国游泳选手黄晓敏冲击世界记录的特写结尾也是同样精彩：

> 最后的冲击！
> 还有 5 秒、3 秒、1 秒
> 还剩 3 米、2 米、1 米
> 飞速闪动的电子计量器紧紧揪住人们的心。触边！
> 2 分 27 秒 78。
> 一片感叹声轰然而起。有遗憾，亦有一种欢欣。
> 她狠狠地拍击着水面，只差 0.38 秒！

对一些可能有"戏"的项目或运动员，可以事前写个"草稿"，待比赛结果一出来，核准后稍加改动即可。

二、注意锤炼标题、导语

做好标题和导语的写作，一是体育报道时效性的要求，一是体育报道可读性的要求，能更好地满足读者的需求。体育消息常使用消息头，正是突出时效的表现，满足读者迫切想知道最新赛况的心理。把最关键时刻的表现、把最终的结果放在标题、导语中，并使用精心锤炼过的表达方式，最能抓住读者的眼球。通常体育报道的标题都是非常有表现力的：

谈笑间，强虏灰飞烟灭——看乔红轻取小山智丽

乒乓豪杰踏铁关气冲霄汉双会师

跳板英雄破金汤壮怀激烈今奏凯

报效祖国王义夫悲壮感人

一笑昂首李小双终拔头筹

誓夺金牌孙福明气吞山河

闯关夺隘我男篮有望历史突破

两脚定乾坤绿茵巾帼初试锋芒

一举惊天下神州力士大显神威

拔山举鼎占旭刚尽显英雄本色

风采毕现李对红枪惊狼溪

（摘自1996年7月《人民日报》、《文汇报》）

这些体育新闻标题渲染了奥运会气氛，显得自然、协调，而且标题形式对仗工整，用词炼字，颇为讲究。有学者评析认为，特别引人注意的是，这些标题还有一个思想上的“聚光”作用，它可以使作品揭示的新闻内容和由它表现出来的思想意义得到本质的提升和明朗的显现。换句话说，这些标题可以“点化”、揭示新闻主题思想，吸引读者、影响读者去阅读和理解新闻。例如，王义夫悲壮感人在何处？在新闻中可以发现，“伟大的失败者”王义夫晕倒在赛场这一幕，使读者可以认识到，有比金牌更可贵的东西，那就是爱国主义精神、奥林匹克精神。

下则报道的是著名的体育事件，标题和导语都直击要害：

我国选手获得奥运会第一块金牌

新华社洛杉矶1984年7月29日电（记者高殿民）　中国在奥运会

历史上“零的纪录”的局面在今天11时10分（北京时间30日凌晨2时10分）被中国射击选手许海峰突破。许海峰以566环的成绩获得男子自选手枪冠军，夺得了奥运会的第一块金牌。

三、增强现场感，捕捉细节

体育活动的最大特点就是动感，其中比赛的场面最引人注目、扣人心弦。体育新闻写作尤其以在比赛过程中发生的情形和运动员在场上的表现为报导重点。其中，更以关键的、决定胜负的瞬间为重中之重。既使是慢节奏的比赛，如下棋等，也有这样的关键时刻，俗语说“一招走错，满盘皆输”，讲的就是“胜负手”。另外就是技战术的特点与难点，也值得关注。

下则导语报道的是大杨扬夺取我国第一块冬奥会金牌的瞬间：

> 美国当地时间2月16日20点50分，当大杨扬风驰电掣一般地冲过盐湖城冬奥会女子500米决赛的终点线之后，大杨扬将全身的力量和激情凝聚于自己的双拳，仿佛帮助自己摘得首枚冬奥金牌的并非是她的双脚，而是双拳；紧随大杨扬冲过终点线的王春露，尽管只得到了一枚铜牌，但脸上开心的笑容却要比冠军还要灿烂；而看台上一直高悬着心观看比赛的小杨阳和孙丹丹则已经泪流满面。
>
> （《北京青年报》2002年2月18日）

双拳、笑脸、泪脸，3个特写镜头使人印象深刻。

再如一则描写姚明在NBA打球的消息：

> 面对韦伯和迪瓦茨，姚明打得颇有信心，他屡屡轻松突破迪瓦茨的防守。万般无奈之下，迪瓦茨只好使用犯规战术，第二节比赛还剩1分46秒时，姚明在迪瓦茨的脑袋上抢到后场篮板，迪瓦茨马上犯规，被裁判判犯规之后，迪瓦茨在观众的嘘声中被换下场。
>
> 姚明最精彩的表演出现在离终场前不到5分钟时，他先是勾手还以两分，30秒后转身跳投得手，火箭在终场前3分41秒以93比84扩大优势。韦伯紧接着投篮不中，姚明抢下关键的篮板再助攻诺里斯得分。此后国王队的每次反攻都被扼止，火箭队终于报了上次失利之仇。

姚明的优势和关键时刻的精彩表现成为“亮点”。

对不同体裁，要求又各有侧重。比如说消息，就必须在刻画赛场情景和过程上下功夫，现场感要求较高。体育特写也同消息一样，它抓住新闻事件或新闻人物的一个有特点的片断、场面、动作做深入的描绘，再现比赛的盛况或气氛，体育特写是记者能运用多种写作手法的写作品种。写体育通讯，多为人物通讯、事件通讯，要有非常丰富的细节才能达到生动、形象的要求。

对不同媒体来说，要求其实也是不同的。电视的现场感是最强的，广播次之，纸质媒体的写作则需更下功夫。但任何事物都有一定的局限，电视也有不足：观众要受镜头掌控者的制约，况且并不是每场比赛都能录播或直播的。所以电视和文字报道，各有所长，互相补充。

“把我带到现场”，这是体育记者时刻6要牢记的读者的要求。

四、语言活泼，形式多样

体育报道不同于政治新闻、法制新闻，可多一些形象、比喻手法，甚至可以允许多一些适当的戏谑之语，以达到生动活泼之效果。

比如“沙场秋点兵”、“仗剑独行”，一般都能给人留下深刻印象；郎平出任美国国家队教练，有记者将其名字中的“平”，与中国国家队教练陈忠和名字中的“和”放在一起，取其谐音为“和平之战”，为同是中国人执教的两支国家队的较量平添了一丝乐趣。

但也要注意把握度。有一则消息的标题是《徐根宝黯然伤神：新郎结婚了新娘不是我》，其实说的是徐根宝为申花队费了很大的心血，最终俱乐部还是下决心换了别人任主教练。这个标题就很不严肃。

刘翔在美国的一次田径比赛中，冲破七名美国选手的阵线，获得冠军，有报纸竟起标题《刘翔冲破“美人计”》，也显得很不恰当。

还有的体育新闻对历史名词的滥用也会产生难以估量的负面影响。如“抗战”、“抗日”、“四大战役”、“戚家军”、“红军”等词，在中国历史上都有其特定的含义，不能随意更改。然而有的记者却将它们用在体育新闻中：解放战争中著名的“四大战役”成了“欧美某四大足球比赛”；经历二万五千里长征的“红军”竟成了英超的利物浦队。

体育比赛是一场没有尽头的接力，体育报道也就有连续性的特点，但容易给人一种“年年岁岁花相似”的印象。体育记者一旦被这种感觉和认识裹住，就容易失去前行的动力——因为他会以为自己在走原来走过的路。所以体育记者在报道时也要有创新的意识，注意形式多样、手法翻新。“在我眼里，体育比赛就如同太阳一样，每天都是新的。”《中国青年报》著名体育记者马年华认为，每一场比赛都有不同的内涵，尽管原料还是那些，但一个优秀的“厨师”，必须施出全身的本领，不能总是做老三样的“饭菜”。若此，时间久了，读者也会倒胃口。在报道世乒赛时，马年华1987年最早采用过章回体；1991年第41届世乒赛时，他开辟的专栏名为《国球忧喜篇》，着重探讨中国乒乓球的得失成败；1993年第42届世乒赛时，开的栏目为《隔岸观火侃世乒》，纵论世界乒坛大势，确定中国乒乓球在世界上的位置；1995年，第43届世乒赛时，开了两个栏目：一个是《蔡振华用兵》，夹叙夹议体，另一个是言论体，名为《评说乒坛天下事》，几乎涵盖了乒坛的方方面面，为报道增色不少。19届冬奥会的报道，他也开了两个评论性的专栏，一个是《说长道短》，就中国选手的得失成败发表自己的见解；另一是《冬奥笔谈》，则对世界冰雪运动发展的新情况进行点评，并借此对中国的冰雪运动发展提出忠告。

信息时代，资讯发达，在事物动态一般意义上抢发独家新闻已越来越难，在时效上报纸也不占优势，但写法新颖、观点不同凡响、耐人寻味的新闻作品仍不失为"独家"新闻。不断创新，追求更快、更好，正是体育精神所在，也是体育新闻的追求所在。

五、体现体育的力与美

体育运动，变化万千，充满活力，在显示人对自身体能极限无止境追求的同时，也展现了人类那种不服输、不断征服的欲望和信念。这就使体育运动本身就具有一种先天的审美功能——力与美。作为其传播媒介的体育新闻，就应该用生机勃勃、充满动感的文字将这种审美功能表现出来，让读者在获取信息的同时，获得艺术上的美感与熏陶，感受体育"力与美"结合的魅力。

如在描写场面时，要表现出体育运动的节奏感和韵律感。看下面一段描写拳击场面的文字：

> 他一面跑动，一面冷不丁用左拳连击这位冠军的脸，用手背劈劈啪啪，打得很有节奏……一、二，劈啪；一、二，劈啪。现在沃尔科特完全是躲避了，观众们不断嘘他。他躲避着，就像跳舞那样蹦着、跑着。他被追上了，开始挨打了；他又被追上了，似乎无路可逃，但又逃脱了。路易斯靠了上去，猛击两拳，接着又猛击两拳。在铃响时，路易斯又打了两拳。

这段跳跳荡荡的文字，就像拳击比赛的节奏一般，将现场的紧张气氛展现于读者面前。

完美的结合：《"飞天"凌空》

> "轻舒双臂，向上高举，只见吕伟轻轻一蹬，就向空中飞去。有一瞬间，她那修长美妙的身体犹如被空气托住了，衬着蓝天白云，酷似敦煌壁

画中凌空翔舞的'飞天'。……还没有等观众从眼花缭乱中反应过来，她已经又展开身体，笔直地像轻盈的箭，'哧'地插进碧波之中，几股白色的气泡拥抱了这位自天而降的仙女，四面水花悄然不惊。”

（《光明日报》1982 年 11 月 25 日）

比起视频媒体，文字写作传神很难，但仍要殚精竭虑，追求展现体育运动健、力、美融合的神韵。

第六节　体育记者应注意的问题

一、担负政治、社会责任

体育与体育新闻，都是一种文化。体育运动显示的是人类向自身的极限挑战，不断战胜自我、超越自我、追求自身的至善至美，这是体育运动所展示和张扬的精神，也正是体育运动成为全人类共同文化的基础。体育新闻不仅报道体育运动本身，还应在人文精神方面拓展，帮助受众开掘人生的意蕴。

体育也是国家、民族荣誉的象征，寄托着民族、人民的感情，能振奋、凝聚一方人心。体育新闻也是新闻宣传工作的重要组成部分，应不折不扣地体现这一要求。

“世上一切伟大和黑暗，体育竞技场上都有。”因此体育记者应牢记自己肩上的责任。

另外，写体育预测新闻时存在一个不可忽视的现象，值得提醒，即无意泄密的问题。随着竞争的加剧，各国体育界及传媒都十分重视体育技术的保密问题。然而，有的体育记者却没有保密意识，把自己一方的战略阵容与战术意图，暴露给竞争对手，造成不应有的损失甚至失败。这也是缺乏职业道德的一种失职行为。

二、公正客观

记者应做到不人云亦云。譬如体育述评的写作，它要求有纵深感，有独到的见解。1988 年汉城奥运会上，中国代表团仅获 5 枚金牌，远远落在了韩国的后面。就在全国一片指责声中，《中国青年报》的体育记者马年华还是着眼于积极的方面，写了一篇《亚洲体坛霸主地位易主了吗?》，就项目的多寡优劣，以及新手的表现等方面进行比较，据此而认为中国在亚洲体坛上的霸主地位并不因此而改变。两年后的亚运会上，中国的金牌数竟超过韩国100枚之多，事实证明：他的论证是对的。

记者应做到掌握分寸，切忌偏激、冲动。体育新闻报道的格调与措词要有一定的分寸，要客观全面，胜利时要看到问题，失败时要总结教训，报赢也要报输，报喜也要报忧。作为体育记者，应当在报道中体现这样的思想，即如何面对暂时的胜利，看到对手的长处，找出自己的不足，以便加紧训练，为夺取更大胜利打下思想和技术上的扎实基础。

记者应遵循平衡报道的原则，不能“胜者为王败者寇”，眼里只有获胜者；不能只追逐热门的项目，而忽视其他基础或冷门项目。

记者更应公正，不能有狭隘的民族主义、地方主义。2001年亚洲男篮锦标赛在上海举行。在小组赛中国队与黎巴嫩的比赛中，发生了双方运动员的打斗事件。参与人员之多，打架之凶狠，打斗时间之长，都是青岛一位体育记者十年体育记者生涯闻所未闻的。他当时距离打斗现场只有几米远，黎巴嫩一名被打倒的运动员就躺在了他脚下。虽然看得已经相当清楚了，但因为担心自己在报道此事件时受到感情因素的影响，他还是费了些周折找到了亚洲篮球联合会主席程万琦先生，请程讲述了事件发生的起因及过程，又听取了黎巴嫩队主教练对事件的看法。到了凌晨4时，他又打电话找到程万琦，谈了找中国队了解到的情况及他对此事件处理的态度。根据手中掌握的大量材料，写了《球打赢了，仗打胜了，中国男篮双赢真丢人》的通讯。此文发表后，让读者了解了真实的内幕，读者打电话赞扬记者公正、不护短。

三、导向正确、格调健康

体育不单纯是体育。

在全球性的新闻娱乐化大潮下，现在的体育新闻有庸俗化、过度娱乐化倾向。对媒体来说，体育新闻娱乐化并非一无是处，好处在于可以吸引大量对体育不感兴趣的受众，增加对广告的吸收。可是，近来人为制造热点、甚至无中生有、捕风捉影、添枝加叶、合理想像等诸多现象有渐多的趋势，这些都值得我们在写作中注意和反思，如何将娱乐化引向健康的方向是现在体育新闻报道同时也是所有媒体所必须面对的课题。例如新华社在今年4月6日发表体坛快讯《董艳梅马俊仁否认自杀传闻》，导语为：“今天在这里举行全国马拉松锦标赛之际，辽宁省体育局副局长马俊仁及其头号女弟子董艳梅在接受采访时，均对此前有关董艳梅自杀未遂的传闻矢口否认。”事实应该很清楚了，但上海的一家报纸却在4月6日报道《“马家军”相关负责人证实　董艳梅自杀未遂》，还言之凿凿：“据马家军内部有关人士透露，董的自杀可能与奖金及住房分配一事有关。”4月8日，这家报纸为了找自圆其说的台阶，又发了《真真假假难决断　疑云围绕董艳梅》的新闻，继续怀疑董艳梅可能自杀过。尽管在这之前，董艳梅一再向记者申明：“这样的传闻不可思议，难道人生病就不能打针吃药了？……比赛奖金辽宁省体育局已拨下，住房也早在九运会之前就拿到了，现在正在装修。而且马导对我像对女儿一样好，我怎么会自杀呢?”

有些体育记者缺乏应有的人文精神与职业素养，他们惟恐缺乏赛场暴力、教练下课、名人婚变等“猛料”，不惜捕风捉影、甚至造假。有的记者还会犯低级错误，报道中的差错十分惊人，同一天报纸报道同一件事，也会有两种不同的说法。例如，4月19日晚东方大鲨鱼队战胜八一双鹿队，夺得CBA全国男篮甲A联赛总决赛冠军。因为有电视现场直播，比赛全过程很清楚。但第二天，上海的一家报纸在头版上发了《大鲨鱼CBA称王》的新闻，称最后“本沃补篮得手，这记入球令东方队最终以123比122战胜八一双鹿。”而该报的第5版《夺冠记》却这样描写：“……姚明得球后，先高举双手虚晃一下，然后蓦地跃起单手上篮，篮球沿着篮框转了半圈没进，大卫(注：头版报道中的‘本沃’这里成了‘大卫’，非球迷休想看懂)腾起再次补篮，球触到篮框还是不进。关键时刻，潜伏在篮下的哈特突然发力，只见他高高跃起，轻舒手臂，将停留在空中的球轻轻地一拨，球奇迹般地落入网中。几乎同时，终场的锣声响起……”写的是哈特补篮得手。这两种不同的写法竟然出于同一人——该报赴宁波现场采访的特派记者![①]

四、要提高综合素质

今天的体育报道是竞争最激烈、最遵循新闻规律操作、采写思想变化最大的报道领域之一，它对一个合格的体育记者提出了很高的要求：要有深厚的文化底蕴(雅典奥运会时有不少报纸的报道都综合了体育、文化等多种元素)、要有高超的采写技巧(曾有体育记者一天内发了8篇体裁各不相同的体育报道)、要有良好的沟通与合作精神、要有较佳的语言才能(适应体育报道

---

① 以上两例引自张竣德著：《体育新闻报道应弘扬什么》，2002年7月28日，中国新闻研究中心。

国际化的需求）、要有娴熟的各种专业技能（开车、摄影、摄像、录音、通讯、电脑等），还要有强健的体魄，能适应“七天工作制，全年无休息”的要求，甚至是大型体育赛事报道的十几天连轴转。另外，体育记者早已不是仅仅只出入于赛场，他们还出现在法庭、在企业……随着体育报道触角的延伸，他们的身影已出现在社会的各个角落，他们不仅要写赛事报道，不仅要写各种花絮，还要做调查性报道、不同领域交叉中的体育报道……

不断变化的体育报道时刻敦促着体育记者向更高的标准进发，只有全面提高自身的综合素质，才能取得“第二赛场”的胜利。

主要参考书目

蓝鸿文主编:《专业采访报道学》,中国人民大学出版社,1991
程道才编著:《专业新闻写作概论》,中国广播电视出版社,2002
金梦玉主编:《专业新闻报道教程》,中国广播电视出版社,2005
[美]卡罗尔·里奇著:《新闻写作与报道训练教程》,中国人民大学出版社,2004
邝云妙著:《高级新闻写作》,广东高等教育出版社,2003
周胜林等著:《当代新闻写作》,复旦大学出版社,2004
陆小华主编:《重大报道对策》,新华出版社,2000
[美]梅尔文·门彻著:《新闻报道与写作》,华夏出版社,2003
刘海贵主编:《知名记者新闻业务讲稿》,复旦大学出版社,1998
方芳等主编:《名记者清华演讲录》,人民日报出版社,2003
张威著:《比较新闻学:方法与考证》,南方日报出版社,2003
《专业新闻采写与报道丛书》系列,中国广播电视出版社,2001
李希光著:《新闻学核心》,南方日报出版社,2002
徐人仲著:《经济新闻学初探》,新华出版社,1993
程道才、严三九著:《经济新闻写作概说》,中国广播电视出版社,2001
苑立新著:《现代经济新闻教程》,中国广播电视出版社,2001
王华庆著:《经济新闻采访与写作》,中国广播电视出版社,2003
仇学英著:《热点经济新闻采访技巧》,新华出版社,1998
樊凡、时统宇著:《经济新闻范文评析》,新华出版社,2001

裴毅然著:《经济新闻学概论》,上海财经大学出版社,2003
张福森主编:《干部法律知识读本》,法律出版社,2001
赵秉志主编:《刑法新教程》,中国人民出版社,2001
《中华人民共和国民法通则》,1986
张文显主编:《法理学》,北京大学出版社,1999
肖义舜、何勤华主编:《法制新闻学》,法律出版社,2001
陈堂发著:《授权与限权:新闻事业与法治》,新华出版社,2001
董炳和编著:《新闻侵权与赔偿》,海洋大学出版社,1998
王云斌编著:《网络犯罪》,经济管理出版社,2002
薛风清、李建辉主编:《犯罪学概论》,群众出版社,2003
王春荣主编:《政治局委员听的课》,新华出版社,2002
刘建明等著:《科技新闻传播理论》,科学出版社,2001
辜晓进著:《现代科技新闻概论》,中国科学技术出版社,1994
中国科学技术协会中国公众科学素养调查课题组编:《2003年中国公众科学素养调查报告》,科学普及出版社,2004
翟杰全著:《让科技跨越时空——科技传播与科技传播学》,理工大学出版社,2002
[美]布鲁斯·加里森等著:《体育新闻报道》,华夏出版社,2002
[美]史蒂夫·威尔斯坦编著:《美联社体育报道手册》,中央编译出版社,2004
杨兴锋著:《高度决定影响力》,南方日报出版社,2004
张建星著:《新闻的创意时代》,文汇出版社,2004
马胜荣等著:《国际新闻采访与写作》,新华出版社,2004
刘明华著:《西方新闻采访与写作》,中国人民大学出版社,1988
荣进编:《中外新闻采写与借鉴集成》,浙江教育出版社,1994
刘海贵著:《当代新闻采访》,复旦大学出版社,1997

后　记

本书是在平时课程教学基础之上的积累，作为学院教材建设的一部分，如果没有李寿福教授的批评和督促、没有浙江大学出版社李海燕女士的大力支持，它的问世真的难以想像，谨在此向他们表达衷心的谢意！

写作过程中，得到了分院领导及同事、新闻界同行及其他相识的教育界前辈的关怀与帮助，在此一并表示真诚的谢意！

本书的写作，从大量的新闻学著作、学术论文中汲取营养、得到启发，其中部分书籍已列入主要参考书目中，还有很多书籍及论文因篇幅等原因所限，未能一一列出，这并不代表他们给予的思想与观点不重要；也有一些资料因时间过久已难以查找出处，对此深感歉意，并祈谅解。

本书分工：

第一章至第三章，浙江财经学院教授、高级记者张柏兴；

第四章至第五章，原浙江省《新生报》主编、浙江省监狱管理局办公室主任汪宗保；

第六章至第十章，浙江大学城市学院传媒分院讲师龙长征。

由于学识所限，能力所限，本书幼稚之处在所难免，还有不少疏漏、偏颇之处，遗憾甚多，期待读者的批评指正，以激励改进。

作者

2005年6月16日

于浙江大学城市学院传媒分院

图书在版编目（CIP）数据

专业新闻报道 / 张柏兴，汪宗保，龙长征编著．—杭州：浙江大学出版社，2009.6（2024.2 重印）
（求是新闻学书系）
ISBN 978-7-308-04519-3

Ⅰ.专… Ⅱ.①张…②汪…③龙… Ⅲ.新闻报道 Ⅳ.G212

中国版本图书馆 CIP 数据核字（2007）第 007855 号

专业新闻报道

张柏兴　汪宗保　龙长征　编著

责任编辑	李海燕
出版发行	浙江大学出版社 （杭州市天目山路 148 号　邮政编码 310007） （网址：http://www.zjupress.com）
排　　版	杭州青翊图文设计有限公司
印　　刷	浙江临安曙光印务有限公司
开　　本	787mm×960mm　1/16
印　　张	19.5
字　　数	328 千
版 印 次	2005 年 10 月第 1 版　2024 年 2 月第 9 次印刷
书　　号	ISBN 978-7-308-04519-3
定　　价	49.00 元